Reinhold Ruthe

Ich lasse Dich nicht los
Andachten für jeden Tag

Reinhold Ruthe

Ich lasse Dich nicht los

Andachten für jeden Tag

Brendow
VERLAG + MEDIEN

Bibliografische Information der Deutschen Nationalbibliothek
Die Deutsche Nationalbibliothek verzeichnet diese Publikation in der Deutschen Nationalbibliografie; detaillierte bibliografische Daten sind im Internet über http://dnb.d-nb.de abrufbar.

Die Bibelstellen sind größtenteils den Übersetzungen „Luther 1984" sowie „Hoffnung für alle" entnommen:

Die Bibel nach der Übersetzung Martin Luthers in der revidierten Fassung von 1984. Durchgesehene Ausgabe in neuer Rechtschreibung. © 1984 Deutsche Bibelgesellschaft, Stuttgart

Hoffnung für Alle. © 1983, 1996, 2002 Brunnen Verlag, Basel und Gießen

ISBN 978-3-86506-526-1

Einbandgestaltung: Brendow Verlag, Moers
Titelgrafik: shutterstock
Satz: HSB T&M Vertriebs GmbH, Altenmünster
Druck und Verarbeitung: CPI – Clausen & Bosse, Leck
Printed in Germany

www.brendow-verlag.de

Vorwort

„Ich lasse Dich nicht los.“ So lautet SEINE Antwort.
Und es ist die beste Antwort, die jeden von uns begleitet, etwa wenn wir

> einen *neuen* Tag,
> ein *neues* Jahr,
> eine *neue* Arbeit oder
> ein *neue* Aufgabe mit IHM beginnen.

Jeden Tag stürzen Tausende von Informationen und Botschaften auf uns ein. Wir sind verwirrt. Die Nachrichten widersprechen sich. Sie belasten und bedrücken uns. Sie reißen uns hin und her.

> Wir brauchen Orientierung,
> wir brauchen Antworten, die nicht fragwürdig sind,
> wir brauchen Wegweiser, die weiterhelfen,
> wir brauchen Lösungen, die Halt und Sinn im Leben vermitteln.

Meine Frau und ich sind immer wieder beeindruckt, wenn wir sonntagmorgens nicht zum Gottesdienst gehen konnten, und wir schalten die Sonntagsfeier im Fernsehen ein, wo in einer katholischen Messe ein Bibelwort von einem Priester gelesen wird, der anschließend die Bibel in die Höhe hebt und sagt: „Wort des lebendigen Gottes.“

Das brauchen wir. Keine Antworten, die morgen Makulatur sind, keine Nachrichten, die sich andauernd widersprechen, sondern Antworten, die hier und heute, morgen und in der Ewigkeit gültig sind.

Ich wünsche uns, dass ER in SEINEM Wort alle unsere Sinne berührt, den ganzen Menschen anspricht und uns Gelassenheit und Zufriedenheit vermittelt.

Ich wünsche uns, dass ER Zweifel und Unsicherheiten ausräumt und jedem die Kraft schenkt, das Leben nach seinem Willen zu führen. ER wird mich nicht im Stich lassen, denn auf SEIN „Ich lasse Dich nicht los“ ist Verlass!

Reinhold Ruthe

Jesus spricht zu ihm: Ich bin der Weg und die Wahrheit und das Leben; niemand kommt zum Vater denn durch mich.
JOHANNES 14, 6

Ein neues Jahr und ein neuer Weg liegen vor uns!

Auch der Zweifler Thomas, der zum engsten Kreis um Jesus gehört, will wissen, wo es langgeht. Er fragt, wie es weitergeht. Und Jesus gibt ihm die eindeutige Antwort.

Auch wir fragen, was uns das neue Jahr bringen wird? Wir möchten gern in die Zukunft schauen. Aber Astrologie, Spökenkiekerei, Aberglaube und auch die Wirtschaftsweisen bleiben uns die Antwort schuldig.

Der Prälat i. R. Rolf Scheffbuch schrieb zum Ende des Jahres: „Christen wissen nicht mehr, was sie an Christus haben." Von dem Christus-Aufbruch in der Nachkriegszeit sei nichts mehr zu spüren. Andere Geister seien unterwegs. Der Zeitgeist habe die Christen infiziert. Von Jesus zu reden würde als bigott-fundamentalistisch abgewertet. Das „Volk der Reformation" habe seine Seele verloren. Denn ohne die biblische Wahrheit seien die Menschen allen nur denkbaren Verführungen widerstandslos ausgeliefert. Jesus könne nur dort Gemeinden bauen, wo das Aushängeschild hinge: „Schaut nicht auf uns, schaut auf IHN."

Hört nicht auf tausend flüchtige Botschaften, *hört IHN!*

Schaut nicht auf die verrücktesten Einflüsterungen der Medien, *schaut auf IHN!*

Herr, ich will nicht nach fragwürdigen Ratgebern Umschau halten. Ich frage Dich. Ich will keine x-beliebigen Wege als Ziel; ich will Deinen Weg gehen. Amen.

Ich gebe ihnen das ewige Leben, und sie werden niemals umkommen. Niemand kann sie aus meiner Hand reißen.
JOHANNES 10, 28

Wir sind für Christus unaufgebbar.

Professor Michael Herbst hat sich mit der Frage auseinandergesetzt: „Was ist für evangelische Christen das Unaufgebbare, etwa das, was am Ende allein zählt?"

Herbst antwortet, dass Jesus entschieden hätte, was für ihn unaufgebbar sei. Die Antwort sei das Geheimnis unseres Glaubens. Herbst wörtlich: „Für Jesus sind Menschen unaufgebbar. Jesus spricht ihnen zu: ‚Du bist meine Habseligkeit! Du bist mein Fokus. Du bist mein Unaufgebbares.'"

Überall in der Welt werden Menschen aufgegeben:

Der Arbeitsmarkt gibt Menschen auf.
Ärzte geben Menschen auf.
Lehrer geben Schüler auf.
Verheiratete geben ihre Ehe auf.
Politiker, Geschäftsleute und Banker geben auf.
Ratlose Menschen, die ihr Leben als sinnlos ansehen, geben sich selbst auf und begehen Selbstmord.

Gott wurde Mensch, so viel liegt ihm an unserem Leben. Niemand wird aufgegeben, niemand wird abgeschrieben, niemand soll umkommen. Es ist ungemein tröstlich und beruhigend, mit solch einer Zusage ins neue Jahr zu gehen.

Herr, wenn wir mit Dir gehen, kann kein Mensch und keine Macht der Welt uns aus Deiner Hand reißen. Herr, keine Versicherung der Welt gibt solche Garantien ab. Danke. Amen.

Allerdings hat es eine Bedeutung, sogar eine große. Erstens hat Gott zu ihnen gesprochen und ihnen sein Wort anvertraut. Es stimmt zwar, dass einige von ihnen Gott untreu wurden. Aber kann das Gottes Treue aufheben? Das ist ausgeschlossen.

RÖMER 3, 2–3

Wir können *Gott* aufgeben und wir können *uns* aufgeben.

In den Niederlanden hat der Selbstmord eines Jungen das Land erschüttert. In einer Zeitung, die den Abschiedsbrief des Jungen abdruckte, heißt es: „Lieber Pap und Mam, ich wurde mein ganzes Leben lang verspottet, gemobbt, gehänselt und ausgeschlossen. Ihr seid phantastisch. Ich hoffe, dass ihr nicht sauer seid. Auf Wiedersehen."

Die Zeitung schrieb, dass er im Schlafzimmer ein Wort des ehemaligen britischen Premiers Winston Churchill hängen hatte. Das Wort lautet: „Never, never, never give up!" (Gib niemals, niemals, niemals auf!) Auch Churchill war depressiv und wurde von Zweifel und Befürchtungen umgetrieben. Aber er gab nicht auf. Der junge Mann hat es nicht ausgehalten, er hat dem Mobbing und der Ausgrenzung nicht standgehalten.

Gott gibt uns nicht auf. Gott hält uns seine Treue, auch wenn wir versagen, auch wenn wir niedergedrückt und enttäuscht sind. Wer aufgibt, hat verloren. Wer nicht aufgibt, lernt aus seinen Fehlern, Schwächen und Enttäuschungen.

Herr, was auch immer geschieht, Deine Treue ist garantiert. Du lässt uns nicht fallen. Du richtest uns wieder auf. Amen.

Eins aber sage ich: Ich vergesse, was dahinten ist, und strecke mich aus nach dem, was da vorne ist, und jage nach dem vorgesteckten Ziel, dem Siegespreis der himmlischen Berufung in Christus Jesus.
PHILIPPER 3, 13

Welche Ziele streben wir an?

Sie kennen das schöne Wort: "I have a dream" (ich habe einen Traum/eine Vision). Ich möchte Arzt, ich möchte Pilot, ich möchte Tiefseetaucher, ich möchte Theologe werden. Viele wollen nur oben ankommen, wollen Erfolg haben, wollen einen hohen Lebensstandard erreichen.

Und wenn man ziellos strebt? Der amerikanische Schriftsteller Mark Twain, der die Figuren Tom Sawyer und Huckleberry Finn schuf, schrieb: „Als sie das Ziel aus den Augen verloren, verdoppelten sie ihre Anstrengungen." Die immer weiter vom Ziel abkommen, laufen immer schneller und verpassen das Leben.

Wie sagte der unvergessene Evangelist Wilhelm Busch: „In der Hölle wird es einmal wimmeln von Leuten, die getauft und vom Pfarrer beerdigt sind. Wir befinden uns alle in akuter, ernsthafter Lebensgefahr."

Wo ein Ziel ist,
da ebnen sich die Wege,
da werden Kräfte mobilisiert,
da sind wir motiviert,
da ist immer auch ein Wille.

Paulus lässt sich nicht vom Augenblick bestimmen. Er unternimmt keine Fahrt ins Blaue. Er weiß, was er will.

Herr, wir schauen nicht betrübt auf Fehler in der Vergangenheit. Wir setzen in Deinem Namen Prioritäten. Wir schauen auf Dein vorgestecktes Ziel. Amen.

Lasst euch durch niemanden von eurem Ziel abbringen.
KOLOSSER 2, 18

Wie oft werden wir von unseren Zielen abgelenkt?

Gehören Sie auch zu den Menschen, die nichts verpassen wollen?

Sie wollen auf allen Hochzeiten tanzen und verzetteln sich. Sie sind überall und nirgends.

Viele Menschen haben schon von Helen Keller gehört. Im Alter von 19 Jahren erblindete sie und wurde taubstumm. Aber sie gab nicht auf. Mit großer Anstrengung lernte sie die Blindenschrift, las mit ihren Fingern die Worte anderer Menschen ab. Sie lernte sprechen und schrieb mehrere Bücher. Als sie einmal von Menschen mitleidsvoll nach ihrem Blindsein gefragt wurde, gab sie zur Antwort: „Es ist kein Problem, blind zu sein, aber als Sehender keine Visionen und kein Ziel zu haben."

Eine mutige Frau. Eine tapfere Frau. Eine Frau, die weiß, was sie will. Wir brauchen Ziele. Wir brauchen Kampfgeist für den Alltag. Wir brauchen die richtige Motivation, wir brauchen den klaren Durchblick, sonst werden wir von tausend Versuchungen rechts und links vom Ziel abgebracht.

Wie schrieb Thomas Carlyle:

„Ein Mensch ohne Ziel in seinem Leben ist wie ein Schiff ohne Ruder – ein Heimatloser, ein Nichts, kaum ein Mensch zu nennen."

Je zielloser, desto verführerischer,
je zielloser, desto umtriebiger,
je zielloser, desto mehr hin- und hergerissen.

Herr, weil wir Dich haben, sind wir niemals ziellos. Mit Dir planen wir die nächsten Schritte. Amen.

Aber der Gärtner meinte: „Lass ihn doch noch ein Jahr stehen. Ich will den Boden rundherum gut auflockern und düngen. Vielleicht trägt er nächstes Jahr Früchte."
LUKAS 13, 8–9

Wird es ein Jahr des Herrn?

Ein neues Jahr hat begonnen. Annus Domini, das Jahr des Herrn. Wird es ein Jahr des Herrn oder ein selbstherrliches Jahr? Wie sagen wir: „Es ist alles drin!" Konjunktur und Rezession, Erfolg und Bankrott, Krieg und Frieden, Leben und Tod, Frucht und Fruchtlosigkeit. Es ist ohne Frage ein Jahr der Gnade.

„Lass ihn doch noch ein Jahr stehen." Vom Baum ist die Rede, ein Gleichnis für den Menschen.

Als ich vor Jahren zur Kur in Bad Eilsen war, hörte ich im Gottesdienst eine Predigt mit folgender kleinen Geschichte: Ein Maler hatte ein Bild gemalt vom Fischzug. Fischer ziehen die Netze an Land, in denen die Fische zappeln. Unter dem Bild steht nur ein Wort: Anfang. Der Anfang des Jahres ist in der Tat ein *Fang*. Der Anfang ist Tat, Frucht, Erfolg. Wer anfängt, verhält sich nicht passiv, er tritt nicht auf der Stelle. Wer ein neues Jahr im Namen Gottes anfängt, wird einen Fang machen, er wird Frucht bringen.

„Der Weg zur Hölle ist mit guten Vorsätzen gepflastert." Vorsätze und Einsichten sind nutzlos, wenn sie nicht zur Tat werden. Der Anfang wird im Namen Jesu gemacht, nicht theoretisch gründlich aufgearbeitet. „Lass ihn doch noch ein Jahr stehen!" Das eine Jahr ist ein Jahr der Gnade, ein Jahr unbeschreiblicher Möglichkeiten.

Der Du allein der Ewge heißt und Anfang, Ziel und Mitte weißt im Fluge unserer Zeiten: bleib Du uns gnädig zugewandt und führe uns an Deiner Hand, damit wir sicher schreiten. Amen.

(Jochen Klepper)

Sie stiegen in ein Boot und fuhren an eine einsame Stelle. Aber viele sahen sie abfahren.
MARKUS 6, 32–33

Bete und arbeite! Ora et labora! Das ist die Regel des Benediktinerordens.

Berge von Arbeit und Probleme liegen vor uns. Und die Stille? Stille finde ich nur, wenn ich aus der Hetze herausgehe. Was hier über die Verkündigung und Seelsorge Jesu berichtet wird, ist erstaunlich. Wörtlich heißt es: „Es war ein ständiges Kommen und Gehen, sodass sie nicht einmal Zeit zum Essen hatten." Jesus lehnt es entschieden ab, sich von der Hektik beherrschen zu lassen. Er fährt in die Stille.

Der Japaner Toki Hiyesnewi hat versucht, den 23. Psalm in die Gegenwart zu übertragen und die Bedürfnisse des heutigen Beters zu formulieren. Er nennt ihn einen „Antistress-Psalm". Leidenschaftlich wendet er sich gegen negativen Stress, gegen ein unsinniges Arbeitstempo und gegen die Rastlosigkeit des modernen Menschen:

> „Der Herr gibt mir das Arbeitstempo an. Ich brauche nicht zu hetzen. Er verschafft mir immer wieder einige ruhige Minuten, eine Atempause, wo ich zu mir kommen kann. Er stellt mir beruhigende Bilder vor die Seele, die mir wieder und wieder zur Gelassenheit verhelfen. Ich merke: Wenn man sich diesem Herrn anvertraut, bleibt das Herz ganz ruhig ..."

Wo liegt der Schlüssel für die Gelassenheit des Betenden? „Der Herr gibt mir das Arbeitstempo an", nicht mein Ehrgeiz, mein Prestige, mein Ich-muss-bei-allen-beliebt-Sein, nicht mein missionarischer Eifer, mein Wirken für den Herrn, mein aufopferungsvoller Dienst.

Lieber Herr, mitten im Trubel führst Du in die Stille. Du zeigst mir, wie ich ein arbeitsreiches Jahr meistern kann. Amen.

Herr, du bist unsere Zuflucht, Jahr um Jahr. Ehe die Berge entstanden und die Erde und die Welt geschaffen wurden, bist du gewesen und bist Gott von einer Ewigkeit zur anderen.
PSALM 90, 1–2

DU bist unsere Zuflucht!

Wie gehen wir mit dem neuen Jahr um? In einer Klosterschule fragte der Direktor einst ein paar Jungen, die beim Ballspiel waren, was sie tun würden, wenn sie noch eine halbe Stunde zu leben hätten. Da gaben die meisten irgendeine geistliche oder pseudo-geistliche Antwort. Nur einer sagte: „Ich würde weiter Ball spielen." Der wurde später ein Heiliger der katholischen Kirche: Louis de Gonzaga. Warum? Denn die erste Frucht des Vertrauens ist die Liebe zum Augenblick. Gott gibt ein neues Jahr. Warum sollten wir es nicht lieben, und sei es unsere letzte Frist?

Das ist das Geheimnis: Da Gott unsere Zuflucht ist, können wir jeden Augenblick genießen. Er war vor Jahrmillionen da, ist heute da und wird von einer Ewigkeit zur anderen da sein. Das gibt Geborgenheit, Zuversicht und Gewissheit. Das ist Medizin gegen alle Befürchtungen: „Was wird kommen? Ob dieses oder jenes gut geht? Ob der Konflikt einen Krieg heraufbeschwört? Ob die Vorräte reichen?" Loretta, die Frau Martin Luther Kings, sagte: „Today ist the first day of the rest of your life" (Dieser Tag ist der erste Tag deines restlichen Lebens). Er gehört – wie alle Tage des neuen Jahres – IHM.

Der Du die Zeit in Händen hast, Herr, nimm auch dieses Jahres Last und wandle sie in Segen. Nun von Dir selbst in Jesu Christ die Mitte fest gewiesen ist, führ uns dem Ziel entgegen. Amen.

(Jochen Klepper)

In der Welt habt ihr Angst, doch seid getrost, ich habe die Welt überwunden.
JOHANNES 16, 33

Angst gehört zum Leben wie die Luft zum Atmen.

Viele wollen das nicht wahrhaben. Sie schelten ihre Kinder „Angsthasen". Ähnlich unsachlich klingt die Überforderung: „Ein richtiger Junge hat keine Angst."

Angst gehört zum Leben aller Wesen. Angst ist von Gott in seine Geschöpfe gelegt. Er hat die Angst als Überlebensfunktion in unseren Organismus eingebaut. Angst aktiviert das sympathische Nervensystem und das Nebennierenmark. Herzschlag und Blutdruck erhöhen sich, die Durchblutung der Muskeln steigert sich, die Pupillen erweitern sich, die Haut wird blass, die Mundsekretion hört auf. Haare stehen zu Berge und eine Gänsehaut stellt sich ein. Es besteht jetzt volle Bereitschaft zum Handeln. Angst ist – recht besehen – ein Überlebensmechanismus. Ohne Angst könnten wir in der Welt nicht existieren.

Leider ist der Mensch aber auch in der Lage, Angst in unangemessenen Mengen zu produzieren. Er schwitzt grundlos, gerät in panische Angst und kann vor Angst sterben. Angst kann jede nur denkbare krankhafte Form annehmen.

Jesus ruft uns nicht wie die überfordernde Mutter zu: „Ein richtiger Christ hat keine Angst", sondern er sagt: „In der Welt habt ihr Angst, doch seid getrost, ich habe die Welt überwunden."

Jesus hat alle Ängste der Welt durchlitten – er ist alle beängstigenden Wege gegangen.

Lieber Herr! In dieser Welt peinigen mich Ängste von morgens bis in die Nacht. Viele sind unsinnig und unnötig. Du bist der Herr meines Lebens, darum bist Du auch der Herr meiner Angst. Amen.

Sei mir gnädig, o Herr, denn mir ist angst.
PSALM 31, 10

Angst bedeutet Enge.

Das lateinische Wort *angustiae, das* „Engpass" bedeutet, ist sehr anschaulich und drückt bildlich aus, wie man in der Antike das Phänomen Angst empfunden hat. Auch das neutestamentliche Griechisch benutzt ein Wort, das „Klemme" und „Engigkeit des Herzens" bedeutet. Wer aus einem Albtraum erwacht, weil ihn etwas im Halse zu beengen scheint, der hat Angst. Der Mensch kommt sich wie in die Enge getrieben vor. Solches Gefühl, nicht entfliehen zu können, kann Todesängste hervorrufen.

Der Philosoph Jean-Paul Sartre war der Meinung, dass Angst „die Grundbefindlichkeit des Menschen in unserer Zeit" sei. Wie erklären wir uns das?

Eines gilt heute wissenschaftlich als erwiesen: Angst kann gelernt werden. Angst wird gelernt. Der ängstliche Mensch hat einen niedrigen Selbstwert. Je geringer er sich einschätzt, desto ausgeprägter sein Angstverhalten. Das Überraschende der biblischen Botschaft ist nun, dass sie das Gegenteil von Angst und Furcht in der Liebe sieht. „Angst ist nicht in der Liebe." Liebe ist die positive Macht, die die Angst in die Schranken weist. Darum ist die Grundbefindlichkeit des Christen in der Welt nicht Angst, sondern Geborgenheit; Gelassenheit ohne Lässigkeit – etwas anderes als Vertrauensseligkeit oder Vermessenheit, sondern Hoffnung, die in Christus gründet. „Seid getrost, ich habe die Welt überwunden!"

Herr, in der Angst schaue ich nur auf mich und meine Schwächen. Reiß mich aus der Engstirnigkeit heraus und schenk mir den Blick auf Dich. Du hast die Ängste besiegt. Amen.

Darum bin ich guten Mutes (...) in Ängsten, um Christi willen.
2. KORINTHER 12, 10

Ängste können zu Beziehungsstörungen führen.
Viele Ängste entfalten sich im Umgang mit anderen Menschen:

„Den wage ich nicht anzusprechen, das ist so ein hohes Tier."
„In der Gruppe, da sitzen nur Akademiker, da mache ich den Mund nicht auf."
„Wenn die alle zuhören und mich anschauen, dann kriege ich kein Wort raus."
„Wenn ich mich verspreche oder etwas Falsches sage, was werden die von mir denken?"

Für Seelsorge und Therapie gibt es einen klugen Satz von Rudolf Dreikurs, der lautet: „Angst ist die Befürchtung, in den Augen der anderen maßgeblichen Beziehungspersonen an Wert zu verlieren."

Hier wird deutlich, dass ein Kind oder ein Erwachsener Angst hat, entwertet zu werden, vom Gegenüber nicht geliebt zu werden, von den andern übersehen, ausgelacht, lächerlich gemacht, nicht verstanden, nicht ernst genommen zu werden. Mit anderen Worten: Angst ist eine Beziehungsstörung. Der Mensch schweigt lieber, als sich zu blamieren. Er vermeidet die Begegnung, um bestimmte Entwertungen abzuwenden.

Kann Jesus uns helfen? Er liebt jeden Menschen, unabhängig vom allgemeinen Ansehen der Person. Er spielt kein Überlegenheitsgefühl aus, keine Herrscherrolle. Angstfrei dürfen wir zu ihm Du und zu Gott Vater sagen. Angstfrei dürfen wir kommen und den Mund aufmachen. Er nimmt uns ernst, wie wir sind.

Lieber Herr! Ich bin beschämt, dass ich vor Menschen oft mehr Angst habe als vor Dir. Wenn ich Dich über alle Dinge liebe, kann ich angstfrei zu jedem Menschen aufschauen. Amen.

Christus hat euch freigekauft; ihr gehört jetzt allein ihm. Lasst euch nicht wieder von Menschen versklaven!

1. KORINTHER 7, 23

Social Proof und Herdentrieb.

Der Bestsellerautor Rolf Dobelli hat sich in seinem Buch „Die Kunst des klaren Denkens“ mit Dummheiten von Millionen Menschen auseinandergesetzt. Sie glauben, sich richtig zu verhalten, wenn Millionen Menschen eine Idee richtig finden. Er sagt, man finde diesen Herdentrieb in der Mode, im Management, im Freizeitverhalten, in der Religion und bei Diäten. Einer der eindrücklichsten Fälle von Social Proof bzw. vom Herdentrieb sei die Rede von Joseph Goebbels gewesen, die er 1943 gehalten habe mit der Frage: „Wollt ihr den totalen Krieg?“ Dobelli behauptet, hätte man jeden Einzelnen privat befragt, hätte wahrscheinlich kein Einziger zugestimmt. Wir sollten äußerst skeptisch sein, wenn in der Werbung behauptet würde, es handele sich um „meistverkaufte“ Produkte. Der Schriftsteller Sommerset Maugham drückt es so aus: „Wenn 50 Millionen Menschen eine Dummheit behaupten, wird sie deswegen nicht zur Wahrheit.“

Paulus bringt es auf den Punkt: Wir sind freigekauft. Wir gehören IHM allein.

Aber die Verführung durch eine raffinierte Werbung, durch ein sogenanntes „Schwarmverhalten“ und durch Mitläufertum ist groß. Der Teufel ist nicht umsonst ein Durcheinanderbringer. Er macht aus schwarz weiß, aus hell dunkel, aus Wahrheit Lüge.

Herr, ich ertappe mich dabei, dass ich oft nicht anecken und dass ich nicht querliegen will, dass ich dazugehören möchte, und verrate Dich! Erbarme Dich über mich. Amen.

Wer an seinem Leben festhält, wird es verlieren. Wer aber sein Leben loslässt, der wird es für alle Ewigkeit gewinnen. Wer mir dienen will, der soll mir folgen.
JOHANNES 12, 25–26

Sind viele Christen Atheisten?

Der Bonner Psychiater und Psychotherapeut Dr. Manfred Lütz ist gleichzeitig Diplomtheologe und spricht eine Warnung für uns Christen aus. Er zitiert den atheistischen Philosophen Feuerbach, der den Christen ins Stammbuch geschrieben hat:

> Die wahren Atheisten sind die heutigen Christen, die behaupten, an Gott zu glauben, aber genau so leben, als ob er nicht existiere; diese Christen glauben nicht mehr an die Güte, die Gerechtigkeit, die Liebe, d. h. alles, was Gott definiert; diese Christen, die nicht mehr an das Wunder, sondern an die Technologie glauben, die mehr Vertrauen in die Lebensversicherungen setzen als ins Gebet; die angesichts des Elends nicht mehr zum Gebet Zuflucht suchen, sondern beim Vorsorgestaat.

Harter Tobak! Und Lütz kommentiert: „Atheist zu sein oder Christ zu sein, ist nicht irgendeine lustige Rolle im großen Welttheater, sondern es ist zweifellos eine ernste Sache, die jeder für sich entscheiden muss. Es ist eine Sache auf Leben und Tod."

Hat Lütz nicht recht? Unser Leben als Christ ist mehr als eine lustige Rolle im Welttheater. Unser Leben ist mehr als ein Lotteriespiel, ist mehr als ein Zufall.

Es geht um Leben oder Tod. Worauf verlassen wir uns?

Herr, ich erschrecke, wie oft ich menschlichen Zusagen, menschlichen Absicherungen und beglaubigten Unterschriften mehr vertraue als Dir. Ich erschrecke, wie sehr ich an diesem Leben festhalte und mich hier einniste. Herr, öffne mir die Augen. Amen.

Da kam ein Schriftgelehrter zu ihm und sagte: „Lehrer, ich will mit dir gehen, ganz gleich wohin!“ Jesus antwortete ihm: „Die Füchse haben ihren Bau, die Vögel ihre Nester; aber der Menschensohn hat keinen Platz, an dem er sich ausruhen kann.“
MATTHÄUS 8, 19–20

My home is my castle.

Mein Haus ist meine Burg. Wir sagen auch: „Eigener Herd ist Goldes Wert.“

Wir brauchen Sicherheit, wir brauchen Geborgenheit. Jesus kannte kein sanftes Ruhekissen, keine Idylle, kein Ferienhaus im Grünen, keine Kranken- und Sozialversicherung, keine Rentenversicherung.

Der Schriftgelehrte hatte sicher ehrliche Absichten. Er war von Jesus angetan. Aber wir hören nichts mehr von ihm. Wahrscheinlich waren ihm die Entbehrungen zu hart. Wie sollen wir leben? Das Bild von Dürer „Ritter, Tod und Teufel“ ist mir eine Hilfe. Am Weg eines ritterlichen Reiters lauern Gespenster und grässliche Unwesen. Der Ritter aber übersieht sie alle. Er hat überhaupt keinen Blick für sie, weil sein Blick an der heimatlichen Burg in der Ferne haftet. Auf diese Burg reitet er zu. Er hat das Ziel im Auge und kann mit Entbehrungen, mit Schutzlosigkeit, mit Gespenstern und Bedrohungen umgehen. Die meisten von uns haben sichere Wohnungen, aber tausend Gefahren lauern an allen Ecken und Kanten. Wir schauen auf IHN und die sichere Burg, die einst auf uns wartet. Das gibt mir Ruhe und Gelassenheit.

Herr, bewahre mich vor falschen Sicherheiten, vor Dingen, die ich nicht loslassen kann. Vor Ehre, die ich nicht aufgeben will, vor Ämtern, an denen ich klebe, vor Ehrgeiz, der mich auffrisst. Amen.

Doch ohne Gottes Segen ist alles umsonst. Denn Gott gibt denen, die ihn lieben, alles Nötige im Schlaf.
PSALM 127, 2

Am Ende die Rechnung.

Der Theologe und Dichter Lothar Zenetti hat unter der gerade gelesenen Überschrift ein Gedicht verfasst. Es lautet:

„Einmal wird uns gewiss die Rechnung präsentiert
für den Sonnenschein und das Rauschen der Blätter,
die sanften Maiglöckchen und die dunklen Tannen,
für den Schnee und den Wind, den Vogelflug und das Gras
und die Schmetterlinge, für die Luft, die wir geatmet haben,
und den Blick auf die Sterne, und für alle die Tage,
die Abende und die Nächte.
Einmal wird es Zeit, dass wir aufbrechen und bezahlen.
Bitte die Rechnung.
Doch wir haben sie ohne den Wirt gemacht.
Ich habe euch eingeladen, sagt der und lacht,
soweit die Erde reicht:
Es war mir ein Vergnügen!"

Unser Gott ist freigiebig,
er beschenkt uns umsonst,
er gibt alles, was wir brauchen – im Schlaf.

Er sättigt die Vögel unter dem Himmel, er hat sogar unsere Haare auf dem Kopf gezählt. Wir sind es gewohnt, dass wir für alles bezahlen müssen. Er segnet uns umsonst – *wenn* wir IHN lieben. Wenn ...

Herr, Deine Großzügigkeit ist unaussprechlich. Ohne Deinen Segen ist alles umsonst. Hilf mir, dass ich alles, was ich täglich erlebe und genieße, aus Deiner Hand empfange. Amen.

Da verschied und starb er (Abraham) in gesegnetem Alter, hochbetagt und lebenssatt.
1. MOSE 25, 8

Wer möchte nicht nach einem „erfüllten Leben" sterben?
So übersetzt „Hoffnung für alle" diese Stelle. Der russische Exil-Autor Alexander Solschenizyn gibt in seinem Buch „Krebsstation" folgende islamische Legende wieder:

> „Warum wird der Mensch 100 Jahre alt? Allah verteilte das Leben und gab jedem Tier 50 Jahre. Der Mensch kam als Letzter an die Reihe und Allah hatte nur noch 25 Jahre zu vergeben. Der Mensch jammerte: ‚Das ist mir zu wenig!' – ‚Na', sagte Allah, ‚dann mach dich auf den Weg, vielleicht hat jemand von den Tieren ein paar Jahre übrig und gibt sie dir ab.' Und der Mensch begegnete dem Pferd. ‚Na schön', sagte das Pferd, du kannst 25 Jahre von mir haben.' Der Mensch ging weiter und begegnete dem Hund. ‚Na schön, nimm dir 25', sagte der Hund. Der Mensch traf den Affen. Von dem bekam er auch 25 Jahre. Dann kehrte er zu Allah zurück. Der sagte: ‚Du hast es selbst gewollt. Die ersten 25 Jahre wirst du wie ein Mensch leben. Die zweiten 25 Jahre wirst du arbeiten wie ein Pferd. Die dritten 25 Jahre wirst du bellen wie ein Hund. Und die letzten 25 Jahre wird man über dich lachen wie über einen Affen.'"

Die Behinderungen und Beschwerden nehmen im Alter zu. Ein hohes Alter ist schön und mühselig zugleich. Wohl dem Menschen, der wie Abraham die Kunst des Altwerdens gelernt hat.

Deine Zusage, lieber Herr, macht uns getrost. Du hältst nicht nur Deine Hand über uns, wenn wir jung und elastisch sind, Du trägst uns durch Mühsal und Altersbeschwerden hindurch. Amen.

Herr, lehre uns bedenken, dass wir sterben müssen, auf dass wir klug werden.
PSALM 90, 12

Kann man das Sterben lernen?

„Leben muss man das ganze Leben lang lernen, und, was dich vielleicht noch mehr erstaunen mag: Das ganze Leben lang muss man sterben lernen“, schrieb der römische Philosoph Seneca in einem Büchlein „Von der Kürze des Lebens“.

Aber kann man sterben lernen? Jörg Zink formuliert:

> „Wer das Leben ohne den Tod ansieht oder den Tod ohne das Leben, kennt weder das eine noch das andere. Einüben ins Sterben bringt am meisten Klarheit über das Leben. Einübung ins Leben ist die beste Vorbereitung auf den Tod. Denn man kann sich zwar den Tod vor Augen halten, aber man kann ihn nicht üben. Jeder geht als Anfänger in seinen Tod.“

Das Gebet des Psalms hilft zur rechten Selbsteinschätzung und zum rechten Gebrauch der Zeit. Es bewahrt davor, Werte wie Erfolg, Glück und Jugend zu überschätzen. In der Tat: Wer richtig zu leben versteht, wird auch richtig zu sterben wissen. Wer den Tod bedenkt, schöpft die Tage, Stunden und Augenblicke besser aus. Er lernt, die Grenzen der Zeit höher zu bewerten. Er lernt, seiner Leistung, seinem Einfluss und seiner Position keinen zu hohen Stellenwert einzuräumen. Und er bedenkt, dass materielle Dinge, Einfluss und Geld im Angesichte des Todes auf ein Minimum zusammenschrumpfen. Wer in diesem Sinne alt wird und sein Leben vor dem lebendigen Gott meistert, bedenkt den Tod. Das ganze Leben eines Christen ist Zeugnis für seine Auffassung vom Tode. Können wir das von uns sagen?

Soll ich einmal nach Deinem Rat von dieser Welt abscheiden, verleih mir, Herr, nur Deine Gnad, lass es geschehen mit Freuden. Mein Leib und Seel befehl ich Dir; o Herr, ein seligs End gib mir durch Jesum Christum. Amen.

(Kaspar Bienemann)

Ehre deinen Vater und deine Mutter, damit du lange lebst in dem Lande, das der Herr, dein Gott, dir geben wird!
2. MOSE 20, 12

Das vierte Gebot und seine Verheißung.

Ein Märchen der Gebrüder Grimm schildert in eindrücklicher Weise das Verhältnis der Kinder zu den alten Eltern:

> „Es war einmal ein steinalter Mann, dem waren die Augen trüb geworden. Wenn er nun bei Tisch saß und den Löffel kaum halten konnte, schüttete er Suppe auf das Tischtuch, und es floss ihm auch etwas aus dem Mund. Sein Sohn und dessen Frau ekelten sich davor, und deswegen musste sich der alte Großvater hinter den Ofen setzen und sie gaben ihm sein Essen in ein irdenes Schüsselchen. Einmal konnte er das irdene Schüsselchen nicht festhalten, es fiel auf die Erde und zerbrach. Die junge Frau schalt und kaufte ihm ein hölzernes Schüsselchen. Wie sie da so saßen, trug der kleine Enkel von 4 Jahren auf der Erde kleine Brettchen zusammen. ‚Was machst du da?', fragte der Vater. ‚Ich mache ein Tröglein', antwortete das Kind, ‚daraus sollen Vater und Mutter essen, wenn ich groß bin.' Da sahen sich Mann und Frau eine Weile an, fingen endlich an zu weinen, holten sofort den alten Großvater an den Tisch und ließen ihn von nun an immer mitessen, sagten auch nichts, wenn er ein wenig verschüttete."

Das vierte Gebot ist das Einzige, das eine Verheißung hat. Wer es verachtet, lädt sich einen Fluch auf anstelle eines Segens. Darum sagt Martin Luther: „Man soll ihnen (den Eltern) auch mit Werken, das heißt mit Leib und Gut solche Ehre erweisen."

Herr, es gibt immer mehr alte Eltern und Gebrechliche. Du hast Dir was dabei gedacht, dass wir die Eltern und die Alten ehren sollen. Erinnere uns daran, dass wir alle eines Tages alt sind. Amen.

Graues Haar ist ein würdevoller Schmuck – angemessen für alle, die Gottes Gebote befolgen.
SPRÜCHE 16, 31

Graues Haar ist eine Ehrenkrone.

Der Segen der Alten ist höchstes Gut. Altersweisheit und Lebenskenntnis haben im Alten Testament, aber auch in vielen Kulturen, einen hohen Stellenwert.

Aus Afrika sind von einem unbekannten Verfasser folgende Worte erhalten geblieben:

> „Selig, die Verständnis zeigen für meinen stolpernden Fuß und meine lahmende Hand. Selig, die begreifen, dass mein Ohr sich anstrengen muss, um alles aufzunehmen, was man zu mir spricht. Selig, die zu wissen scheinen, dass meine Augen trübe und meine Gedanken träge geworden sind. Selig, die mit freundlichem Lächeln verweilen, um ein wenig mit mir zu plaudern. Selig, die niemals sagen: ‚Diese Geschichte haben Sie mir heute schon zweimal erzählt.' Selig, die es verstehen, Erinnerungen an frühere Zeiten in mir wachzurufen. Selig, die mich erfahren lassen, dass ich geliebt, geachtet und nicht allein gelassen bin. Selig, die in ihrer Güte die Tage, die mir noch bleiben auf dem Wege in die ewige Heimat, erleichtern."

Graues Haar ist eine Ehrenkrone. Wer es respektiert und sich vor der Ehrenkrone verneigt, ist seligzupreisen. Wer alte Menschen ehrt, ehrt Gott. Darum kann Martin Luther sagen: „ ‚Ehren' ist etwas viel Höheres als ‚lieben'. Es schließt ja nicht allein die Liebe in sich, sondern auch Zucht, Demut und Scheu einer Majestät gegenüber, die hier verborgen ist."

Lieber Herr! Ich möchte Dir einmal von Herzen für meine Eltern danken. Ohne sie ist mein Leben undenkbar. Sie haben teil an deiner Schöpfung. Und Du hast uns aufgetragen, sie nicht nur zu lieben, sondern sie zu ehren. Es ist erstaunlich, dass Du nur dieses Gebot mit einer Verheißung verknüpft hast. Amen.

Darum nehmt euch gegenseitig in Liebe an, wie auch Christus euch zu Gottes Verherrlichung angenommen hat.
RÖMER 15, 7

Selbstannahme, ist das keine Gotteslästerung?

Viele haben das jahrhundertelang geglaubt. Wer sich annehmen kann, wie er ist, ist glücklich. Matthias Claudius hat ein kleines Gedicht verfasst, das diese glücklich machende Selbstannahme charakterisiert:

„Ich danke Gott und freue mich wie's Kind zur Weihnachtsgabe, dass ich bin, bin! Und dass ich dich, schön menschlich Antlitz habe."

Das ist für einen lebendigen Christen eine geradezu klassische Form der Selbstannahme. Wohlweislich setzte Claudius drei Wörter über das kleine Gedicht, nämlich „Täglich zu singen". Wer nicht täglich Selbstannahme übt und „singt", wird anderen mit einem „unschönen menschlichen Antlitz" die Stimmung vermiesen.

Auch der Begründer der Transaktionsanalyse, Thomas A. Harris, schreibt in seinem Bestseller „Ich bin o.k. – du bist o.k.": „Die zentrale Botschaft Christi war der Begriff der Gnade. Gnade ist ein ‚vorbelastetes' Wort. Der Begriff ‚Gnade' ist nach der Interpretation von Paul Tillich, dem Vater aller neuen christlichen Theologen, eine theologische Formulierung des Prinzips ‚Ich bin okay, du bist okay'. Es heißt nicht: Du kannst okay sein, wenn, oder du wirst angenommen, falls, sondern du bist angenommen – ohne jede Bedingung."

Ich bin in der Tat von Jesus angenommen, so wie ich bin – ohne Wenn und Aber. Ich sage Ja zu mir, ohne übertriebene Eitelkeit, ohne Minderwertigkeitskomplexe.

Dein Wille ist's, o Gott, ich soll mich selber lieben. O lass mich diese Pflicht nach Deiner Vorschrift üben. Und schränke selbst den Trieb, froh und beglückt zu sein, den Du mir eingepflanzt, in heil'ge Grenzen ein. Amen.

(J. J. Spalding)

Fürchte dich nicht, denn ich habe dich erlöst; ich habe dich bei deinem Namen gerufen; du bist mein.
JESAJA 43, 1

Die Annahme des anderen löst viele Probleme.

Wir sitzen während einer Mitarbeitertagung zusammen und sprechen über den Punkt der *Selbstannahme.* Einer fragt: „Schön und gut die Selbstannahme, aber wenn mich Mitmenschen und Mitchristen immer wieder verunsichern, was soll ich da machen? Die anderen machen mich unsicher, züchten Zweifel in mir und sägen an meinem Selbstwertgefühl. Ich fühle mich dann wie ein Häufchen Elend."

Eine junge Mitarbeiterin sagt: „Seine Annahme ist absolut. Da gibt's kein Wenn und Aber." Und ein anderer ergänzt: „Andere Menschen dürfen mich infrage stellen, denn ich soll gefragt und befragt werden, aber seine Annahme hat absolute Priorität." Das ist es!

Er hat uns bei unserem Namen gerufen. Wir sind sein. Nicht: wir werden vielleicht, wenn alles gut geht, wenn kein „Betriebsunfall" passiert, dereinst sein Eigentum sein. Nein, heute und hier, unzweideutig gehören wir ihm. Seine Zusage hat keine Klauseln. Seine Zusage kennt keine Bedingungen. Wir sind auch nicht unpersönlich nummeriert oder in einer komplizierten Computersprache datenmäßig gespeichert. Der lebendige Gott hat uns beim Namen gerufen. Es geht weit über meinen Verständnishorizont hinaus, aber er kennt meinen Namen, mein Schicksal, meine Ecken und Kanten, meine Stärken und meine Fehler. Er hat mich angenommen, wie ich bin. In Zweifeln, in dunklen Tagen, in Schwermut, in Anfechtungen und Versuchungen behält diese Zusage absolute Gültigkeit.

Lieber Herr, Du sagst unüberhörbar zu mir: „Du bist mein!" Das tröstet mich. Das macht mich gelassen. Das stärkt mich im täglichen Konkurrenzkampf. Amen.

Keiner kann sie mir aus den Händen reißen; denn der Vater, der sie mir gegeben hat, ist mächtiger als alle.
JOHANNES 10, 28–29

Was sind Menschen mit Wurmlogik?

Es geht wieder um die Annahme unserer selbst. Ein viel beachteter und gelesener Prediger in Amerika war Norman Vincent Peale. In Reader's Digest fand ich einen Aufsatz von ihm, in dem ein Punkt überschrieben war: „Erheben Sie nie Anklage gegen sich selbst!"

Er beschreibt, dass ein Mann zu ihm gekommen sei mit der Bitte um eine Unterredung. Seine Haltung wäre gebeugt gewesen und seine Miene niedergeschlagen. Eine mutlose Stimmung wäre von ihm ausgegangen. Dann hätte er gesagt, er fühle sich völlig trostlos und deprimiert, ob er ihm helfen könne. Und dann reagierte Peale gegen alle Beratungsgrundsätze und sagte zu ihm, dass er ihm auf keinen Fall helfen könne. Damit meinte er, er könne nicht in den Kopf des anderen kriechen und den trostlosen Mechanismus darin umbauen. Aber er könne ihm sagen, wie er sich am besten selbst helfen könne. Er fragte ihn, warum er sich selbst vom Standpunkt eines Wurmes betrachte. Er sei doch ein Kind Gottes. Er sei mit Sicherheit sein Kind. Und wenn er für den lebendigen Gott wichtig sei – und das sei er nun mal –, woher nähme er sich das Recht, herumzugehen und seine Unwichtigkeit zu beteuern?

Peale hat recht. Wer aus der Perspektive eines Wurms sein Leben betrachtet, kriecht auf dem Bauch durchs Leben. Wer sich als Kind Gottes sieht, weiß, dass er ein für alle Mal zur Gottesfamilie gehört.

Herr, ich danke Dir, dass Du mich ohne Wenn und Aber angenommen hast. Ich bin Dein Kind und kein Wurm. Ich danke Dir, dass Du mich für unglaublich wichtig hältst. So wie ich bin, gehöre ich zu Deiner Familie. Amen.

Der Herr, der allmächtige Gott, hat den Schrei eurer Erntearbeiter gehört, die ihr um ihren Lohn betrogen habt. Euch dagegen ist es auf dieser Erde gut ergangen, ihr habt in Saus und Braus gelebt und euch doch nur für den Schlachttag gemästet.
JAKOBUS 5, 4

Arbeitgeber und Arbeitnehmer.

Ein Thema, das uns nicht nur in dieser Zeit interessiert. Arbeitgeber sind diejenigen, die Arbeit geben, Arbeitnehmer sind die, die Arbeit nehmen. Stimmt das eigentlich? In der „Süddeutschen Zeitung" wurden die Begriffe mal so formuliert:

> „Arbeitnehmer und Arbeitgeber, damit fängt ja schon alles an. Die, die ihre Arbeit geben, werden als Arbeitnehmer bezeichnet. Da gibt es dann den gütigen Patron, der gibt dir die Arbeit. In Wahrheit gebe ich dem ja meine Arbeit. Und er gibt mir nur einen Teil des Geldes, das mir zusteht. Den Rest sackt er ein. [...] Solange wir Kapitalismus sagen, werden wir nicht verstanden. Wenn wir aber sagen, wir leben in einer Gesellschaft, in der eine Minderheit dadurch reich wird, dass sie die Mehrheit für sich arbeiten lässt, dann kapieren das die Leute."

Aber das Ungleichgewicht zwischen Arm und Reich, von Arbeitgeber und Arbeitnehmer, von Oben und Unten, von Umverteilung und Schuldenkrise ist in aller Munde. Hat Lafontaine recht, wenn er formuliert: „Staatsschuldenkrise, was für ein Lügenwort! Wir haben doch keine Staatsschuldenkrise. Wir haben eine Bankenkrise, die eine gewaltige Umverteilung von unten nach oben bedeutet."

Auf alle Fälle gilt: Der allmächtige Gott hat den Schrei der Erntearbeiter gehört, die um ihren Lohn betrogen werden. Eine Stimme ist unser Gebet, eine andere die Wahl. Was wir einem der Ärmsten getan haben, das haben wir IHM getan. Diese Verantwortung bleibt.

Herr, wenn wir satt und zufrieden sind, lass uns nicht gleichgültig werden und das Los der Harz-IV-Empfänger und der Menschen, die um ihren Lohn betrogen werden, aus den Augen verlieren. Amen.

Ihr dürft niemand unter euch dulden, der wahrsagt oder aus Vorzeichen die Zukunft deutet, der zaubert, Geister beschwört oder Tote befragt. Wer so etwas tut, ist dem Herrn zuwider.

5. MOSE 18, 11–12

Hokuspokus. Gibt es das nicht mehr?

Das Magazin „Psychologie heute“ (Ausgabe 1/2013) beschäftigt sich mit Aberglauben. Und der Chefredakteur fragt im Editorial: „Sind die Abergläubischen immer die anderen? Haben viele von uns nicht auf Holz geklopft, einem Freund oder einer Freundin die Daumen gedrückt oder alle Fußballgötter beschworen, als Schweinsteiger den Elfmeter sicher versenken sollte? Wer trägt nicht alles einen Talisman oder eine Glücksbringer?“

Wer atmet nicht ruhig durch, wenn der 13., der zufällig auf einen Freitag fällt, komplikationslos vorbeigegangen ist? „Umfragen zufolge glauben heute mehr als 40 Prozent der Deutschen an glücksbringende Symbole.“

Wer schaut auf die Tierkreiszeichen und befragt die Sterne? Wer befragt die Toten oder beschwört Geister? In Deutschland soll es über 100.000 Wahrsager geben, mehr als 30.000 Pfarrer und Priester in beiden großen Kirchen zusammengenommen. Viele Menschen machen sich über den Glauben lustig, sind aber zu fast 80 Prozent davon überzeugt, dass an den Horoskopen etwas dran ist. Und doch müssen sie zur Kenntnis nehmen, dass 96 Prozent aller Voraussagen nicht eintreffen.

Unzählige wollen eindeutige Antworten, was die Zukunft bringt. Wir verlassen uns auf den lebendigen Gott, der unser Schicksal in seinen Händen hält.

Herr, bewahre uns vor abergläubischen Praktiken, die Dir zuwider sind. Stärke unsere Zuversicht, Dir in Freud und Leid, in Angst und Gefahr zu vertrauen. Amen.

Er hat selbst dafür gesorgt, dass die Menschen vor ihm bestehen können. Er (...) will die Menschen annehmen, wenn sie sich nur auf Christus verlassen.
RÖMER 3, 21–22

In den Augen Gottes sind wir wertvoll.

Der Schriftsteller Peter Bichsel hat eine Geschichte geschrieben, die nachdenklich macht. Folgender Abschnitt kommt darin vor:

> „Am Hofe gab es starke Leute und gescheite Leute, der König war ein König, die Frauen waren schön und die Männer mutig – nur Colombin war nichts. Wenn jemand sagte: ‚Komm, Colombin, kämpf mit mir', sagte Colombin: ‚Nein, ich bin schwächer als du!' Wenn jemand sagte: ‚Wie viel gibt 2 mal 7?', sagte Colombin: ‚Ich bin dümmer als du.' Wenn jemand sagte: ‚Getraust du dich, über den Bach zu springen?', sagte Colombin: ‚Nein, ich getraue mich nicht.' Und wenn der König fragte: ‚Colombin, was willst du einmal werden?', antwortete Colombin: ‚Ich will nichts werden, ich bin schon etwas, ich bin Colombin!'"

Am Hofe des Königs müssen alle etwas darstellen. Ehrgeiz, Leistung, Karrierestreben und Rivalität sind gefragt. Die starken und gescheiten Leute sind nur glücklich, wenn sie andere übertrumpft haben. Der Einzige, dessen Selbstbewusstsein nicht davon abhängig ist, ist Colombin. Er nimmt sich so an, wie er ist. Jeder von uns kann vor dem lebendigen Gott bestehen und kann damit vor sich und anderen bestehen, wenn er sich auf Christus verlässt. Dieses Vertrauen auf den Herrn macht uns unabhängig von der Meinung der Menschen, macht frei von Angst und frei von der Peitsche der Leistungsanforderung.

Lieber Herr, Minderwertigkeitsgefühle und Geltungsbedürfnis sind die beiden Pole, die mangelnde Selbstannahme ausdrücken. Du sagst Ja zu uns, wie wir sind, wenn wir uns auf Dich verlassen. Amen.

Darum nehmt euch gegenseitig in Liebe an, wie auch Christus euch zu Gottes Verherrlichung angenommen hat.
RÖMER 15, 7

Selbstannahme ist das A und O.

Über den amerikanischen Präsidenten Abraham Lincoln schrieb Siegfried Fischer: „Im Übrigen war er ein eher hässlicher Mann. Dessen schämte er sich aber ebenso wenig wie seiner Vergangenheit. Außerdem war er offenbar davon überzeugt, dass Gott schon wisse, was er einem Menschen antue. Jedenfalls sagte er eines Morgens zu seinem Gesprächspartner: ‚Ich habe ein Laster, anders kann ich es nicht nennen: Es ist meine Unfähigkeit, Nein zu sagen. Gott sei Dank, dass er mich nicht als Frau geschaffen hat; wenn aber doch, dann hätte er mich vermutlich ebenso hässlich gemacht, wie er es jetzt tat, und niemand würde mich je in Versuchung geführt haben!“

Was mir an diesem Mann imponiert, ist sein Humor, seine bedingungslose Selbstannahme und seine Selbstbejahung. Er schämte sich seiner Hässlichkeit nicht. Abraham Lincoln nahm sich selbst und seine Vergangenheit in Liebe an. Er spuckte nicht in den Spiegel ob seiner Hässlichkeit.

Christus kritisiert nicht an uns herum. Warum tun wir's denn? Es stimmt einfach: Wer mit sich im Krieg lebt, kann andere nicht lieben. Wer sich unleidlich findet, kann andere nicht leiden.

Können Sie sich annehmen, wie Sie sind? Können Sie uneingeschränkt Ja zu sich sagen? Christus hat vorbehaltlos zu uns Ja gesagt. Diese bedingungslose Bejahung ist der Maßstab für unsere Selbstannahme und unser Glück.

Ich habe vieles an mir auszusetzen, lieber Herr. Das stimmt mich unzufrieden und lieblos. Du nimmst mich an und willst, dass ich mich akzeptiere – wie ich bin. Amen.

Zieht euer altes Ich mit seinen Gewohnheiten aus und zieht das neue Ich an, das Gott euch schenkt. Lasst euch von Gott zu neuen Menschen machen, die nach seinem Bild geschaffen sind und seinen Willen erfüllen.
KOLOSSER 3, 9–10

Es geht um Bekehrung.

Und Bekehrung heißt: Herrschaftswechsel. In einer Zeitschrift fand ich ein anschauliches Bild für diesen Herrschaftswechsel. Abgebildet sind drei Kreise, die in der Mitte jeweils einen Stuhl zeigen. Auf dem Stuhl des ersten Kreises ist ein großes „E" abgebildet. Es steht für Ego („Ich"). In dem Kreis gibt es kleine und große Punkte, die Mächte bezeichnen sollen, die dem Ich nicht unterworfen sind: Triebe, Ängste, Gewohnheiten, Stimmungen, Launen und Komplexe. Ein Kreuz – es steht für Christus – ist außerhalb des Kreises angebracht. Christus tangiert das Leben dieses Menschen nicht. Der zweite Kreis zeigt wieder den Stuhl mit dem Ich im Mittelpunkt, aber das Kreuz, sprich Christus, ist in den zweiten Kreis hineingenommen. Christus gehört zu diesem Menschen. Aber auf dem Stuhl, auf dem „Thron", sitzt nach wie vor das Ich. Der Mensch lässt Christus zwar mit dem Verstande gelten, eine Umwandlung ist aber nicht geschehen. Der dritte Kreis zeigt auf dem Thron ein Kreuz („Christus"). Das Ich ist unterhalb des Stuhles angebracht und sitzt Christus zu Füßen. Die verschiedenen kleinen und großen Punkte innerhalb des Kreises sind noch da, die Triebe, die Gewohnheiten, Ängste, Stimmungen und Komplexe. Aber sie sind an den Rand gedrängt. Christus ist der Herr der Persönlichkeit geworden.

Christus ist der Herr meines Denkens, meiner Gedanken, meines Wollens und meiner Gefühle geworden. Ich habe den Ehrenplatz im Zentrum meiner Persönlichkeit an Christus abgetreten. Darum geht's.

Lieber Herr, ich kann mich nicht am eigenen Schopf aus Sünde, schlechter Gewohnheit und falschem Denken herausziehen. Wenn Du mich bekehrst, bin ich umgewandelt. Herr, gib, dass Du mein Ich bestimmst. Amen.

28. JANUAR

Beweist erst einmal durch Taten, dass ihr euch wirklich ändern wollt!
MATTHÄUS 3, 8

Es geht noch einmal um Buße und Bekehrung.

Dieser Text verdeutlicht einen Aspekt. Luther übersetzt Matthäus' Worte mit „Seht zu, tut rechtschaffene Frucht der Buße!" Es ist also möglich, dass die Buße nicht „rechtschaffen" verläuft. Lassen Sie mich das verdeutlichen: Es kommen oft Leute in die Beratung, die ihr Problem etwa so vortragen:

> „Unsere Ehe ist in einer Krise.
> Wir haben vieles falsch gemacht.
> Sicher werden Sie uns sagen, wo die Fehler liegen.
> Wir sind zu Ihnen gekommen, weil wir einen Neuanfang machen wollen."

Diese Ratsuchenden, sollte man meinen, haben ehrlich und aufrichtig vor, sich zu ändern. Nicht selten bleibt die Praxis aber hinter ihren guten Absichten weit zurück. Schon nach ein oder zwei Beratungsgesprächen wird deutlich, ob die Sinnesänderung echt ist. Wer eine Erneuerung seiner Ehe will, praktiziert kleine Schritte der Veränderung, die gemeinsam besprochen werden. Wer nicht will, findet Tausende Ausflüchte, um der Sinnesänderung auszuweichen. Der Therapeut Alfred Adler pflegte zu sagen:

> „Viele Menschen kommen in die Therapie. Sie alle wollen gesund werden, aber nichts dafür tun. Sie leben nach der Devise: ‚Wasch mich, aber mach mich nicht nass!' oder:
> ‚Wasch mir den Pelz, aber es darf nicht wehtun!'"

Buße ist Tat, Buße ist Sinnesänderung. Darum ruft Johannes seinen Zuhörern den Satz zu: „Zeigt erst einmal durch eure Taten, dass ihr euch wirklich ändern wollt!" Wollen wir über Buße und Bekehrung diskutieren oder soll sie Wahrheit werden?

Lieber Herr, schenke meinem Wollen das Vollbringen. Hilf, dass ich nicht über Buße und Bekehrung wortgewandt reflektiere, sondern Dir mein Leben übergebe. Amen.

Der Herr hat Geduld mit euch (...) Er möchte, dass alle Gelegenheit finden, von ihrem falschen Wege umzukehren.
2. PETRUS 3, 9

Unverändert bleiben bedeutet Stillstand.

Gewohnheiten spielen bei Kindern, Jugendlichen und Erwachsenen eine große Rolle. Jean Cocteau, französischer Schriftsteller und Maler, konnte einen bissigen Satz formulieren: „Die Meisten leben in den Ruinen ihrer Gewohnheiten."

Ein Mensch ohne Änderung und ohne Umdenken ist steril und selbstherrlich. Leider verwechseln viele Umkehr mit Charakterlosigkeit. „Er ist sich treu geblieben", sagen wir. Christus erwartet Buße, Umkehr vom falschen Wege. Das heißt nicht: Die Verhältnisse müssen anders werden. Die Gesellschaft muss verändert werden. Die Kirche muss reformiert werden. Nein, unser Herr möchte, dass alle Gelegenheit finden, vom falschen Wege umzukehren. *Wir* müssen erneuert werden. Die Revolution beginnt bei *mir*. Niemand wirft gern sein gesamtes Lebenskonzept über den Haufen. Jesus will, dass wir unser Leben auf göttlichen Kurs bringen. Er nimmt das Steuer in die Hand. Das ist wohltuend, befreiend.

Zinzendorf hatte das begriffen, als er sagte: „Um mich habe ich mich ausgekümmert!" Ich lege alles in Seine Hände: Mein Planen, meine Hoffnungen, meine Sorgen, meine Zweifel und die tausend Hindernisse im Leben.

Und noch eins: Diese Änderung ist keine fromme Eigenleistung. „Wie viele ihn aber aufnahmen, denen gab er Macht, Gottes Kinder zu werden, die an seinen Namen glauben."

Ich Betrübter komme hier und bekenne meine Sünden; lass, mein Heiland, mich bei Dir Gnade zur Vergebung finden, dass dies Wort mich trösten kann: Jesus nimmt die Sünder an. Amen.

(Erdmann Neumeister)

Dankt Gott in jeder Lebenslage. Das will Gott von denen, die mit Christus verbunden sind.
1.THESSALONICHER 5, 18

Dankbarkeit will gelernt sein.

Es geht um das Danken. Kann der wirklich Emanzipierte von Herzen danken? Das aufgeblähte Gerede von der Emanzipation hat ein modernes Selbstverständnis vom Menschen produziert, zu dem die Dankbarkeit schlecht passt. Geben und Annehmen, Schenken und Danken begründen nach der Meinung der Emanzipierten so etwas wie ein Abhängigkeitsverhältnis. Außerdem sei der Dankbare jener, der sich der Güte der anderen „verpflichtet" wisse. Sie bestehen auf einklagbaren Ansprüchen, die allein in der Freiheit des Menschen gewährleistet sind. Es wird von „Rechten" der Armen gesprochen, vom Recht der Dritten Welt, vom Recht auf frische Luft, vom Recht auf Arbeit, vom Recht auf ...

Mit der Erfüllung von Rechtsansprüchen stellt sich noch keine Mitmenschlichkeit ein. Sprachlich hängt das Wort „danken" mit Huld, Güte, Gnade und Segen zusammen. Für beide, für die vorausgegangene Zuneigung wie für das freudige „Dankeschön!" benützt das Neue Testament den gleichen Namen: *Charis*. Das heißt: Dankbarkeit wird durch das Geschenk ausgelöst. Dankbarkeit erwächst aus dem, was man ungeschuldet empfängt.

Wir sind Abhängige, mit Christus verbunden, abhängig von seiner Güte und Huld. Wir sind unendlich reich von ihm beschenkt worden und werden es täglich neu. Sollen wir ihm nicht dafür danken?

Ich will Dich all mein Leben lang, o Gott, von nun an ehren, man soll, Gott, Deinen Lobgesang an allen Orten hören. Mein ganzes Herz ermuntre sich, mein Geist und Leib erfreue Dich! Gebt unserm Gott die Ehre. Amen.
(Johann Jakob Schütz)

Danket dem Herrn, denn er ist freundlich, und seine Güte währet ewig.
PSALM 106, 1

Wie verhalten sich Wohlstand und Dankbarkeit zueinander?

Wohlstand und Dankbarkeit treffen sich an der Himmelspforte. „Na“, sagt Petrus, „ihr beide kennt euch sicher schon lange!“ „Nein“, entgegneten beide, „wir sind einander nie begegnet!“

Das ist die Realität. Wohlstand und Dankbarkeit sind sich fremd. Sie gehen einander aus dem Wege. Was heißt das? Wohlstand ist selbstverständlich oder er wird zur Selbstverständlichkeit. Wir sagen: Das steht mir zu. Das habe ich mir verdient. Der Dichter August von Kotzebue schrieb das bedenkenswerte Wort: „Dankbare Menschen sind wie fruchtbare Felder; sie geben das Empfangene zehnfach zurück.“

Was nehmen wir selbstverständlich hin? Was geben wir zurück?

Dankbarkeit verleiht dir die *Kraft*,
für Frucht und Erfolg immer wieder die Hände zu falten.
Dankbarkeit verleiht dir den *Mut*,
für Kleines und Großes Gott zu preisen.
Dankbarkeit verleiht dir die *Gewissheit*,
dass du alles aus seiner Hand empfangen hast.
Dankbarkeit verleiht dir *neue Augen*,
die Schönheit der Schöpfung zu genießen.

Marcus Tullius Cicero geht noch einen Schritt weiter, wenn er formuliert: „Die Tugend der Dankbarkeit ist nicht nur die Höchste. Sie ist sogar die Mutter aller Tugenden.“

Herr, vergib, wenn ich über Deine Güte gleichgültig hinweggehe. Gib mir geöffnete Augen und ein geöffnetes Herz für tausend unausgesprochene Wohltaten. Amen.

Lobe den Herrn, meine Seele, und vergiss nicht, was er dir Gutes getan hat.
PSALM 103, 2

Dankbarkeit verleiht Flügel!

In der Tat: Wer sich der Tugend der Dankbarkeit verschreibt und sie einübt, lebt leichter und gesünder. Sie kennen alle das Märchen vom Fischer und seiner Frau. Ilsebill, die Fischerfrau, ist mit allem unzufrieden. Der verwunschene Butt kann ihr Häuser herbeizaubern, eins ist schöner als das andere. Selbst Kaiser- und Papstrobe sind ihr zu wenig. Am Ende will Ilsebill wie Gott sein und kehrt dahin zurück, wo sie einst angefangen hat: ganz unten.

Die amerikanischen Psychologen R. A. Emmons und M. McCullough haben in verschiedenen Studien die positiven Auswirkungen der Dankbarkeit erforscht. Sie schreiben: „Dankbarkeit fördert und stärkt soziale Bindungen und Freundschaften. In schwierigen Zeiten werden diese sozialen Beziehungen zu einer Quelle der Unterstützung."

Die Forschungen zeigen: Dankbare Menschen sind gesünder als andere, fühlen sich wohler und schlafen länger. Interessant, dass eine ausgesprochen nichtchristliche Zeitschrift der Dankbarkeit einen langen Beitrag widmet. Dankbarkeit muss von innen kommen. Ohne Appell, ohne Aufforderung, ohne ständiges Ermahnen.

Undank ist eine Sünde, genauso wie Lügen und Stehlen. Undankbare Herzen sind kalte Herzen. Sie sehen sich und nicht den anderen. Undankbarkeit macht unzufrieden, bitter und egoistisch.

Herr, Du hast mich reich beschenkt. Jeden Tag erlebe ich Deine Güte und Treue neu. Erinnere mich, wenn ich undankbar werde, erinnere mich, wenn ich alles als selbstverständlich hinnehme. Amen.

Haltet an dieser Hoffnung fest, zu der wir uns bekennen, und lasst euch durch nichts davon abbringen. Ihr könnt euch felsenfest auf sie verlassen, weil Gott sein Wort hält.
HEBRÄER 10, 23

Hoffnung, Wunsch oder Wirklichkeit?

Eine Geschichte erzählt von einem gläubigen Juden, der Jesus Christus als Messias erkannt hatte:

> Dieser Jude war ein Gärtner. Eines Tages wurde er krank. Der Arzt kam und sagte zu ihm: „Lieber Freund, Sie sind schwer krank. Ihr Leben ist in höchster Gefahr." Darauf schaute der Gärtner den Doktor an und meinte: „Wie kann das denn sein? Wie kann mein Leben in großer Gefahr sein? Gott ist mein Vater, der Herr Jesus Christus ist mein Retter und der Himmel meine Heimat. Ich verstehe Sie nicht ganz. Mein Leben ist nicht in Gefahr."

Der Gärtner ist in der Tat schwer krank, aber sein Leben gehört Gott. Er hat eine Hoffnung über das Leben und über den Tod hinaus. Das Wort Hoffnung zieht sich wie ein roter Faden durch die ganze Bibel. Hoffnung ist ein Gefühl der Sehnsucht, vermischt mit freudigen Erwartungen. Hoffnung ist Wunsch und Vorfreude zugleich. Im menschlichen Leben kann Hoffnung enttäuscht werden; Hoffnung kann auf Sand gebaut ein leerer Wahn sein. Wir können uns felsenfest auf IHN verlassen. Das gibt Gelassenheit, das gibt Zufriedenheit und befreit von Angst und Verzweiflung.

Gott hält sein Wort, das ist kein leeres Versprechen!

Mit Martin Luther möchte ich beten:

Ich hänge mich an den Hals oder Fuß Christi wie die Sünderin. Ich halte meinen Herrn fest. Dann spricht er zum Vater: Dieses Anhängsel muss auch durch. Er hat zwar nichts gehalten und alle Deine Gebote übertreten, Vater, aber er hängt sich an mich. Lass ihn durchschlupfen. Das soll mein Glaube sein. Amen.

Seid fröhlich in der Hoffnung darauf, dass Gott seine Zusagen erfüllt. Seid standhaft, wenn ihr verfolgt werdet. Und lasst euch durch nichts vom Gebet abbringen.
RÖMER 12, 12

Hoffnung mit Schönheitsfehlern!

Bischof Abromeit von der Pommerschen Landeskirche weihte in Greifswald das „Haus der Hoffnung" ein. Dabei erzählte er ein Erlebnis in Israel. Er machte mit seiner Familie Urlaub im Sinai und besuchte eines der ältesten Klöster der Christenheit, nämlich das Katharinenkloster. Dort sieht man auch die Stelle, wo der feurige Dornbusch gestanden hat und nicht verzehrt wurde, als Mose mit dem lebendigen Gott am Berg Horeb ins Gespräch kam. Abromeit wörtlich: „Auf einmal sah unser Sohn neben dem Dornbusch einen Feuerlöscher stehen. Und er sagt: ‚Papa, die Mönche haben wohl Angst, der Dornbusch könne noch einmal Feuer fangen.'"

Ein brennender Dornbusch mit Feuerlöscher – kann es sein, dass das unsere Situation ist? Wir sind fromme Leute und richten unser Leben nach Gott aus. Doch gibt es nicht noch die Furcht, die lebendige Wirklichkeit Gottes könnte in unserem Leben auflodern und noch einmal alles durcheinanderbringen?

Seid fröhlich in Hoffnung, das kann man nicht machen, nicht anordnen, nicht herbeizaubern. Gott ist die Hoffnung. Nur in IHM haben wir die letzte Gewissheit. Wie sagte der Theologe Emil Brunner:

> „Was der Sauerstoff für die Lunge, das bedeutet die Hoffnung für die menschliche Existenz. Nimm den Sauerstoff weg, so tritt der Tod durch Ersticken ein. Nimm die Hoffnung weg, so kommt die Atemnot über den Menschen."

Herr, Du bist meine Hoffnung, mein Halt und meine Zuversicht. Das bewahrt mich vor Sinnlosigkeit, vor vielen Ängsten und Verzweiflung. Du bist der Ruhepol. Amen.

Gelobt sei Gott, der Vater unseres Herrn Jesus Christus, der uns nach seiner großen Barmherzigkeit wiedergeboren hat zu einer lebendigen Hoffnung durch die Auferstehung Jesu Christi von den Toten.
1. PETRUS 1, 3

Hoffnung aus dem Tod.

Der jüdische Künstler Marc Chagall hat eine Züricher Kirche mit wunderbaren symbolträchtigen Farbfenstern ausgestattet. Eines der Fenster ist ganz in hellen Gelbtönen gehalten und trägt den Namen „Zionsfenster". Unten erkennt man König David mit der Harfe. Hinter ihm steht, wie eine Erinnerung an menschliche Schuld, die überall gegenwärtig ist, Batseba. Über David erhebt sich Zion, das irdische Jerusalem, die Stadt Davids mit Häusern und Plätzen. Jerusalem ist Verheißung und Hoffnung. Hier starb Jesus. Über Zion schwebt der Schofar blasende Engel und kündet Frieden, trotz Streit, trotz Sünde, trotz Schuld. Das Zionsfenster ruft uns zum Hoffen und Nichtzweifeln auf. Gott behält das letzte Wort. Wo das Evangelium nicht ist, da ist weder Hoffnung, Trost, Friede, Freude, Glaube, Liebe. Wo die Hoffnung nicht ist, verbreitet sich Zukunftsangst, Zynismus und Pessimismus.

Viele Zukunftsforscher sind heute der Meinung, dass sich die Menschheit selbst ausrottet. Die Umweltzerstörung scheint kaum aufhaltbar zu sein. Die neuesten Waffen müssen doch mal ausprobiert werden. Die Reizüberflutung und der gestiegene Stress bringen Leib und Seele in Gefahr. Wir zerstören uns selbst oder wir hoffen auf die Wiederkunft Christi.

Schenk uns die Hoffnung, Herr, mit Dir über Mauern zu springen.
Schenk uns den Mut, mit dem Laufen zu beginnen. Amen.

Glücklich aber ist der Mensch, der seine Hilfe von dem Gott Jakobs erwartet! Glücklich ist, wer seine Hoffnung auf den Herrn setzt! Denn er hat Himmel und Erde geschaffen, das Meer und alles, was darin lebt. Niemals bricht er sein Wort!
PSALM 146, 5–6

Glücklich sind die, die ihre Hoffnung auf IHN setzen.

Bücher über Glück sind weltweit gefragt. Alle wollen glücklich sein. Der Psalmbeter preist die glücklich, die ihre Hoffnung auf Gott setzen.

Der ehemalige tschechische Staatspräsident Vaclav Havel denkt so über die Hoffnung:

> „Hoffnung ist nicht dasselbe wie die Freude darüber, dass sich Dinge gut entwickeln. Hoffnung ist vielmehr die Fähigkeit, für das Gelingen einer Sache zu arbeiten. Hoffnung ist auch nicht dasselbe wie Optimismus. Sie ist nicht die Überzeugung, dass es klappen wird, sondern die Gewissheit, dass etwas seinen guten Sinn hat – egal, wie es am Ende ausgehen wird. Diese Hoffnung allein ist es, die uns Kraft gibt zu leben und immer wieder Neues zu wagen."

Hat Havel recht? Wenn aber der Sinn auf Einbildung beruht, auf Illusionen und auf Träumen? Viele lügen sich die Hoffnung auf eine gute Zukunft in die Tasche. Unser Sinn ist kein beliebiger, keine Utopie und keine Phantasie.

Unsere Hoffnung ist nicht auf Träume fixiert, sondern auf Gott, auf Christus.

Wir sind glücklich, wenn wir IHM vertrauen,
wir sind glücklich, wenn wir mit IHM rechnen,
wir sind glücklich, weil wir die Zukunft im Zukünftigen sehen.

Menschen, die aus der Hoffnung leben, sehen weiter.
Menschen, die aus der Liebe leben, sehen tiefer,
Menschen, die aus dem Glauben leben, sehen alles in einem anderen Licht. Amen.
(Lothar Zenetti)

Wie lange noch, Herr, willst du mich ganz vergessen, wie lange noch dein Antlitz vor mir verhüllen?
PSALM 13, 2

Wo liegt die Hilfe für Depressionen?

Professor Viktor E. Frankl, der Begründer der Logotherapie, hat in einer Fernsehsendung ein Gespräch mit einem Depressiven wiedergegeben. Frankl sagte:

> „Darf ich Ihnen ein Beispiel bringen. Da kommt zu mir ein alter praktischer Arzt in einer schweren Depression. Zwei Jahre zuvor war seine über alles geliebte Frau gestorben. Ich habe ihn gefragt: ‚Lieber Kollege, was wäre geschehen, wenn nicht Ihre Frau, sondern Sie selbst zuerst gestorben wären?' ‚Oh, das wäre schrecklich gewesen für meine Frau', sagte er mir, ‚wie sehr sie gelitten hätte.' Und es ist mir nichts anderes übrig geblieben, als ihm zu sagen: ‚Sehen Sie, dieses Leiden ist Ihrer Frau erspart geblieben. Freilich um den Preis, dass nun Sie ihr nachtrauern müssen!' Der Mann ist wortlos aufgestanden, hat mir die Hand gedrückt und ist gegangen. Auf einmal hat sein Leiden einen Sinn bekommen, und zwar den Sinn eines Opfers."

Der Depressive fühlt sich – wie der Beter des Psalms – vergessen, im Stich gelassen und zu einem sinnlosen Leben verdammt. Der Mensch kann ohne alles Mögliche leben, aber nicht ohne Sinn. Sinnlosigkeit verstärkt die Depression, und die Depression verstärkt die Sinnlosigkeit. Für den alten Arzt hat das Leben wieder einen Sinn bekommen, „und zwar den Sinn des Opfers". Wir sind nicht überflüssig und vergessen, bei unseren Angehörigen nicht und bei Gott erst recht nicht. Nicht der lebendige Gott hat sein Antlitz verhüllt, sondern unser Antlitz kann infolge der Depression Gott nur noch schwach wahrnehmen.

Und ob es währt bis in die Nacht und wieder an den Morgen, doch soll mein Herz an Gottes Macht verzweifeln nicht noch sorgen. Amen.
(Martin Luther)

Darum, ist jemand in Christus, so ist er eine neue Kreatur; das Alte ist vergangen, siehe, es ist alles neu geworden.
2. KORINTHER 5, 17

Alles ist furchtbar!

Dieses Bibelwort ist für Depressive geradezu eine Anfechtung. Sie sind der Gefahr ausgesetzt, an dem kleinen Wörtchen „alles" zu zerbrechen.

Ich möchte das an einem Beratungsbeispiel illustrieren. Die Frau ist 42 Jahre alt. Sie glaubt an Christus und zweifelt gleichzeitig bis in die Tiefen ihrer Seele. Sie sagt: „Ich bin unendlich müde. *Alles* ist schrecklich, *alles* ist zum Heulen, *alles* ist dunkel. Es hat *alles* keinen Zweck mehr."

Sie zweifelt an ihrem Leben, an ihrem Christsein, an ihrer Liebe, an ihrer Ehe, an ihrem Frausein, an ihrer Tüchtigkeit, an allem. Sie hat zu hohe Erwartungen an sich und an Gott: Wer glaubt, bei dem muss alles anders geworden sein. Nichts ist neu geworden, alles ist beim Alten geblieben – glaubt sie. Und die Folge: Sie fühlt sich von Gott verstoßen. Sie möchte für ihren Herrn aktiv werden und fühlt sich als Versager.

Was macht sie falsch? Diese Frau möchte ihren Glauben beweisen. Die neue Kreatur, der neue Mensch, die neue Existenz sind aber ein Geschenk. Der Glaube und die neue Schöpfung sind Gnade. Ein theologisches Wörterbuch formuliert es treffend: „Die Wiedergeburt (die neue Schöpfung) ist die Verleihung einer neuen Existenz." Wie die Königin von England einen Menschen in den Adelsstand erhebt und ihm den Adelstitel verleiht, so wird dem Christen der Adelstitel der neuen Schöpfung verliehen.

Herr, unser Gott! Wir sind neue Menschen. Du hast uns den Titel „neue Existenz" verliehen. Alle Selbstgerechtigkeit ist zwecklos. Das ist gut zu wissen. Amen.

Wenn ich ein Märtyrer würde und für Christus auf den Scheiterhaufen stiege und meinen Leib für ihn verbrennen ließe, und es wäre keine Liebe in mir, so täte ich es doch alles nur für mich, und es hätte alles keinen Sinn.
1. KORINTHER 13, 3

Viele Depressive verhalten sich wie Märtyrer.

Fachleute sprechen vom „Märtyrerkomplex".

Da sagt eine Ratsuchende: „Ich habe für meine Familie alles getan, ich habe mich aufgeopfert von früh bis spät. Und was ist der Dank? Mein Mann geht fremd und die beiden Kinder haben mit 18 fluchtartig das Haus verlassen. Der Sohn hat zu mir gesagt: ‚Du bist ein Masochist!' Was habe ich falsch gemacht?"

Ich frage die Dame: „Was hat Sie denn am tiefsten getroffen?"

Sie antwortet: „Dass alle Familienmitglieder, aber auch alle, so undankbar sind."

Was hat die Dame falsch gemacht? Sie hat alles getan, um ihre Angehörigen glücklich zu machen. Die Mutter schuftete mehr als eine Putzfrau. In der Nachbarschaft war sie als „Aschenputtel" bezeichnet worden. Und der Sohn nannte sie beim Auszug eine „Masochistin", also eine Leidfreudige, die Leid will, um sich dann wohlzufühlen

Der Korintherbrief zeigt eindringlich, was an dieser Märtyrerhaltung falsch ist. Der Märtyrer, oft der Depressive, will geliebt werden. Er geht den untersten Weg, tut alles, um gemocht und geliebt zu werden. Wird er allerdings in dieser Erwartung enttäuscht, reagiert er verbittert, depressiv und zieht sich beleidigt und enttäuscht zurück. Er hat es nicht in erster Linie für die anderen getan, er hat es für sich getan. Diese Erkenntnis tut sehr weh, aber sie ist der erste Schritt zur Sinnesänderung.

Herr, wir sollen für andere da sein. Das ist Dein Wille. Bewahre uns davor, dass unser Egoismus größer ist als unsere Liebe zum Nächsten. Amen.

Und wenn die Lichter verlöschen und es dunkel wird, wenn ich einsam, wenn ich krank bin und den Tod fürchte – fürchte ich doch nicht, dich zu verlieren. Denn du bist bei mir.
PSALM 23, 3–4

Wie werden wir mit Depressionen und Resignationen fertig?

Malcolm Muggeridge, der Chefredakteur und Herausgeber der satirischen Zeitschrift „PUNCH", ist bei einem Besuch in Kalkutta, wo er Mutter Teresa begegnete, zum Glauben gekommen. Er schrieb damals aus Kalkutta: „Als ich wegging, war es mir, als ließe ich alle Schönheit und alle Freude dieser Welt hinter mir." Und dabei war es ein Schauplatz der Trostlosigkeit, ein Schauplatz des Sterbens. Doch über der Trostlosigkeit, über der Resignation der Sterbenden leuchtete Hoffnung.

Mutter Teresa begann jeden Tag mit der Kommunion. „Hier in den Slums, im zerstörten Leib Christi, in den Kindern, sehen wir Christus und berühren ihn", schrieb Muggeridge.

Das ist Hoffnung contra Resignation,
das ist Leben contra Tod,
das ist Sinnerfüllung contra Verzweiflung,
das ist Trost contra Furcht. Wer diese Hoffnung – wie Mutter Teresa – lebt, wer sie weitergibt, wer gegen die Verzweiflung das Banner der Hoffnung aufrichtet, vergisst seine Depression. Wer zu anderen geht und mitleidet, verringert sein eigenes Leid. Im Anblick der Sterbenden schmelzen die eigenen Depressionen zusammen. Resignation ist Sünde, ist Zielverfehlung.

Jesu, hilf siegen. Wenn alles verschwindet und ich mein Nichts und Verderben nur seh, wenn kein Vermögen zu leben sich findet, wenn ich vor Angst und vor Zagen vergeh, ach Herr, so wollst Du im Grunde der Seelen Dich mit dem innersten Seufzen vermählen. Amen.

(Johann Heinrich Schröder)

An einem kalten Tag die Kleider ablegen oder Essig in eine Wunde gießen oder einem Traurigen lustige Lieder vorsingen, das kann nur einem Verrückten einfallen.
SPRÜCHE 25, 20

Der Depressive will nicht mit Humor abgelenkt werden.

Professor Helmut Thielicke gibt uns einen guten und bedenkenswerten Hinweis, der auch für die Seelsorge an depressiv Kranken gilt. Als junger Mann war er schwer krank: „Da ich dazu verurteilt war, viele Monate meines Lebens als Schwerkranker und in manchmal hoffnungslosem Zustand Klinikzimmer zu bewohnen, habe ich eine merkwürdige Erfahrung gemacht. Manche wohlmeinenden Freunde brachten mir allerhand Schmunzelbücher, mich auf andere Gedanken zu bringen. Ich mochte das aber gar nicht, ich griff lieber zu Büchern, die vom Leiden anderer Menschen und von der Art sprechen, wie sie damit fertig wurden: Außer dem Psalter und dem Hiobbuch konnten dazu etwa Dostojewskis ‚Brüder Karamasow' oder Graf Lehndorffs ‚Ostpreußisches Tagebuch' gehören. Ertappte mich ein Besucher bei dieser Lektüre, konnte er manchmal entsetzt sein, dass ich in diesem Zustand noch etwas Schwermütiges läse. Aber es half mir und gewährte Trost. Ich brauchte sozusagen eine ‚homöopathische' Therapie, die das eigene Leid durch den Anblick fremden ähnlichen Leides milderte und das Wort des Passionsliedes bestätigte: ‚Wunden müssen Wunden heilen.'"

Der Depressive will nicht abgelenkt und zerstreut werden. Er will nicht das Leichte und Oberflächliche. Leiden anderer sollten ihn in Anspruch nehmen. Hier bewahrheitet sich das Sprichwort: „Geteiltes Leid ist halbes Leid."

Herr, wenn ich auf mein eigenes Leid und meinen eigenen seelischen Kummer konzentriert bin, leide ich doppelt. Wenn ich das Leid anderer teile, wird mir geholfen. Und wenn ich Deine Wunden und Deinen Tod glaube, werde ich gerettet. Hab Dank dafür. Amen.

Herr, ich bin völlig am Ende. Darum schreie ich zu dir! Höre mich, Herr! Ich flehe dich an, bitte höre mir zu!
PSALM 130, 1–2

Ein Schwermütiger schreit zum Herrn.

Das Wort Depression kommt in der Bibel noch nicht vor. Es wurde erst um 1920 von Ärzten eingeführt. Vorher sprach man von Schwermut oder Melancholie. Heute berichtet die Fachpresse aus gegebenem Anlass detailliert über Depression:

> „Allein in diesem Jahr werden weltweit 121 Millionen Menschen an Schwermut erkranken, davon mindestens fünf Millionen in Deutschland. Jede Stunde bringt sich in Deutschland ein Mensch um – mindestens zehn weitere versuchen es. In vielen Fällen ist eine Depression der Auslöser. Quer über den Globus zerstört keine andere Krankheit mehr gesunde Lebensjahre als die Depression."

> „Unter Berufstätigen in Deutschland stiegen die gemeldeten Fehlzeiten mit der Diagnose psychische Störungen von 2006 bis 2010 um 53 Prozent. Am häufigsten sind Angststörungen und Depressionen, und es wird erwartet, dass bis zum Jahre 2020 Depressionen in den Industrienationen die zweithäufigste Ursache der Erkrankungen sein werden."

Es ist seelsorgerlich falsch, dem depressiven Menschen Vorhaltungen zu machen. Ratschläge wie dieser bringen ihn nicht weiter: „Wenn du richtig glauben könntest und wenn du Gott rückhaltlos vertrauen würdest, hättest du keine Angst und keine Depressionen mehr."

Wir verstärken seine Schuldgefühle. Wir verstärken seine Ohnmachtsgefühle, im Leben und im Glauben ein Versager zu sein. Ja, wir erhöhen möglicherweise seine Selbstmordphantasien. Bei schweren Depressionen braucht er Ärzte, ggf. Medikamente und die Bereitschaft, seinen Umgang mit bedrückenden Umständen zu ändern.

Herr, wir verstehen nicht, dass es Millionen Menschen gibt, die am Ende sind, die unter Depressionen leiden. Hilf, dass wir sie nicht im Stich lassen und nicht in die Resignation treiben. Amen.

Sie (die Liebe) ist nicht rücksichtslos, sie sieht nicht den eigenen Vorteil.
1. KORINTHER 13, 5

Liebe ist mehr als Verführung.

Sören Kierkegaard zeigt etwa in seinem Bändchen „Entweder – Oder" die gegensätzlichen Typen der Verführer: Don Juan und Faust. Don Juan ist das Urbild der leidenschaftlichen, erotischen Sinnlichkeit. Don Juan ist der Verführer in Vollendung. Diesen Grundton seines Wesens lässt Mozart schon in der Ouvertüre seines „Don Giovanni" anklingen. Don Juans Leben ist nicht Verzweiflung, sondern Angst, und eben diese Angst ist eine dämonische Lebenslust. Wenn man einen Stein so flach wirft, dass er die Wasseroberfläche nur schneidet, dann kann er eine Zeitlang darüber hinspringen; sobald er aber zu springen aufhört, sinkt er augenblicklich in den Abgrund. So tanzt Don Juan in der kurzen Frist, die ihm bleibt, jubelnd über dem Abgrund. Don Juans Liebe ist nicht seelisch, sondern sinnlich. Sie liebt nicht ein Mädchen, sondern alle, und das heißt: sie verführt alle.

Der Verführer ist rücksichtslos. Er sucht den eigenen Vorteil. Don Juan will sich selbst befriedigen. Er will genießen. Er sieht nur sich. Die Liebe dagegen, die Gott uns schenkt, sieht den anderen. Sie will nicht glücklich werden, sondern glücklich machen, nicht genießen, sondern schenken.

Ohne die Agape, die göttliche Liebe, sind wir Don Juans, rücksichtslos und auf den eigenen Vorteil bedacht. Warum beten wir nicht um jene Liebe?

Herr, Du bist die Liebe in Vollendung. Rüste uns mit dem Charisma Deiner Liebe aus. Schenke uns eine Liebe, die nicht nur haben, sich befriedigen und genießen will, sondern die auch schenken kann. Amen.

Nun aber bleiben Glaube, Hoffnung, Liebe, diese drei; die größte aber von den dreien ist die Liebe.
1. KORINTHER 13, 13

Liebe ist keine hormongesteuerte Gefühlsregung.

Das schreibt Rolf Höneisen in seinem Editorial. Wörtlich heißt es bei ihm: „Der Abend sollte besonders romantisch werden ... Ich las meiner Angebeteten das 13. Kapitel des 1. Korintherbriefes vor: ‚... die Liebe erträgt alles, sie glaubt alles, die hofft alles.' Anschließend behauptete ich: ‚Genauso liebe ich dich!' Nein, das war keine Sternstunde ... Damals verstand ich die Liebe als hormongesteuerte Gefühlsregung. Inzwischen weiß ich: Wirkliche Liebe fängt bei Gott an."

Und Erich Kästner packte das Problem gekonnt in Verse:

„Als sie einander acht Jahre kannten
(und man darf sagen: sie kannten sich gut),
kam ihre Liebe plötzlich abhanden.
Wie andern Leuten ein Stock oder Hut."

Romantische Gefühle und Love-Songs, wie sie uns pausenlos vorgejubelt werden, haben mit der eigentlichen Liebe nichts zu tun. Wahre Liebe zeigt sich in Jesus Christus: Er bläht sich nicht auf, er ist nicht unanständig, er sucht nicht das Seine, er ist nicht neidisch und eifersüchtig. Und wir?

Liebe ist mehr als ein schmachtendes Gefühl. Liebe kostet Arbeit. Das klingt prosaisch, nicht poetisch, das klingt versachlicht, nicht pathetisch. Liebe kostet Zeit, fordert Fantasie. Sie will bereichern und erfreuen, sie will beglücken und verzeihen.

Herr, oft bin ich einfach verliebt. Meine Gefühle spielen verrückt. Wenn ich Dich anschaue, begreife ich, dass Liebe mehr ist als prickelndes Gefühl, mehr ist als Schmetterlinge im Bauch. Du bist in der Tat die vollkommene Liebe. Amen.

Durch die Liebe diene einer dem andern. Denn das ganze Gesetz ist in einem Wort erfüllt, in dem: Liebe deinen Nächsten wie dich selbst!
GALATER 5, 13–14

Liebe ist eine Wundermedizin.

Wenn es um Beziehungen geht, ist Liebe eine Wundermedizin. Liebe beinhaltet Annahme und Wertschätzung. Der Dichter Erich Fried hat in einem Gedicht die Liebe anderen Verhaltensweisen gegenübergestellt. Bei ihm heißt es:

„Es ist Unsinn, sagt die Vernunft,
es ist, was es ist, sagt die Liebe.
Es ist Unglück, sagt die Berechnung.
Es ist nichts als Schmerz, sagt die Angst.
Es ist aussichtslos, sagt die Einsicht,
es ist, was es ist, sagt die Liebe.
Es ist lächerlich, sagt der Stolz.
Es ist leichtfertig, sagt die Vorsicht.
Es ist unmöglich, sagt die Erfahrung,
es ist, was es ist, sagt die Liebe."

Die Liebe kommt nicht mit tausend Einwänden. Die Liebe akzeptiert den andern, wie er ist, nicht wie er sein sollte. Vernunft und Berechnung sind nicht überflüssig, aber sie sehen nur die eine Seite der Medaille. Die Liebe verfällt nicht in Hoffnungslosigkeit und Resignation. Sie kapituliert nicht vor Angst und Einsicht. Für die Liebe gibt es kein „aussichtslos", kein „unmöglich", und keinen „Unsinn". Die Liebe sieht den Menschen in einem anderen Licht. Liebe, mit der wir dienen und die Gott schenkt, hat eine andere Qualität. Unsere Liebe ist endlich, seine Liebe hört niemals auf.

Herr, Deine Liebe verwandelt. Sie macht aus hasserfüllten Menschen Versöhnte. Sie macht aus Feinden Freunde. Wir können die Liebe nicht zwingen. Liebe ist Dein Geschenk, das Du denen gewährst, die Dich lieben. Amen.

Das Endziel des Gebotes aber ist Liebe aus reinem Herzen, gutem Gewissen und ungeheucheltem Glauben.
1. TIMOTHEUS 1, 5

Wie sieht Liebe aus reinem Herzen aus?

Der Schriftsteller Heinrich Böll, Verfasser vieler Romane und Gedichte, hat sich unmissverständlich in einem Artikel mit dem Titel „Was halten Sie vom Christentum?" geäußert. Unter anderem heißt es bei ihm:

„Unter Christen ist Barmherzigkeit wenigstens möglich, und hin und wieder gibt es sie: Christen; und wo einer auftritt, gerät die Welt in Erstaunen. 800 Millionen Menschen haben auf dieser Welt die Möglichkeit, die Welt in Erstaunen zu versetzen. Vielleicht machen einige von dieser Möglichkeit Gebrauch. Selbst die allerschlechteste christliche Welt würde ich der besten heidnischen vorziehen, weil es in einer christlichen Welt Raum gibt für die, denen keine heidnische Welt je Raum gab: Krüppel und Kranke und Schwache, und mehr noch als Raum gab es für sie: Liebe für die, die der heidnischen wie gottlosen Welt nutzlos erschienen und erscheinen. Ich glaube an Christus, und ich glaube, dass 800 Millionen Christen auf dieser Erde das Antlitz dieser Erde verändern könnten. Ich glaube, dass eine Welt ohne Christus selbst die Atheisten zu Adventisten machen würde."

Liebe ist kein Gefühl, Liebe ist eine Gesinnung. Wehe, wenn unsere Liebe auf Gefühlen und Sympathien aufbaut! Gefühle und Sympathien können sich schlagartig ändern, von heute auf morgen. Gefühle unterliegen dem Wetter, dem Klima, der Sympathie, der Antipathie, der körperlichen Frische und tausend anderen Einflüssen. Verantwortung ohne Liebe macht rücksichtslos.

Herr, vergib mir, wenn ich in Worten und Werken immer wieder abgelenkt bin, wenn ich meine Interessen verfolge und mit halben Herzen woanders bin. Amen.

Wir können es ja nicht lassen, von dem zu reden, was wir gesehen und gehört haben.

APOSTELGESCHICHTE 4, 20

Zeugnis geben heute.

Pfarrer Klaus-Jürgen Diehl ist der Meinung, dass viele Christen stumme Fische seien, keine sprudelnden Wasserfälle. Wörtlich: „In unserer Gesellschaft gibt es eher eine breite Koalition der Verweigerer Gottes. Die große Mehrheit ist sich darin einig, dass Religion Privatsache ist (...) Bei uns dagegen empfinden es viele Christen als religiösen Hausfriedensbruch, ihr Gegenüber unvermittelt in ein Gespräch über Gott und den Glauben zu verwickeln. Denn authentisch – und eben nicht in frommen Stereotypen – davon berichten können, wie wir konkret die Zuwendung Gottes erfahren haben, darauf kommt es an!“

Pfarrer Diehl spricht ein christliches Dilemma an. Lieber schweigen, denn Anstoß erregen. Lieber schweigen und dem Menschen nicht zu nahe treten. Keine auswendig gelernten Glaubenssätze, keine christlichen Richtigkeiten, keine Aussagen, was *man* glaubt, was *die Kirche* glaubt, was der *Theologe* sagt, ist gefragt, sondern, was *ich* erlebt habe mit Gott, was *ich* ernst nehme, was *mich* im Glauben umtreibt, wo *ich* mein Glück finde, wo *ich* meine Zufriedenheit erlebe und was *mir* Halt gibt.

Zeugnis heißt im Neuen Testament in griechischer Sprache *matyria*. Der Zeuge ist ein Märtyrer, er steht dafür ein, was er sagt. Er hält seinen Kopf hin für das, was er von sich und seinem Glauben preisgibt.

Herr, wie oft halte ich meinen Mund, wo ich hätte reden sollen. Wie oft schweige ich, wo ich dich hätte bekennen sollen. Vergib meine Feigheit. Amen.

Dann wird er zu denen links von ihm sagen: „Geht weg von mir! Gott hat euch verflucht (...) Denn ich war hungrig und ihr habt mir nicht zu essen gegeben. Ich war durstig und ihr habt mir nicht zu trinken gegeben."
MATTHÄUS 25, 41–42

„Wir lassen sie verhungern."

So lautet ein Aufsatz von Jean Ziegler, dem ehemaligen UNO-Sonderberichterstatter für das Recht auf Nahrung, über den Hunger in der Welt.

Er schreibt, dass alle fünf Sekunden ein Kind unter zehn Jahren verhungert, dass weltweit 57.000 Menschen täglich an Hunger sterben. Eine Milliarde Menschen seien permanent schwerst unterernährt. Und das auf einem Planeten, der vor Reichtum überquelle. Der World Food Report der UNO besage, dass die Wirtschaft heute problemlos fast 12 Milliarden Menschen ernähren könne, das Doppelte der Weltbevölkerung. Die Gründe für die schrecklichen Missstände seien: Die Börsenspekulation auf Grundnahrungsmittel, die EU-Dumpingpreis-Politik in Afrika, der Landraub sowie die Überschuldung der meisten Entwicklungsländer. Nicht zuletzt der Agrartreibstoff.

In den Abschiedsreden Jesu kommt dieses Problem zur Sprache. Mit uneingeschränkter Härte hält er uns allen den Spiegel vor. Was wir den Hungrigen dieser Welt schuldig geblieben sind, das sind wir IHM schuldig geblieben. Wir gehören zu den Reichen in dieser Welt. Was wir nicht getan haben, das haben wir IHM nicht getan.

Herr, Dein Wort über die Hungernden in dieser Welt trifft uns massiv. Hilf, dass wir nicht die Augen, Ohren und Herzen verschließen und unser Heil aufs Spiel setzen. Amen.

Der Herr segne dich und behüte dich; der Herr lasse sein Angesicht leuchten über dir und sei dir gnädig; der Herr hebe sein Angesicht über dich und gebe dir Frieden.

4. MOSE 6, 24–26

Was beinhaltet der Segen?

In den weltweiten geistlichen Aufbrüchen wird seit Jahren das segnende Handeln der Christen wieder als ein biblischer Auftrag erkannt und praktiziert. Der Theologe und Schriftsteller Lindolfo Weingärtner beschreibt den „Segnenden Christus", der sich siebenhundert Meter über der Stadt Rio in Brasilien erhebt:

> „Nachts von Scheinwerfern angestrahlt, tagsüber in blendendes Sonnenlicht getaucht oder vom Dunst der Großstadt umhüllt: die Arme aus Beton werden nicht müde zu segnen. Die Statue segnet, was ist: Favelas und Villenviertel, Hochhäuser und Hütten, Karnevalsumzüge und streikende Arbeiter, mondäne Badestrände und Lager von Obdachlosen. Ihre Arme bleiben segnend ausgebreitet, unberührt vom brodelnden Leben, von Lust und Verzweiflung der Menschen."

Gottes Segen wirkt. Er heilt die Beziehungen zu Gott und untereinander und vertieft den Glauben derer, die segnen. Wer segnet, stiftet Frieden, lebt Versöhnung und heilt im Namen von Jesus Beziehungen. Wer segnet, gibt nichts Eigenes weiter. Der lebendige Gott ist der Segnende. Kraft, Schutz und sein Trost umgeben und begleiten uns.

Herr, wir sind von Deinem Segen abhängig. Du segnest die gelingende Partnerschaft, die gelingende Arbeit, die gelingende Konfliktlösung, die gelingende Hingabe, die gelingende Treue und die gelingende Versöhnung. Amen.

Denn ihr wisst ja, dass Gott euch dazu berufen hat, seinen Segen zu empfangen.

1. PETRUS 3, 9

Wir sind berufen, seinen Segen zu empfangen.

Pastor Dr. R. Weth sprach auf dem Jahresfest des Erziehungsvereins: „Von einem taubstummen Mann wird erzählt, dass er Sonntag für Sonntag in die Kirche kam, obwohl er offenkundig kein einziges Wort mehr verstehen konnte. Die Anlage für Schwerhörige nahm er nicht in Anspruch, weil er schon zu stark hörgeschädigt war. So fragte ihn eines Sonntags der Pfarrer, warum er denn trotzdem in jedem Gottesdienst dabei sei. Als er die Frage endlich verstanden hatte, stammelte er mit großer Mühe ein einziges Wort: ‚Segen'. Auf den Segen kam es diesem Mann also an. Wenn der Pfarrer zum Schluss des Gottesdienstes die Hände hob, dann wusste er: Jetzt wird mir etwas zugesprochen, was ich mir selbst nicht geben kann – der Segen des Herrn."

Leben unter dem Segen Gottes ist ein einzigartiges Geschenk. Segen, das ist nicht nur etwas, das mich innerlich berührt, sondern etwas, das bis in alle Äußerlichkeiten hinein mein Leben wertvoll macht: Gesundheit, Frieden, Auskommen, Nahrung, Kleidung, gute Nachbarn, treue Freunde. Wer als ein „Gesegneter des Herrn" seinen Weg geht, weiß es und hält es im Glauben fest: „Herr, ich bin ohne Schutz dem Leben preisgegeben."

Du, Herr, hast uns gesegnet,
hast viele Lebensjahre uns gewährt,
sind Dir im Alter neu begegnet,
niemals ist Deine Liebe ausgezehrt. Amen.

Gepriesen sei der Gott und Vater unseres Herrn Jesus Christus: Er hat uns mit allem Segen seines Geistes gesegnet durch unsere Gemeinschaft mit Christus im Himmel.
EPHESER 1, 3

Was heißt Segen?

Das deutsche Wort „segnen“ ist abgeleitet aus dem Lateinischen Wort *signare* und bedeutet „zeichnen“. Früher wurden Schafe mit den Anfangsbuchstaben ihrer Besitzer „gezeichnet“, damit keine Verwechslung geschah. Ebenso empfangen wir im Segen das Eigentumszeichen Gottes. Ein Gesegneter gehört auf die Seite Gottes.

Aus dem vierten Jahrhundert stammt der „Irische Wandersegen“:

Der Herr sei vor dir, um dir den rechten Weg zu zeigen.
Der Herr sei neben dir, um dich in die Arme zu schließen
und dich zu schützen.
Der Herr sei hinter dir, um dich zu bewahren
vor der Heimtücke der Menschen.
Der Herr sei unter dir, um dich aufzufangen, wenn du fällst,
um dich aus der Schlinge zu ziehen.
Der Herr sei in dir, um dich zu trösten, wenn du traurig bist.
Der Herr sei um dich herum, um dich zu verteidigen,
wenn andere über dich herfallen.
Der Herr sei über dir, um dich zu segnen.
So segne dich der gütige Herr.

Herr, wir genießen ein Vorrecht,
wir sind Deine Gesegneten,
wir sind Deine Begnadigten,
wir sind Deine Beschenkten,
wir sind Deine Geliebten. Amen.

Rächt euch nicht selbst, meine Lieben, sondern gebt Raum dem Zorn Gottes; denn es steht geschrieben: „Die Rache ist mein; ich will vergelten, spricht der Herr."
RÖMER 12, 19

Rache ist süß!

Wir alle kennen das Sprichwort, das uns leicht über die Lippen schießt.

Im menschlichen Leben spielt die Rache eine große Rolle. Wir sagen nicht umsonst: „Rache ist süß!"

Eine böse Rachegeschichte hat uns der Dramatiker Friedrich Dürrenmatt hinterlassen. In seiner Erzählung „Der Besuch der alten Dame" beschreibt Dürrenmatt die alt gewordene Claire, die steinreich aus Amerika zurückkommt und sich an dem Mann rächen will, der sie einst liebte und sie, schwanger, mit 17 Jahren sitzen ließ. Er leugnete die Vaterschaft, bestach zwei Zeugen, die vor Gericht falsch aussagten. Claire hat nichts vergessen. 45 Jahre später ist der Moment gekommen. Sie bietet den Bürgern des Städtchens eine riesige Summe gegen das Leben des Mannes, der sie ins Elend gestoßen hat. Die Geldgier der braven Bürger siegt über ihr Gewissen. Sie führen den geforderten Mord aus. Claire übergibt das Geld und reist ab. Die Leiche des einst geliebten Mannes nimmt sie mit – in einem bereits vorbereiteten Sarg.

Der Mensch ohne Gott ist grausam und unmenschlich. Rache ist das Gegenstück zur Vergebung. Wer sich rächt, verlängert Hass und Feindschaft. Kriege, Kampf und Lieblosigkeit zerstören Freundschaften, Ehen und Völkergemeinschaften. Die Vergebung ist ein Geschenk Gottes. Sie allein heilt vergiftete Beziehungen.

Herr, meine Rachegedanken zerstören meine Partnerschaft, zerstören meine Mitmenschlichkeit, zerstören meine Liebe. Ich sammle Steine gegen meinen Nächsten. Hilf mir, dass Vergebung und Liebe meine Triebfedern sind. Amen.

Denn Christus ist mein Leben und das Sterben für mich nur Gewinn.
PHILIPPER 1, 21

Er ist unser Leben. Was heißt das?

Der Leiter des Tauernhofes in Österreich, Hans Peter Royer, schreibt über „Das Montagsgeheimnis" folgendes: Das Geheimnis des Christus sei in Wahrheit, dass er *in* uns lebe. Wir seien also nicht „christusgläubig", sondern wir seien „Christusträger". Wörtlich heißt es bei ihm:

> „Als ich 25 war, las ich einen Satz von Major Ian Thomas, dem Gründer der Fackelträger. Er schrieb: ‚Christ-sein ist nicht leicht, Christ-sein ist auch nicht schwer, Christ-sein ist unmöglich!' Dieser Satz war für mich zuerst verwirrend, aber gleichzeitig gab er mir Hoffnung. Seitdem bete ich täglich, dass nicht ich für Christus arbeiten muss, sondern er durch mich wirkt. Seitdem bete ich jeden Tag: ‚Herr, ich kann das christliche Leben nicht leben. Aber du kannst es."

Darum geht es: Wer „christus-gläubig" leben will, muss seine *eigenen* Kräfte mobilisieren, muss *sich* anstrengen, muss *sich selbst* motivieren. Er ist das Leben in mir. Er ist das Wirken, nicht ich.

Wer aus IHM lebt, geht ruhig und gelassen an alles heran. Er muss sich nicht abstrampeln und sich selbst verrückt machen.

Herr, in Dir haben wir ein erfülltes Leben,
in Dir sind wir an unsere Kraftquelle angeschlossen,
in Dir und mit Dir vollbringen wir alles, was Du von uns forderst. Amen.

Wie ein Asket zu leben ist ganz gut und schön, aber auf Gott zu hören, ist besser. Denn damit werden wir dieses und das zukünftige Leben gewinnen.
1. TIMOTHEUS 4, 8

Wer lebt heute länger?

In der Zeitschrift „Dennoch“ lese ich folgenden Beitrag: „Mönche leben länger. Ordensmänner leben länger. Das ergab eine Studie des Bundesinstituts für Bevölkerungsforschung in Wiesbaden, über die der ‚Spiegel‘ berichtete. Die Sterblichkeitsdaten von über 11.000 Ordensfrauen und Ordensmännern in bayrischen Klöstern im Zeitraum von 1890 bis 1995 wurden untersucht und mit der Lebenserwartung der Gesamtbevölkerung verglichen. ‚Dort leben die Mönche und Nonnen weitestgehend unter identischen Verhältnissen. Sie halten sich in der gleichen Umgebung auf, haben ähnliche Tagesabläufe, ernähren sich gleich‘, erklärt der Wissenschaftler Marc Luy. Er kam zu dem Ergebnis, dass die Lebenserwartung von Ordensmännern deutlich höher liegt als die der männlichen Gesamtbevölkerung. Ordensfrauen dagegen werden im Unterschied dazu nur etwa genauso alt wie Frauen außerhalb von Klöstern.“

Mönche praktizieren beides: Sie führen ein asketisches Leben und hören auf den lebendigen Gott. Und Jürgen Werth schreibt in einem Beitrag über das Leben: „Ich kann nicht aussteigen aus der Welt. Aber ich kann sie gestalten.“ Auf dem Auto einer Schweizer Kollegin klebt der Satz: „Gestalte dein Leben, bevor es dich gestaltet.“ Es ist nicht zu spät. Eines meiner Bücher trägt den Titel „Und jeden Tag erfindet Gott das Leben neu“. ER tut das, davon bin ich überzeugt.

Herr, ich möchte mich nicht vom Leben treiben lassen. Ich möchte, dass Du es in die Hand nimmst. Ich möchte, dass Du es gestaltest. Amen.

Wer also dem Sohn vertraut, der hat das Leben; wer aber dem Sohn nicht vertraut, der hat auch das Leben nicht.
1. JOHANNES 5, 12

Setzen wir unser Leben aufs Spiel?

König Pyrrhus von Epirus wurde von seinem Freund Cyneas gefragt: „Wenn Ihr Rom erobert habt, was werdet Ihr dann als Nächstes unternehmen?"

Pyrrhus erwiderte: „Sizilien liegt ganz in der Nähe und wird leicht zu erobern sein."

„Und was werden wir tun, wenn Sizilien genommen ist?"

„Dann werden wir nach Afrika übersetzen und Karthago plündern."

„Und nach Karthago?"

„ Dann kommt Griechenland an die Reihe."

„Und, wenn ich fragen darf, was wird am Ende all dieser Eroberungen stehen?"

„Dann", erwiderte Pyrrhus, „können wir uns in Ruhe des Lebens freuen."

„Könnten wir das nicht schon jetzt tun?", sagte Cyneas.

Unsere Pläne, *unsere* Ziele, *unsere* Wünsche und *unsere* egoistischen Forderungen sollen erfüllt werden, erst danach wollen wir leben. Wenn wir pensioniert sind, dann werden wir das Leben genießen. Welches Leben?

Ein Leben ohne Kompass ist eine Fahrt ins Blaue. Ziellosigkeit ist Orientierungslosigkeit.

Unser Leben beinhaltet immer beides: Engagement und Besinnung, Sendung und Sammlung, Arbeit und Schlaf, Dienst und Gebet.

Herr, ich möchte, dass mein Leben nicht auf dem Friedhof endet. Ich möchte, dass ich mich nicht von meinen egoistischen Wünschen treiben lasse. Ich möchte, dass Du mein Leben gestaltest. Amen.

Vergib uns unsere Schuld, wie wir denen vergeben, die uns Unrecht getan haben.
MATTHÄUS 6, 12

Was Schuldeingeständnisse bewirken.

Die „Welt am Sonntag" brachte einen langen Beitrag unter dem Thema „Die Kunst der richtigen Abbitte". Wissenschaftler verschiedener Universitäten untersuchten die Wirkung von Schuldeingeständnissen. Harald Czycholl schrieb in der Zeitung:

> „Entschuldigungen sind ein merkwürdiges Phänomen. Einen Fehler ungeschehen machen können sie nicht – und dennoch wirken sie häufig Wunder. Das gilt sowohl für Entschuldigungen im Zwischenmenschlichen als auch für solche bei geschäftlichen Beziehungen, namentlich für den Umgang mit enttäuschten Kunden und Geschäftspartnern. (...) Von einer Entschädigungszahlung in Höhe von rund zehn Prozent des Einkaufswertes ließen sich die Kunden dabei nicht beeindrucken. Als das Unternehmen kein Geld bot, sondern sich per E-Mail ausführlich bei den betroffenen Kunden entschuldigte und erläuterte, wie es zu Problemen gekommen war, zogen 45 Prozent die schlechte Bewertung zurück. Geld allein ist also kein Mittel, ein Problem aus der Welt zu schaffen, so die Erkenntnis der Wissenschaftler."

Eine wichtige Erfahrung: Eine glaubwürdige und offensichtlich ernst gemeinte Entschuldigung bringt oft mehr als Entschädigungszahlungen. Die Wissenschaftler haben aber einige Komponenten entdeckt, die für eine glaubwürdige Entschuldigung unabdingbar sind: Die Abbitte muss ein eindeutiges Schuldbekenntnis enthalten, außerdem muss sie einen klaren Ausdruck des Bedauerns aufweisen.

Herr, hilf, dass ich für meine Fehler und Sünden ernsthaft einstehe und mich nicht herausrede. Amen.

Ja, ihr wart tot aufgrund eurer Verfehlungen. Und euer auf das Irdische ausgerichteter Körper hatte die Beschneidung noch nicht empfangen, die Christus schenkt.

KOLOSSER 2, 13

Eingeständnis von Schuld entlastet.

Jesus hat uns von Schuld befreit. Sollten wir mit Menschen, die an uns schuldig geworden sind, nicht ebenso verfahren? In die Beratung kam eine Studentin, die mit Hautausschlag übersät war. Ihre Mutter hatte ihren Mann verloren. Seit der Zeit klammerte die Mutter sich an die Tochter, die in Wuppertal studierte. Die Mutter wohnte im Süden. Jeden Tag rief sie an und lähmte die Tochter mit neugierigen Fragen. Die Tochter war unglücklich, vermochte nicht zu widersprechen. Sie konnte sich ihrer Haut nicht wehren. Wenn sie die Mutter besuchte, war der Körper von Kopf bis Fuß mit Ausschlag bedeckt. Sie ließ sich nicht in den Arm nehmen und wehrte so die Mutter ab. Die Mutter weinte und reagierte extrem unglücklich. Kam die Studentin nach Wuppertal zurück, ließ der Ausschlag wirklich nach. Der Tochter wurde klar: „Ich kann meiner Mutter die Zudringlichkeit nicht vergeben. Ich wehre mich meiner Haut und reagiere mit Ekzem."

Auch die Mutter erkannte ihr Klammern. Sie schloss sich einer Gemeinde an, wurde aktiv in einem Hausbibelkreis und ging zur Tochter auf Distanz. Beide konnten ihre subjektive Schuld einsehen, praktizierten Vergebung und konnten friedfertiger und befreiter miteinander umgehen. Der Hautausschlag bildete sich zurück. In der Tat, wir reden mit dem ganzen Körper. Leib, Seele und Geist sind eng miteinander verbunden.

Herr, schenk mir die Kraft, Kränkungen zu vergessen, über Vergebung täglich neu nachzudenken, die mich aufrichtet, die mich mit Wohlwollen und guten Gefühlen stärkt und die zwischenmenschlichen Beziehungen verbessert. Amen.

Darum kann ich auch anderen Mut machen, die Ähnliches durchstehen müssen. Ich kann sie ermutigen, so wie Gott mich selbst ermutigt hat.
2. KORINTHER 1, 4

Es geht um Mut.

Bill Hybels schreibt in einem seiner Bücher: „Mut hat mich schon immer fasziniert. Als ich ein kleiner Junge war, hat mein Vater in Irland ein Segelboot gekauft und ist über den Atlantischen Ozean zurückgesegelt, obwohl ein Wirbelsturm tobte. Ehe er von zu Hause aufbrach, hatte er viele Bücher gelesen, um zu erfahren, was ihn erwarten würde. In vielen dieser Bücher wurden Schiffsunglücke beschrieben, in denen Leute auf dem Deck eines sinkenden Schiffes standen und überlegten, was zu tun sei, da es nicht genügend Schwimmwesten für alle gab. Es gab immer jemanden, der sagte: ‚Hier, nimm meine.' Immer, wenn ich so etwas las, ging mein Atem schneller und mein Herz begann heftig zu schlagen. Jedes Mal, wenn ich von jemandem höre, der Mut statt Feigheit bewiesen hat, höre ich mich sagen: ‚So möchte ich auch sein.' Ich wünschte, ich hätte mehr Mut." Mut wünschen wir uns alle.

Paulus hatte Mut. Er verließ sich nicht auf seine Kraft, sondern auf Gottes Beistand. Christlicher Mut ist die getroste Zuversicht, die der Glaubende zu Gott hat, für den es kein *Unmöglich!* gibt. Mut kann man sich schlecht verordnen, Mut ist kein Selbstappell, sondern ein Geschenk. Mut kann Hochmut bedeuten und Überheblichkeit, wenn wir ihn demonstrieren wollen.

Herr, Du bist unsere Ermutigung, wenn Sorgen und Unruhe uns heimsuchen; Du bist unsere Ermutigung, wenn Krankheit und Zweifel uns überfallen; Du bist unsere Ermutigung, unser Trost und unsere Stärke. Amen.

Und wenn dich jemand nötigt, eine Meile mitzugehen, so geh mit ihm zwei. Gib dem, der dich bittet, und wende dich nicht ab von dem, der etwas borgen will.
MATTHÄUS 5, 41–42

Es geht um die zweite Meile.

Die römischen Soldaten zu Zeiten Jesu konnten die jüdischen Zivilisten jederzeit zu einem Dienst verpflichten (Essen besorgen oder zubereiten, Wäsche waschen, eine Übernachtungsmöglichkeit bieten oder auch das Gepäck tragen). Allerdings war der Gepäckdienst geregelt: Ein Jude musste nur eine Meile das Gepäck des Soldaten tragen – dann war sein Dienst erfüllt.

Jesus fordert seine Zuhörer auf, dem römischen Soldaten anzubieten, noch eine zweite Meile – freiwillig! – mitzugehen, um ein Zeichen zu setzen. Wirkliche Liebe geht über das Notwendige hinaus. Diese Liebe ist ein Charisma, ein Geschenk. Wir haben solche Liebe nicht im Blut. Auch alle Selbstappelle solche Liebe zu üben, führen zu nichts.

Wir Christen sollen Gott von ganzem Herzen, mit ganzer Seele und mit allen Gedanken lieben – und unseren Nächsten dazu. Wenn wir das absolute Minimum des Dienens überbieten oder über die Pflichterfüllung hinausgehen, übt das eine unvergessliche Wirkung auf Menschen aus. Die Antrittsrede Jesu setzt hohe Maßstäbe für unser Christ-Sein. Wir schaffen das nur, wenn ER in uns lebt. Selbstappelle sind moralische Fehlschläge. Selbstappelle befriedigen nur unsere Eitelkeit.

Herr, bewahre uns vor eitler Selbstdarstellung. Wir wollen Dir und nicht uns gefallen. Amen.

Und wenn er auf dem Krankenbett liegt, steht der Herr ihm zur Seite und hilft ihm wieder auf.
PSALM 41, 4

„Krankheit als Glücksfall"

Diese überraschende Zwischenüberschrift fand ich in dem lesenswerten Buch des katholischen Psychiaters Manfred Lütz. Er kann sagen, dass er niemals ein Buch über „Lebenslust" hätte schreiben können, wenn es kein Leid gäbe, wenn es nicht Krankheiten und Schmerzen gäbe, die unser Leben in Atem halten. Er schreibt:

> „Die Antike kannte einen ‚morbus sacer', eine heilige Krankheit. Auf den ersten Blick scheint es völlig absurd, eine Krankheit als heilig zu bezeichnen. (...) Krankenhäuser scheinen geradezu Brutstätten neuer geistiger Bewegungen zu sein. Als zu Beginn des 13. Jahrhunderts ein leichtlebiger, verwöhnter Sohn aus betuchtem Hause von schwerer Krankheit gezeichnet in einem mittelalterlichen Krankenhaus lag, da passierte etwas Merkwürdiges. Er wurde nachdenklich, er änderte sein Leben – und er änderte die Welt bis in unsere Tage. Weit über 50 000 Menschen leben heute ganzheitlich engagiert, radikal arm und in der Freude am christlichen Glauben nach seinem Vorbild. Es war der heilige Franziskus von Assisi. Doch ohne Krankheit kein Franziskanerorden."

Heilig heißt im Griechischen *hagios*. Es bedeutet Ehrfurcht, Staunen. Und der hebräische Ausdruck *kadosch* hat die Grundbedeutung von fleckenloser Reinheit, Erhabenheit, Hoheit. Im Alten Testament gab es heilige Pferde. Sie waren heilig, weil sie für Gott im Tempel Dienst taten. Sie waren von Gott beschlagnahmt.

Herr, selbstverständlich sehne ich mich nicht nach Krankheiten. Aber schenke mir die Kraft, sie als Deine Entscheidung zu akzeptieren. Amen.

Du hast mir kundgetan die Wege des Lebens; du wirst mich erfüllen mit Freude vor deinem Angesicht.
APOSTELGESCHICHTE 2, 28

Was ist ein erfülltes Leben?

Ein sinnvolles und ein gesegnetes Leben!

Michelangelo, der große Maler und Bildhauer der Renaissance, war in Florenz zu einer festlichen Gesellschaft eingeladen. Eine der Damen fragte den Künstler: „Wie geht es dem großen Meister?"

Michelangelo antwortete: „Ich bin nun alt; ich freue mich auf den Himmel, auf Christus!"

Fast erschrocken fragte die Dame: „Sind Sie denn lebensmüde?"

Michelangelo gab zur Antwort: „Im Gegenteil; ich bin lebenshungrig."

Der Begriff „Lebenshunger" ist doppeldeutig. Viele Menschen wollen aus dem Leben herausholen, was herauszuholen ist. Abenteuer, Spaß und aufregende Erlebnisse. Sie hauen auf die Pauke, koste es, was es wolle. Lebenshunger macht hektisch. Der Mensch hat Angst, es könnte etwas verpassen. Er sucht Spaß und nicht Freude. Der verlorene Sohn ist ein typisches Beispiel dafür. Er hat dieses Leben bis zur Neige ausgekostet. Ein erfülltes Leben sieht aber anders aus. Es verläuft ruhiger, gelassener und zufriedener. Ein erfülltes Leben ist kein vollgestopftes Leben und kein Scheinleben. Wer Jesus hat, hat das Leben, und zwar ein randvolles und erfülltes Leben. Wir können es nur ausprobieren!

Herr, Du schenkst ein erfülltes, kein abenteuerliches und verrücktes Leben. Du willst unsere Zufriedenheit, nicht die Befriedigung aller Wünsche. Amen.

Ein Mensch sieht, was vor Augen ist; der Herr aber sieht das Herz an.
1. SAMUEL 16,7

Unsere Augen sind gehalten.
Die Hindus begründen ihre Skepsis gegenüber der Wahrheit mit der Geschichte von den fünf blinden Männern, die sich über den Elefanten streiten:

> Der Erste hatte ein dickes Bein erwischt und behauptete, der Elefant sei eine einzige Säule. Der Zweite hielt den Rüssel in der Hand und sagte, der Elefant sei ein bewegliches Rohr. Der Dritte betastete den Leib und meinte, der Elefant wäre wie eine Mauer, der Vierte fühlte das Ohr und hielt den Elefanten für einen Wedel. Der Fünfte endlich war an den Schwanz geraten und glaubte, der Elefant sei wie eine Bürste. So stritten sie gemeinsam um die Wahrheit.

Der Mensch sieht, was er sehen möchte. Der Mensch deutet, wie er eine Sache versteht. Wie kommentierte die Dichterin Marie von Ebner-Eschenbach unser Wahrheitsverständnis:

„Wir suchen die Wahrheit, finden wollen wir sie aber nur dort, wo es uns beliebt." Wie die Blinden erfassen wir nur Teilstücke der Wahrheit und deuten sie nach unseren Vorstellungen. Unser Herz ist ein finsteres Loch. Wir deuten die Wahrheit, wie sie uns gefällt. Vieles können wir als Wahrheit verkaufen. Gott aber sieht das Herz an. Er schaut hinter die Kulissen. Die geheimsten Absichten bleiben ihm nicht verborgen.

Herr, wenn wir Dich nicht sehen, gib uns offene Augen,
wenn wir Dich nicht hören, gib uns offene Ohren,
wenn wir Dich nicht richtig wahrnehmen,
gib uns ein Gespür für Deine Gegenwart. Amen.

Ein jegliches hat seine Zeit, und alles Vorhaben unter dem Himmel hat seine Stunde.
PREDIGER 3, 1

Alles hat seine Zeit.

Die bedenkenswerte Inschrift auf einer Kirchenuhr lautet: „Herr meiner Stunden und meiner Jahre, du hast mir viel Zeit gegeben. Sie liegt hinter mir und sie liegt vor mir. Sie war mein und wird mein. Ich danke dir für jeden Schlag der Uhr und für jeden Morgen, den sich sehe. Ich bitte dich nicht, mir mehr Zeit zu geben. Ich bitte dich aber, dass ich mit viel Gelassenheit jede Stunde füllen kann. Ich bitte dich um Sorgfalt, dass ich meine Zeit nicht töte, nicht vertreibe, nicht verderbe. Jede Stunde ist ein Streifen Land. Ich möchte ihn aufreißen mit dem Pflug. Ich möchte Liebe hineinwerfen, Gedanken und Gespräche, damit die Frucht wächst. Segne du meinen Tag."

Alles hat seine Zeit. Wir können sie verprassen und verplempern, vergeuden und missbrauchen. Mir ist aufgefallen, dass man nur an Parkuhren Zeit kaufen kann. Der Kabarettist Hanns Dieter Hüsch hat sich die richtige Einstellung zu eigen gemacht:

„Ich bin vergnügt, erlöst, befreit, Gott nahm in seine Hände meine Zeit, mein Fühlen, Denken, Hören, Sagen, mein Triumphieren und Verzagen, das Elend und die Zärtlichkeit."

Wollen wir über unsere Zeit bestimmen oder ist Gott Herr der Zeit? Wie sieht das praktisch aus, wenn der Herr unseren Terminkalender führt? Ob sich Hektik und Getriebensein verringern?

Herr, die Zeit eilt, die Zeit teilt, die Zeit heilt. Du hast uns die Zeit geschenkt. Gib uns die Kraft, sie aus Deinen Händen zu nehmen. Amen.

Und Christus ist deshalb für alle gestorben, damit alle, die leben, nicht länger für sich leben, sondern für Christus, der für sie gestorben und auferstanden ist.
2. KORINTHER 5, 15

Heute ist Aschermittwoch.

Aschermittwoch 2010 machte der „Spiegel" den „Triumph der Sünde" zum Titelthema. Der ehemalige Theologe und Jesuit Matthias Matussek hielt unserer Welt, die von Habgier, Maßlosigkeit und mangelndem Sündenbewusstsein gezeichnet ist, den Spiegel vor. Und Peter Hahne kommentiert seine Zeilen so:

> „‚Weiß Deutschland nicht, dass Gott bei Sünde keinen Spaß versteht?', fragt der Autor [d. i. Matussek] und verschweigt nicht, dass man durch Jesus Christus Vergebung findet. Nur in glaubender Verbindung mit Gott sei dauerhaftes moralisches Handeln möglich, so steht es im ‚Spiegel' wie in der Bibel. Auch vor kritischen Journalisten macht die Erkenntnis also nicht halt, dass die Gemütlichkeit zu Ende ist, wenn Gott zu reden beginnt und wir aufhören, auf ihn zu hören (...)."

Es ist wahr, das Trachten des menschlichen Herzens ist böse von Jugend auf. Schuld und Sünde werden verkleinert, verschönt und bagatellisiert. Ein Ehebruch ist lediglich ein „Seitensprung" oder ein „Kavaliersdelikt". Wie sagte der Journalist Matussek: „Weiß Deutschland nicht, dass Gott bei Sünden keinen Spaß versteht?"

Das Wort vom Kreuz ist keine dogmatische Lehrformel, die wir kommentarlos schlucken müssen, sondern eine Tat Gottes, die die Welt – und mein Leben – verändert hat.

Herr, Du verstehst bei der Sünde keinen Spaß. Du bist Mensch geworden, weil Du unsere Verlorenheit nicht ausgehalten hast. Durch Christus und seinen Tod am Kreuz können wir vor Dir bestehen. Das wollen wir uns in der Passionszeit klarmachen. Amen.

6. MÄRZ

Gott erscheint töricht – und ist doch weiser als Menschenweisheit. Gott erscheint schwach – und ist doch stärker als Menschenkraft.
1. KORINTHER 1, 25

Menschenkraft und Gotteskraft.

In dem 1898 erschienenen und mehrfach als Hörspiel gesendeten und verfilmten Science-Fiction-Roman „Krieg der Welten" von H. G. Wells greifen Marsianer in dreibeinigen Kampfmaschinen das Vereinigte Königreich an, um von hier aus die rohstoff- und wasserreiche Erde zu erobern. Das irdische Militär ist den außerirdischen Invasoren hoffnungslos unterlegen und muss bei der Zerstörung der Städte zusehen. Als alles aussichtslos erscheint, wird der außerirdische Feind doch noch überwunden und die Menschheit gerettet, aber nicht durch menschliche Kraft, sondern durch Bakterien, denen das nicht angepasste Immunsystem der Marsianer nicht gewachsen ist.

Als Jesus, der Messias Gottes, gekreuzigt wurde, da schien es so, als sei Gott durch Menschenkraft endgültig besiegt worden. Hoffnungslos hing er zwischen Himmel und Erde. Ein Bild der Schwachheit und der Kraftlosigkeit. Viele Bewunderer wandten sich ab. Sie waren hoffnungslos enttäuscht. Viele wollten einen König und einen Machthaber. Aber Gott denkt anders. Er kam als kleines und hilfloses Kind auf die Welt. Er ist ein Diener der Menschen und kein Herrscher. Er wäscht die Füße und ist kein Militärbefehlshaber. Er will versöhnen und nicht erschlagen. Er ist der Gekreuzigte und gleichzeitig der Auferstandene.

Herr, Deine Weisheit ist bewundernswert. Deine Macht ist anders, als wir sie uns vorstellen. Du bist der Herr der Welt und gleichzeitig liebst Du uns bis zur Selbstaufgabe. Wir können Dich nur anbeten. Amen.

Denn Gott war in Christus und versöhnte die Welt mit sich selber und rechnete ihnen ihre Sünden nicht zu und hat unter uns aufgerichtet das Wort von der Versöhnung.
2. KORINTHER 5, 19

Große Sünden, versteckte Sünden.

Der bedeutende asiatische Verkünder Sadhu Sundar Singh kennzeichnet die Sünde mit einem einleuchtenden Bild:

> „Des Menschen Todfeinde sind nicht nur große Tiere wie die Tiger, Wölfe, Schlangen. Kleine Keime, die wir nur durchs Mikroskop sehen können und die wir durch unsere Nahrung sowie Wasser und Luft aufnehmen sind oft viel gefährlicher und rufen tödliche Krankheiten hervor. Ebenso gefährden nicht nur große Sünden unsere Seele, sondern böse Gedanken; die Keime kleiner Sünden wirken noch viel zerstörender."

Männer und Frauen, Kinder und Alte leben mit Schatten. Unser Leben hat Sonnen-, aber auch Schattenseiten. Unser Leben hat gute, aber auch böse Seiten. Konflikte mit Kindern, zerbrochene Beziehungen, Lieblosigkeit, schwere Enttäuschungen, kleine und große Sünden, alles das sind Schattengespenster, die uns belasten können. Der Anblick des eigenen Schattens kann uns unglücklich machen. Wir möchten ihm davonlaufen. Aber unserer Vergangenheit und unserer Schuld laufen wir nicht davon. Es sei denn, wir lassen uns auf den Versöhner ein, der unsere Verfehlungen nicht anrechnet. Es sei denn, wir laufen zu dem, der uns Schatten und Dunkelheiten abnimmt, dem wir unser Versagen ausliefern können.

Herr, mit Deinem Beistand will ich Macht haben über meine Gewohnheiten, über meine Zunge, über meine Gefühle, über meine Gedanken, über meine Unzuverlässigkeit, über meinen Schatten, über meine Sünde. Hab Dank für Deine Versöhnung. Amen.

Ich mache immer wieder dieselbe Erfahrung: Das Gute will ich tun, aber ich tue das Böse. Ich wünsche mir nichts sehnlicher, als Gottes Gesetz zu erfüllen.
RÖMER 7, 21

Ist das Gute relativ?

Der Philosoph Richard David Precht behauptet in seinem Buch „Die Kunst, kein Egoist zu sein“:

> „Das Gute ist also keine Tatsache, sondern eine *Interpretation.* Alle politischen Parteien in Deutschland zum Beispiel glauben sich vermutlich selbst, wenn sie sagen, dass sie ‚das Beste‘ für Deutschland wollen. (...) Wie konnte es passieren, dass die SS-Leute in den Konzentrationslagern der Nationalsozialisten ihr Arbeit als ‚in Ordnung‘ einstuften? Wie leben Menschen in den reichen Industrienationen damit, dass jedes Jahr sieben Millionen Kinder in der Dritten Welt verhungern? Wie beurteilen wir die Handlungsweise von Bankern, die im Jahre 2008 weltweit mehrere Billionen Dollar verbrannt haben?“

Wir spüren, wenn wir den lebendigen Gott aus dem Spiel lassen, wird alles relativ. Wir deuten alles nach unseren Prinzipien. Wir denken und handeln egoistisch. Was ist *für uns* vorteilhaft? Wie komme *ich* am besten mit allem zurecht?

Selbst Paulus, der weiß, was das Gute ist, tut das Böse. Die Sünde ist ein Albtraum. Der Egoismus ist eine Katastrophe. Darum reden wir ständig von „Selbstverwirklichung“ und vom „Im-Einklang-mit-sich-selbst-Sein“. Die Selbstsuche verkommt zur Selbstsucht.

Herr, wir sind Meister der Selbsttäuschung, Meister in Ausreden. Wir sind originell, wenn wir uns in die eigene Tasche lügen. Nur Dein Wort und Dein Geist können uns zeigen, was das wirklich Gute ist. Amen.

Lobe den Herrn, meine Seele, und vergiss nicht, was er dir Gutes getan hat.
PSALM 103, 2

ER tut uns Gutes.

Und wir wissen, was es ist. „In den 30er-Jahren, als ich ein Kind war, kam eine Dürre über Iowa." Das schreibt der Fernsehpfarrer Dr. Robert H. Schuller. „Der Wind wurde zu unserem schlimmsten Feind, denn er fegte über die ausgedörrte schwarze Erde, hob sie auf, als sei sie Treibsand, und wirbelte sie in die Wasserrinnen unserer Felder. Wir banden uns Handtücher vors Gesicht, um nicht zu ersticken.

Dann kam die Erntezeit. Mein Vater pflegte normalerweise hundert Wagen voll Getreide zu ernten. Aber in diesem Jahr erntete er einen mageren halben Wagen voll.

Was passierte dann? Ich werde es nie vergessen. Als wir uns zum Essen an den Tisch setzten, faltete mein Vater seine schwieligen Hände und dankte Gott. ‚Gott, ich danke dir', betete er, ‚dass ich nichts verloren habe. Denn ich habe alles zurückbekommen, was ich im Frühling ausgesät habe.' Er hatte einen halben Wagen Saatgut ausgebracht und im Herbst hatte er einen halben Wagen voll geerntet!

Während die anderen Bauern davon sprachen, dass sie einen Verlust von 90 oder 100 Wagen Getreide hatten, sagte mein Vater zu mir: ‚Sieh nie auf das, was hätte sein können, sonst hast du schon verloren. Sieh nie auf das, was dir entgangen ist, sondern auf das, was dir geblieben ist!'"

Eine dankbare Haltung setzt dynamische Kräfte in einem Menschen frei.

Herr, ich will auf das sehen, was ich habe und auf das sehen, was Du gibst. An Deinem Segen ist alles gelegen. Amen.

Das Gesetz konnte uns nicht helfen, so zu leben, wie es Gott gefällt, weil wir an die Sünde versklavt, zu schwach sind, es zu erfüllen. Deshalb sandte Gott seinen Sohn zu uns.
RÖMER 8, 3

Wer eigenständig das Gesetz erfüllen will, scheitert.

Viele Christen sind an geistlicher Selbstüberforderung krank geworden. Das hat auch Paulus am eigenen Leibe erfahren. Das Gute schwebt uns vor, und doch sitzen wir damit in der Tinte. Das Böse triumphiert.

Vor Jahren kam ein gutes Buch hierzu auf den Markt. Es ist von Thomas Harris und hat den Titel „Ich bin o.k. – du bist o.k." Je weniger wir uns angenommen fühlen, je mehr wir an uns auszusetzen haben, desto unzufriedener, desto unvollkommener, desto selbstkritischer sehen wir uns. Wer sich dagegen von Christus geliebt und angenommen weiß, der kann mit Unvollkommenheiten und Schwachheiten leben.

Er ist für Sünder gestorben, nicht für Gerechte und Selbstgerechte, für Menschen, die das Gute nicht hinkriegen. Es ist nicht so, dass wir jetzt im Glauben nur noch Gutes tun, dass uns jetzt alles gelingt, dass uns jetzt die Sünde keinen Streich mehr spielt. Dann sähe es in der Welt völlig anders aus. Wir sind die Schwachen und bleiben die Schwachen. Aber das Minuszeichen vor unserer Existenz hat sich in ein Pluszeichen verändert.

In IHM sind wir Heilige, in IHM sind wir gerettet. In IHM sind wir gerechtfertigt. Warum? Weil er für uns die Sünde auf sich genommen hat.

Herr, wir sind nicht in der Lage, Dein Gesetz zu erfüllen. Wir sind auf Deine Barmherzigkeit angewiesen. Dein Sohn hat unser Dasein total verändert. Danke. Amen.

Du stellst meine Füße auf weiten Raum.
PSALM 31, 9

Christen leben eine große Weite.

Der evangelische Pfarrer G. Engelsberger beschreibt in seinem neuen Buch „Aus Überzeugung evangelisch" ein Bild aus einem Film, den er gesehen hat.

Es geht um Lummen, eine Vogelart, am Polarkreis, die auf Felseninseln nistet. Hier brüten die Lummen und bringen ihre Jungen zur Welt. Doch der Winter kommt und sie müssen von den Inseln verschwinden, um nicht zu erfrieren. Dreihundert Meter geht es senkrecht hinunter. Sie können schwimmen aber noch nicht fliegen. Instinktiv stürzen sich die Kleinen in die Tiefe. Ihr Vater begleitet sie. Bis ins Meer. Sobald das Vogeljunge sich ins Nichts stürzt, fliegt er hinterher, mal oben, mal unten, mal vorneweg. Er gibt Geleit, so etwas wie Nestwärme noch mitten im Sturzflug. Unsanft fallen die Jungen ins Meer. Aber es geht gut. Dann schwimmen sie gemeinsam in wärmere Gefilde. Und dort erst lernen die Jungen fliegen.

In der Weite der Natur erleben die kleinen Lummen den Schutz des Vaters. Ihr Vertrauen zu den Eltern muss riesig sein. Sie sehen den Abgrund und wagen ihr Leben. Sie trauen ihm und verlassen das sichere Nest.

Wir Christen genießen auch eine große Weite und eine große Freiheit. Der lebendige Gott stellt unsere Füße auf weiten Raum. Aber ER geht mit. Von allen Seiten umgibt ER uns. Wir verlassen uns auf sein Wort und seine Führung.

Herr, wir sind niemals allein. Du stellst unsere Füße auf weiten Raum, gibst viel Freiheit. Aber Du hast unser Leben in Deiner Hand. Hilf, dass wir immer wieder dieser Geborgenheit vertrauen. Amen.

Er wird jedem Menschen den Lohn geben, der seinen Taten entspricht. Den einen gibt er das ewige Leben – es sind die, die unermüdlich das Gute tun und nach Anerkennung bei Gott streben. Die anderen dagegen trifft Gottes schwerer Zorn – es sind die, die nur an sich selber denken.
RÖMER 2, 6–8

Es geht um Ehrgeiz, Arbeit und Leistung.

Wir suchen für Arbeit und Leistung den rechten biblischen Maßstab. Hart geht die Bibel mit „falschem Ehrgeiz" ins Gericht. William Barclay schreibt über diesen griechischen Begriff: „*Eritheia* ist ein Wort, dessen Bedeutung ein getreues Abbild der menschlichen Natur ist. (...) *Eritheia* war ursprünglich ein achtbares Wort mit der Bedeutung von *arbeiten für Lohn*. Dann begann es zu entarten. Es gewann die Bedeutung einer Arbeit, die man nur ausschließlich um des Lohnes willen tut; eine Arbeit, die nur eine Frage kennt: Was bekomme ich dafür? Zweitens erreichte es die endliche Bedeutung von *selbstsüchtigem Ehrgeiz*, dem Ehrgeiz, der keinen Begriff von Dienst hat, dessen ewiges Ziel Profit und Macht ist."

In Schule, öffentlichem Leben und Beruf ist der falsche Ehrgeiz eine Krankheit. Ehrgeiz wird in unserer Gesellschaft – auch in unserer Kirche – viel zu hoch bewertet. Der Ehrgeizige kämpft, um den Konkurrenten, der ihm auf den Fersen sitzt, abschütteln zu können. Der Ehrgeizige kann viele Mittel und Wege benutzen. Er kann moralische Überlegenheit, körperliche Überlegenheit und Intelligenz als Mittel zum Zweck einsetzen. Falscher Ehrgeiz richtet sich gegen die anderen. Er ist asozial und gemeinschaftsfeindlich.

Herr, gegen unseren falschen Ehrgeiz richtet sich Dein schwerer Zorn. Vergib uns unseren Egoismus und bestärke uns, allein Deine Anerkennung zu suchen. Amen.

Ich bin der Weinstock, ihr seid die Reben. Wer mit mir verbunden bleibt wie ich mit ihm, der wird reiche Frucht bringen. Aber ohne mich könnt ihr nichts vollbringen.
JOHANNES 15, 5

Es geht um Arbeit und Leistung.

Wie beurteilen wir als Christen beides? Wie lauten die Maßstäbe?

In den 50er-Jahren konnte man in der Erntezeit über den Straßen der DDR Transparente sehen mit der Aufschrift: „Ohne Gott und Sonnenschein bringen wir die Ernte ein." Der selbstherrliche Mensch propagiert selbstherrliche Sprüche. Diese Transparente sind heute verschwunden.

Nach dem biblischen Schöpfungsbericht ist der Mensch dazu berufen, „sich" die geschaffene Welt „untertan zu machen". In Verantwortung vor Gott soll der Mensch das Erschaffene verwalten und als Beauftragter Gottes damit umgehen. Der Mensch ist zur Ausgestaltung, nicht zur Ausnutzung der Welt berufen. Er ist nicht Schöpfer der Erde, sondern Haushalter und Verwalter der Welt. Er ist Gottes Mitarbeiter. Er aber will mehr sein. Der Turmbau zu Babel ist dafür ein lebendiger Beweis. Ziel ist: „Wir wollen uns einen Namen machen!"

Die Arbeit ist nicht mehr Gehorsam Gott gegenüber, sie steht im Dienst der Ruhm- und Geltungssucht. Arbeit und Leistung werden zum Angriff auf Gottes Herrschaft. Der Weinstock ist dafür treffendes Symbol. Ohne Christus können wir Karriere machen, aber keine Frucht bringen, wir können technische Höchstleistungen auf die Beine stellen, aber keine Frucht schaffen.

Wir sind die zarten Reben, der Weinstock selbst bist Du, daran wir wachsen, leben und bringen Frucht dazu. Hilf, dass wir an Dir bleiben und wachsen immer mehr; Dein guter Geist uns treibe zu Werken Deiner Ehr! Amen.

(Johann Mühlmann)

Was hat ein Mensch davon, wenn er die ganze Welt gewinnt, am Ende aber doch sein Leben verliert? Ein verlorenes Leben kann man durch nichts zurückkaufen.
MATTHÄUS 16, 26

Ist Arbeit für Sie ein Fetisch?

Für viele ist Arbeit ein Fetisch, also ein Gegenstand, dem man inbrünstige Verehrung angedeihen lässt. Von Heinrich Böll stammt die nachdenkliche Geschichte „Der Tourist und der Fischer". In einem Hafen, an einer westlichen Küste Europas, liegt ein ärmlich gekleideter Mann in seinem Fischerboot und döst. Ein Tourist fragt ihn, warum er nicht ausfahre. „Weil ich heute schon ausgefahren bin." Er habe für morgen und übermorgen genug, sagt der Fischer. Der Tourist sagt: „Stellen Sie sich mal vor, Sie würden nicht nur heute, sondern jeden Tag zweimal oder viermal ausfahren. Sie würden spätestens in einem Jahr ein Motorboot kaufen können, in zwei Jahren ein zweites Boot und in drei Jahren vielleicht einen Kutter."

„Und was dann?", fragt der Fischer leise. „Dann", sagt der Fremde, „dann können Sie beruhigt hier im Hafen sitzen, in der Sonne dösen – und auf das herrliche Meer blicken." – „Aber das tue ich ja jetzt schon", sagt der Fischer.

Karriere und Streben nach Erfolg sind für viele ein starker Antrieb. Sie schuften und rackern sich ab, um es eines Tages schön zu haben. Sie wollen zwar nicht „die ganze Welt gewinnen", aber sie verlieren ihr Leben. Arbeit und Leistung werden zur Sucht. Sie haben Geld gescheffelt, aber ewiges Leben kann kein Mensch davon zurückkaufen.

Herr, ich danke Dir, dass Du klare Maßstäbe setzt: Leben aus Dir hat absolute Vorfahrt. Sorg Du bei mir dafür, dass ich bei allen Lebens- und Berufsplänen Dir den ersten Platz einräume. Amen.

Dienet dem Herrn mit Freuden, kommt vor sein Angesicht mit Frohlocken.
PSALM 100, 2

Dienen oder schuften?

Es geht um Arbeit und Leistung, heute um den täglichen Kleinkram. Hausfrau sein ist ein Beruf, die Arbeit einer Hausfrau ist kein häuslicher Spaziergang.

In dem Gebetbuch „Herr, segne dieses Chaos" haben Jo Carr und Imogene Sorley „Stoßgebete für Hausfrauen" zusammengestellt, die das tägliche Einerlei und die Alltagssorgen zum Inhalt haben. Eins lautet im Auszug:

> Herr, mir reicht's. Der ewige Kleinkram macht mich verrückt.
> Der Wasserhahn tropft, Herr. Der Junge hat wieder die Bücher vergessen. Es ist unmöglich, alles zugleich zu schaffen, denn, während ich bügle, sammelt sich schmutzige Wäsche.
> Ich wollte, du hättest mich zu einem großen, klar umrissenen Auftrag berufen. Denn dazu berufst du mich – zu beten, während der Wasserhahn tropft, meinem Nächsten zu dienen trotz Hühneraugenpein, Wasserhähne zu reparieren – und Humor genug zu bewahren. Auf die Perspektive kommt's an. Ich kann's schaffen. Amen.

„Dienet dem Herrn mit Freuden!" Leicht gesagt, wenn es um „große Aufträge" geht, wenn wir für Entscheidendes berufen werden, wenn wir Wesentliches meistern sollen. Der freudige Dienst entgleist zum trotzigen Dennoch, wenn die hundertfältigen Alltagskümmernisse, der wiederkehrende Trott und der nie bewältigte Schmutz und Staub den Jubel dämpfen.

Wer Gott liebt, hat in der Tat eine andere Perspektive auf seine Arbeit. Wer Gottes Angesicht sucht, dem wird das tägliche Einerlei erträglich.

Ja, Herr, segne das Chaos mit dem täglichen Kleinkram. Vergib, wenn sich Lustlosigkeit breitmacht, und hilf, dass wir Dir mit Freuden dienen, an welchen Plätzen auch immer. Amen.

Er berief nun zehn seiner Knechte, gab ihnen zehn Pfund und sagte zu ihnen: „Macht Geschäfte, während ich verreist bin."
LUKAS 19, 13

Es geht um Arbeit und Leistung.

Entscheidend ist, und das sagt uns der Text, dass wir in seinem Namen „Geschäfte machen" und nicht auf eigene Rechnung. Erhard Eppler hat im „Deutschen Allgemeinen Sonntagsblatt" einen Artikel geschrieben mit dem Titel „Lob der Leistung". Bei ihm heißt es:

> Es ist ein Kurzschluss, im Namen der Lebensqualität das Nullwachstum zu fordern (...) Während bisher Lebensqualität im Guten wie im Bösen eine Funktion des Wachstums war, muss jetzt Wachstum zu einer Funktion der Lebensqualität werden (...) Lebensqualität ist nicht möglich ohne Leistung. Beim Leistungsbegriff selbst muss sich der Akzent verlagern auf das, was unmittelbar den Menschen dient.

Jeder wuchert mit seinen Gaben und Fähigkeiten. Er erwartet von seinen Mitarbeitern, dass sie Geschäfte machen, dass sie zupacken, dass sie etwas leisten. Im Evangelium wird dem, der seine Goldstücke vergräbt, Schlimmes angedroht, und dem, der damit wuchert, Großes verheißen. Schon um die beschworene Lebensqualität des anderen zu heben, um gesündere Luft und eine weniger verschmutzte Umwelt zu gewährleisten, müssen Leistung und „Geschäft" gefordert werden. Allerdings Leistung für Gott, in seinem Namen, und das heißt. auch für den Nächsten, für die Mitmenschen. Stellen wir uns die Frage: Arbeiten wir in seinem Auftrag oder nur für unsere Brieftasche?

Herr, Du hast uns Fähigkeiten gegeben; Du erwartest, dass wir damit arbeiten. Du willst, dass wir uns nicht kaputtmachen; dass wir etwas leisten, die Leistung aber nicht vergötzen. Amen.

Einer trage des anderen Last, so werdet ihr das Gesetz Christi erfüllen.
GALATER 6, 2

Berufen zum Lastentragen?

Jörg Zink drückt es so aus: „Einer trage die Mühsal des andern, seine Müdigkeit, seine Rechthaberei, seine Torheit, seine Vorurteile, seine Angst, seine Herrschsucht, vielleicht sogar seine Bosheit. Das ist die ‚Last'. Der eine trage die Vorurteile des andern und versuche, so lauter zu leben, dass die Vorurteile sich auflösen. Der eine trage die Torheit des andern und versuche behutsam, ihm die Augen zu öffnen. Der eine erkenne die Schwierigkeit, die der andere mit sich selbst hat, und verzichte auf Vorwürfe, wenn dieser nicht so handeln kann, wie er selbst gerne möchte."

Erkennen wir die Irrtümer des andern und helfen ihm liebevoll? Erkennen wir die Angst des andern und kommen ihm entgegen? Erkennen wir den Arbeitslosen als Lastenträger und sehen nicht überheblich über ihn hinweg? Sehen wir den Behinderten als Lastenträger und üben nicht falsches Mitleid aus? Sehen wir die Obdachlosen, die Außenseiter und Benachteiligten als Lastenträger und nehmen an ihrem Schicksal Anteil? Denken wir nicht immer an den „fernen Nächsten", sondern an die Menschen, die in nächster Nähe wohnen und leben. Haben wir Herzen und Hände frei zum Lastentragen, weil Christus unsere Last für immer abgenommen hat? Tun wir das, erfüllen wir die Erwartungen unseres Herrn.

Herr, Du hast uns zur Nächstenliebe, zur Mitmenschlichkeit und zur Solidarität mit anderen berufen. Gib, dass wir offene Augene, offene Ohren und offene Herzen für den anderen haben. Amen.

Einer trage des anderen Last, so werdet ihr das Gesetz Christi erfüllen.
GALATER 6, 2

Ein Schlüsselsatz für den Frieden in der Welt.

Ein Schlüsselsatz für ein freundschaftliches Miteinander. Ein Schlüsselsatz für Verträglichkeit und Vertrauen. Christus hat uns das vorgemacht. Wie heißt das Gesetz von Christus? Füreinander, nicht gegeneinander; Gemeinsamkeit, nicht Gegensätzlichkeit; Teamgeist und nicht Konkurrenzkampf. Christus war der Lastenträger schlechthin.

In einer Zeitschrift las ich eine nachdenklich stimmende Geschichte. Die Überschrift: „Lernen von den Wildgänsen". Und da heißt es: „Warum fliegen Wildgänse in einer ebenso ästhetischen wie auffälligen Keilformation? Es gibt dafür gute Gründe, wie die Wissenschaft festgestellt hat. Deshalb haben wir die Wildgans zu einer Art ‚Patentier' gemacht für unser Seminar-Konzept ‚Wirtschaften nach biblischen Vorgaben'. Mit jedem Flügelschlag erzeugt die Wildgans einen Auftrieb für den Artgenossen, der direkt hinter ihr fliegt. Indem sich die Vögel in Keilform anordnen, können sie um 71 Prozent schneller fliegen als alleine! Wenn eine Gans aus der Formation ausscheidet, bekommt sie plötzlich den Windwiderstand viel stärker zu spüren. Wenn die leitende Gans müde wird, lässt sie sich zurückfallen und reiht sich weiter hinten ein."

Ein wunderbares Gleichnis für Ehe, Familie, Gemeinde und Wirtschaft. Gott hat in die Schöpfung wunderbare Verhaltensmuster einprogrammiert. Die Wildgänse leben es uns Menschen vor.

Herr, die Wildgänse, die Du geschaffen hast, sind ein hervorragendes Beispiel, sich das gemeinsame Leben erträglicher zu machen. Wir helfen mit, wir tragen mit, wir denken mit, wir stehen einander bei. Amen.

... dass ihr euch untereinander liebt, wie ich euch geliebt habe, damit auch ihr einander lieb habt. Daran wird jedermann erkennen, dass ihr meine Jünger seid.

JOHANNES 13, 34–35

Es geht um die echte Liebe.

Liebe ist ein Allerweltswort, es besteht nur aus fünf Buchstaben und tausend Missverständnissen. Irgendwo las ich das erschütternde Zeugnis eines vermutlich jungen Menschen, der sein verkorkstes Leben beschreibt:

> Ich wollte Nähe und bekam die Flasche. Ich wollte Eltern und bekam Spielzeug. Ich wollte reden und bekam ein Buch. Ich wollte lernen und bekam Zeugnisse. Ich wollte Liebe und bekam Moral. Ich wollte einen Beruf und bekam einen Job. Ich wollte Glück und bekam Geld. Ich wollte Freiheit und bekam ein Auto. Ich wollte einen Sinn und bekam Karriere. Ich wollte Hoffnung und bekam Angst. Ich wollte mich ändern und erhielt Mitleid. Ich will leben ...

Viele Eltern und Erzieher verwechseln Liebe mit Geld und Spielsachen. Sie wollen ihre Kinder materiell zufriedenstellen und machen ihnen Geschenke. Sie schenken ihnen Süßigkeiten statt sich selbst. Wir können von Christus lernen, was echte Liebe ist. Liebe heißt: Ich nehme den andern ernst, verstehe seine wahren Bedürfnisse. Ich versetze mich in den anderen hinein. Ich versuche, mit seinen Ohren zu hören, mit seinen Augen die Welt zu sehen und mit seinem Herzen zu fühlen. Diese Liebe steckt an und wirkt in Ehen, Familien und Gemeinschaften Wunder.

Herr, Deine Liebe ist unerreichbar. Du kannst diese Gabe uns nur schenken. Sie befreit uns von Egoismus und Selbstsucht. Diese Liebe steckt an und bereichert andere und uns. Amen.

Ermutigt einander jeden Tag, solange jenes „Heute“ gilt. Dann verhindert ihr, dass einer von euch sich dem Ruf Gottes verschließt, weil ihn die Sünde verführt.
HEBRÄER 3, 13

Das Heute spielt in unserem Leben eine große Rolle.

Der Bestsellerautor Dale Carnegie, dessen Buch „Sorge dich nicht – lebe!“ jahrelang auf der Bestsellerliste stand, schrieb über das Heute: „Nie werde ich aufhören, für den einen anfeuernden Satz in diesem Artikel dankbar zu sein. Er lautet: ‚Für den Weisen bedeutet jeder Tag ein neues Leben.‘ Ich tippte mir den Satz ab und klebte ihn auf die Windschutzscheibe meines Wagens, wo ich ihn ständig vor Augen hatte, wenn ich fuhr. Ich fand es gar nicht schwer, immer nur einen Tag nach dem andern zu leben (...) Eines der traurigsten Dinge im Menschenleben ist für mich, dass wir alle die Neigung haben, das Leben aufzuschieben. Warum sind wir solche Toren – solche tragischen Toren? Das Kind spricht: ‚Wenn ich ein großer Junge bin.‘ Der große Junge spricht: ‚Wenn ich mal erwachsen bin.‘ Und ist er dann erwachsen, so spricht er: ‚Wenn ich mich verheirate.‘ Dann wandelt sich der Gedanke in den Wunsch: ‚Wenn ich in den Ruhestand treten kann.‘ Zu spät lernen wir, dass das Leben im Gelebtwerden besteht, im Gewebe jedes Tages und jeder Stunde.“

„Heute will ich bei dir einkehren!“, sagte Jesus, nicht morgen, nicht auf dem Krankenlager, nicht, wenn der Tod anklopft. Heute sollten wir Entscheidungen treffen, denn es gibt nicht endlos viele Morgen. Aufschieben auf morgen oder übermorgen ist teuflisch.

Herr, heute will ich mich entscheiden. Im Hier und Jetzt kann ich handeln. Das Gestern ist vorbei und das Morgen steht noch nicht zur Debatte. Hilf mir, dass ich nichts aufschiebe. Amen.

Seid fröhlich in der Hoffnung, geduldig in Trübsal, beharrlich im Gebet.
RÖMER 12, 12

Die Hoffnung ist unverzichtbar im menschlichen Leben.

Wie mächtig die Hoffnung ist, erzählt eine Fabel:

> Während eines Interviews rühmte sich das Schicksal, dass es hervorragende Schläge austeilen könnte: rechte Haken, linke Haken, was auch immer. Treue, Glaube, Liebe – die schwersten Gegner habe es schon k. o. geschlagen. Nur mit einem Gegner könne es nicht fertig werden. Dieser stehe immer wieder auf, auch wenn das Schicksal glaubte, ihn schon k.o. auf dem Boden zu haben. Wer dieser Gegner ist? Die Hoffnung!

Das Schicksal hat die größten Tugenden auf die Bretter geschickt und ausgezählt. Nur mit der Hoffnung wurde es nicht fertig. Wie sagte Emil Brunner, der Schweizer Theologe: „Was der Sauerstoff für die Lunge, das bedeutet die Hoffnung für die menschliche Existenz. Nimm den Sauerstoff weg, so tritt der Tod durch Ersticken ein. Nimm die Hoffnung weg, so kommt die Atemnot über den Menschen, die Verzweiflung heißt."

Ein Leben ohne Hoffnung endet in Resignation. Hoffnung ist mehr als eine menschliche Kraftanstrengung. Hoffnung ist auch kein Gefühl. Hoffnung kommt im konkreten Handeln zum Ausdruck. Hoffnung lebt von der Verheißung und Gottes Zusage.

Herr, Du bist meine Hoffnung, wenn ich großen Kummer habe, wenn ich verzweifelt bin, wenn ich Einsamkeit spüre, wenn ich krank und verzweifelt bin. Amen.

Herr, wer darf dein heiliges Zelt betreten? Wer darf dich auf dem Berg Zion anbeten? Jeder, der aufrichtig lebt und andere gerecht behandelt, der durch und durch ehrlich ist.
PSALM 15, 1–2

„Wahrheit des Herzens".

So hat Hanspeter Wolfsberger, Leiter des „Hauses der Besinnung", einen Beitrag überschrieben. Er berichtet von einem Rabbi Safra, der im Talmud beschrieben wird. Rabbi Safra geht mit seinen Schülern spazieren. Plötzlich kommt ihnen ein bekannter Gesetzeslehrer entgegen. Dieser glaubte, Rabbi Safra käme ihm mit seinen Schülern entgegen, um ihm einen ehrenvollen Empfang zu bereiten. Darum sagte er: „Das wäre doch nicht nötig gewesen, sich wegen mir solche Umstände zu machen!"

Da antwortete Rabbi Safra: „Wir wussten gar nicht, dass Ihr kommt, ehrwürdiger Lehrer; wir wollten einfach nur spazieren gehen."

Die Schüler waren erstaunt, dass Rabbi Safra solche Antwort gab. Und sie machten ihm Vorhaltungen. Und Rabbi Safra antwortete seinen Schülern: „Hätte ich lügen sollen?" Aber sie meinten, er hätte besser gar nichts sagen sollen.

Und Rabbi Safra gab zur Antwort: „Der Psalmist macht es deutlich, worum es geht. Es geht um die Wahrheit des Herzens. Es geht darum, dass wir durch und durch ehrlich sind."

Sind wir ehrlich, und zwar durch und durch? Oder reden wir uns heraus? Wollen wir gefallen, wollen nicht anecken und reden dem anderen nach dem Mund?

Herr, bewahre mich davor, doppelzüngig zu reden. Schenk mir Gradlinigkeit und Ehrlichkeit. Lass mich authentisch sein. Amen.

Es werden nicht alle, die zu mir sagen: Herr, Herr!, in das Himmelreich kommen, sondern die den Willen tun meines Vaters im Himmel.
MATTHÄUS 7, 21

Reden und Tun sind zwei Paar Schuhe.

Reinhard Bonnke erzählt in seinem Traktat, das massenweise verteilt wurde, eine kleine Begebenheit: „Zwei Fallschirmspringer springen aus 3000 m Höhe aus dem Flugzeug. Beide haben einen Fallschirm. Einer der beiden verschränkt die Arme, kümmert sich nicht um die Reißleine und sagt sich: ‚Ich bin ganz sicher, ich habe ja meinen Fallschirm.' Er sagt das immer noch, bis er mit 150 km/h auf dem Erdboden aufschlägt. Sein Kollege weiß: Sicherheit gibt es nur, wenn er etwas tut. Er zieht die Reißleine und landet sicher."

Der Fallschirm gibt Sicherheit, aber er muss durch die Reißleine entfaltet werden. Der Glaube an Christus gibt Sicherheit für Zeit und Ewigkeit, aber er muss praktiziert werden. Wer von Christus eine hohe Meinung hat und wer das Wort Gottes respektiert, aber nicht lebt, ist noch weit von Gottes Reich entfernt. Gottes Willen tun und Gottes Willen schätzen sind zwei Einstellungsmuster, die wenig miteinander zu tun haben. Der Skandal der meisten Christen ist nicht ihre Theologie, sie ist brillant formuliert. Wir alle wollen überzeugt werden durch die Tat. Wir wollen sehen, was wir hören. Das Vorbild überzeugt mehr als schöne Worte. Von Jesus große Stücke zu halten, ist einfach. Ihn für einen einmaligen Menschen zu halten, ist schön. Aber ändert in meinem Leben noch nichts.

Herr, schenk mir die Kraft, nicht nur groß und mit Lobeshymnen von Dir zu reden, sondern Deinen Willen zu tun. Amen.

Du hast mich geschaffen – meinen Körper und meine Seele, im Leib meiner Mutter hast du mich gebildet. Herr, ich danke dir dafür, dass du mich so wunderbar und einzigartig gemacht hast!
PSALM 13, 13–14

Gott hat keine unerwünschten Kinder.

Peter Hahne, der ehemalige Hauptstadt-Korrespondent, schreibt über das Angenommensein und den Selbstwert eines Menschen: „Ich darf in den Spiegel sehen: ‚Das bin ich, Gottes Ebenbild.‘ Und ich darf in das Lob Davids in Psalm 139 einstimmen: ‚Du, Herr, hast mich wunderbar gemacht.‘ Ehe an mich zu denken war, hast du an mich gedacht. Ehe ich zum Leben erwachte, hast du mich schon gekannt. Schon als Embryo hast du mich gesehen. (...) Ich bin nicht das gewählte Ergebnis von ‚Deutschland sucht den Superstar‘, ich bin das geschaffene Ergebnis eines liebenden Schöpfers mit einmaligem Wert. Ich danke Gott, dass ich wunderbar gemacht bin. Nicht als Dutzendware, nicht unerwünscht. Ich bin ein Original, ein Prototyp. Gott hat keine unerwünschten Kinder.“

Ich bin nicht sein unerwünschtes Kind, ich stehe nicht im Abseits, ich gelte nicht unter „ferner liefen“, sondern: ich bin sein Eigentum.

Das ist Gottes Zusage an uns. Diese Bestätigung richtet uns auf, wenn wir nicht an uns glauben, wenn Minderwertigkeitsgefühle uns heimsuchen, wenn wir uns abgewertet und überflüssig fühlen.

Herr, weil Du einverstanden mit mir bist, habe ich Lebensmut, habe ich Lebensfreude. Ich denke positiv von mir und positiv von den andern. Du hast mich wunderbar gemacht. Danke. Amen.

Nehmt einander an, so wie Christus euch angenommen hat. Auf diese Weise wird Gott geehrt.
RÖMER 15, 7

Die Achtung des Menschen vor sich selbst.

Der verstorbene Professor Romano Guardini, der jahrelang einen Lehrstuhl für christliche Weltanschauung und Religionsphilosophie in München innehatte, schrieb über die Selbstannahme: „An der Wurzel von allem liegt der Akt, durch den ich mich selbst annehme. Ich soll damit einverstanden sein, der zu sein, der ich bin. Einverstanden, die Eigenschaften zu haben, die ich habe. Einverstanden, in den Grenzen zu stehen, die mir gezogen sind. (...) Die Achtung des Menschen vor sich selbst muss geradezu neu entdeckt werden. Sie wurzelt in der weithin vergessenen Wahrheit, dass Gott uns selbst achtet. Wirklicher Mut heißt wissen, dass man auf einen Platz gestellt ist vom Herrn des Daseins."

Guardini hat es auf den Punkt gebracht:
„Wir sollen sein, wie wir sind,
wir sollen uns annehmen, wie wir sind,
wir sollen die Gaben annehmen, die uns mitgegeben wurden,
wir sollen uns nicht mit anderen vergleichen."

Dann werden wir uns nicht zuwider, dann werden wir uns nicht langweilig. Dann halten wir es mit uns aus und laufen auch nicht vor uns davon. Unser Beruf hat mit Berufung zu tun. Wenn wir die Gaben realisieren, die Gott in uns angelegt hat, achten wir uns und leben mit uns im Einklang.

Herr, ich sage „Ja" zu mir selbst, sage „Ja" zu meinen Gaben, sage „Ja" zu meinen Defiziten, sage „Ja" zu meiner Persönlichkeit. Das gibt mir die Kraft, auch andere anzunehmen, wie sie sind. Amen.

Ich wandte mich an den Herrn, und er antwortete mir; er befreite mich von allen Ängsten.
PSALM 34, 5.

Eine Furcht, die das Leben lähmt.

Die Wissenschaftsjournalistin Petra Thorbrietz hat unter der oben genannten Zwischenüberschrift einen Artikel verfasst, der in GEO abgedruckt ist. Darin heißt es:

> „‚40 Prozent der Angststörungen, so zeigen Zwillingsstudien, haben eine erbliche Komponente. Doch die genetischen Grundlagen sind komplex, ein einzelnes Angst-Gen existiert nicht. Wir haben Genvarianten auf Chromosom 12 gefunden, die das Risiko für eine Angststörung erhöhen und Veränderungen im Ablauf der körpereigenen Stressreaktion verursachen', so Angelika Erhardt-Lehmann, Ärztin am Münchener Max-Planck-Institut für Psychiatrie. Zudem gebe es viele äußere Faktoren – Lebensgewohnheiten, Trennungserfahrungen, Infektionen, seelische Traumata, die Einfluss darauf nehmen, welche genetischen Anlagen aktiviert werden, und damit auf den Stoffwechsel einwirken."

Ängstlichkeit ist ganz sicher auch ein Persönlichkeitsmerkmal. Leider werden Angsterkrankungen oft diagnostisch falsch eingeschätzt. Viele Ängste äußern sich in unspezifischen Beschwerden wie Herzrasen, Ohnmachtsgefühlen oder Durchfall. Positiv bleibt: Angstkrankheiten lassen sich therapeutisch gut behandeln. Angst lässt sich verlernen, wie die Verhaltenstherapie ihre Verfahren erklärt. Wer dem lebendigen Gott vertraut, verringert seine Ängste. Im Vertrauen zu IHM tanken wir Kraft.

Herr, bevor die Sonne sinkt, will ich das Sorgen lassen.
Mein Gott, bei Dir bin ich zu keiner Stund vergessen. Amen.
(Christa Weiß – Kurt Rommel)

Ja, aber sehet wohl zu, dass diese eure Freiheit für die Schwachen nicht zu einem Anstoß (oder: zum Ärgernis) werde!
1. KORINTHER 8, 9–10

Es geht um Freiheit.

Ich las ein hilfreiches Beispiel, das die Freiheit eines Christen anschaulich demonstriert. Ein Pfarrer band eine Streichholzschachtel an einen Faden. Den Faden wickelte er um einen Finger seiner rechten Hand. Nun ließ er die Schachtel nach allen Seiten kreisen und sich überschlagen. Nie verlor sie ihren festen Ausgangspunkt. Dann band er sie mit einem zweiten Faden an seinem Stuhl fest. Obwohl dieselbe Hand dieselbe Schachtel bewegte, ließ sie sich nicht mehr im Kreis drehen, sondern nur ein wenig vor und zurück bewegen. Sie war fast unbeweglich geworden. „Ein Mensch", so sagte er dazu, „der sich außer an Gott an irgendetwas bindet, wird sofort unbeweglich. Nur der allein an Gott und sein Wort gebundene Mensch hat den großen Freiheitsraum, die maximale Beweglichkeit, die aus der Bindung an Gott kommt."

Christus hat uns befreit, binden wir uns an ihn, haben wir einen unvorstellbaren Spielraum. Wer Doppelbindungen eingeht, wird unfrei und gibt Anstoß. Wer auf beiden Schultern trägt, versklavt sich. Hier liegen die Versuchungen der Unfreiheit: Ein bisschen fromm und ein bisschen weltlich. Freiheit ist kein Sowohl-als-auch. Freiheit besteht im Entweder-oder. Halbheiten und Uneindeutigkeiten rufen Ärgernisse hervor. Doppelbindungen verführen den Schwachen. Haltlosigkeit versklavt. Haltlosigkeit macht uns zum Spielball von Wünschen und Trieben.

Lieber Herr, Du hast uns freigekauft und zur Freiheit berufen. Du schenkst uns grenzenloses Vertrauen. Schenk uns auch die Kraft, die Freiheit nicht zu missbrauchen. Amen.

Der Herr aber ist der Geist; wo aber der Geist des Herrn ist, da ist Freiheit.
2. KORINTHER 3, 17

Es geht um Freiheit.

Kennen Sie das herrliche Büchlein „Gebete aus der Arche“? Es handelt sich um Tiergebete, die menschliche Verhaltensweisen widerspiegeln. Da betet die Wildgeiß:

> „Herr, lass mich leben nach meiner Phantasie! Ich brauche ein wenig wilde Freiheit, ein wenig Taumel im Herzen. Für wen wären deine Berge und dieser Wind von Schnee und Quellen? Ich, ich will springen inmitten deiner Schöpfungen, über deine Abgründe hinweg, und das Maul voll Kräuter ohne Namen, erschauern vor abenteuerlicher Freude auf dem Gipfel einer Welt. Amen.“

Die Wildgeiß, ein Gleichnis für „wilde Freiheit“, für unbegrenzte Phantasie und für „Taumel im Herzen“. Die Wildgeiß muss sich nicht an gepflasterte Straßen, an markierte Wege, an Schilder, Gebots- und Verbotstafeln halten. Sie genießt eine wilde Freiheit ohne Einschränkungen. Die Wildgeiß ist ein Tier der Natur, der Mensch ist ein Wesen der Kultur.

Die Freiheit des Menschen heißt nicht Regellosigkeit und Unverbindlichkeit. Freiheit ist da, wo der Heilige Geist den Menschen regiert und nicht seine wilde Phantasie und seine Selbstgerechtigkeit den Ton angeben. Der Christ lebt in freier Treue. Dem Christen wird die Treue zu Gott und seinem Wort nicht aufoktroyiert. Sie wird nicht juristisch überwacht und polizeilich geschützt. Der Geist des Herrn erfüllt uns, aber er versklavt uns nicht.

Wo Dein Geist herrscht, Herr, ist Freiheit. Halt Du uns fest an Dir, dass uns nicht die „wilde Freiheit“ und der „Taumel im Herzen“ locken. Amen.

Ihr seid ja doch zur Freiheit berufen, liebe Brüder; nur missbraucht die Freiheit nicht als einen willkommenen Anlass für fleischliche Gelüste.
GALATER 5, 13

Die missverstandene Freiheit.

Ernesto Cardenal schrieb über die missverstandene Freiheit: „Viele denken, sie sind frei, weil sie machen können, was sie wollen, und merken doch nicht, dass sie ihre Diktatur in sich tragen."

Das Wort „Freiheit" gehört zum Lieblingsvokabular eines anständigen Demokraten. Leichtfertig und gedankenlos haben wir diesen Begriff missverständlich gemacht. Es scheint auch das Lieblingswort unseres Bundespräsidenten zu sein. Jeder verbindet mit der Idee der Freiheit seine persönlichen Wünsche, seine persönlichen Sehnsüchte.

Der eine will frei sein von der Macht der Gewohnheit, der andere von der Überbesorgtheit der Mutter, vom Gängelband der Eltern, vom Geld des Mannes, von der Bevormundung durch Lehrer und Erzieher. Der Wunschtraum, einen völlig freien Menschen zu erziehen, bleibt ein Wunschtraum. Jeder Psychologe weiß, wie Eltern und Erzieher, Geschwister und Umwelt den Menschen prägen, unser Denken bestimmen, unsere Wahrnehmung beeinflussen und unser Handeln programmieren. Viele sind ein Abklatsch der anderen im Fühlen und Denken. Wer ist frei von Geld und Besitz, von Hassgefühlen und Rachegedanken? Kann man nicht den Eindruck gewinnen, dass diese Mächte und Kräfte wie moderne Sklavenhalter den Menschen beherrschen?

Hat Ernesto Cardenal nicht recht? – Nicht nur diktatorische Staatsgebilde machen uns unfrei. Die Diktatur sitzt in uns.

Du bist unser Befreier, Herr. Du hast auch Macht über die Diktatur in uns. Gib uns das Wollen und das Vollbringen, Dich an die erste Stelle zu rücken. Amen.

Gott hat euch zur Freiheit berufen, Brüder! Aber missbraucht sie nicht als Freibrief für Selbstsucht und Lieblosigkeit. Das ganze Gesetz ist erfüllt, wenn dies eine Gebot befolgt wird: „Liebe deinen Mitmenschen wie dich selbst."
GALATER 5, 13–15

Es geht um Freiheit und Selbstsucht.

Martin Luther hat 1521 zwei Sätze über die Freiheit gesprochen, die bis heute ihre Gültigkeit für Christen nicht verloren haben: „Ein Christenmensch ist ein freier Herr über alle Dinge und niemand untertan. Ein Christenmensch ist ein dienstbarer Knecht aller Dinge und jedermann untertan."

Zwei Sätze wie Feuer und Wasser. Können wir uns den Satz aussuchen, der uns in den Kram passt?

Die Bauern der damaligen Zeit, leibeigen und unfrei, dienstbare Knechte ihres Herrn, suchten sich den ersten Satz aus. Der Erfolg: Die schrecklichen Bauernkriege. Ein großes Missverständnis der Reformation Luthers. Christus hat uns befreit, das ist richtig. Aber wozu? Zur Nächstenliebe! Die Freiheit in der Sicht des christlichen Glaubens ist die Freiheit der Liebe. Christliche Nächstenliebe ist keine Sklaverei, sondern die freie Entscheidung eines Christen. Die wirkliche Freiheit kreist nicht um sich selbst, sondern ist mitmenschlich ausgerichtet: Selbstsucht ist Ichgebundenheit. Lieblosigkeit ist egoistische Knechtschaft. Der Mensch ist an seine Wünsche, an seine Begierden, an Lebensansprüche, Prestigedenken und an die Diktatur des „man" gefesselt. Der wirklich Freie sucht Wege zum Mitmenschen über alle Grenzen hinweg.

Du hast mich freigekämpft, Herr. Aber ich entdecke, wie sehr ich an mein Ich mit seinen Wünschen gekettet bin. Mach mich frei zur Liebe für andere! Amen.

Denn so ist es der Wille Gottes, dass ihr durch gutes Vergelten den Unverstand der törichten Menschen zum Schweigen bringt, und zwar als Freie und nicht als solche, welche die Freiheit zum Deckmantel der Bosheit machen.
1. PETRUS 2, 16

Was ist wahre Freiheit?

Der englische Schriftsteller Chesterton erzählte einmal ein Gleichnis:

„In Urzeiten spielten Kinder im Paradiesgarten des Vaters aller Menschen, geborgen und zufrieden. Keiner fühlte sich eingeengt oder gezwungen durch die hohe Mauer, die ihr Jugendglück umgab; bis ein herangewachsener Spielgefährte auf die Mauer aufmerksam wurde und eben dies verspürte: Man traut uns nicht, man behandelt uns wie Unmündige, lasst uns die Mauer einreißen! Die Kinder folgten ihm nach kurzem Zögern. Doch als sie die Mauer niedergelegt hatten, entdeckten sie, dass ringsum und unmittelbar am Fuß der Mauer die Klippen steil ins Meer abfielen."

Die Mauer, die sie umfangen hatte, war der Schutz vor dem Tod in der See. Seitdem – so geht es in der Geschichte weiter – drängeln sich die Kinder ängstlich in der Mitte der Insel zusammen. Keines wagt mehr die alten, freien Spiele, ihre scheinbare Befreiung ist ihnen zur Last geworden.

Einen absolut freien Menschen gibt es auf dieser Erde nicht. Wir alle brauchen Mauern, Gebote, Verbote, Regeln und Stützen. Diese Mauer ist für den Christen der Wille Gottes, der uns zum guten Verhalten ermutigt. Freiheit ist nicht Anarchie, totale Regellosigkeit und Schrankenlosigkeit. Wir brauchen Vereinbarungen, Gesetze, Zwänge, Mauern und Gewohnheiten, um uns zu schützen. Die Mauer in unserem Gleichnis stellt sich als Schutz heraus.

Du hast uns befreit, Herr, und behandelst uns nicht wie Unmündige. Hab Dank für Deine Gebote, die uns wie schützende Mauern umgeben. Amen.

Denn wie kann Gottes Liebe in einem Menschen bleiben, dem die Not seines Bruders oder seiner Schwester gleichgültig ist.
1. JOHANNES 3, 17

Der Nächste darf uns nicht gleichgültig sein.

Wolfgang Raible schreibt in seinem Beitrag „Jesus und seine Sponti-Sprüche": „‚Wer heute den Kopf in den Sand steckt, knirscht morgen mit den Zähnen' – einer der vielen pfiffigen Sponti-Sprüche, die in den 80er-Jahren die Hauswände und die Flure der Studenten-WGs zierten. Spritzig, kreativ, prägnant und humorvoll – genau so, wie die Sprache der Christen und die Verkündigung der Kirche (...) klingen könnte."

Raible ist in der Tat der Meinung: wenn wir heute den Kopf in den Sand stecken und die Kritik an unserer Verkündigung nicht ernst nehmen, dann knirschen wir morgen mit den Zähnen und ärgern uns, dass unsere gute Botschaft nicht mehr bei den Menschen ankommt.

Gleichgültigkeit gegenüber dem Nächsten ist Lieblosigkeit. Gleichgültigkeit ist Herzlosigkeit, ist Desinteresse und Selbstsucht. Wer abschaltet, dreht sich um sich selbst.

Gleichgültigkeit ist Nichtstun und ist schuld an Leid und Tränen, ist Angst und Drückebergerei, ist Stimmenthaltung und Feigheit. Sie ist eine schwere Unterlassungssünde. Wie oft schauen wir weg? Wie oft schalten wir ab? Wie oft wollen wir nicht gestört werden?

Herr, ich möchte nicht durch mein Schweigen und Nichtstun dem Bösen in die Hände spielen. Gib mir wache Augen, wache Ohren und ein waches Herz für den Nächsten, der mich braucht. Amen.

Für alles auf der Welt hat Gott schon vorher die rechte Zeit bestimmt. In das Herz des Menschen hat er den Wunsch gelegt, nach dem zu fragen, was ewig ist.
PREDIGER 3, 11

Ach du liebe Zeit!

Dr. Stefan Jung hat sich mit den unterschiedlichen Zeitvorstellungen der Menschen auseinandergesetzt. „Angehörige der Aymara etwa, einem Volksstamm in Chile, weisen nach vorne, wenn sie ‚früher' meinen. Aus ihrer Sicht gibt es keine Bewegung in die Zukunft. (...) Auch die Aborigenes, die Ureinwohner Australiens, leben nicht mit einem linearen Zeitbegriff. Ihre ‚Traumzeit' war sowohl vor langer Zeit und ist jetzt und wird auch morgen sein. (...) In Madagaskar wird die Frage, wie lange es dauert, zum Beispiel beantwortet mit ‚Die Zeit, die man zum Reiskochen braucht'. In Burundi verabreden sich die Freunde zur Mittagszeit: ‚Wenn die Kühe zum Fluss trinken gehen'. Nicht umsonst heißt ein afrikanisches Sprichwort: ‚Europäer haben Uhren, Afrikaner haben Zeit'."

Bei uns muss alles schnell gehen, darum haben wir Schnellrestaurants, Schnellreinigungen und Schnellbesohlanstalten. Das „Sofort" spielt eine große Rolle. Der Prediger ruft uns ins Gedächtnis, dass Gott für alles in der Welt die rechte Zeit bestimmt hat. Sein Wunsch ist es, dass wir nach der Ewigkeit fragen. Wir sind erfolgreich, wenn wir mit den Nerven fertig sind.

Herr, Du fragst mich, wie ich mit der Zeit umgehe. Ob ich sie missbrauche, sie vertreibe, sie genieße oder Dir stehle? Gib, dass ich die Ewigkeit nicht aus den Augen verliere. Amen.

Werde ruhig vor dem Herrn und erwarte gelassen sein Tun.
PSALM 37, 7

Erwartungen sind eine unglaubliche Kraft.

Professor Dr. Fulbert Steffensky beschreibt ein neues Leiden und formuliert:

> „Es wächst ein merkwürdiges Leiden, das durch überhöhte Erwartungen an das Leben und der Subjekte an sich selbst entsteht. Mein Körper soll fit sein bis ins hohe Alter, mein Aussehen schön. Mein Beruf soll mich erfüllen und meine Arbeit soll mir ganz gelingen. Meine Ehe soll ungetrübt glücklich sein. Der Partner soll der beste Liebhaber sein. Solche Totalitätserwartungen an eine Liebe programmieren ihr Scheitern."

Erwartung ist die stärkste Kraft im menschlichen Leben. Positive Erwartungen stimulieren, sie wirken ansteckend und geben dem Leben eine unglaubliche Schubkraft. Allerdings können Erwartungen auch lebensbedrohlich sein. Wer Unglück erwartet, wird oft von Unglück überrascht. Wer Pech erwartet, wird oft vom Pech verfolgt.

Unsere Erwartungen sind oft egoistisch und diesseitig. Wer ruhig wird vor dem Herrn, der dämpft seine falschen Erwartungen, der beschneidet seinen Egoismus und der wird gelassen. Vor IHM werden unsere Ansprüche und unsere übertriebenen Erwartungen kleiner. Vor IHM wird der falsche Ehrgeiz deutlich und wir korrigieren unsere Wünsche und Planungen. Vor IHM wird offenbar, was sein Wille und seine Vorstellungen mit uns beinhalten.

Herr, schenk mir die Einsicht, dass ich nicht mit menschlichen Kunstgriffen, sondern mit Stille vor Dir zur wirklichen Gelassenheit gelange. Amen.

Vergeltet niemals Unrecht mit neuem Unrecht. Euer Verhalten soll bei allen Menschen als ehrbar gelten.
RÖMER 12, 17

Rache macht bitter.

Wir zitieren oft das Gegenteil: „Rache ist süß!" Aber amerikanische Forscher sind dem Rachegedanken nachgegangen und stellten Experimente an. Eines der Resultate:

> „Generell zeigte es sich: die meisten Menschen, die die Chance bekamen, es einem ‚Übeltäter' heimzuzahlen, nutzten sie auch – und fühlten sich anschließend schlechter als andere. Wer sich gerächt hatte, war auch dann in Gedanken noch stärker mit dem ‚Falschspieler' beschäftigt und in deutlich schlechterer emotionaler Verfassung. Es könnte sein, dass wir uns durch das Bestrafen selbst schuldig fühlen, überlegten die Forscher. Statt ‚süßer' Effekte macht uns der Racheakt bitter, da sich die Vergeltung nur schwer mit dem Selbstbild eines ‚gütigen Menschen' vereinbaren lässt."

Vergelten kommt von dem Wort „gelten". Es meint „zurückzahlen" und hat mit dem Handel zu tun. Jesus hat es deutlich formuliert: „Liebt eure Feinde, segnet, die euch Böses wollen! Nur so entsteht Frieden." Wer hasst, lebt mit sich im Unfrieden. Wer sich rächt, untergräbt seine Lebenszufriedenheit.

Oft wollen wir vergeben, können aber nicht vergessen. Wir reichen zähneknirschend die Hand, aber schaffen keinen wirklichen Frieden. Rache wählt Kanonen statt Butter, Krieg statt Aussöhnung, Waffen statt Frieden.

Herr, ich möchte nicht Steine sammeln gegen meine Nächsten, ich will nicht bestrafen und will auch nicht nachtragen. Nur Du gibst mir die Kraft, ohne ein verhärtetes Herz zu leben. Amen.

Er wollte, dass die Menschen ihn suchen und sich bemühen, ihn zu finden. Er ist jedem von uns nahe.
APOSTELGESCHICHTE 17, 27

Gott am Bahnhof.

In der evangelischen Zeitung „Unsere Kirche“ stand ein Beitrag auf der ersten Innenseite mit der Überschrift: „Gott am Bahnhof“. Gezeigt wurde der Berliner Hauptbahnhof. Viele Menschen rennen vorbei, andere stehen in Gesprächen zusammen, wieder andere sitzen auf vierkantigen Steinklötzen. Ein Pfarrer schreibt, dass der Bahnhofsvorplatz ein hektischer Ort sei. Er habe sich angewöhnt, wenn er den Bahnhofsvorplatz passiere, die zweite Bitte des Vaterunsers zu beten: „Geheiligt werde dein Name.“ Und er dächte innerlich darüber nach: „Du bist besonders. Ich bin besonders. Dieser Ort ist besonders.“ Gott *ist* überall, Gott *wohnt* überall, Gott kann dir überall *begegnen.*

Gott kann ich überall nahe kommen. Ich kann überall mit ihm reden. Nach der Zerstörung des Tempels um 70 nach Christi Geburt begannen die Rabbiner, Gott mit dem Namen „ha maquom“ (der Raum, der Ort) anzurufen.

Nicht nur an heiligen Plätzen, an heiligen und geweihten Orten, nicht nur in Kirchen und Domen, sondern überall können wir dem Herrn aller Herren begegnen. Wunderbar, wie es in der Apostelgeschichte heißt: Er ist jedem von uns nahe.

Herr, Du bist in jedem Raum, Du bist an jedem Ort, Du hörst mich in jeder Situation, Du begleitest mich an die unmöglichsten Plätze. Du schenkst mir die wunderbare Gewissheit: „Du bist jedem von uns nahe.“ Amen.

Weil er am Kreuz gestorben ist, ist die Welt für mich tot und bin ich tot für die Welt.

GALATER 6, 14b

Im Mittelpunkt der Passion steht das Kreuz.

Es ist nicht nur ein Marterpfahl. Im alten Rom sagte Cicero seinen Landsleuten: „Die schlimmste, scheußlichste und grausamste Todesstrafe, die es gibt, ist der Kreuzestod. Der Begriff Kreuz muss nicht nur vom Leib römischer Bürger, sondern auch von ihren Gedanken ferngehalten werden."

Das ist eine Seite. Ausgerechnet ein jüdischer Theologe, Pinchas Lapide, schreibt über das Kreuz:

> „Gleicht der Pfahl des Kreuzes nicht einem Pfeil, der, in der Erde wurzelnd, jäh zum Himmel weist – wie das Gebot der Gottesliebe, das die volle Selbsthingabe fordert? Und gleicht der Querbalken, der unparteiisch nach rechts und links deutet, nicht jener schrankenlosen Nächstenliebe, die weder reich noch arm, schwarz noch weiß, weder Jude noch Christ kennt, sondern einzig und allein Menschenbrüder, die im gemeinsamen Vater-Gott die beste Gewähr für Sinn und Hoffnung unseres Lebens finden?"

In der Tat, am Kreuz offenbart sich Gottes totale Selbsthingabe. Das Kreuz offenbart, was Christus auf seine Schultern geladen hat. Pinchas Lapide hat recht: Das ist schrankenlose und klassenlose Nächstenliebe. Das Kreuz Christi ist der Schnittpunkt der Wege Gottes in unserem Leben. Es stirbt einer *an* uns, *durch* uns, aber auch *für* uns, damit wir leben können. Wer das glaubend fasst, weiß es gewiss, dass die Welt mit ihren Reizen, Kräften und Mächten kein Anrecht mehr auf den Menschen hat. Die Welt ist tot für ihn.

Nun, was Du, Herr, erduldet, ist alles meine Last; ich hab es selbst verschuldet, was Du getragen hast. Schau her, hier steh ich Armer, der Zorn verdienet hat. Gib mir, o mein Erbarmer, den Anblick Deiner Gnad. Amen.

(Paul Gerhardt)

„In meines Vaters Hause sind viele Wohnungen. Wenn's nicht so wäre, hätte ich dann zu euch gesagt: Ich gehe hin, euch die Stätte zu bereiten?"
JOHANNES 14, 2

Freude auf die Ewigkeit.

Ein Pastor erzählte mir einen hintergründigen Witz:

> „Ein Mann und seine Frau kommen in den Himmel. Sie sind beglückt über die schönen Häuser und bewundern die Wohnungen, die für die Erlösten eingerichtet sind. Es herrscht eine paradiesische Atmosphäre. Alles strahlt Ruhe und Frieden aus. Die Frau ist begeistert. Vor Glück kommen ihr die Tränen. ‚Wie schön ist es hier!', sagt die Frau, ‚davon habe ich als Christ immer geträumt!' Darauf sagt der Mann zu ihr: ‚Das hättest du schon zehn Jahre eher haben können, aber wir mussten ja täglich Knoblauch schlucken, um unser Leben zu verlängern.'"

Eine freche, aber wahre Geschichte. Wie kommentierte der Pastor: „Wir wollen alle unbedingt in den Himmel, aber wir tun alles dafür, um möglichst lange hierzubleiben." Wir reden von der himmlischen Herrlichkeit, aber wir klammern uns an das irdische Leben. Die Gesundheitsreligion ist die größte und verbreitetste Religion aller Zeiten. Als Christen wollen wir bei Gott sein, aber hier joggen und rennen wir um unser Leben. Die Ausgaben für ein gesundes Leben beziffert man jedes Jahr auf zig Milliarden. Auf der Erde wollen wir uns häuslich einrichten. Haben wir eine panische Angst davor, das irdische Paradies aufzugeben?

Herr, unsere Gesundheitsanstrengungen machen deutlich, wie sehr wir am Diesseits kleben, wie sehr wir uns hier fest eingerichtet haben. Hilf, dass wir die himmlische Heimat nicht aus dem Auge verlieren. Amen.

Eins aber ist Not. Maria hat das gute Teil erwählt; das soll nicht von ihr genommen werden.
LUKAS 10, 42

Das Wichtige und das Notwendige.

Ein Schweizer Theologe hat über das Wichtige und Notwendige nachgedacht. Er sagt in einer Zeitschrift: „In der letzten Zeit hat mich die Frage nach dem *Dringlichen* und nach dem *Wichtigen* beschäftigt. In unserem Leben müssen das keine Gegensätze sein (...) Um es vorwegzunehmen: Wir laufen heute Gefahr, vor lauter *Dringlichkeit* das *Wichtige* aus den Augen zu verlieren, ja das Dringliche ungeprüft als das Wichtige anzusehen und uns davon bestimmen zu lassen. Das Dringliche ist viel leichter erkennbar als das Wichtige, weil es uns drängt, sich uns aufdrängt und in uns Druck erzeugt. Dringlichkeit und Druck engen uns ein und verdunkeln uns den Blick für das Wesentliche. Wer das Wichtige und zur Zeit Notwendige versteht, erliegt dem Drängenden viel weniger leicht."

Vieles ist dringlich, manches ist wichtig. Eins ist notwendig. Eins entscheidet über Zeit und Ewigkeit. Jesus stellt die Weichen gegen falsche Arbeitseinteilung und Zeitdruck. *Martha -Typen* verkörpern die Arbeitswütigen, sie kommen überall gut an. Ehrgeiz und Strebsamkeit, Aktivität und Geschäftigkeit stehen bei Christen hoch im Kurs. Jesus lässt sich nicht beirren: *Maria* hat die bessere Seite erwählt.

Herr, viele Dinge erscheinen uns wichtig und dringlich. Wir wollen auch wichtig und ernst genommen werden. Aber nur eins ist notwendig. Lass uns das nicht aus den Augen verlieren. Amen.

So wie der Menschensohn nicht gekommen ist, dass er sich dienen lasse, sondern dass er diene und gebe sein Leben zu einer Erlösung für viele.
MATTHÄUS 20, 28

Er hat für uns gelitten.

Der Dichter und Schriftsteller Lothar Zenetti hat ein tiefsinniges Gedicht geschrieben mit dem Titel „Passion Christi". Bei ihm heißt es:

> „Ich kenne einen,
> der ließ sich von uns die Suppe versalzen,
> der ließ sich von uns die Chancen vermasseln,
> der ließ sich von uns das Handwerk legen,
> der ließ sich für dumm verkaufen,
> der ließ sich einen Strick drehen,
> der ließ sich an der Nase herumführen,
> der ließ sich übers Ohr hauen,
> der ließ sich von uns kleinkriegen,
> der ließ sich von uns in die Pfanne hauen,
> der ließ sich von uns aufs Kreuz legen."

Jesus hat sich für uns fertigmachen lassen. Er hat buchstäblich seinen Kopf hingehalten, damit wir vor Gott die Erlösten sind. Sein Leiden und Sterben bleiben für uns ein Geheimnis. Gottes große Liebe können wir nur von Ferne erahnen. Solche Liebe übersteigt unsere Vorstellungskraft.

Herr, in der Passionszeit gedenken wir Deines Lebens, Deines Leidens und Deines Sterbens – für uns. Wir können Dir nur danken. Amen.

Wir wissen aber, dass für die, die Gott lieben und nach seinem Willen zu ihm gehören, alles zum Guten führt.
RÖMER 8, 28

„Der Herr im Garten."

Unter dieser Überschrift berichtet Irmhild Bärend von einer alten Legende. Sie berichtet von einem Garten mit vielen seltenen Bäumen. Ein Baum war schöner als alle anderen Bäume, es war ein Bambus. Der Herr des Gartens freute sich über das wunderbare Stück und streichelte seine Blätter. Eines Abends blieb er vor ihm stehen und sagte zu ihm: „Ich muss dir sehr wehtun, mein geliebter Baum. Ich muss dich in Stücke zerteilen, und durch dich wird viel neues Leben entstehen." Der Bambus erzitterte. Der Herr sagte zu ihm: „Ich weiß, wie dir zumute ist, aber durch dein Opfer werden viele hungrige Menschen satt werden." Der Baum sah die Liebe seines Herrn. Er sagte: „Tu mit mir, was du willst – ich bin bereit." Der Baum zweifelte nicht daran, dass der Herr nur das Beste für ihn vorhatte.

Alles leichter gesagt als getan.

Auch wir müssen im Leben durch Dunkelheiten, durch Leid und Schmerzen. Alles kann uns sinnlos erscheinen. Zweifel und Ängste können uns überrollen Wir können nur hoffen und beten und wissen, dass Gott uns nicht im Stich lässt. Wenn wir weinen, weint ER mit. Wenn wir leiden, leidet ER mit.

Wir können es nur glauben, Herr, dass alles, was Du an uns tust, nach Deinem Willen geschieht, und dass es zum Guten führt. Amen.

Oben auf der Treppe stand der Herr und sagte zu ihm: „Ich bin der Herr, der Gott Abrahams und Isaaks. Das Land, auf dem du liegst, werde ich dir und deinen Nachkommen geben!“

1. MOSE 28, 13

Heilsgeschichte durch einen Traum.

Viele Christen sind immer wieder erstaunt, wenn ich über Träume in der Bibel rede, dass die Heilsgeschichte ohne Träume nicht zu verstehen ist. Nehmen wir Jakob. Er war ein Lump und ein schlimmer Betrüger. Er erschlich sich das Erstgeburtsrecht. Mit seiner Mutter Rebekka begingen beide die Schweinerei – anders kann ich das nicht nennen –, den alten Vater hinters Licht zu führen, um sich den Segen, der für Esau bestimmt war, zu ergaunern. Es gelingt. Esau ist wütend und verfolgt seinen Bruder Jakob; der muss fliehen. Unterwegs zu seinem Onkel hat Jakob einen Traum. Gott begegnet ihm im Traum und beruft den Betrüger zum wahrhaftigen Erben. Das Heil Israels ist in ihm begründet.

Über hundert Mal kommen Träume in der Bibel vor. Gott weiß, warum.

Auch hier wird deutlich, Gott erwählt sich keine Superhelden, keine fleckenlosen Heiligen. Er benutzt sogar einen Traum, der für viele Menschen heute äußerst fragwürdig ist. „Träume sind Schäume“, sagen wir. Gott schenkt uns keine lupenreinen Beweise. Er will, dass wir IHM glauben, dass wir IHM vertrauen. Und das hat auch der Betrüger Jakob getan. Er hätte allen Grund gehabt, an sich und dem Traum zu zweifeln.

Herr, auch heute redest Du noch durch Träume. Lass uns hellhörig sein für Botschaften, die Du uns im Traum zumutest. Amen.

Gott hat uns seine große Liebe gerade dadurch bewiesen, dass Christus für uns starb, als wir noch Sünder waren.
RÖMER 5, 8

Es geht um die Annahme unseres Schattens.

Eine asiatische Geschichte berichtet von einem Menschen, der vor diesem Schatten fliehen wollte:

> „Es war einmal ein Mensch, den ängstigte der Anblick seines eigenen Schattens so sehr, dass er beschloss, ihn hinter sich zu lassen. Er sagte zu sich: Ich laufe ihm einfach davon. So stand er auf und lief davon. Aber sein Schatten folgte ihm mühelos. Er sagte zu sich: Ich muss schneller laufen. Also lief er schneller und schneller, lief so lange, bis er tot zu Boden sank ..."

Wer zu sich selbst finden will, so sagt diese kurze Geschichte, der muss seine „dunkle Seite", seinen Schatten annehmen können.

Der Schatten ist auch ein wichtiges Element in der Tiefenpsychologie nach C. G. Jung. Er gehört als Teil des persönlichen Unbewussten zum Ich. Wichtig ist, dass wir diesen Schatten bejahen.

Der lebendige Gott liebt mich,
mit meinen Schwächen,
mit meinen Fehlern,
mit meinen Ängsten,
mit meiner Ohmacht und mit meinen Sünden.

In der Passionszeit machen wir uns klar, Herr: Du bist wegen unserer Sünden ans Kreuz gegangen. Du liebst uns, weil wir schwach sind und wir mit unserem Schatten nicht fertig werden. Amen.

Fangt doch die kleinen Füchse, denn sie verwüsten den Weinberg, wenn die Reben in schönster Blüte stehen.
DAS HOHELIED 2, 15

Was sind die kleinen Füchse?

Die kleinen Füchse verderben den Weinberg,
die kleinen *Hässlichkeiten*
untergraben die Partnerschaft;
die kleinen *Unachtsamkeiten*
belasten die Paare;
die kleinen *Entmutigungen*
lähmen das Zusammenleben;
die kleinen *Streitigkeiten*
vergiften das Eheklima;
die kleinen *Lieblosigkeiten*
blockieren die Achtung voreinander;
die kleinen *Verletzungen*
zersetzen die Liebe.

Es sind in der Regel Kleinigkeiten, die die große Liebe zerstören. Die „kleinen Füchse" richten großen Schaden an.

Wir sind in der Passionszeit. Welche kleinen oder großen Füchse, die das Glaubensleben untergraben, die unsere Christusbeziehung beeinträchtigen, müssen „gefangen" werden?

Herr, wir gehen oft leichtfertig mit der Liebe zum Partner und mit der Liebe zu Dir um. Wir nehmen die „kleinen Füchse" nicht ernst. Lass uns wachsamer sein! Amen.

Solange ihr noch auf der Erde lebt, lasst euch nicht von menschlichen Leidenschaften, sondern von Gottes Willen leiten.
1. PETRUS 4, 2

Unsere Leidenschaften oder Gottes Wille?

Wie lauten unsere Maßstäbe und Leidenschaften, unsere Vorstellungen und Visionen? Was treibt so viele in den Burnout oder in seelische und körperliche Zusammenbrüche? Wenn wir dem Beispiel des Christus folgen, welche falschen und fragwürdigen Motive, die uns antreiben, müssen wir vor IHM korrigieren?

Maßstäbe der Welt:
Immer höher, immer schneller,
immer besser, immer perfekter,
immer engagierter, immer ehrgeiziger.

Und die Folgen?
Immer getriebener, immer überforderter,
immer erschöpfter, immer verausgabter,
immer kaputter, immer ausgebeuteter.

Welche „menschliche Leidenschaft" treibt uns?
Nicht *sein Geist*, sondern unser Ehrgeiz,
nicht *seine Kraft*, sondern unsere Pläne,
nicht *seine Maßstäbe*, sondern unsere Visionen.

Herr, wir lassen uns anstecken von menschlichen Leidenschaften und Zielen. In der Passionszeit wollen wir unsere Fehlziele und unsere falschen Motive in Augenschein nehmen. Amen.

Dann wandte er sich an Thomas: „Leg deinen Finger auf meine durchbohrten Hände! Gib mir deine Hand und leg sie in die Wunde an meiner Seite! Zweifle nicht länger, sondern glaube!"
JOHANNES 20, 27

Wo die Archäologie die Bibel bestätigt.

Das ist die Überschrift in einer Zeitschrift. Ein Israelexperte, Alexander Schick, schildert seine Erfahrungen. 1968 machten israelische Wissenschaftler an einer Grabanlage nordöstlich von Jerusalem einen grausigen Fund: einen Knochensarg mit den Gebeinen eines Mannes namens Yohanan (Johannes) Ben- Hazkul. Dieser Mann war im Alter von 25 Jahren zur Zeit Jesu gekreuzigt worden. In seinem rechten Fersenbein steckte noch ein etwa 11 Zentimeter langer Eisennagel. Beim Anschlagen an das Kreuz hatte sich der Nagel so stark verbogen, dass er bei der Abnahme des Körpers nicht mehr entfernt werden konnte. Dieser Fund ist einzigartig, denn er zeigt, dass viele Theorien über den Kreuzestod Jesu falsch sind. Er blieb nicht am Kreuz hängen und wurde von Geiern gefressen. Auch der obige Text bestätigt die biblische Darstellung.

In der Passionszeit verfolgen wir in Gedanken und Gebeten den Weg Jesu bis zum Kreuz. Keine Erfindung, keine Ausschmückung, sondern die Wahrheit.

Wir sind immer wieder überwältigt, was Gott in Christus für uns getan hat.

Lass mich an andern üben, was Du an mir getan,
und meinen Nächsten lieben, gern dienen jedermann
ohn Eigennutz und Heuchelschein und, wie Du mir erwiesen,
aus reiner Lieb allein. Amen.

(Justus Genesius)

Niemand nimmt mir mein Leben, ich gebe es freiwillig. Ich habe die Macht und die Freiheit, es zu geben und zu nehmen. Das ist der Auftrag, den mir mein Vater gegeben hat.
JOHANNES 10, 18

Wer war schuld am Tod von Jesus?

Der Theologe, Professor Klaus Haacker, der das Neue Testament unterrichtete, schreibt über die Verhandlung des Pilatus und die Kreuzigung Jesu:

> „Der springende Punkt im Verlauf der Verhandlung vor Pilatus ist nicht das echte oder gespielte ‚Tauziehen' zwischen den Hohenpriestern und dem Statthalter, sondern die Kooperation Jesu mit seinen Anklägern im Verzicht auf jede Verteidigung. Wenn die Hinrichtung Jesu juristisch und moralisch ein Unrecht war, so besteht Anlass, von einer ‚Mitschuld' Jesu an seinem gewaltsamen Ende zu sprechen. Von daher ist es berechtigt, das Schicksal Jesu als seinen ‚ureigenen Tod' zu bezeichnen."

Ein politisches Verbrechen, das nach römischem Recht ein Todesurteil gefordert hätte, lag nicht vor. Haacker legt Wert darauf, dass die Juden nicht in erster Linie am Tode Jesu schuld seien, sondern dass Jesus seine Verurteilung selbst so gewollt habe. Das heißt: Gott hat sein Volk nicht fallen gelassen. Denn in der Apostelgeschichte heißt es, dass „durch einen von deinen Nachkommen (...) alle Völker und Stämme der Erde gesegnet werden" (Apostelgeschichte 3, 18–25).

Herr, wir bedenken in diesen Tagen besonders Deinen Tod und Dein Leiden – für uns. Wir sind die Nutznießer Deiner unendlichen Liebe. Amen.

Dabei wollen wir Jesus nicht aus den Augen lassen. Er hat uns den Weg des Vertrauens geöffnet und bringt uns auch ans Ziel. Er hat das Kreuz auf sich genommen und sich nichts aus diesem schändlichen Tod gemacht.
HEBRÄER 12, 2

Im Mittelpunkt der Passion steht das Kreuz.

Es ist das Zentrum der christlichen Botschaft. Das Kreuz zeigt, wer die Menschen sind.

Da hat vor einigen Jahren ein Buch Furore gemacht mit dem frechen Titel: „Gottesvergiftung". Geschrieben wurde es von Tilmann Moser, der radikal und unerbittlich mit dem Herrn aller Herren abrechnet, der angeblich sein Leben, Denken, Fühlen und Wollen vergiftet hat. Alle Fehlentwicklungen, Ängste und Unfreiheiten schiebt er Gott in die Schuhe.

„Ich dachte, du wärst tot, begraben, zumindest aber vergessen oder wärst mir gleichgültig geworden." Seine vor Wut und innerer Verbitterung angefüllte Abrechnung schließt mit dem Satz: „Meine Augen lernen sehen, seit du mir nicht mehr den Horizont verdunkelst."

Ausgerechnet der heidnische Hauptmann, ohne die geringste christliche Beeinflussung aufgewachsen, gibt unter dem Kreuz ein beachtenswertes Zeugnis ab: „Wahrlich, dieser Mensch ist Gottes Sohn gewesen." Tilmann Moser dagegen, der von Kind auf mit christlichen Vokabeln groß wurde, mausert sich zum radikalen Christusgegner.

Das Kreuz fordert auch heute dieses Entweder-oder: Skandal oder Gotteskraft, Quatsch oder Rettung, Gottesvergiftung oder ewige Gesundung.

Du, unser Herr und Gott! Für uns hast Du an unserer Statt Leid, Schuld und Tod erduldet. Deine Liebe ist unbeschreiblich. Darum ist Dein Tod am Kreuz unsere Gotteskraft. Amen.

Wir glauben an den, der unseren Herrn Jesus Christus von den Toten auferweckt hat, der um unserer Übertretungen willen in den Tod gegeben und um unserer Rechtfertigung willen auferweckt worden ist.
RÖMER 4, 24–25

Seine Passion ist eine Passion für mich.

Der ehemalige Hamburger Bischof Dr. Hans-Otto Wölber besuchte den Maler Otto Kokoschka am Genfer See, der der Hauptkirche St. Nikolai ein Bild geschenkt hatte. Die Zeitung „Die Welt" brachte einen Beitrag Wölbers über den Besuch bei einem der prominentesten Maler unserer Zeit:

> „Ich [d. i. Wölber] frage: ‚Warum haben Sie diese Kreuzigung Karfreitag 1972 gemalt?'
> Kokoschka: ‚Ich hatte eine schwere Lungenentzündung und wusste nicht, was wird. Aber als ich wieder zurecht gekommen war, da habe ich eben eine Kreuzigung gemalt (...) Es ist doch ein kleines Leben wie eine Motte, ein kurzer Flug, sie verbrennt im Licht. Man müsste 200, 300 Jahre leben.'
> In der Diskussion sagte einer aus der Runde, der dieses so menschliche Leben am Kreuz unterstreichen will, nebenher: ‚Für alle gestorben.' Kokoschka protestiert: ‚Was heißt für die Menschheit? Kann man das greifen, Menschheit? Ich habe doch ein Interesse daran – für mich.'"

In gesunden Tagen stehen wir in Gefahr, das Bekenntnis „für uns gestorben" so dahinzuplappern, ohne letzten existenziellen Bezug. In Krankheit und den Tod vor Augen geht es uns wie Kokoschka: Auf Golgatha ging es um meine Rettung und mein Leben. Wie sagte der Maler: „Ich habe doch ein Interesse daran — für mich!" Können wir das auch sagen?

Wenn endlich, Herr, mich meine Sünden kränken, so lass Dein Kreuz mir wieder Ruhe schenken. Dein Kreuz, dies sei, wenn ich den Tod einst leide, mir Fried und Freude. Amen.

(Christian Fürchtegott Gellert)

Gibt es aber keine Auferstehung der Toten, so ist auch Christus nicht auferweckt worden.
1. KORINTHER 15, 13

Wenn Ostern ein Irrtum wäre? Nicht auszudenken!

In dem Roman von Guy Thorne „Als es dunkel war" schildert der Verfasser die ungeheure Verwirrung, die in der gesamten Kulturwelt entsteht, als der tatsächlich wissenschaftliche Beweis geliefert zu sein scheint, dass das Kernstück des Christentums, die Auferstehung Jesu, eine Lüge sei. Ein an den Ausgrabungen in Palästina beteiligter Forscher gibt vor, das wahre Grab Christi gefunden zu haben mit der Inschrift: „Ich, Joseph von Arimathia, stahl den Leichnam Jesu und verbarg ihn in diesem Grabe!" Die Fälschung wird nach vielen Monaten aufgedeckt, aber in der Zwischenzeit hat die Entdeckung des angeblichen Grabes entsetzliche Wirkungen ausgelöst. Die schon vorher in Fiebern glühende Menschheit wird förmlich wahnsinnig. Der Glaube an eine höhere Welt, der, wenn auch verborgen und oft geleugnet, doch noch in den Herzen der Menschen schlummert, verschwindet endgültig, und damit verschwinden alle Hemmungen. Die Bestie erwacht, alle Ordnungen lösen sich auf, einer betrügt den anderen, die Hölle wird Wirklichkeit auf Erden.

Ohne Ostern würde die Sinnlosigkeit triumphieren. Ostern ist ein Freudenfest. Ostern macht unser Leben reich. Der Tod ist besiegt. Gott hat ihn in Jesus Christus bezwungen. Ostern wirft ein helles Licht in die Finsternis, die mit Leid, Sterben und Tod des Menschen verbunden ist. Der größte Feind des Menschen hat seine schlimmsten Schrecken verloren.

Jesus lebt! Nun ist der Tod mir der Eingang in das Leben. Welchen Trost in Todesnot wird er meiner Seele geben, wenn sie gläubig zu ihm spricht: „Herr, Herr, meine Zuversicht!" Amen.

(Christian Fürchtegott Gellert)

Wenn wir nun gepredigt haben, dass Gott Christus von den Toten auferweckt hat, wie können da einige von euch behaupten: „Eine Auferstehung der Toten gibt es nicht!" Wenn es keine Auferstehung der Toten gibt, dann kann ja auch Christus nicht auferstanden sein."

1. KORINTHER 15, 12–14

„Der letzte Feind."

Das ist die Überschrift in einer Zeitschrift, wo Michael Olfermann über die Auferstehung schreibt: „Ein ehrlich zweifelnder Zeitgenosse fragte einmal einen Pastor: ‚Wenn man beweisen könnte, dass Christus nie vom Tode auferstanden sei, was wäre dann?' Der Pastor überlegte einen Augenblick, sah seinem Gegenüber in die Augen und entgegnete: ‚Dann wären 2000 Jahre christliche Verkündigung auf einer Lüge aufgebaut. Dann wäre der Glaube von Millionen Menschen vergeblich gewesen. Dann leben, die heute an Christus glauben, ohne Vergebung ihrer Sünden, und alle, die im Vertrauen auf Jesus gestorben sind, sind verloren.'"

Es ist richtig, diese Fragen werden heute gestellt. Aber auch schon damals wurden diese Zweifel erhoben. Der Tod ist der letzte Feind Gottes. Der Teufel hat die Macht des Todes. Und Jesus hat beide besiegt. Das ist unser Glaube, das ist unser Vertrauen. Der Friedhof hat nicht das letzte Wort. Sarg und Erde sind nicht die letzten Stationen. Nichts und niemand können uns aus seinen Händen reißen.

Herr, Deine Auferstehung hat die Weltgeschichte revolutioniert. In Dir laufen alle Fäden der Weltgeschichte und auch meines Lebens zusammen. Danke. Amen.

Jesus sagte zu ihm (Thomas): „Du glaubst, weil du mich gesehen hast, wie glücklich können die erst sein, die mich nicht sehen und trotzdem glauben.“
JOHANNES 20, 29

Der Glaube braucht keine Beweise.

Die „Neue Zürcher Zeitung“ berichtet: „Gegen Endes seines langen Lebens wurde der Philosoph Bertrand Russell gefragt, wie er denn, falls er sich nach seinem Tode wider Erwarten vor dem Throne Gottes wiederfinden sollte, auf des Höchsten Frage reagieren würde, warum er nicht an ihn geglaubt habe. Er, so Russell, würde sagen: ‚Nicht genug Beweise, Gott, nicht genug Beweise.‘ An solcher Evidenz fehlt es nicht nur berufsmäßigen Zweiflern, sondern bisweilen auch Anhängern eines Gottesglaubens.“

Und „Der Tagesspiegel“ formuliert: „Erst durch den Glauben daran, dass die Welt mehr ist als das Sichtbare, entsteht etwas Neues. Wäre Fortschritt möglich, wenn Menschen nicht träumen und experimentieren würden und nicht überzeugt wären, dass alles ganz anders sein könnte? Das Vertrauen darauf, dass Unmögliches vielleicht doch möglich ist, setzt unglaubliche Energien frei, die Forschung, die Universitäten wären undenkbar ohne diesen Antrieb.“

Thomas ist ein Zweifler. Er will Beweise. Jesus schenkt sie ihm, aber ihm und uns allen sagt ER: „Glücklich sind die, die nicht sehen und doch glauben.“

Herr, hilf, dass Dein Osterfriede auf uns überspringt, dass uns die Osterbotschaft erneuert, dass wir Boten des Friedens werden und dass der Friede der Versöhnung unser Leben beherrscht. Amen.

Er aber, der Gott des Friedens, heilige euch durch und durch, und euer Geist ganz samt Seele und Leib müsse bewahrt werden unversehrt, unsträflich auf die Ankunft unseres Herrn Jesus Christus.
1. THESSALONICHER 5, 23

Es geht um die Einheit von Leib, Seele und Geist.

Martin Luther hat versucht, die Dreiteilung mit hilfe eines Bildes aus dem Kult des Alten Testamentes zu demonstrieren. Danach verhalten sich Leib, Geist und Seele wie die drei Teile des Heiligtums in Israel:

> „Das Erste hieß *Sanctum Sanctorum*, das Allerheiligste. Darin wohnt Gott, und darin ist kein Licht. Das andere *Sanctum*, das Heilige. Darin stand ein Leuchter mit sieben Armen und Lichtern. Das Dritte heißt *Atrium*, Vorhof. Der lag draußen unter dem offenen Himmel im Sonnenlicht. In diesem Bilde ist der Christenmensch abgebildet. Sein Geist ist *Sanctum Sanctorum*, das Allerheiligste, Gottes Wohnung im Dunkel des Glaubens ohne Licht. Seine Seele ist das *Sanctum*, das Heilige. Im *Sanctum* sind sieben Leuchter. Das sind beispielsweise der Verstand, das Unterscheidungsvermögen, das Wissen, die Erkenntnis der leiblichen und sichtbaren Dinge. Die Glieder sind das Atrium; sie sind sichtbar für alle, sodass man sehen kann, was der Mensch tut und wie er lebt."

Geist ist hier nicht Verstand, sondern die Mitte der Person, von der her der ganze Mensch bestimmt wird. Der Geist ist für Luther die Stelle, wo es um die Ausrichtung des Menschen für oder gegen Gott, also um Glauben oder Unglauben geht. Der Friede Gottes soll über die Mitte der Person den Menschen total beschlagnahmen und für die Ewigkeit bewahren. Es gibt keine Heiligung von Teilen.

Herr, Dein Wort stellt klar, dass ich Teile meiner Persönlichkeit nicht gegen Dich aussparen kann. Regierst Du die Mitte meiner Person, kommt mein ganzer Mensch mit Leib, Seele und Geist zu Deinem Frieden. Amen.

Fürchtet euch nicht vor denen, die nur den Körper, aber nicht die Seele töten können. Fürchtet euch vor Gott, der Leib und Seele ins ewige Verderben schicken kann.
MATTHÄUS 10, 28

Welche Bedeutung haben Leib, Seele und Geist?

Der Theologe Ernst Lange hat versucht, beispielhaft die Einheit von Leib, Seele und Geist zu entfalten:

> „Ich bin mehr als Leib. Ich stehe in einem mittelalterlichen Dom, ich sehe die ‚Uta von Naumburg' oder die ‚Synagoge' in Straßburg. Sie sind zu Stein erstarrtes Warten auf Gott. Und doch weiß ich: Das stimmt nicht. Es fehlt der Leib. Ich stehe vor einem Zeitungskiosk, vor der großen Schönheitskonkurrenz der Titelbilder, der schimmernden Parade wohlgeformten, wenig bekleideten Fleisches. Und doch weiß ich: Das stimmt nicht. Es fehlt der Geist. Der Mensch ist Leib und doch zugleich mehr als Leib. Er ist leibhaftiger Geist, leibhaftiges Gemüt, leibhaftiges Reden und Denken und Lieben und Beten und Lachen und Weinen und Ichsagen. Er ist Person."

Es ist falsch, zu sagen: Ich habe einen Leib. Ein Auto kann ich haben, eine Uhr und ein Taschentuch. Leib *ist* man. Es gibt kein Lebendigsein ohne den Leib. Man kann den Leib nicht von der Ganzheit des Menschen abheben, um die „reinen Teile", um „Seele und Geist" zurückzubehalten. Menschsein heißt Leib-sein, Menschsein heißt Seele-sein, Menschsein heißt Geist-sein. Die Person ist mehr als Geist, Seele und Leib.

Herr, Du bist der Friede für mein ganzes Menschsein nach Leib, Seele und Geist. Gib, dass ich Dir ohne alle Abstriche gehöre. Amen.

Da bildete Gott der Herr den Menschen aus Erde vom Ackerboden und blies ihm den Lebensodem in die Nase; so wurde der Mensch zu einem lebenden Wesen.

1. MOSE 2, 7

Es geht um die Einheit des Menschen nach Leib, Seele und Geist.

Die Griechen hatten einfach Unrecht, wenn sie behaupteten, dass der Leib das Grab der Seele sei. Der Leib ist nicht zweitrangig. Ohne den Leib können Geist und Seele nicht existieren. Der ganze Mensch *ist* Leib, *ist* Seele, *ist* Geist. So darf man auch Folgendes nicht auseinanderreißen: das Heil und das Wohl, das Eigentliche und das Uneigentliche, das Wesentliche und das Unwesentliche. Das ist falsches Denken. Wir teilen den Menschen künstlich auf.

Greifen wir auf das Schöpfungsgeschehen des Menschen zurück. Ohne den Lebensodem Gottes ist er kein Mensch. Aus Vergänglichem, aus Erde, wird der Mensch gebildet. Aus Staub und Geist wird der Mensch zum „lebenden Wesen“. Kein Missverständnis: Der Mensch erhält nach biblischem Verständnis durch das Einhauchen des Lebensatems nicht eine Seele in seinen Körper. Er wird vielmehr zu einem lebenden Wesen. Immer meint das Wort „Seele“ die von Gott den Menschen gegebene Lebendigkeit, die nicht nur auf die physische Existenz begrenzt werden kann. Jetzt wurde er ein einheitliches, lebendiges, ganzheitliches Wesen und keine Schöpfung aus mehreren Grundbestandteilen. Leider spielt uns unser Denken immer wieder einen Streich.

Herr, wir möchten gern mit dem Herzen fromm sein und mit unseren Gliedern machen können, was wir wollen. Du deckst diesen Irrtum auf. Dein Geist will vom Scheitel bis zur Sohle unser Leben durchwirken. Herr, komm in uns wohnen! Amen.

Denn unser Leben wird jetzt vom Geist Gottes bestimmt und nicht mehr von unserer eigenen Natur. Wenn jemand nach seiner Natur lebt, wird er ganz von seinen eigensüchtigen Wünschen beherrscht.
RÖMER 8, 4–5

Der Mensch ist eine Einheit aus Leib, Seele und Geist.

Unser Lebensstil, also die unverwechselbare Einmaligkeit unserer Persönlichkeit, spiegelt sich in allem Tun und Lassen wider.

Da leidet ein Ratsuchender, ein gläubiger Mann, unter einem „zerstörerischen Versündigungswahn", wie er es nennt. Sobald er wach ist und ins Leben tritt, quälen ihn Versündigungsgefühle. Beim Blick in die Zeitung suchen ihn „weltliche Gelüste" heim, auf der Straße überfallen ihn „unkeusche Gedanken" und auf dem Fernsehschirm „erdrückt ihn die platte Diesseitigkeit". Er arbeitet nur mit halber Kraft, seine Versündigungsgefühle haben seine Gesundheit, seine Beziehungs- und Liebesfähigkeit untergraben.

Der Geist Gottes hat diesen Mann nicht durch und durch geheiligt. Es scheint so, als wäre er gewissenhafter und im Glauben treuer als andere Menschen. Im tiefsten Grunde kann er Gottes Geist für sich nicht in Anspruch nehmen. *Er will* gewissenhafter, frommer, sauberer, heiliger und sündloser sein. Er leidet, weil er die Heiligung erzwingen will. Der ganze Mensch liegt in seinem Glauben und in seinem Leben schief. Die Lebensstilkorrektur ist auch eine Glaubenskorrektur. Hat der lebendige Gott sein Leben geheiligt und gibt er dem Geiste Gottes Raum, brechen seine unbewusste Überlegenheit und sein Versündigungswahn zusammen.

Herr, oft wollen wir frommer, gewissenhafter, moralischer und perfekter als andere sein. Wir werden krank und machen uns krank. Wenn Du uns bestimmst, müssen wir uns nicht überheben. Amen.

Ihr dürft sicher sein: „Ich bin bei euch, bis das Ende dieser Welt gekommen ist."
MATTHÄUS 28, 20

Ihr müsst nicht wiederkommen!

Pastor Dr. Eberlein hat in seinem Buch „Richtigstellungen" über die Konfirmation berichtet. Er beginnt mit einem Witz: „Treffen sich zwei Pfarrer, beide haben Fledermäuse in ihren Kirchtürmen. Fragt der eine: Wie kriegst du denn deine Fledermäuse weg? Ich hab es schon mit allen möglichen Mitteln probiert, aber es klappt nicht. Darauf der andere: Ganz einfach! Ich taufe sie, ich konfirmiere sie, und dann kommen sie nie wieder!"

Er weiß, dass es ein Witz ist. Leider ein böser und ein wahrer. Viele Konfirmanden werden tatsächlich aus der Kirche hinauskonfirmiert.

Dabei ist das Wort Jesu, das er am Ende des Matthäusevangeliums spricht, ein unglaubliches Trostwort. Er ist bei uns in allen Lebenslagen. Er begleitet uns in Freud und Leid, wenn uns Schmerzen überfallen, wenn uns Gebrechen quälen oder der Optimismus uns bestimmt. Er ist da, er ist gegenwärtig, wenn wir jung sind und wenn wir alt sind. Er umgibt uns von allen Seiten. Das schafft Geborgenheit und Gelassenheit. Diese Gewissheit nimmt uns Ängste und Verzweiflung. Wir müssen uns nicht verrückt machen.

Herr, Du leitest Deine Zusage ein mit dem Versprechen „Ihr dürft sicher sein", das entlastet, das entspannt, das macht froh und gelassen. Gib mir die Kraft, dass ich diese Gewissheit nie preisgebe. Amen.

Kinder, unsere Liebe darf nicht aus Worten und Lippenbekenntnissen bestehen. Sie soll sich in Taten zeigen ...
1. JOHANNES 3, 18

Ich bin nicht den Umständen ausgeliefert!

Das macht eine kleine Geschichte deutlich, die Eckart von Hirschhausen in seinem Buch „Glück kommt selten allein“ beschreibt.

Da ist Moshe, der mit Gott, mit seinem Schicksal und mit der Welt hadert. Er geht zum Beten in die Wüste und klagt Gott sein Leid. „Herr, warum bist so grausam? Ich war immer ein guter Diener. Alles hast du mir genommen. Wenn es dich gibt, zeig mir, dass du ein guter Gott bist, und lass mich einmal in der Lotterie gewinnen.“ Nichts passiert. Tagelang betet er so und es geschieht nichts. Er betet Woche um Woche und Monat für Monat. Als er nach einem Jahr wieder anfängt, passiert ein Wunder. Der Himmel öffnet sich und eine tiefe Stimme spricht: „Moshe, ich hab dein Klagelied mir ein ganzes Jahr anhören müssen. Jetzt, bitte, gib du mir eine Chance – und kauf dir endlich ein Los!“

Wir glauben, alles hätte sich gegen uns verschworen. Wir glauben, das Schicksal und Gott seien gegen uns. Wir jammern und legen die Hände in den Schoß. Wir praktizieren leere Worte und Lippenbekenntnisse, aber wir handeln nicht. Wir glauben an unser Pech, an unsere Erfolglosigkeit. Wer an den lebendigen Gott glaubt, schaut nicht rückwärts, schaut nicht auf den Misserfolg, schaut nicht auf die Pleite, er schaut auf neue Möglichkeiten, die ER bereithält.

Herr, ich will lernen, dass ich nicht im Jammern tatenlos werde, dass die Liebe Früchte trägt, dass sie nicht vergeblich ist, dass Du alle Taten segnest. Amen.

Und passt euch nicht dieser Zeit an. Gebraucht vielmehr euren Verstand in einer neuen Weise und lasst euch dadurch verwandeln.
RÖMER 12, 2

Der Zeitgeist ist ein großer Verführer.

Der schon zitierte Arzt und Bestsellerautor Eckart von Hirschhausen erzählt in einem Buch ein Beispiel. Es findet ein Funkgespräch statt zwischen einem US-Flugzeugträger und einer kanadischen Behörde vor der Küste Neufundlands. Der Amerikaner funkt: „Bitte, ändern Sie Ihren Kurs um 15 Grad nach Norden, um eine Kollision zu vermeiden." Der Kanadier funkt zurück: „Ich empfehle, *Sie* ändern Ihren Kurs um 15 Grad nach Süden, um eine Kollision zu vermeiden." Die Funkgespräche gehen dauernd hin und her. Keiner gibt nach.

Jeder betont seine Größe, seine Wichtigkeit und Überlegenheit. Der Flugzeugträger droht, gefährliche Gegenmaßnahmen einzuleiten. Der Kanadier funkt zurück: „Wir sind ein Leuchtturm!"

Wenn ich mich durch Eitelkeit, Überheblichkeit, eingebildete Stärke, Egoismus und Sturheit verrannt habe, müssen sich nicht die Umstände, die andern und die sogenannten Schwachen ändern, sondern *ich*. Wäre der Kapitän des stolzen Flugzeugträgers stur geblieben, wäre das Schiff mit dem Leuchtturm kollidiert.

Der Mensch, der erfährt, dass er vom Zeitgeist gelebt und ferngesteuert wird, kann nur seinen Verstand gebrauchen und eine Kehrtwende im Leben vollziehen. Wer sich von Gott, seinen Geboten und seinem Willen leiten lässt, erfährt einen Blickpunktwechsel, erlebt eine große Befreiung.

Mein Herr und Gott, wenn der Zeitgeist Leib, Seele und Geist in seinen Bann zieht, herrschen nur weltliche Maßstäbe. Hilf, dass ich in Deiner Kraft Deine Maßstäbe beherzige. Amen.

Adams Schuld hatte Folgen für alle Menschen. Insofern ist er das genaue Gegenbild zu Christus, der uns erlöst hat.
RÖMER 5, 14

„Der reiselustige Adam."

So lautet ein kleines Gedicht von Professor Dr. Eckstein über den alten Adam:

„Wenn du versuchst, durch äußere Veränderungen
deinen *Alten Adam* loszuwerden,
dann pass nur gut auf!
Ehe du dich versiehst, hast du unter deinem Gepäck
auch einen Koffer mit den Initialen A. A."

Der Alte Adam reist mit durchs Leben, das ist die Meinung des Theologen. Auch Martin Luther schrieb im Großen Katechismus: „Der alte Adam muss durch tägliche Reue und Buße ersäufet werden. Und siehe an, das Biest kann schwimmen!" Bis zum Tod sind tägliche Reue und Buße vonnöten. Der alte Adam sitzt uns in allen Poren. Wir können auch von der Erbsünde reden. Paulus bringt es auf den Punkt: Adams Schuld hatte Folgen für alle Menschen – bis heute.

Wir brauchen Christus, sonst sind wir verloren. Das ist eine bittere Erkenntnis. Adam ist kein richtiger Name. Er ist abgeleitet von dem hebräischen Wort „Adama" = Erde und bedeutet also so viel wie „Erdling". Denn die Bibel erzählt, dass Gott den Menschen aus der Erde gemacht hat.

Mein Herr und Gott, vor Dir wird der alte Adam pausenlos offenbar. Wir können uns nichts vormachen. Er wandert durch unser ganzes Leben. Auf diesem Hintergrund ist Deine Liebe unübertroffen. Amen.

Ohne Glauben aber kann man Gott unmöglich wohlgefallen; denn wer sich Gott nahen will, muss glauben, dass es einen Gott gibt.
HEBRÄER 11, 6

Was geschieht, wenn wir Gott infrage stellen?

Der englische Philosoph Aldous Huxley hat in seinem Buch „Ends and means" offen gesagt, was ihn dazu getrieben hat, den Sinn des Lebens und Gott infrage zu stellen. Er schrieb:

> „Ich hatte bestimmte Gründe dafür, nicht zu wünschen, dass das Leben einen Sinn hat. Deshalb unterstellte ich, dass es keinen hat, und war so ohne jede Schwierigkeit in der Lage, schlüssige Beweise für diese Annahme zu erbringen. Für mich, und zweifellos für die meisten meiner Zeitgenossen, war die Philosophie der Sinnlosigkeit im Wesentlichen ein Instrument der Befreiung. Die Befreiung, die wir ersehnten, war gleichzeitig die Befreiung von einem bestimmten Sittenkodex, weil er unsere sexuelle Freiheit einschränkt."

Huxley gibt unmissverständlich zu verstehen, wie Weltanschauungen zustande kommen und Lehrmeinungen über den Nihilismus und die Welt entstehen. Für unsere persönlichen Wünsche und Freiheiten suchen wir eine Grundlage. Für unsere Vorurteile suchen wir Beweise. Wer schrankenlose Freiheit will, erfindet „schlüssige Beweise". Wer ohne Gott und Bindung leben will, wird für seine These einleuchtende Gründe parat haben. Ohne Gott zimmern wir uns ein Leben zurecht, das nur auf die privaten Wünsche abgestellt ist. Unsere und nicht seine Maßstäbe geben dann den Ton an. Und plötzlich wird alles sinnlos und ein Haschen nach Wind. Hektik und Betriebsamkeit nehmen zu.

Weil Du da bist, Herr, ist unser Leben kein Haschen nach Wind. Weil Du da bist, bekommt alles einen Sinn, Freud und Leid, Jugend und Alter, Arbeit und Vergnügen. Hab Dank dafür. Amen.

Von Gottes Mitarbeitern ist einer so notwendig wie der andere, ob er nun das Werk beginnt oder weiterführt. Jeder wird von Gott den gerechten Lohn für seine Arbeit bekommen.
1. KORINTHER 3, 8

Heute ist der Tag der Arbeit!

Der katholische Theologe und bekannte holländische Verkündiger Phil Bosmans schreibt über den Tag der Arbeit:

> „Ein Feiertag, aber auch ein Tag zum Nachdenken. Darum eine einfache Frage: Arbeitest du gern? Oder findest du: Keine Arbeit haben ist schlimm, aber arbeiten müssen ist auch ein Unglück? Wir dürfen diese Welt nicht verfluchen, aber wir müssen sie neu beseelen mit Freude über den Wert der Arbeit. Freude an der Arbeit ist heute eine gemeinsame Freude."

Und Martin Luther hat den hilfreichen Gedanken formuliert: „Der Mensch soll und muss arbeiten und etwas tun, aber er soll doch daneben wissen, dass ein anderer ihn ernährt als seine Arbeit, nämlich Gottes Segen."

Paulus ist der Meinung, dass wir als Mitarbeiter notwendig sind. Und wenn wir in Seinem Namen arbeiten, dann machen wir uns nicht kaputt. Er segnet unsere Arbeit, aber nicht unsere Selbstüberforderung, unsere egoistische Arbeitswut und unser Getriebensein. Wir arbeiten für IHN und befriedigen nicht unseren falschen Ehrgeiz. Wir erhalten einen gerechten Lohn für unsere Arbeit.

Herr, schenk uns, dass wir nicht aus reiner Gewinnsucht arbeiten, sondern dass wir Dir dienen und den Mitmenschen zum Segen werden. Amen.

Der Sohn Gottes hat uns einen Sinn in unser Leben gegeben, dass wir ihn erkennen, den Wahrhaftigen, und in ihm in Wahrheit erfunden werden.
1. JOHANNES 5, 20

Was ist der Sinn des Lebens?

In seinem Büchlein „Ich frage nach dem Sinn des Lebens“ schreibt Helmut Gollwitzer:

„Ein junger Mann – so war vor einiger Zeit in Zeitungen zu lesen – kommt auf einen Platz inmitten Londons, er bringt einen Kanister Benzin mit, übergießt sich und verbrennt sich. Man findet einen Zettel bei ihm, auf dem steht, er habe keine Lust mehr. Es sei doch alles sinnlos ... Er gibt auf, er will auch nicht weitermachen, wenn nicht einer ihm sagen kann, wozu? (...) Leben, das für mich sinnlos war, ist für andere keineswegs sinnlos. Für andere ist das Leben voller Hoffnung. Ich kann helfen, dass anderen die Hoffnung des Lebens nicht genommen wird.“

Wozu leben wir? Wozu sind wir auf der Welt? Das Tier wird getrieben, der Mensch muss fragen. Sinnlosigkeit heißt: nicht gebraucht werden, nicht geliebt werden, einsam um sich selbst kreisen.

Wer sich Christus ausliefert, kann nicht in der Einsamkeit und Isolation bleiben. Er macht sich auf den Weg. Er folgt ihm nach und geht zu den anderen. Er fühlt sich geliebt und will die Liebe weitergeben. Er fühlt sich getragen und will anderen tragen helfen.

Du gibst meinem Leben Sinn, Herr. Das Heute und Morgen bekommen Profil. Und meine Zukunft bist Du. Amen.

Wer sich auf den Sohn verlässt, wird ewig leben. Wer nicht auf den Sohn hört, wird niemals das Leben finden.
JOHANNES 3, 36

Hat unser Leben Sinn?

Viktor E. Frankl, der Begründer der Logotherapie, ein in Deutschland viel zu wenig bekannter Psychotherapeut und Psychiater, antwortete einem Verzweifelten, der an der Sinnfrage zu zerbrechen drohte:

> „Was ich sagen will, ist etwas Ähnliches, wie es Franz Werfel einmal gesagt hat: ‚Durst ist der sicherste Beweis für die Existenz von Wasser.‘ Wie könnte der Mensch Durst empfinden, wenn es kein Wasser gäbe, und wie könnte der Mensch nach dem Sinn des Lebens auch nur fragen, wenn es ihn wirklich nicht gäbe."

Nicht wenige halten die Frage nach dem Sinn für Unsinn. Sie hinterfragen alles, auch die Frage nach dem Sinn. Nirgendwo finden sie Antworten, nirgendwo Beweise. Skepsis und Skeptizismus als Prinzip haben sich weltweit breit gemacht. Skepsis ist seit Jahren zum Modewort geworden. Skepsis bedeutet in Wirklichkeit: sich der Wahrheit stellen. Das Wort Skepsis ist für viele aber ein Synonym für Unglauben. Sie halten Skepsis für einen permanenten Zweifel. Der wahre Skeptiker stellt sich der Wahrheit. Er wagt es mit Christus, der uns einen Sinn in unser Leben gegeben hat. Er stellt sich der Wahrheit, die in Christus personifiziert ist. Warum gehen wir kein Experiment mit der Wahrheit ein? Warum erweisen wir uns nicht als handfeste Skeptiker? Warum verzweifeln wir an uns selbst, wo doch Millionen Menschen vor uns und neben uns sich auf den Sinn des Lebens in Christus eingelassen haben?

Du, Herr, bist die Antwort auf Sinnlosigkeit und Verzweiflung. Der Horizont wird hell, weil Du mit uns gehst. Amen.

Bin ich auch elend und arm: der Allherr wird für mich sorgen. Meine Hilfe und mein Retter bist du.
PSALM 40, 18

Es geht um die Sorge.

Der amerikanische Psychotherapeut und Eheberater Albert Ellis, Begründer der Rational-Emotiven Therapie (RET), hat sich eingehend mit irrtümlichen Lebensauffassungen des Menschen beschäftigt und etliche brauchbare dagegengestellt. Eine davon lautet:

> „Sehen Sie ein, dass eigentlich alle Ihre Sorgen nicht durch äußere Gefahren, die vorkommen können, sondern dadurch entstehen, dass Sie sich selbst einreden: ‚Wäre es nicht furchtbar, wenn diese Gefahr einträte?' Anstatt sich über irgendetwas ständig zu sorgen, sollten Sie sich dazu zwingen, Ihre Katastrophe erzeugenden Sätze zu untersuchen und sie in eine realistischere Auffassung ändern: Es wäre eine empfindliche Plage oder eine schlechte Sache, wenn diese Gefahr aufträte. Aber es wäre nicht furchtbar, es wäre keine Katastrophe, und ich könnte damit fertig werden."

Ellis hat recht, viele Sorgen werden von uns aufgebauscht. Dahinter steckt die klare psychologische Erkenntnis: Nicht die Tatsachen bestimmen unser Leben, sondern unsere Meinung über die Tatsachen. Wer eine Riesensorge sieht, deutet sie als riesengroß.

Neben der psychologischen Hilfe haben wir Christen die Chance, unsere Probleme und Sorgen auf Christus abzuladen. Christus ist – ohne Übertreibung – der Schuttabladeplatz der Welt. Wer allerdings alles selbst meistern will, braucht keinen Erlöser. Wer nicht ablädt, behält seinen Klotz am Bein.

Herr, Du willst, dass wir nicht belastet durchs Leben laufen. Wir preisen Deinen Namen, dass Du uns die Lasten abnimmst! Amen.

Du sorgst und mühst dich um so viele Dinge, aber nur eins ist notwendig ...
LUKAS 10, 41–42

Sorgen machen den hellen Tag dunkel.

Sokrates (499–469 v. Chr.) befand sich einst mit einer Gruppe von Schülern in Piräus, dem geschäftigen Hafenviertel von Athen. Dort sahen sie, wie ungeheure Mengen verschiedenster Waren aus Schiffen verladen wurden. Nachdem sie eine Weile dem lebhaften Treiben zugesehen hatten, strich sich Sokrates vergnüglich mit der Hand den langen Bart und sagte zu seinen Schülern: „Wie viele Dinge gibt es doch auf unserer bunten Welt, die ich nicht brauche!"

Sokrates ist zu beneiden. Was würde er heute sagen, zweieinhalb Jahrtausende später? Das Angebot an Gütern und Dienstleistungen aller Art ist unvergleichlich größer geworden. Wir hängen mitten drin in der Luxusgesellschaft, in der Konsum- und Wohlstandsgesellschaft. Konsumterror und Konsumzwang gehen nicht spurlos an uns Christen vorüber.

Aber bitte, kein Missverständnis! Nicht der Wohlstand ist das Problem, sondern die Art, wie wir uns selbstsüchtig an ihn klammern. Jesus sagt unmissverständlich: Eins ist not. Alle anderen Dinge sind zweitrangig. Komfort, Konto und Karriere sind erstrebenswert und angenehm – zweifellos. Die Dinge sind schön, aber nicht notwendig. Sie sind lebenswert, aber nicht das Leben. Ist das nicht verrückt: Tausend Dinge beunruhigen uns, ungezählte Probleme machen uns Sorgen. Wir zerbrechen uns den Kopf um die dümmsten Kleinigkeiten. Nur eins macht uns keine Not: die ewige Rettung.

Dein Lieb und Treu vor allem geht, kein Ding auf Erd so fest besteht; solchs muss man frei bekennen. Drum soll nicht Tod, nicht Angst, nicht Not von Deiner Lieb mich trennen. Amen.

(Leipzig 1597)

Liebe ist immer bereit zu verzeihen, stets vertraut sie, sie verliert nie die Hoffnung und hält durch bis zum Ende.
1. KORINTHER 13, 7

Lieben ist ein Tätigkeitswort, kein Gefühl in erster Linie.

Stephen R. Covey schildert ein eindrückliches Erlebnis über die Liebe: Da kam ein Mann zu ihm, der vom Seminar angetan war, aber ein paar Einwände hatte. Der Mann sagte zu Covey:

„Meine Ehe zum Beispiel. Ich mache mir wirklich Sorgen. Meine Frau und ich haben einfach nicht mehr die gleichen Gefühle füreinander wie früher. Ich glaube, ich liebe sie einfach nicht mehr. Was kann ich tun?‘
‚Das Gefühl ist nicht mehr da?‘, fragte ich.
‚Richtig,‘, stimmte er zu. ‚Und wir haben drei Kinder, um die wir uns sorgen. Was schlägst du vor?‘
‚Liebe sie!‘, antwortete ich. ‚Aber ich sage doch, das Gefühl ist einfach nicht mehr da.‘
‚Liebe deine Frau.‘
‚Du verstehst mich nicht. Das Gefühl von Liebe ist einfach nicht da.‘
‚Dann liebe sie. Wenn das Gefühl nicht da ist, dann ist das ein guter Grund, sie zu lieben.‘
‚Aber wie liebt man denn, wenn man nicht liebt?‘
‚Lieben ist ein Verb, ein Tuwort, ein Tätigkeitswort, mein Freund. Liebe – das Gefühl – ist eine Frucht des Liebens. Also liebe sie. Diene ihr. Bringe Opfer. Höre ihr zu, fühle mit ihr. Schätze sie. Bestätige sie. Bist du dazu bereit?‘“

Lieben setzt eine Entscheidung, ein Tun, ein Verhalten, eine Aktion. Lieben wollen ist ein Entschluss. Liebe schenkt und erntet positive Gefühle.

Herr, gib mir die Kraft, Deiner schenkenden, gebenden und fürsorgenden Liebe zu vertrauen. Hilf mir, dass ich Liebe zeige und praktiziere, statt auf Gefühle zu achten. Amen.

An eurer Liebe zueinander wird jeder erkennen, dass ihr meine Jünger seid.
JOHANNES 13, 35

Liebe ist effektives Handeln!

Ich habe vor ein paar Jahren einen Mann in der Beratung gehabt, der mir erklärte, dass die Gefühle für seine Frau auf dem Nullpunkt wären. Seine leidenschaftlichen Empfindungen, die er mal gehabt hätte, wären weggeschmolzen. Er wollte die Frau nicht verlieren. Er fragte auch: „Was soll ich tun?"

„Worüber würde Ihre Frau sich freuen?", fragte ich den Mann.

„Die freut sich über alles, über Blumen, über kleine Aufmerksamkeiten, wenn ich sie mit einem Kuss wecke, wenn ich mit ihr einen Tanzkursus mache, wenn ich mal mit ihr einkaufen gehen würde."

Er winkt ab und ergänzt: „Nicht das leiseste Gefühl in mir reizt mich dazu!"

Ich sagte zu ihm: „Hören Sie auf dieses Gefühl, ist Ihre Ehe kaputt. Sie sind doch Christ! Liebe ist ein Gebot! Die Bibel sagt: ‚Liebe deinen Nächsten wie dich selbst!' Wenn Sie ein paar Wünsche Ihrer Frau erfüllen, praktizieren Sie Liebe!"

Er schaute mich lächelnd und überrascht an, so als hätte ein Gedanke gezündet.

Etwa acht Wochen später rief er mich an.

„Herr Ruthe, ich rede nicht vom Wunder, dafür bin ich zu nüchtern, ich habe um diese praktische Liebe gebetet. Wir sind glücklich. Unsere Ehe ist wie neu!" An der Liebe, die wir praktizieren, wird unser Glaube erkannt. Liebe will gelebt, getan und nicht in erster Linie gefühlt werden.

Herr, wir verlassen uns gern auf leidenschaftliche Gefühle. Wenn sie schweigen, halten wir die Liebe für tot. Gib uns die Kraft, wirkliche Liebe zu investieren! Amen.

Und wenn ihr euch noch so viel sorgt, könnt ihr euer Leben um keinen Augenblick verlängern. Wenn ihr aber nicht einmal das könnt, was sorgt ihr euch um all die anderen Dinge?
LUKAS 12, 25–26

Sorgen sind selbstzerstörend.

Der ehemalige englische Premier Winston Churchill wird mit dem Wort zitiert:

„Ich bin zu beschäftigt. Ich habe keine Zeit, mir Sorgen zu machen." Und die französische Schriftstellerin Simone Weil schrieb: „Warum sollte ich mir Sorgen machen? Es ist nicht meine Angelegenheit, an mich zu denken. Meine Angelegenheit ist es, an Gott zu denken. Es ist Gottes Sache, an mich zu denken."

Wenn wir das doch leben könnten!

In der Bibel wird das Wort gewöhnlich mit ängstlich, beunruhigend und bekümmert übersetzt. Das griechische Wort im Neuen Testament bedeutet so viel wie teilen, zertrennen, zerreißen und auseinandersetzen. Die Begriffe umschreiben genau die Wirkung der Sorgen, die sie in uns anrichten. Sorgen beschäftigen sich mit der Zukunft. Sie versperren uns den Ausweg, sie lassen uns den Kopf zerbrechen. Sie machen ungewiss, unruhig und unkontrolliert.

Sorgen zerstören das Selbstvertrauen, den Mut für heute und den Mut für morgen. Sorgen lähmen unsere Tatkraft. Sie rauben uns Gelassenheit und Zufriedenheit.

Treuer Herr und Gott, Du sagst es in Deinem Wort klipp und klar, dass wir unser Leben mit Sorgen um keinen Augenblick verlängern können. Schenk uns Vertrauen in Deine Führung. Amen.

Weil wir zu dir gehören, werden wir überall verfolgt und getötet – wie Schafe werden wir geschlachtet.
PSALM 44, 23

Wer demonstriert für verfolgte Christen?

Dr. Wolfram Weimer, Journalist und Buchautor, Gründer des Magazins „Cicero“, schreibt über die weltweite Verfolgung von Christen, dass bei Dauermassakern in Nigeria Christen von islamischen Terrorbanden wie „Boko Haram“ verfolgt, gefoltert und umgebracht werden. Von Nordkorea bis Pakistan, von Indonesien über Ägypten bis Kuba reicht das Geschrei der Gequälten. Vertreibungen und Angst vielerorts: bis zu 100 Millionen Getaufte werden verfolgt. Tausende sterben Jahr für Jahr. Weimer wörtlich:

> „Die Reaktion des christlichen Westens auf diesen Skandal ist in der Regel blanke Gleichgültigkeit. Im Abendland nimmt man die grausamen Berichte achselzuckend zur Kenntnis wie den täglichen Sonnenuntergang und wendet sich wieder dem Dschungelcamp, der Winterdiät oder der Fußball-Champions-League zu. Und wenn im Iran ein Muslim auch nur zum Christentum übertritt, dann erwartet ihn laut Gesetz nichts anderes als die Todesstrafe.“

Doch im Westen wird auch demonstriert, und zwar für die Wale, für die Froschwanderungen und gegen Bahnhofsbauten. „Und wenn auf Facebook einer auch nur den ‚Jogginghosentag‘ ausruft, dann folgen Millionen von New York bis Helsinki und die Massendemo in und für Sporthosen ist da.“

Das ist wahr und beschämend für uns Christen.

Treuer Herr und Gott, uns geht es im Westen sehr gut. Ich schäme mich, dass auch mich das Schicksal vieler verfolgter Christen so kaltlässt. Amen.

Da trat eine Frau, die schon zwölf Jahre an Blutungen litt, von hinten an ihn heran und berührte den Saum seines Gewandes, denn sie sagte sich: Wenn ich auch nur sein Gewand berühre, werde ich geheilt.
MATTHÄUS 9, 19–20

Glaube und Aberglaube.

Die Redakteurin von „Gehirn und Geist" schreibt unter der oben genannten Überschrift: „Siegmund Freud hat sich geirrt. Der Begründer der Psychoanalyse hielt die Hoffnung vieler Menschen, im Glauben Trost und Orientierung zu finden, für eine infantile Illusion. Deshalb forderte er eine ‚Erziehung zur Realität'. Aktuelle Erhebungen zeigen jedoch: Der Fortschritt hat Spiritualität und Glauben nicht verdrängt – auch nicht im säkularen Europa. Laut Religionsmonitor der Bertelsmann-Stiftung von 2007 bezeichnen sich 70 Prozent der Deutschen als religiös, knapp ein Drittel bezeichnet sich sogar als sehr religiös."

„Ein Glaube, der davon ausgeht, dass man von Gott bedingungslos geliebt wird, ist heilend und lebensfördernd", sagt der Theologe Professor Hans-Joachim Eckstein. Die Frau bei Matthäus hat dem Heiler und Verkündiger Jesus geglaubt. Und sie wurde heil. Der wirkliche Glaube versetzt Berge. Der Glaube macht stark, verändert Leib und Seele. Er macht aus pessimistischen und verzweifelten Menschen frohe und zufriedene. Millionen Menschen, die an Christus glauben, wollen das bezeugen.

Herr, der Glaube und das Vertrauen der Frau machen mir Mut, immer wieder Deine Wundermacht in Anspruch zu nehmen. Amen.

Jesus drehte sich um, sah sie (die blutflüssige Frau) an und sagte: „Sei unbesorgt, meine Tochter! Dein Glaube hat dir geholfen." Im selben Augenblick war die Frau gesund.
MATTHÄUS 9, 22

Der Glaube hat heilende Kraft!

Der ehemalige Chefredakteur von „Hörzu", Peter Bachér, berichtet ein interessantes Beispiel von dem Dichter Theodor Storm. Bachér blickt zurück ins Jahr 1887. Storm wurde von einem Magenkatarrh geplagt. Storm bat den Hausarzt, ihm die Wahrheit zu sagen. Die Diagnose kam wie ein Fallbeil: Magenkrebs. Für Storm die Verkündigung des „Todesurteils". Große Bestürzung und Depression. Der Dichter kam mit seinem „Schimmelreiter" nicht voran.

Aber dann geschah das Wunder: die Familie verordnete dem Dichter eine zweite Untersuchung an der Universitätsklinik in Kiel. Eine *Schein*untersuchung. Die neue Nachricht: kein Krebs. Und die erhoffte Wende trat ein. Die Lebensgeister kamen zurück. Storm unternahm kleine Reisen und arbeitete am Schimmelreiter. Bachér wörtlich: „Die Erkenntnis, dass das Leben geheimnisvoll bleibt; dass eine Scheindiagnose zeigte, wie stark Geist, Seele und Körper verwoben sind, und wie fein das wundersame Ding gesponnen ist, das wir Leben nennen."

Der Glaube verkörpert eine ungeahnte Kraft. Das bestätigen täglich die Ärzte, die Placebos (Scheinmedikamente) verordnen. Wie viel mehr trägt und heilt der Glaube an Christus, unseren Heiler und Erretter. Die blutflüssige Frau hat es erfahren.

Mein Herr und Gott, wenn schon der Glaube an Scheindiagnosen und Placebos solche Wirkungen hat, wie viel mehr will ich in allen Lebenssituationen an Dich glauben und Dir vertrauen. Amen.

Seht euch die Vögel an! Sie säen nicht, sie ernten nicht, sie sammeln keine Vorräte – aber euer Vater im Himmel sorgt für sie. Und ihr seid doch viel mehr wert als alle Vögel.
MATTHÄUS 6, 26

Gehören Sorge und Vorsorge nicht zum menschlichen Leben?

Es gibt eine schöne Sammlung von Gebeten (Gebete aus der Arche), die Tieren in den Mund gelegt wurden. Das Gebet der Ameise lautet:

> „Herr, man tut mir Unrecht. Ich sammle und ich lege Vorräte an. Habe ich denn nicht das Recht, ein wenig die Frucht meiner Arbeit zu genießen, ohne mit ansehen zu müssen, wie irgendein zirpender Bummelant meine Speicher ausräumt? Etwas ist an deiner Gerechtigkeit, was ich kaum verstehe. Wenn ich es wagen darf, einen Rat zu geben. Ich bin noch nie jemandem zur Last gefallen und schlage mich ganz gut durch. Da soll man zu diesem unverbesserlichen Mangel an Vorsorge gewisser Leute ewig von Neuem sagen: Amen?"

Die Ameisen – aber auch viele Menschen – haben Schwierigkeiten mit der Bergpredigt, mit der Sorge und Vorsorge. Sie wollen keinem zur Last fallen. Unabhängigkeit ist gut, aber Abhängigkeit ist eine Grundbedingung des Menschen. Wer keinem zur Last fallen will, trägt er die Lasten der anderen mit?

Jesus preist die Unbekümmertheit der Vögel. Sie leben in den Tag hinein und treiben keine Vorratswirtschaft. Jesus ist kein Phantast: Wir planen das Morgen, aber sorglos. Darum geht es. Wir kosten den heutigen Tag aus, als gäbe es kein Morgen. Wir machen uns nicht selbst verrückt. Warum? Wir sind mehr als die Vögel, sagt Jesus.

Löse, Herr, alsdann mein Denken von den Sorgen, die mich kränken. Lass mich Deine Wunder schauen, Deinen Worten ganz vertrauen. Amen.

Darum sage ich euch: Sorget nicht um euer Leben, was ihr essen oder trinken werdet. Nach solchem allen trachten die Heiden (...) Darum sorget nicht für den andern Morgen, denn der morgende Tag wird für das Seine sorgen.
MATTHÄUS 6, 25–34 (AUSWAHL)

Wer sich sorgt, ist ein Heide.

Jesus hält nichts von der Sorge. Wer sich sorgt, ist ein Heide. Ist das nicht überspitzt? Der Bestseller-Autor Dale Carnegie hat ein Erfolgsbuch geschrieben: „Sorge dich nicht – lebe!" Im Vorwort schreibt er:

> „Mir wurde klar: Was hier nottat, war ein Lehrbuch zur Überwindung von Sorge und Selbstquälerei. Auch diesmal machte ich mich zunächst auf die Suche und ging in die große New Yorker Volksbibliothek in der Fifth Avenue. Dort stellte ich zu meinem Erstaunen fest, dass der Katalog nur 22 Eintragungen unter dem Titel ‚worry' enthielt. Dafür waren unter dem Schlagwort ‚Würmer' nicht weniger als 189 Bücher verzeichnet. Beinah neunmal so viele Bücher über Würmer wie über die Sorgen der Menschen! Erstaunlich, nicht wahr? Da das Sich-Sorgen nun einmal zu den schwersten Belastungen des Menschen gehört, sollte man doch annehmen, dass jede höhere Schule und Universität im Lande Vorlesungen über das Thema ‚Hört auf, euch zu sorgen!' veranstalten müsse."

Sich Sorgen zu machen scheint zu den Selbstverständlichkeiten des menschlichen Lebens zu gehören. Sie werden hingenommen. Jesus ist anderer Ansicht. Sich zu sorgen bedeutet, ungläubig zu sein. Wir vertrauen auf unsere Vorsorge und nicht auf seine Fürsorge. Steckt in uns allen nicht eine gehörige Portion Heidentum?

Auf, auf, gib deinem Schmerze und Sorgen gute Nacht, lass fahren, was das Herze betrübt und traurig macht; bist du doch nicht Regente, der alles führen soll, Gott sitzt im Regimente und führet alles wohl. Amen.

(Paul Gerhardt)

Ich will jubeln und fröhlich sein ob deiner Gnade.
PSALM 31, 8

Es geht um die Sorglosigkeit.

In einem schottischen Bauernhaus trägt ein alter Ofen den Sinnspruch: „Von allen Sorgen, die ich mir machte, sind die meisten nicht eingetroffen. Aber jedes Lachen, das meine Freunde uns brachten, hat mein Leben eine Woche jünger und gesünder gemacht."

In Amerika wird jedes Jahr eine „Keep-smiling-Woche" veranstaltet. In Russland hat man den 1. April zum „Tag des Lachens" erklärt. Im Mittelalter war es in den Kirchen üblich, am Ostertag eine fröhliche Geschichte oder einen lustigen Witz zu erzählen, um das „Osterlachen" hervorzurufen. Das Jubeln des Osterglaubens sollte im Lachen zum Ausdruck kommen. In früheren Jahrhunderten kannte man in der katholischen Kirche nicht sieben, sondern acht Hauptsünden. Die achte war die Traurigkeit und das Nicht-Fröhlichsein. Sie wurde als Quellsünde bezeichnet. Vom afrikanischen Christen können wir Europäer etwas lernen, was Lachen, Sorglosigkeit und Fröhlichkeit betrifft. Über unseren Gottesdiensten und Bibelstunden lastet in der Regel der Mehltau einer unfrohen und freudlosen Stimmung. Gott hat den Menschen das Lachen geschenkt. Er ist ein Wesen, das lachen kann. Er ist das einzige Wesen der Erde mit dieser Begabung. Das Lachen ist dort beheimatet, wo Gott seine Liebe ausstreut.

Vom Text her: Freude, Jubel und Sorglosigkeit sind da beheimatet, wo Gott uns Menschen gnädig ist und wir glaubend seine Gnade in Anspruch nehmen. Wir sind Begnadete! Können wir auch begnadet sorglos sein?

Abend und Morgen sind seine Sorgen; segnen und mehren, Unglück verwehren sind seine Werke und Taten allein. Wenn wir uns legen, so ist er zugegen; wenn wir aufstehen, so lässt er aufgehen über uns seiner Barmherzigkeit Schein. Amen.

(Paul Gerhardt)

Wer kann sein Leben durch Sorgen auch nur für einen Tag verlängern? Wenn ihr nicht einmal so eine Kleinigkeit zustande bringt, warum quält ihr euch dann mit Sorgen um andere Dinge?
LUKAS 12, 25–26

Die meisten Sorgen produzieren wir selbst.

„Erhebst du ein Problem zum Problem, so bekommst du ein Problem", sagen die Psychologen. Eine bittere Wahrheit. Ein Kind hat seine erste Sechs in Mathematik geschrieben. Die Mutter sagt: „Schrecklich! Jetzt fängt der Junge auch an und kann nicht rechnen. Das hat er von mir geerbt!" Alle Aufmerksamkeit richtet sich von nun an auf das Problem Mathematik.

Wenn Sie nicht mehr schlafen können und nur noch auf das Ticken des Weckers achten, wird das Ticken unerträglich. Wenn Sie auf Ihre Sorgen schauen, vergrößern sich Ihre Sorgen. Wenn Sie auf Jesus schauen, erhalten Sie eine andere Perspektive.

„Wer ständig in den Abgrund schaut, stürzt hinein", hat Nietzsche gesagt. Kein Christ sollte sich Sorgen und Probleme auf den Hals laden. Keinem Menschen gelingt es, dadurch sein Leben zu verlängern.

Der Sprachforscher Eugen A. Nida schreibt: „Sorge trifft das Innerste der menschlichen Persönlichkeit. Die Mossis in Westafrika sagen, dass ‚Sorge' ein ‚verdorbenes Herz' bedeute."

Jesus will nicht, dass wir uns mit Sorgen quälen, sondern möchte, dass wir ihm alles vor die Füße werfen, was uns beschwert. Wir können es üben.

Herr, Deine Anteilnahme an meinem persönlichen Leben ist unvorstellbar. Du hältst beide Hände auf, um meine Sorgen und Probleme zu übernehmen. Vergib, wenn ich Dir zwar alles sage, Dir aber nicht alle Sorgen überlasse. Amen.

Ich schätze mich glücklich, König Agrippa, dass ich mich heute wegen aller Beschuldigungen, welche die Juden gegen mich erheben, hier vor dir verantworten darf.
APOSTELGESCHICHTE 26, 2

Es geht um Verantwortung.

Dieses Bibelwort macht klar: Verantwortung ist ein zwischenmenschlicher Vorgang und keine Frage der *Selbst*verantwortung.

Zu den vielen therapeutischen Richtungen, die heute hoch im Kurs stehen, gehört die Gestaltpsychotherapie. Ihr Begründer, Frederick S. Perls, vertritt den Standpunkt der Selbstverantwortung und schreibt:

> „Ein sehr missbrauchtes Wort – Verantwortung. Verantwortung bedeutet die Fähigkeit zu antworten. Nun haben wir aus dieser Verantwortung die Idee der Verpflichtung gemacht, und das ist Größenwahn und Allmachtsdünkel. Verantwortung bedeutet einfach: ‚Ich bin ich, ich habe genommen und entfaltet in mir, was ich sein kann.' Mit anderen Worten: Verantwortung ist die Fähigkeit, vollverantwortlich für sich selbst und für niemanden sonst zu sein. Das ist, glaube ich, das grundlegende Merkmal des reifen Menschen."

Verantwortung für andere sieht er als „Größenwahn und Allmachtsdünkel" an. Selbstverantwortung ist nach F. S. Perls das Kennzeichen des reifen Menschen.

Erhebe ich den Menschen zum Maß aller Dinge, ist *Selbstverantwortung* die letzte Konsequenz. Ich bin mir selbst der eigentliche Mittelpunkt. Rigoros wird die zentrale biblische Aussage „Wir sollen Gott über alle Dinge lieben und unseren Nächsten wie uns selbst" auf den Kopf gestellt.

Lieber Herr, das Wort der egoistischen Selbstverantwortung streichst Du in meinem Vokabular. Unmissverständlich weist Du mich an Dich und den Nächsten. Ich danke Dir, dass Du mich in die Pflicht nimmst. Amen.

Denn ich habe euch in meinem Herzen … wenn ich das Evangelium verantworte.
PHILIPPER 1, 7

Wir sind füreinander verantwortlich.

Bestimmt Christus die Geschicke unseres Lebens, richtet er unsere Blicke auf den Neben-, Vorder- und Hintermann, auf den nahen und fernen Nächsten. Unser Geschick ist mit dem Geschick des Mitmenschen verflochten. Wir sind uns gegenseitig verpflichtet.

Der Amerikaner Eric Berne hat das in dem Titel seines Bestsellers auf eine saloppe Kurzformel gebracht: „Ich bin o. k. – du bist o. k." An einer Stelle heißt es:

> „Ich bin ein Mensch. Du bist ein Mensch. Ohne dich bin ich kein Mensch, denn nur durch dich wird die Sprache möglich, und nur durch die Sprache wird das Denken möglich. Du hast mich wichtig gemacht, darum bin ich wichtig. Wenn ich dich entwerte, entwerte ich mich selbst. Das ist das Prinzip der Lebensanschauung: Ich bin o. k. – du bist o. k.! (…) Diese Grundanschauung erfordert, dass wir füreinander verantwortlich sind, und diese Verantwortung ist der äußerste Anspruch, der allen Menschen gegenüber gleichermaßen erhoben wird."

Verantwortung charakterisiert eine Ich-Du-Beziehung. Ohne den anderen gibt es keine Antwort und damit keine *Ver-antwort-ung*. Wer Gott liebt, kann den Mitmenschen nicht ausklammern. Einsamkeit, Kontaktschwierigkeiten und Alleinsein haben auch etwas mit Verantwortungslosigkeit zu tun. Paulus verantwortet das Evangelium nicht vor sich selbst. Er hat die Philipper im Herzen und vor Augen. Wer auf das Evangelium hört, hört umso mehr auf den Mitmenschen.

Vater im Himmel, wir danken Dir für die Menschen um uns herum. Wir sind in der Tat o.k., wenn wir Dich über alles lieben und den Nächsten wie uns selbst. Amen.

Vom Bösen soll er sich abwenden und das Gute tun. Er setze sich unermüdlich mit ganzer Kraft für den Frieden ein.
1. PETRUS 3, 11

Es geht um Altruismus, um Nächstenliebe.

Der Philosoph Richard David Precht, der einen Bestseller über Egoismus geschrieben hat, schreibt:

> „Alle Ziele, die wir im Rahmen unseres normalen Alltags verfolgen, die Ausbildung oder den Beruf betreffend, finanzielle Ziele, Anschaffungen etc., haben aus der Sicht unseres Gehirns ihren tiefen, uns meist unbewussten ‚Sinn' dadurch, dass wir damit letztlich auf zwischenmenschliche Beziehungen zielen, das heißt, diese erwerben oder erhalten wollen. (...) Altruimus ist keine nachträgliche Zutat in einem egoistisch veranlagten Gehirn, sondern ein zwingender Bestandteil unserer Grundausstattung."

Schon der römische Philosoph Seneca hatte dies sehr genau erkannt, als er schrieb: „Es kann niemand ethisch verantwortungsvoll leben, der nur an sich denkt. Du musst für andere leben, wenn du für dich selbst leben willst."

Petrus spricht den Christen diese Verantwortung zu. Sie wenden sich vom Bösen ab und tun das Gute, das dem Nächsten dient. Die Hirnforscher behaupten heute, dass das *Kooperationsdenken* dem Menschen im Blut liegt. Schon die Milliarden Zellen in unserem Körper arbeiten kooperativ zusammen, sagen sie. Als Christen schließen wir daraus: Der lebendige Gott hat in seiner Weisheit dieses konstruktive Zusammenspiel gewollt. Und es ist Grundlage für ein friedliches Zusammenleben.

Treuer Herr und Gott, schenke uns die Kraft, das Gute zu tun, Dich über alles und den Nächsten wie uns selbst zu lieben. Amen.

Alles kann ich durch Christus, der mir Kraft und Stärke gibt.
PHILIPPER 4, 13

Ich bin, ich kann, ich werde, ich glaube.

Das ist die Zwischenüberschrift in einem Buch von Dr. Robert H. Schuller in Amerika, der ein Gespräch mit seinem Freund führte. Wörtlich heißt es bei ihm:

> „Ich antwortete meinem Freund: ‚Es gibt zwei Arten von amerikanischen Bürgern. Einige sind positiv, andere sind negativ. Einige sind AmeriKANNer (Amer-I-CANs). Die negativen Menschen sind die AmeriKANN-NICHTer (Amer-I-CAN'Ts). Wir beide, ich als Pastor, Autor, und du als Botschafter, haben die gleiche Aufgabe: Menschen zu inspirieren, sich von Kann-nicht-Menschen in Kann-Menschen zu verwandeln. Stellen Sie die Frage: Sind Sie einer, der *kann* oder einer, der *nicht kann?*'"

Wir Christen glauben nicht an *unsere* Stärke, an *unser* Können, an *unsere* Fähigkeiten und an *unsere* Kraft, die wir selbstbewusst produzieren. Wir wollen es mit Paulus im Philipperbrief sagen: „Alles kann ich durch Christus."

In IHM sind wir stark, in IHM sind wir engagiert, sind wir wagemutig, optimistisch und hoffnungsvoll. Er stärkt unser Selbstvertrauen, er kräftigt unseren Selbstwert. Dann können uns auch Enttäuschungen und Fehlschläge nicht völlig entmutigen. Wir lernen aus Sackgassen, aus Krisen und Pleiten. Sie sind niemals ein Zeichen völligen Versagens.

Herr, hilf, dass wir nicht auf unsere Fehler, unser Versagen und auf unsere Misserfolge schauen. Du bist unsere Kraft und unsere Stärke. Du richtest uns wieder auf. Amen.

Den Geist Gottes erkennt ihr daran: Er bekennt, dass Jesus Christus als Mensch aus Fleisch und Blut zu uns gekommen ist. Ein Geist, der das leugnet, ist nicht der Geist Gottes, sondern der Geist des Antichristen.
1. JOHANNES 4, 2–3

Wahrer Gott und wahrer Mensch.

Das ist unser Glaubensbekenntnis. Pastor Klaus Jürgen Diehl beschäftigt sich in einer Serie bei ideaSpektrum mit dem Apostolischen Glaubensbekenntnis. Er fragt, wie geht das zusammen und schreibt: „So gab es früher bereits heftige Auseinandersetzungen mit den Vertretern der Gnosis (altgriechisch für „Erkenntnis"), die behauptete, Jesus sei kein wirklicher Mensch aus Fleisch und Blut gewesen, sondern habe nur einen Scheinleib gehabt." Sie befürchteten, dass die Göttlichkeit Jesu angezweifelt werden könnte. Erst auf dem Konzil von Chalcedon wurde 451 das Bekenntnis von den zwei Naturen unseres Herrn Jesus Christus bestätigt.

Jesus war armer Leute Kind, verzichtete auf jede Bevorzugung, wurde im Stall geboren und teilte das Schicksal von Millionen Flüchtlingen. Er kannte alle menschlichen Bedürfnisse und Empfindungen, litt unter Hunger und Durst, unter Angst und Verzweiflung. Darum ist sein Leben und sein Sterben am Kreuz für uns so bedeutsam. Erst als Gottes Sohn vermag er uns und diese Welt aus ihren tausend Nöten zu befreien. Er widersteht allen Versuchungen und bleibt ohne Sünde. Das ist und bleibt ein unfassbares Geheimnis.

Treuer Herr und Gott, Du hast Dich nicht geschämt, aus der Herrlichkeit der himmlischen Welt als Mensch in unser armseliges Dasein zu kommen. Nur als Mensch kannst Du für uns büßen und zum Retter werden. Wir können es nur glaubend fassen. Amen.

Jesus erwiderte: Wer dieses Wasser trinkt, wird bald wieder durstig sein. Wer aber von dem Wasser trinkt, das ich ihm gebe, der wird nie wieder Durst bekommen. Dieses Wasser wird in ihm zu einer Quelle, die bis ins ewige Leben hinein fließt.
JOHANNES 4, 13–14

Ohne Wasser kein Leben!

Das ist ein Beitrag von Dr. Gerd Goldmann. Er schreibt, dass bei Aufnahmen aus dem Weltraum unsere Erde zwei charakteristische Farben zeigt: blau und weiß. Zwei Drittel der Erdoberfläche sind mit Wasser bedeckt, weswegen unser Planet auch „Blauer Planet" genannt wird. Wer sich mit dem Wasser und seinen Eigenschaften beschäftige, käme aus dem Staunen nicht mehr heraus. Diese Schlüsselsubstanz sei für die vielfältigen Aufgaben in der Natur vom Schöpfer jeweils optimal mit Eigenschaften ausgestattet. Es sei geschmacklos, geruchlos und farblos. Alle drei Dinge hätten naturwissenschaftlich eine hohe Bedeutung, die ich hier nicht näher begründen will. Dann sei Wasser eine der wenigen Substanzen, die sich beim Erstarren ausdehnten. Festes Eis sei somit spezifisch leichter als das flüssige Wasser und schwimme oben. Nur dadurch sei in Ozeanen Leben möglich. Denn wenn das Eis nach unten sacke, wären ganze Meeresteile von unten her mit Eis zugewachsen. Goldmann schildert noch viele Geheimnisse des Wassers. Der Schöpfer hätte das Wasser für unser Leben maßgeschneidert.

Wie dieses irdische Wasser unser irdisches Leben erhält, so schenkt Jesus uns das Wasser, die Gemeinschaft mit Gott, das ins ewige Leben hinein fließt.

Herr, Dein lebendiges Wasser stillt nicht nur meinen irdischen Durst. In Dir ist die Quelle des ewigen Lebens. Danke. Amen.

Herr, ich wusste, dass du ein harter Mann bist: Du erntest, wo du nicht gesät hast, und sammelst ein, wo du nicht ausgestreut hast; und ich fürchtete mich, ging hin und verbarg deinen Zentner in der Erde. Siehe, da hast du das Deine.
MATTHÄUS 25, 24–25

Perfektionisten wollen keine Fehler machen.

Wer aber keine Fehler machen will, muss alle Aktivitäten bremsen. Er tut gut daran, seine Talente zu vergraben. Anselm Grün kennzeichnet diese Angsthasen so:

> „Die Angst vor dem Herrn ist der Grund, dass der Diener sein Talent vergräbt, dass er am Leben vorbei lebt. Er möchte auf jeden Fall vermeiden, einen Fehler zu machen. Er möchte auf Nummer Sicher gehen. Und die Angst treibt ihn dazu an, sich und sein Leben zu kontrollieren. Er hat Angst vor dem Tod, Angst vor Versagen, Angst, sich vor anderen zu blamieren."

In der Tat, Menschen mit einem mangelhaften Selbstbild haben in der Regel ein mangelhaftes Gottesbild. Die Lebensangst des Perfektionisten blockiert ihn auf allen Gebieten. Der Perfektionist grübelt und sichert zu viel. Kennen Sie das folgende Sprichwort? „Wer viel arbeitet, macht viele Fehler, wer wenig arbeitet, macht wenig Fehler, wer gar nicht arbeitet, macht keine Fehler." Ohne Fehler geht es im Leben nicht. Jesus geht hart mit diesen Fehlerlosen ins Gericht. Ihnen wird alles genommen, was sie haben. Perfektionisten sind unzufrieden und machen sich unzufrieden. Ihre Ansprüche sind zu hoch.

Herr, bewahre mich vor Perfektionismus, bewahre mich vor zu hohen Ansprüchen, bewahre mich davor, nur die Fehler und nicht das Positive zu sehen. Amen.

Jesus aber sprach zu seinen Jüngern: „Wahrlich, ich sage euch: Ein Reicher wird schwer ins Himmelreich kommen."
MATTHÄUS 19, 23

Reich und Hausbesitzer müsste man sein!

Ich habe gelesen, dass einer der größten Wünsche des Menschen darin besteht, ein eigenes Haus zu besitzen. Wir schuften, rackern uns ab und sind stolz, wenn wir ein eigenes Heim vorzuweisen haben. Ich habe jahrelang in einem Stadtteil gewohnt, wo uns gegenüber eine wunderschöne Bungalow-Siedlung stand. Man nannte sie den „Totenhügel", weil die meisten Männer gestorben waren, nachdem ihre Häuser standen.

Die Bibel lehrt uns, den lebendigen Gott über alle Dinge zu lieben. Es sieht so aus, dass vielen Menschen Dinge, Besitz und Reichtum wichtiger sind als das Himmelreich. Der alte schwarze Mann in Afrika hat es auf den Punkt gebracht: „Herr, lass es nie zu, dass wir in Steinhäuser umziehen." Und Jesus macht eine geradezu bedrückende Aussage: „Ein Reicher wird schwer ins Himmelreich kommen." Meint er die Millionäre, die Großgrundbesitzer und Aktienpaketbesitzer? Oder denkt er etwa an uns, die am Besitz mehr kleben als am lebendigen Gott? Wir sagen es so leicht dahin: „Geld regiert die Welt!" In der Tat: Die meisten Aktivitäten, das Rennen und Streben der Menschen, drehen sich um Geld und Besitz. Kein Wort wird in der Zeitung mehr verwendet. Und keinem Zeitgenossen hält Jesus deutlicher den Spiegel vor.

Unser Herr und Gott, wir schauen gern auf die Superreichen, auf die Millionäre, und sehen unseren Reichtum nicht. Hilf uns, dass wir den Armen nicht übersehen! Amen.

Du sollst den Herrn, deinen Gott lieben (...) Und deinen Nächsten wie dich selbst. Er aber sprach zu ihm: Du hast recht geantwortet: tu das, so wirst du leben.
LUKAS 10, 27–28

Glaube muss praktiziert werden!

Glaube ist Tat, keine philosophische Wortklauberei. Anthony de Mello erzählt eine lehrreiche Geschichte von einem Mönch, der hartnäckig seine Frage beantwortet bekommen möchte, ob die Seele des Gerechten den Tod überleben würde. Der Mönch bekommt darauf die Geschichte eines Mannes erzählt, der von einem Giftpfeil getroffen wurde und in akuter Lebensgefahr schwebt, falls er nicht den Pfeil herausziehen und die Wunde behandeln lassen würde. Doch diesem Verletzten war es wichtiger, erst die Fragen beantwortet zu bekommen, ob der Täter ein Weißer oder Schwarzer war, ob er groß oder klein war und ob er ein Kastenloser gewesen sei oder nicht.

Was halten wir von dem Mann? Es ist ein Verrückter. Aber geht es vielen anders? Die Sünde hat uns tödlich vergiftet. Und wir diskutieren über unsinnige Fragen. Wir reden über Wege, aber wir gehen den Weg nicht. Wir reden über Medizin, aber nehmen sie nicht ein. Wir sind fest überzeugt, aber alles bleibt beim Alten. Wir philosophieren, aber handeln nicht. Wir diskutieren und sterben darüber. Jesus hat recht: „Tu das, und du wirst ewig leben.“

Herr, ich ertappe mich immer wieder dabei, dass mir viele Deiner Wahrheiten einleuchten, aber ich handele nicht danach. Bewahre mich vor schöngeredeten Ausreden! Amen.

Wer unter euch am größten ist, soll euer aller Diener sein. Denn wer sich selbst groß macht, wird von Gott gedemütigt, und wer sich selbst gering achtet, wird von ihm zu Ehren gebracht.
MATTHÄUS 23, 11–12

Es geht um Selbsterhöhung und um Selbstgerechtigkeit.

Helmut Thielicke, der viele Jahre in Hamburg als Theologe wirkte, kennzeichnet sie so: „Darum ist die Selbstgerechtigkeit die geistliche Krankheit der Frommen. Wer hätte noch nicht unter ihr gelitten, der mit ihren Zirkeln in Berührung gekommen ist. Die Krankheit lähmt jede missionarische Kraft. Der Selbstgerechte ist auch außerstande, jene Unterscheidung zu treffen: ich meine die Unterscheidung zwischen der Sünde und dem Sünder. In seinem Roman ‚Schuld und Sühne' hat Dostojewski eine Geschichte gebracht. Da ist die Dirne Sonja, die sich zur Rettung ihrer armen Eltern der Prostitution hingab und die dem verzweifelten Mörder Raskolnikow nun die Geschichte von der Auferweckung des Lazarus vorliest, die ihn rettet. Die Dirne Sonja können wir lieben; wir lernen an ihr die Prostitution von der Prostituierten zu unterscheiden."

Jesus hasst die Sünde, aber er liebt den Sünder. Jesus heißt die Prostitution nicht gut, aber er lässt sich von einer Prostituierten die Füße küssen und mit Öl einsalben. Ihre Liebe zu Jesus hat ihre Schuld abgewaschen. In der Tat: die Selbstgerechtigkeit der Frommen war ein Ärgernis damals und ist ein Ärgernis heute. Selbstgerechtigkeit ist frommer Hochmut.

Mein Herr und Gott, mache mich darauf aufmerksam, wenn ich zur Selbstgerechtigkeit und Selbsterhöhung neige. Amen.

Glücklich sind, die erkennen, wie arm sie vor Gott sind, denn Gottes Herrschaft und Herrlichkeit gehört ihnen.
MATTHÄUS 5, 3

Es geht um das Begehren.

Eine Fabel von Äsop behandelt das Thema „Begehrlichkeit“:

> „Ein Hund trug ein Stück Fleisch durch einen Fluss. Der Wasserspiegel zeigte ihm sein Bild. Das Tier wurde irritiert. ‚Da schwimmt ein anderer Hund mit Beute‘, glaubte er. Gierig und neidisch versuchte er, den Hund mit dem Fleisch zu erwischen. Doch er war einem Trugbild zum Opfer gefallen. Der eigene Bissen glitt ihm aus dem Maul. Jetzt war der Habgierige sein eigenes Fleisch und das des bösen anderen los. Wer fremdes Gut begehrt, verliert sein eigenes.“

Meister Eckardt, der gelehrte Theologe und Mystiker aus dem Mittelalter, schrieb über den oben genannten Text: „Ich möchte nicht von äußerer Armut sprechen, sondern von innerer. Sie bedeutet: ‚Das ist ein armer Mensch, der nichts will und nichts weiß und nichts hat. Der Mensch, der nichts will, ist der Mensch, der keine Begierde nach irgendetwas hat. Der Mensch mit Begierden ist der getriebene Mensch.‘“

Wer arm vor Gott ist, und diese Armut bejaht, wird nicht von Habgier getrieben. Der Mensch ohne Gott wird von Neid, Habgier und Besitzgier angestachelt. Er ist ein Getriebener. Er will haben und ist unzufrieden. Er will besitzen und verfehlt das Glück, das Jesus verheißt.

Herr, die Werbung stimuliert unser Begehren. Wir wollen haben, was wir sehen, wir wollen haben, was wir uns wünschen. Schenke uns Zufriedenheit in Dir und mit Dir. Amen.

Alle eure Sorge werft auf ihn; denn er sorgt für euch.
1. PETRUS 5, 7

Es geht um Sorgen und Stress.

Ein Leitartikel in der Fachzeitschrift „Psychologie heute" befasst sich mit den neuesten Forschungsergebnissen der Psychoneuroimmunologie. Wörtlich heißt es da:

> „Der Stressforscher Sheldon Cohen infizierte freiwillige Versuchspersonen mit Schnupfenviren. Mit triefenden Nasen reagierten aber nur jene, die sich zuvor in einem Test als ‚gestresst' identifiziert hatten. Um 2000 wiederholte Cohen das Experiment. Er erfasste den Stressstatus der Probanden noch genauer: Das Erkrankungsrisiko stieg um das Drei- bis Fünffache für chronisch Gestresste, die sich mit ungelösten Konflikten, Ängsten und Sorgen plagten. Dagegen erhöhte ein isoliertes Stressereignis (wie etwa ein Umzug oder ein Unfall) die Anfälligkeit für eine Infektion nicht. Das heißt: Wir verkraften fast alles, was uns unter ‚Stress' begegnet – Krisen, Kämpfe, extreme Belastungen –, wenn wir es irgendwie abhaken können. Unser Körper ist jedoch nicht dafür geschaffen, schwelende Konflikte, Ängste, Dauerfrust und Sorgen auszuhalten."

Glaube ist eine Vertrauensfrage, auch das Abwerfen von Stress und Sorge. Werfen Sie und schauen Sie nicht ständig, ob der Herr Ihre Sorgen auch aufgefangen hat! Werfen Sie und kontrollieren nicht ständig, ob er sie auch bearbeitet! Werfen Sie und überlassen es Gott, was er daraus macht!

Herr, Sorgen und Stress belasten unser Leben. Wir wollen alles selbst regeln und überfordern uns. Du bietest uns Entlastung an, und wir zweifeln. Mach uns Mut, Dich auszuprobieren! Amen.

Der Herr ist der Geist; wo aber der Geist des Herrn ist, da ist Freiheit.
2. KORINTHER 3, 17

Was ist wahre Freiheit?

Leo Tolstoi erzählt eine kleine Geschichte: „Warja besaß einen Zeisig. Sie hatte den Vogel in einen Käfig gesperrt, aber der Vogel sang kein einziges Mal. Da fragte Warja den Zeisig: ‚Warum singst du nicht?‘ Der Vogel antwortete: ‚Lass mich hinaus ins Freie, dann erst werde ich wieder singen, den ganzen Tag.‘“

Wer eingesperrt ist oder sich eingesperrt fühlt, ist unfrei. Ihm vergeht das Singen und Lachen. Der Unfreie ist im Gefängnis, weil das Gesetz ihn gnadenlos verurteilt. Oder verstehen wir das unter Freiheit, was Richard Rohr ironisch kommentiert:

> „Die grundlegende Freiheitsdefinition, die wir im Kapitalismus haben, lautet folgendermaßen: Es ist die endlose Freiheit, endlose Wahlmöglichkeiten zu haben. Ronald Reagan hat uns einmal gesagt: Amerika sei deshalb eine so große und freie Nation, weil wir zwischen 39 Geschmacksrichtungen von Eiskrem wählen können.“

Wenn der Heilige Geist in uns wohnt, hat das Gesetz seinen Anspruch an uns verloren. Und wir werden freier vom Hass, freier von Selbstliebe, freier von Ehrgeiz und Anerkennungssucht. Freiheit gewinnt der, der beginnt, Jesus mit seinen Möglichkeiten im eigenen Leben ernst zu nehmen. In Jesus sind wir in der Lage, uns von dem zu trennen, was uns abhängig macht und uns bindet.

Herr, schenke mir die Einsicht, dass ich ganz aus Dir lebe. Dann werde ich ruhig und gelassen. Wenn ich ganz aus Dir lebe, werden Selbstsucht und Lieblosigkeit klein. Amen.

Ihr werdet die Kraft des Heiligen Geistes empfangen, der auf euch kommen wird, und werdet meine Zeugen sein.
APOSTELGESCHICHTE 1, 8

Pfingsten – das Fest des Heiligen Geistes!

Der Name „Pfingsten" heißt im Griechischen *pentakoste* und meint den „fünfzigsten" Tag nach Ostern. An diesem Tag feierten die Juden den Abschluss der Getreideernte. Der Heilige Geist ist Power, ist Kraft. Im Griechischen steht das Wort *dynamis*. Heiliger Geist ist Dynamit.

In ideaSpektrum hieß es an einer Stelle:

> „Heute tragen junge Menschen eine Botschaft in die Welt. Tausende Jugendlicher aus der ganzen Welt schickten ihre Gebete per Computer ins Internet. Eines stammt von Louise Clark in England: ‚Ich kann nicht beten ... Falsche Götter haben mir die Seele gestohlen. Drogen, Alkohol, Fernsehen, Computer. Ich schließe die Augen und suche nach Frieden.'"

Pfingsten ist ein Christusfest. Der Evangelist Theo Lehmann interpretiert ihn so: „Denn ‚Heiliger Geist' heißt: Jesus in Aktion." Und der Fernsehmoderator Peter Hahne kennzeichnete ihn auf dem CVJM-Pfingsttreffen in Bobengrün im Jahr 2003 folgendermaßen: „Pfingsten heißt: Dreht euren Lebenskurs nicht nach dem Wind des Zeitgeistes, sondern nach dem Wehen des Heiligen Geistes."

Wer sich seinem Geist aussetzt, empfängt Sprengkraft und Heilkraft. Das ist Pfingsten!

Du heiliger Geist von Pfingsten, komm in mein Leben und schenk mir Deine Kraft. Amen.

Denn welche der Geist Gottes treibt, die sind Gottes Kinder.
RÖMER 8, 14

Pfingsten – Fest des Geistes, Ausgießung des Geistes.

Der dänische Philosoph Sören Kierkegaard zeichnete zur Zeit der Pferdekutschen ein einprägsames Bild, das die Leitung durch den Heiligen Geist verdeutlichen sollte:

> „Es war ein reicher Mann, der kaufte sich für viel Geld ein Paar ausgezeichnete Pferde, die er selbst fahren wollte. Es vergingen zwei Jahre und die schönen Pferde hätte niemand wiedererkannt. Die Augen waren matt und der Gang war ohne Haltung und Straffheit. Sie waren launisch und störrisch geworden und trotz des guten Futters abgemagert. Da ließ der reiche Mann den Kutscher des Königs kommen, der fuhr sie einen Monat lang, und es gab in der ganzen Gegend kein Paar Pferde, das den Kopf so stolz erhoben hätte. Woran lag das? Der reiche Mann kutschierte, ohne selbst Kutscher zu sein, der königliche Kutscher dagegen fuhr sie nach dem Verstand eines begnadeten, tüchtigen Kutschers."

Im Klartext: Es macht einen Unterschied, wer die Zügel führt, wer den Menschen leitet. Ob wir in Do-it-yourself-Methode unser Schicksal gestalten oder ob wir dem Herrn aller Herren die Leitung unseres Lebens übertragen.

Warum „läuft" die Sache des Evangeliums so zähflüssig, obschon die Möglichkeiten der Verbreitung noch nie so günstig waren? Es fehlt der „Kutscher des Königs", wie Sören Kierkegaard formuliert hat. Dieser Heilige Geist ist ein kraftvoller Antrieb, der das Menschenherz von innen erfasst, wenn wir uns seinem Einfluss stellen. Pfingsten wird es auch bei uns, wenn wir uns zur Verfügung stellen.

Komm, o komm, du Geist des Lebens, wahrer Gott von Ewigkeit, Deine Kraft sei nicht vergebens, sie erfüll uns jederzeit; so wird Geist und Licht und Schein in dem dunklen Herzen sein. Amen.

(Heinrich Held)

Der Stellvertreter wird kommen. Er ist der Geist der Wahrheit, der vom Vater kommt. Ich werde ihn zu euch senden, wenn ich beim Vater bin, und er wird als Zeuge für mich eintreten. Und auch ihr werdet meine Zeugen sein.
JOHANNES 15, 26–27

Wenn Menschen „begeistert“ werden.

Johannes beschreibt hier Pfingsten. Menschen werden „begeistert“, mit Gottes Geist begabt.

Professor Helmut Thielicke beschreibt das Ereignis so:

> „Ich versuche an einem simplen Bilde zu verdeutlichen, was hier passiert ist: Wir alle haben schon einmal einen Dom mit bunten Glasfenstern besichtigt. Oft sind darauf biblische Geschichten dargestellt: auch Eva, die Propheten, Maria unter dem Kreuz, die Frauen am Grabe Jesu. Solange wir nur von außen um die Kirche herumgehen, sehen wir von alledem nichts. Die Fenster wirken schwarz und eintönig. Sobald wir aber den Innenraum betreten, leuchten sie in der Fülle ihrer Farben auf. Sie ‚predigen‘ sozusagen die alten Geschichten. (...) So ist es mit dem Heiligen Geiste: Er führt uns in den Innenraum des Geschehens, wo die Fenster leuchten. Hier hören wir auf, bloße Zuschauer, Zaungäste und Außenseiter zu sein. (...) Ich kann diesem Blick nun nicht mehr ausweichen.“

Ohne den Heiligen Geist sind wir in der Tat Außenseiter, Zuschauer und Zaungäste. Lassen wir uns auf Christus ein, werden wir „begeistert“, werden wir Zeugen. Pfingsten heißt: eine inspirierende Kraft gewinnt in unserem Leben Gestalt, der „Beistand“ und „Tröster“, jener dynamische Geist nimmt uns in Anspruch. Zeugen sind Leute, die Erfahrungen mit Jesus weitersagen.

Wir bitten, Herr, um Deinen Geist, dass Du uns Deine Kraft verleihst! Dass wir das Alte neu verstehen und uns in Gottes Nähe sehen. Wir bitten, Herr, um Deinen Geist. Amen.

(Dieter Trautwein)

Jesus aber antwortete und sprach: Sind nicht die zehn rein geworden? Wo sind die neun? Hat sich sonst keiner gefunden, der wieder umkehrte, um Gott die Ehre zu geben, als nur dieser Fremde?
LUKAS 17, 17–18

Wie geht der Mensch mit Heilung um?

Eine interessante Frage. Der französische Dichter Andre Gide hat über diese Frage nachgedacht. Seine Antwort packte er in eine bewegende Legende:

> „Als Jesus wieder in die kleine Stadt kommt, findet er sie völlig verändert vor. In dem Palast trifft er den Aussätzigen, dem er eine neue Haut geschenkt hat. Ein lukullisches Mahl jagt das andere. Müsste der, der so lange aussätzig war, sich nicht um die kümmern, die auch aussätzig, ausgestoßen und isoliert sind? Deshalb stellt Jesus ihn zur Rede. Der Mann jedoch sagt nur: ‚Ich war ein Aussätziger, aber du hast mich geheilt. Warum sollte ich anders leben?' In einem Geschäft trifft er den Blinden, dem er neue Augen geschenkt hat. Die Kasse klingelt. Jesus stellt ihn auch zur Rede. Der Mann jedoch antwortet nur: ‚Ich war ein Blinder, aber du hast mich sehend gemacht. Warum sollte ich ein anderes Leben haben?' Traurig verlässt Jesus die Stadt."

Neun zu eins, das ist das traurige Verhältnis von Undankbarkeit zur Dankbarkeit. Wir sind gerettet, bewahrt und heil geworden. Gehen wir zur Tagesordnung über? Werden seine Wunder bei uns auch zur Selbstverständlichkeit? Die trockenen Alkoholiker feiern jedes Jahr ein Dankfest. Sie sind wieder heil geworden. Die Befreiung aus der Sucht lässt sie dankbar zurückschauen.

Heiliger Herr und Gott, Du hast immer wieder an uns Wunder getan. Wir haben Heilung erfahren von vielen Krankheiten und Problemen. Schenk uns die Kraft, das nicht zu vergessen. Amen.

Und Abraham vertraute dem, der die Toten lebendig macht und aus dem Nichts alles ins Dasein ruft. Er hoffte, obwohl es keinen Grund zur Hoffnung gab.
RÖMER 4, 7–18

Hoffnung wider die Resignation!

In unserer Umgangssprache hat Hoffen die Bedeutung einer ungewissen Erwartung. Sie kennen das Sprichwort: „Hoffen und Harren macht manchen zum Narren." Der Schriftsteller Günter Grass hat im „Tagebuch einer Schnecke", seinen Sohn Franz in einem Gedicht Einsichten und Lebenserfahrungen mit auf den Weg gegeben, die er mit dem Titel umschreibt: „Wider die Resignation":

> „Später mal, Franz, wenn du enttäuscht bist, wenn du den Kehrreim des Liedchens ‚Zwecklos', das die Zeile Hatjadochkeinenzweck wiederholt, mühsam gelernt, in Gesellschaft gesungen, aus Trotz vergessen und auf Abendschulen neu gelernt hast, wenn du aufgegeben, endlich aufgegeben, für immer aufgegeben hast, dann – Fränzeken – nach einer Pause, die zu lange ist, um peinlich genannt zu werden, dann stehe auf und beginne dich zu bewegen, dich vorwärts zu bewegen (...)."

Günter Grass hat begriffen: Ohne Hoffnung verkümmert der Mensch. Resignation ist das Letzte. Ohne Hoffnung kommt die Verzweiflung.

Darum ist uns Abraham ein Musterbeispiel für einen gläubigen Menschen, der hofft. Er hofft gegen Pessimismus, gegen die Zweifel in der eigenen Brust.

Das philosophische Wörterbuch definiert Hoffnung als „freudige Erwartung", als „feste Zuversicht". Das Hoffen der Christen ist durch Gewissheit gekennzeichnet und nicht durch Ungewissheit.

Stärke uns, Herr, eine lebendige Hoffnung gegen Resignation und Verzweiflung aufzubauen. Wir vertrauen Dir und Deinem Wort – wie Abraham. Amen.

Abraham hat da, wo nichts zu hoffen war, doch hoffnungsvoll am Glauben festgehalten, damit er der Vater vieler Völker würde nach der Verheißung.
RÖMER 4, 18

Es geht um Hoffnung.

Der Theologe Helmut Gollwitzer gibt in einem seiner Bücher ein überzeugendes Beispiel für gelebte Hoffnung:

> „In der Mitte des vorigen Jahrhunderts tagte in einem Staat des nordamerikanischen Mittelwestens das Parlament dieses Staates. Es zog ein fürchterliches Unwetter auf, ein Orkan, und verdunkelte den Himmel. Die Parlamentarier wollten voll Entsetzen die Sitzung abbrechen. Darauf sagte der Sprecher des Parlaments: ‚Meine Herren, entweder die Welt geht jetzt nicht unter und unser Herr kommt noch nicht, dann ist kein Grund vorhanden, die Sitzung abzubrechen. Oder unser Herr kommt jetzt – dann soll er uns bei der Arbeit finden. Die Sitzung geht weiter!' Das ist die neue Hoffnungsdimension, die die biblische Botschaft in unser Leben hereinbringt."

Was auch kommt, es muss an unserem Herrn vorbei. Wir sind seine Kinder und keine geistlosen Mikroben auf dem Sandkorn Erde. Die christliche Botschaft ist das große Verbot der Resignation. Christliches Leben ist personifizierte Hoffnung. Abraham wurde der Vater der Hoffnung. Christus ist die Hoffnung. Christus ist das lebendige Argument gegen die Verzweiflung und Sinnlosigkeit. „Ich bin davon überzeugt, dass jede Krankheit davon herrührt, dass man die Hoffnung verloren hat", schrieb Thornton Wilder.

Hoff, o du arme Seele, hoff und sei unverzagt! Gott wird dich aus der Höhle, da dich der Kummer plagt, mit großen Gnaden rücken; erwarte nur die Zeit, so wirst du schon erblicken die Sonn der schönsten Freud. Amen.

(Paul Gerhardt)

Achte auf deine Gedanken und Gefühle, denn sie beeinflussen dein ganzes Leben.
SPRÜCHE 4, 23

Gedanken sind der Motor für unser Handeln.

Ein interessantes Experiment bestätigt die These: Auf einem Seelsorge-Seminar bat der Referent um einen Freiwilligen. Er gab ihm einen Bindfaden, an dem ein Gewicht befestigt war. „Bitte, lassen Sie jetzt dieses Gewicht von Ihrer ausgestreckten Hand frei kreisen." Nach kurzer Zeit fuhr der Referent fort: „Bitte, lassen Sie jetzt unter allen Umständen das Gewicht weiter kreisen. Ich möchte Sie aber bitten, sich vorzustellen, dass das Gewicht hin und her pendelt." Er wiederholte die Bitte mehrmals. Gespannt schauten wir dem Experiment zu. Nach einiger Zeit hörte die Kreisbewegung auf und das Gewicht fing an, hin und her zu pendeln. Wir waren alle verblüfft – am meisten aber derjenige selbst, der sich für den Test zur Verfügung gestellt hatte. Der Referent hatte damit ein Beispiel vorgeführt für seine These: „Unsere Vorstellungen haben die Tendenz, sich zu verwirklichen."

In der Tat: Gedanken sind eine Macht! Die Versuchsperson bemühte sich, die Kreisbewegung einzuhalten, aber der Referent konnte ihm die Pendelbewegung „einreden". Die Gedanken und unsere Vorstellungen sind der Schlüssel für Entmutigung, für Minderwertigkeitsgefühle, für Schüchternheit und Angst. Meine negativen Gedanken bestätigen sich. Wer sich dagegen auf Gott verlässt, wer ihm glaubt, dem schenkt er die Gewissheit, Gottes Kind zu sein.

Herr, in der Tat, die Gedanken sind die Kraft, die unser Handeln bestimmen. Hilf, Herr, dass ich meine Gedanken vor Dir kontrolliere! Amen.

Jetzt müsst ihr ihm vergeben und ihn ermutigen, denn er soll nicht verzweifeln. Zeigt ihm deshalb eure Liebe.
2. KORINTHER 2, 7–8

Die Spannung aushalten!

Von Friedrich von Bodelschwingh, dem Gründer des Bethelschen Sozialwerks, wird berichtet, dass er am Anfang seiner Wirksamkeit eine große Enttäuschung erlebte. Der Kassierer Bethels hatte Gelder veruntreut. Als das entdeckt wurde, machte sich der Kassierer aus dem Staub. Monatelang hörte man nichts von ihm. Damals gab es noch keinen Polizeifunk und auch keine Interpolfahndung. Als Pastor Bodelschwingh etwa ein halbes Jahr nach diesem Ereignis durch die Friedrichstraße in Berlin ging, um an einer Landtagssitzung teilzunehmen, traf er unverhofft auf seinen ungetreuen Kassierer. Flüchten konnte und wollte der Mann nicht. Bodelschwingh ging auf ihn zu, nahm ihn in den Arm und sagte dabei wörtlich: „Da bist du ja, du, mein lieber Verbrecher." Statt an der Landtagssitzung teilzunehmen, kehrte Bodelschwingh mit dem Mann wieder um, fuhr mit ihm nach Bethel und setzte ihn als Kassierer wieder ein.

Was Paulus von seinen Gemeindegliedern in Korinth verlangt, hat Bodelschwingh gelebt. Vergebung bewahrt vor Verzweiflung, schützt vor Resignation und ermutigt den Schuldigen, wieder an sich und die Liebe Gottes zu glauben.

Herr, oft sind wir verbittert darüber, was uns Menschen angetan haben. Wir wollen sie bestraft sehen. Schenk uns die Kraft der Vergebung, die Du bis am Kreuz gelebt hast. Amen.

Das bezeugt uns der Heilige Geist (...) „Ich vergebe ihnen ihre Schuld und denke nicht mehr an ihre Sünden." Sind aber die Sünden vergeben, dann ist kein Opfer mehr nötig.
HEBRÄER 10, 15; 17–18

Aus Liebe vergeben.

Das ist der Titel einer Auslegung von Isolde Lachmann über die Vergebung.

Sie schreibt:

> „Aus Liebe vergeben, Herr, wie kann ich das? Wie oft vergebe ich mit dem Gedanken der Resignation: Es wird ja doch nichts anders!
> Mit Gedanken der Geringschätzung: Mehr ist eben von ihm nicht zu erwarten!
> Mit Gedanken der Überheblichkeit: Mir könnte so etwas nicht passieren!
> Mit Gedanken der Berechnung: Wenn ich hart bleibe, wird es seine Folgen haben!
> Mit Gedanken der Gleichgültigkeit: Tu doch, was du willst!
> Immer wieder wende ich mich in meiner Vergebung ab. Wo ist die Liebe (Vater, vergib ihnen), mit der du dich deinen Folterknechten zuwendest, denn sie wissen nicht, was sie tun!"

Frau Lachmann spricht aus, was uns in dieser oder anderer Form auch durch den Kopf schießt. Auch bei der Vergebung menschelt es bei uns. Gott vergibt ganz, ohne Hintergedanken, ohne Rachegefühle und ohne nachzutragen. Wir können Intrigen, Bosheiten und Gemeinheiten schlecht ganz vergessen. Vergebung ist in der Tat das Schmieröl für ein reibungsloses und friedfertiges Zusammenleben.

Herr, vergib mir, wenn ich vergebe und doch im Gedächtnis Taten meiner Mitmenschen sorgfältig speichere, wenn ich nachtrage und Vorbehalte beibehalte und mich über den anderen stelle. Amen.

Aber wenn ihr ihn um etwas bittet, sollt ihr vorher den Menschen vergeben, mit denen ihr nicht zurechtkommt. Dann wird euch der Vater im Himmel eure Schuld auch vergeben.
MARKUS 11, 25–26

Vergebung, eine der größten Heilungskräfte.

Das lese ich in der Zeitschrift „Powerful life". Da wird von Dr. Schuller berichtet, der einen interessanten Vergleich zum Thema Vergebung bringt:

> „Als ich ein Junge war, liebte ich den Schnee im Winter. Aber was ich nicht mochte, waren die Blizzards, die starken Schneestürme, die mit ihren Windböen von bis zu 100 km/h so mächtig waren, dass sogar Straßen gesperrt werden mussten. Nachdem der Schneepflug seine Arbeit getan hatte, konnten wir wieder einkaufen gehen und ich konnte wieder in die Schule. Ärger, Missgunst und Verbitterung sind wie diese Schneewehen und Vergebung ist wie dieser Schneepflug."

Vergebung ist wie der Schneepflug in Schullers Beispiel; er macht die Straßen frei, entfernt Hindernisse und ermöglicht es, dass die Menschen sich wieder konfliktfrei begegnen können. Das Markusevangelium macht darauf aufmerksam, dass wir zuerst den Menschen vergeben sollten, bevor wir uns an Gott wenden mit irgendwelchen Bitten.

In der Tat: Vergebung ist eine der wirkungsvollsten Heilkräfte. Vergebung ist wie ein Schneepflug, er räumt alle Hindernisse beiseite, die das Zusammenleben stören.

Herr, schenke uns die Kraft, Vergebung wie einen Schneepflug zu handhaben, wirklich alle Hindernisse, alle Verbitterung, alle Enttäuschungen und Belastungen beiseitezuräumen, die unser Zusammenleben erschweren. Amen.

Jesus sprach zu seinen Jüngern: „Wenn ich gehe, will ich den Tröster zu euch senden. Und wenn er kommt, wird er der Welt die Augen auftun über die Sünde und über das Gericht."

JOHANNES 16, 7–8

Pfingsten – die Kraft der Veränderung.

Wilfried Beyhl, der Regionalbischof in Bayreuth, schreibt über Pfingsten. In einem Sonntagsblatt berichtet er über eine Erzählung, die er gelesen hat.

Ein Journalist besucht ein Gefängnis. Der Wachtmeister führt ihn durch Gänge und Räume. Dann zeigt er auf einen kleinen Mann, der tolle Bilder malt. Eins zeigt zwölf Männer, die bestürzt nach oben schauen, ihr Haar zerzaust, die Gesichter in strahlendes Licht getaucht, die Augen weit aufgerissen und übertrieben groß. Der Wachtmeister äußerte etwas abfällig, dass der Maler sein Bild „Pfingsten" nenne. Er hätte es für die Anstaltskirche gemalt. Aber er dürfe es nicht aufhängen, weil er nur Mitgefangene gemalt habe, und zwar die schlimmsten, die richtigen Verbrecher. Der Journalist habe mit dem Maler gesprochen und über das Motiv, die schlimmsten Kriminellen als vom Heiligen Geist Betroffene darzustellen. Er hätte geantwortet: „Aber Pfingsten ist doch alles anders geworden. Pfingsten ist ein Wunder. Die ganz großen Sünder kann doch nur Gott ändern!" Er hätte auf das Bild gezeigt, wo er sich selbst gemalt habe: „Die ganz großen Sünder ändert nur Gott."

Das ist der springende Punkt. Das ist Pfingsten. Das ist das Wunder des Heiligen Geistes. Es muss erst der Heilige Geist kommen, dass wir dem Christus und der erneuernden Kraft seiner Auferstehung glauben.

Herr, schenke uns diesen Pfingstgeist, der unser Leben revolutioniert, der unseren Glauben stärkt und der uns nach Deinen Maßstäben leben lässt. Amen.

Alle, die sich vom Geist Gottes regieren lassen, sind Kinder Gottes. Denn der Geist Gottes, den ihr empfangen habt, führt euch nicht in eine neue Sklaverei, in der ihr wieder Angst haben müsst.
RÖMER 8, 14–15

Der Heilige Geist befreit!

Er befreit uns aus den Fesseln der tausend Botschaften, die uns jeden Tag in Nachrichten, Medien, in der Werbung, mit und ohne Bilder verführen wollen. Wir sind hin und her gerissen. Die Nachrichten verwirren uns. Der Heilige Geist schenkt Klarheit. Die babylonische Sprachenverwirrung hat ein Ende. Wo sein Geist regiert, da gibt es Verständigung. Der Heilige Geist schlägt Brücken.

Der Geist dieser Welt reißt sie wieder ein. Glauben können, beten können, vertrauen und ohne Angst reagieren können, das ist die Kraft des Heiligen Geistes.

Pfingsten ist kein Fest wie Weihnachten, es gibt keine Leckereien wie an Ostern. Aber es ist ein Fest der Verständigung. Wir werden offen füreinander.

Aber, wir müssen uns IHM öffnen, wir müssen uns von IHM, vom Heiligen Geist, berühren lassen.

Er ist unser *Trost,*
er ist unser *Anwalt,*
er ist unsere *Antwort,*
er ist unser *Mutmacher.*

Du Heiliger Geist, bereite ein Pfingstfest nah und fern; mit Deiner Kraft begleite das Zeugnis von dem Herrn. O öffne Du die Herzen der Welt und uns den Mund, dass wir in Freud und Schmerzen das Heil ihr machen kund. Amen.
(Philipp Spitta)

Es ist aber der Glaube ein zuversichtliches Vertrauen auf das, was man hofft, ein festes Überzeugtsein von Tatsachen, die man mit Augen nicht sieht.
HEBRÄER 11, 1

Gegen Resignation und Traurigkeit.

Die französische Schriftstellerin Françoise Sagan schrieb schon mit 18 Jahren den bekannten Roman „Bonjour Tristesse“ (Guten Tag, Traurigkeit). Schon im Titel wird die ganze müde, gelangweilte und verspielte Resignation deutlich, die viele Menschen der 50er und 60er (und ggf. auch unserer Tage) wie ein Schatten begleitet.

Was macht unser Leben denn so „trist“? Sind es menschliches Unglück, zu wenig Geld und enttäuschte Liebe, die Menschen so resigniert, traurig und kopfhängerisch machen? Nein. „Schicksalsschläge“ sind in der Regel Herausforderungen, trotzdem die Lage zu meistern. Die Bombennächte des Zweiten Weltkrieges sind ein überzeugendes Beispiel dafür. Die Zahl der völlig Resignierten war kleiner als heute im Wohlfahrtsstaat. Im Roman begegnet uns die Traurigkeit, die gähnende Langeweile – die Tiefebene, ohne Höhen, aber auch ohne Abgründe. In der Regel die Antwort auf Verwöhnung, auf Verzärtelung, auf Luxus, auf Wohlfahrtsstaat und auf materiellen Wohlstand.

Menschlich gesehen holen uns nur Forderungen und Aufgaben aus der Resignation und Tiefe hervor. „Wer fordert, fördert!“ ist ein pädagogischer, aber auch ein seelsorgerlicher Ratschlag. Ohne Hoffnung zu leben, ist Sünde. Der Glaube an Gott ist kein Vertrauen ins Blaue hinein. Vertrauen auf Gott ist Medizin gegen die Resignation.

Herr, ich danke Dir, dass Du kein illusionärer Hoffnungsschimmer, sondern die Hoffnung und die Tatsache unseres Lebens bist. Amen.

Wenn wir weiter nichts sind als solche, die in diesem Leben ihre Hoffnung auf Christus gesetzt haben, so sind wir die beklagenswertesten unter allen Menschen.

1. KORINTHER 15, 19

Es geht um die Hoffnung.

Billy Graham schildert in seinem Buch „Entscheidung für Jesus" an einem Beispiel, was Hoffnung für den Menschen bedeutet:

> „Vor einigen Jahren versank ein Unterseeboot in der Bucht von Provencetown. Unverzüglich stiegen Taucher hinab und umkreisten das beschädigte Boot in der Hoffnung, ein Lebenszeichen von drinnen aufzufangen. Einer hörte ein leises Pochen. Er lauschte angestrengt und unterschied die Punkte und Striche des Morsealphabetes. Folgendes waren die Worte: ‚Gibt es noch Hoffnung?' Gibt es noch Hoffnung? Das ist der ständige Schrei der Menschheit, und Ostern ist die Antwort auf diesen Ruf. Das Neue Testament ist das Lehrbuch der Hoffnung."

Hoffnung hält über Wasser. Hoffnung hält am Leben und aktiviert mehr als hohe Dosen von Psychopharmaka. Hoffnungslosigkeit ist schleichender Tod. Hoffnung hat nichts mit Luftschlössern zu tun, die wir im Wachtraum bauen und deren Entstehungskosten bekanntlich gering sind. Dem Philosophen Ernst Bloch geht es auch um Hoffnung, die er aber nicht auf Christus setzt: „Gott (...) im Sinne eines Weltschöpfers oder auch Weltregisseurs ist einzig Unwissenschaft, ja Anti-Wissenschaft, Vitzliputzli-Nonsens."

Jesu Auferweckung ist die fundierte Hoffnung, von der Christen leben.

Herr, erbarm, erbarme Dich! Auf uns komme, Herr, Dein Segen. Leit und schütz uns väterlich, bleib bei uns auf allen Wegen. Auf Dich hoffen wir allein, lass uns nicht verloren sein. Amen.

(Ignaz Franz)

Vertrau auf den Herrn und tu das Gute (...) so wird er dir geben, was dein Herz begehrt.
PSALM 37, 3–4

Liebe üben ist auch ein leib-seelisches Fitness-Programm.

Ein Drittel all derer, die zum Nervenarzt laufen, könnten sich wahrscheinlich selbst helfen, wenn sie nur eins täten: sich für andere einsetzen. Gutes tun ist nicht nur ein Glaubensgebot, sondern es ersetzt viele Päckchen Valium. „Eine gute Tat ist eine solche, die ein Lächeln der Freude auf das Antlitz eines anderen zaubert", so hat es der Prophet Mohammed gesagt. Die Freude beim Lächeln strömt zurück.

Wie sagte der Schweizer Psychologe und Psychiater C. G. Jung: „Etwa ein Drittel meiner Patienten leiden nicht an einer klinisch definierbaren Neurose, sondern an der Sinnlosigkeit und Leere ihres Daseins." Sie kreisen um sich selbst, um ihre Wehwehchen und ihre egozentrischen Wünsche.

Der Direktor des Psychological Service Center in New York, Henry C. Link, kommentiert: „Keine andere Entdeckung der modernen Psychologie hat in meinen Augen eine solche Bedeutung wie der wissenschaftlich erbrachte Beweis, dass es nötig ist, sich selbst aufzuopfern und in Zucht zu halten, um Selbsterfüllung und Glück zu finden."

Die Bibel sagt es ähnlich: „Vertrau auf Gott und tu das Gute, so wird er dir geben, was dein Herz begehrt." Eine großartige Verheißung! Reizt das nicht zum Ausprobieren? Wer möchte nicht haben, was das Herz begehrt?

Ach zünde Deine Liebe in meiner Seele an, dass ich aus innerm Triebe Dich ewig lieben kann und Dir zum Wohlgefallen beständig möge wallen auf rechter Lebensbahn. Amen.

(Ludwig Andreas Gotter)

Du sollst deinen Nächsten lieben wie dich selbst: Ich bin der Herr!
3. MOSE 19, 18

Es geht um Liebe.

Sie ist ein unerschöpfliches Kapital. Der fundamentale Satz des Alten und Neuen Testaments hat auch für die seelische Gesundheit eines Menschen grundlegende Bedeutung. Warum? Dale Carnegie beschrieb in seinem Buch „Sorge dich nicht – lebe!" den verstorbenen Dr. Frank Loope aus Seattle in Washington, der über die Grenzen seines Landes bekannt wurde, weil er einen „Briefclub" gründete, der Freude in das Leben Kranker, Bettlägeriger und Eingeschlossener brachte. Er selbst hatte 23 Jahre lang ein schweres Leiden – Arthritis – und konnte sich nur unter starken Schmerzen im Bett bewegen. Carnegie wörtlich:

> „Wie ging es zu, dass dieser bettlägerige Kranke seinem Leben so viel abgewann? Brachte er das durch Klagen und Kritisieren zuwege? (...) Er legte sich Listen mit den Namen anderer Kranker an und heiterte sowohl sie wie sich selbst auf, indem er ihnen fröhliche, Mut einflößende Briefe schrieb. Ja, er organisierte einen Briefclub für Kranke und Leidende und veranlasste sie, einander zu schreiben. Schließlich gründete er noch eine jetzt über ganz Amerika verbreitete Gesellschaft, die er den ‚Bund der Eingesperrten' nannte. Vom Bett aus schrieb er durchschnittlich 1400 Briefe im Jahr und brachte Freude in das Leben Tausender von Kranken."

Er war kein „egozentrisches Häuflein Krankheit und Verdrießlichkeit", wie George Bernhard schrieb, sondern ein Mensch, der seelisch gesundete, weil er Freude brachte und andere Menschen liebte.

O Herr, verleih, dass Lieb und Treu in Dir uns all verbinden, dass Hand und Mund zu jeder Stund Dein Freundlichkeit verkünden, bis nach der Zeit den Platz bereit an Deinem Tisch wir finden. Amen.

(Friedrich Spitta)

Sie alle sollen loben den Namen des Herrn, denn sein Name allein ist erhaben.
PSALM 148, 13

Es geht um unser Ich.

Es geht um seinen Namen und um meinen Namen.

Der mittelamerikanische Dichter E. Cardenal hat eine Psalmendichtung herausgegeben mit dem Titel „Zerschneide den Stacheldraht." In der Sprache und im Rahmen der Erkenntnisse der Jetztzeit ist auch der Psalm 148 verfasst. In Auszügen lautet er bei Cardenal:

> „Lobet den Herrn, ihr Nebelflecken, staubkörnchengleich auf der Fotoplatte. Lobet den Herrn, Atmosphäre und Stratosphäre, Röntgenstrahlen und Hertzsche Wellen. Lobet den Herren, Atome und Moleküle, Protonen und Elektronen, Walfische und Atom-U-Boote. Lobet den Herrn, ihr republikanischen Republiken und Vereinte Nationen. Lobet den Herrn, ihr Polizisten, Studenten und hübschen Mädchen. Sein Ruhm übertrifft Himmel und Erde, Teleskope und Mikroskope. Er hat sein Volk groß gemacht und Israel zu seinem Verbündeten. Halleluja."

Immer im Mittelpunkt der Satz: „Lobet den Herrn!" Unser Blick wird abgelenkt von unserem „dicken Ich", das nach Anerkennung hungert und Bestätigung sucht, das sich unbewusst und bewusst in den Mittelpunkt schiebt, geschickt und weniger geschickt auf sich aufmerksam macht. Wir brauchen Lob, Anerkennung, Bestätigung und Aufmerksamkeit. Aber je mehr wir den Herrn als Herrn und den Namen aller Namen preisen und anbeten können, desto kleiner und unscheinbarer werden unsere Probleme. Denn „sein Name ist allein erhaben"! Sein Ruhm übertrifft Himmel und Erde.

Herr, ich schaue auf mich und sehe nichts von Deiner Größe. Ich warte darauf, dass mein Name beachtet wird, und lobe Deinen Namen viel zu wenig. Vergib mir. Amen.

Wenn ich nur dich habe, so frage ich nichts nach Himmel und Erde.
PSALM 73, 25

Wir denken über unser Ich nach.

In welchem ausgewogenen Verhältnis stehen Gottesliebe und Ichliebe, auch Nächstenliebe und Ichliebe?

Eine Romanschriftstellerin unserer Tage schreibt über ihre Titelheldin: „Edith war ein kleines Land, dessen Norden, Süden, Westen und Osten von Edith begrenzt war." Der Blick in alle Himmelsrichtungen sieht nur das eigene Ich. Das Dichten und Trachten der ungezählten „Ediths" auf dieser Welt ist mit dem eigenen „kleinen Landstrich" beschäftigt. Je aufgeblähter das eigene Ich, desto kleiner die „anderen Länder", die fernen und nahen Nächsten. Das eigene Ich wächst, Gott und die anderen nehmen ab. Das ist die Perversität, die Verkehrung gottgewollten Lebens. Auch psychotherapeutisch gilt: Die vielen „Ediths" unter uns sind oft seelisch gestört, fehlgesteuert und unglücklich. Das Ich ist zum gestaltenden Prinzip des Lebens und Denkens geworden. Das Ich hat sich verselbstständigt und ist aus dem zwischenmenschlichen Zusammenhang herausgerissen. Diese Ichsucht macht krank und ist eine lebensvernichtende Maxime.

Der Therapeut Fritz Künkel schrieb: „Alle Fehler, Schwächen und Irrungen, die dem einzelnen Menschen innewohnen, lassen sich aber auf seine Ichhaftigkeit zurückführen. Das wichtigste Symptom der Ichhaftigkeit ist die innere Vereinsamung, der Mangel an Verbindungen von Herz zu Herz."

Wenn Christus in uns lebt, wächst die Liebe. Wenn wir nur ihn haben, nimmt die Herzlichkeit unter uns Menschen zu.

Ich rühm den Herrn allein; er ist derselbe, der er war, sein Lob soll jetzt und immerdar in meinem Munde sein. Amen.

(Matthias Jorissen)

Er muss wachsen, ich dagegen muss abnehmen. Er, der von obenher kommt, steht höher als alle anderen.

JOHANNES 3, 30–31

Ein unerschöpfliches Thema: mein Ich.

Der Schriftsteller Adolf Faber hat ein kleines Gedicht verfasst mit dem Titel „Ich und Du". Knapp und klar schält er den Unterschied heraus:

„Ich hasse und Du liebst,
Ich vergelte, Du vergibst,
Ich geize und Du schenkst,
Ich denke und Du lenkst,
Ich verdiene und Du dienst,
Ich bin schuldig und Du sühnst,
Ich sterbe und Du lebst,
Ich vernichte, Du erlöst,
Ich hab's so gemacht, Du hast es vollbracht."

Hier kommt meine eigentliche Sünde kristallklar ins Visier: meine Selbstherrlichkeit und Ichhaftigkeit. Ich will wachsen, will Karriere machen, mich entfalten, mich ausleben und mich selbst verwirklichen. Ich will wachsen, logischerweise wird ER abnehmen. Ich will verdienen, logischerweise werde ich ihm weniger dienen.

Vor fast 2000 Jahren hat Johannes der Täufer ein Problem angesprochen, das ein Lieblingsthema unserer Zeit zu sein scheint: Selbstverwirklichung. Selbstbejahung und Selbstverwirklichung sind gut – mit einer wichtigen Einschränkung: Unser Herr steht höher als alle anderen. Er hat absolute Priorität.

Ich will Dich lieben, meine Stärke, ich will Dich lieben, meine Zier; ich will Dich lieben mit dem Werke und immerwährender Begier; ich will Dich lieben, schönstes Licht, bis mir das Herze bricht. Amen.

(Johann Scheffler)

Mein Sohn, achte darauf, dass du die Weisheit und Besonnenheit nie aus den Augen verlierst. Sie wird dein Leben erfüllen und dir Ansehen bei den Menschen geben.
SPRÜCHE 3, 21

Es geht um Besonnenheit.

Im Zusammenleben in Ehe, Familie und Staat geht es immer um Besonnenheit und nicht um Rechthaberei. Es geht um Kompromissfähigkeit und Lösungsbereitschaft. Wer besonnen denkt und handelt, findet Lösungen.

Der Psychotherapeut Till Bastian ist der Meinung, dass es immer Lösungen gibt, wenn beide Parteien wollen. Er erzählt ein extremes Beispiel aus der Praxis.

> „A und B gehen eine Partnerschaft ein und leben miteinander. Nun will A Kinder, B aber nicht. Dieses Problem ist deshalb vertrackt, weil es nicht durch Kompromissbildung bewältigt werden kann: ‚Ein bisschen schwanger' gibt es ebenso wenig, wie es möglich wäre, sich auf die Geburt eines halben Kindes zu einigen. Ist das Problem also unlösbar? Keineswegs – die Lösung liegt schlicht und einfach darin, dass entweder A oder B nachgibt."

Christen, die wirklich nach Gottes Maßstäben leben, handeln besonnen. Sie müssen sich nicht durchsetzen, müssen nicht ihren Willen bekommen, müssen nicht Streit und Konflikte heraufbeschwören. Sie finden eine Lösung, die Frieden garantiert. Und Christen sind Friedensstifter. Sie führen ein erfülltes Leben und genießen Ansehen bei den Menschen.

Herr, bewahre mich vor Rechthaberei und Sturheit. Schenke Du mir Besonnenheit, die Deine Weisheit widerspiegelt. Amen.

Da wurde Jesus vom Geist in die Wüste geführt, damit er vom Teufel versucht würde.
MATTHÄUS 4, 1

Im Schussfeld des Teufels.

Klaus Speer setzt sich in einer biblischen Besinnung mit der Versuchung Jesu auseinander. Er schreibt, dass die Wirksamkeit Jesu nicht mit einer Proklamation oder mit einem Triumphmarsch begänne, sondern dass er sich passiv führen ließe. Er ist der Meinung, dass Jesus nicht zufällig in die Versuchung geriet: „Versuchungen sind nicht einfach Verführungen, sondern Führungen! Bestens dafür geeignet sind Wüsten-Orte und Zeiten der Reduktion aufs Wesentliche und damit Chance auf Klärung und Bewährung. Dahin führt uns Gottes Geist."

Versuchungen sind immer gezielte Lebensführungen. Versuchungen wollen unsere Berufung überprüfen. Versuchungen sind nicht nur Verführungen, es sind Chancen der Bewährung. Versuchungen stellen unser Vertrauen auf die Probe. Versuchungen sind Prüfsteine unserer Glaubwürdigkeit. Bei Professor Jay E. Adams lese ich den hilfreichen Satz: „Christen sollen auch deshalb nichts für ‚unmöglich' halten, weil die Versuchungen für jeden so bemessen sind, dass sie erträglich werden. Gott selbst bestimmt das Maß."

Herr, wenn ich in der Versuchung scheitere, möchte ich nicht aufgeben. Ich vertraue Deiner Zusage, dass Dir nichts unmöglich ist. Hilf mir, dass ich an Deiner Allmacht und Deiner Barmherzigkeit keinen Augenblick zweifle. Amen.

Wer freundlich ist und andere gerecht behandelt, hat ein erfülltes Leben, er findet Anerkennung und Ehre.
SPRÜCHE 21, 21

Wie bekommen wir Anerkennung?

Anerkennung spielt im menschlichen Leben bei Christen und Nichtchristen eine große Rolle. Bill Hybels schreibt in einer Predigt über einen Ferienausflug:

> „Hey Papa, wann brichst du mal wieder zusammen?' – Nach diesen Ferien habe ich zusammen mit meiner Frau Lynne, mit einigen Ältesten der Gemeinde und mit Freunden mein Leben unter die Lupe genommen. Außerdem habe ich mir einen Seelsorger gesucht. Ich hatte bis dahin gedacht, ich wäre Pastor geworden, weil ich zu hundert Prozent von der Liebe und Gnade und dem Erbarmen Gottes motiviert sei. Aber in Wirklichkeit hat kein Mensch ein einziges reines Motiv. Ich musste herausfinden, warum ich Überstunden in der Gemeinde machte, warum ich mir die Liebe und die Anerkennung von Menschen verdienen wollte und warum ich wollte, dass mein Bekanntheitsgrad steigt."

Ein eindrückliches und ehrliches Bekenntnis. Der große Evangelist Hybels spricht mit Sicherheit vielen Menschen aus dem Herzen. Es ist leicht gesagt, dass wir Ehre und Anerkennung bei IHM finden. Wir wollen sie auch von Menschen. Und schon haben wir uns überfordert und überarbeitet.

Herr, Du schenkst uns ein erfülltes Leben, wenn wir Deine Maßstäbe beachten, wenn wir auf Dich schauen und nicht in erster Linie auf Menschen, die uns anerkennen und herausstreichen. Amen.

Einen anderen Grund kann niemand legen außer dem, der gelegt ist, Jesus Christus.

1. KORINTHER 3, 33

Auf das Fundament kommt es an.

Der schiefste Turm der Welt.

Lange dachte man, dass dieser Titel dem Turm von Pisa zukomme. Doch die Ostfriesen wussten es besser. Und seit November 2007 steht es „offiziell“ im Guinness-Buch der Rekorde: Der Kirchturm von Suurhusen ist der schiefste Turm der Welt. Bei einer Höhe von 27 37 m und einem Überhang von 2,47 m ist der Neigungswinkel größer als bei seinem berühmten Konkurrenten.

Die Kirche von Suurhusen bei Emden stammt aus dem 13. Jahrhundert. Im Jahr 1450 wurde der Turm angebaut. Er ruht auf einem Fundament aus Eichenstämmen, die jahrhundertelang im Wasser konserviert waren. Als im 19. Jahrhundert das Umland trockengelegt wurde, sank der Grundwasserspiegel ab und die Eichenstämme fingen an zu modern. Das Fundament gab nach und der Turm neigte sich.

Auf das Fundament kommt es an! Davon spricht auch der Apostel Paulus in unserem Bibelvers. Derzeit machen sich Architekten, Kirchenleitungen und Fachleute Sorgen, ob das Fundament des Kölner Domes ausreicht. Manchmal vibriert der Dom, wenn die U-Bahn vorbeibraust. Ohne Fundament kommt alles ins Wanken. Deshalb ist es so wichtig, dass Jesus Christus im persönlichen Leben und in der Verkündigung nicht in den Hintergrund gedrängt wird.

Herr, schenke uns in Christus ein unverrückbares Fundament. Sonst bringen uns Zeitgeist, religiöse und sektiererische Strömungen aus dem Gleichgewicht. Amen.

Bei dem aber unter die Dornen gesät ist, der das Wort hört, und die Sorge der Welt und der Betrug des Reichtums erstickt das Wort, und er bringt nicht Frucht.
MATTHÄUS 13, 22

Die Kirche ist in der Krise.

Das ist der Tenor eines Beitrags von Josef Kardinal Meisner in einer Sonntagszeitung. Die Zeitung formuliert: „Die deutsche Kirche ist in der Krise. Sie wirkt orientierungslos."

Meisner: „Wenn das mit der Orientierungslosigkeit so stimmt, muss ich sagen: In vielen Fragen hilft uns heute kein Sowohl-als-auch, sondern nur Klarheit darüber, ob es hier langgeht oder da lang. Hier haben wir uns deutlich zu Wort zu melden. (...) Wir stehen als Kirche in Deutschland in der Gefahr, uns selbst überflüssig zu machen, indem wir unser Proprium verlieren, das heißt unser Ureigenes: unsere Identität. Wenn die Kirche zur Welt geworden ist, hat sie der realen Welt nichts mehr zu sagen. Die Kirche ist dann keine Alternative mehr zur Welt."

Unsere Welt, der Zeitgeist, unsere geistige Supermarktgesinnung wirken wie Dornengestrüpp. Der gute Same des Wortes Gottes geht unter. Er wird erstickt. Viele Christen wirken fruchtlos und orientierungslos. Wir tragen auf beiden Schultern. Wir sind Sowohl-als-auch-Kandidaten. Uns fehlen Einhelligkeit und Klarheit, uns fehlt Entschiedenheit. Wir sind hin- und hergerissen und lassen uns zu sehr beeinflussen.

Herr, die unzähligen Nachrichten und Botschaften, die wir alle ernst nehmen wollen, machen uns verrückt und ersticken Dein kostbares Wort. Hilf, dass wir uns konzentrierter Deiner Botschaft zuwenden. Amen.

Denn „wer hat des Herrn Sinn erkannt, oder wer will ihn unterweisen?“. Wir aber haben Christi Sinn.
1. KORINTHER 2, 16

Es geht um den Sinn des Lebens.

Die Schriftstellerin Elke Heidenreich hat ihn so formuliert: „Irgendein Ziel muss man haben und ansteuern – der Sinn des Lebens kann nicht sein, am Ende die Wohnung aufgeräumt zu hinterlassen, oder?“

Und Peter Hahne hat in einem seiner Bücher zitiert: „In der Shellstudie wird ein 16-Jähriger zitiert: ‚Natürlich braucht man Spaß am Leben. Aber ohne Sinn macht es weder Spaß noch Sinn.‘“

Spaß und Freude gehören zum Leben. Aber einen Sinn im Leben zu haben, macht aus dem Leben mehr und steigert sogar den Spaß am Leben.

Auf die Frage: Was ist der Sinn des Lebens?, antwortet Bruder Paulus Terwitte:

> „Gott lieben. Sich selbst lieben. Den Nächsten lieben. Gott lieben: Empfinde dich als sein Geschöpf, dass er bei dir ist. Klage ihm, woran du leidest. Sich selbst lieben: Was auch immer andere sagen, am wichtigsten ist, dass Gott dich geschaffen hat. Weil er dich liebt, darfst du dich wichtig finden und dich entfalten, ganz zur Freude Gottes.“

Es ist das Hochziel unseres Lebens: So sein wie Gott uns haben will.

Es gibt Tage, die bleiben ohne Sinn. Hilflos sehe ich, wie die Zeit verrinnt. Stunden, Tage, Jahre gehen hin, und ich frag, wo sie geblieben sind.
Meine Zeit steht in Deinen Händen. Nun kann ich ruhig sein, ruhig sein in Dir. Du gibst Geborgenheit, Du kannst alles wenden. Gib mir ein festes Herz, mach es fest in Dir. Amen.

(Peter Strauch)

Wenn dann einer zu euch sagt: „Seht her, hier ist Christus!" Oder: „Dort ist er!" – glaubt ihm nicht.
MARKUS 13, 21

Es geht um Jesus Christus.

Einer der bedeutendsten Popsänger unserer Zeit, der schon viele Jahre im Showgeschäft ist, Cliff Richard, arbeitet seit Jahren als gläubiger Christ in einer Gemeinde mit. Er hat ein vernichtendes Urteil über das Musical „Jesus Christ Superstar" gefällt. „Musikalisch ist ‚Superstar' ein großer Lärm. Christus und seine Jünger wurden völlig entstellt. Hier wurde ein Idol völlig pervertiert. Und dann die Unrichtigkeiten in der Darstellung, schockierende Elemente: Dass etwa Jesus sich mit Maria Magdalena herumschlägt oder die Jünger sich beim Abendmahl betrinken. In Gethsemane sagt Jesus zum Vater: ‚Wenn ich es tue, welche Belohnung werde ich dann erhalten?'"

Der von Gott erhobene Herr hat es nicht nötig, als „Jesus Christ Superstar" auf die Bühne gestellt und verkitscht zu werden. Aber so ist es. An Jesus scheiden sich die Geister. Die einen sehen in ihm einen steckbrieflich gesuchten Revoluzzer. Die anderen sehen in ihm einen Landstreicher, Aufrührer und Verschwörer. Ist er ein Prophet, vom Teufel besessen oder das, was er von sich behauptet: Gottes Sohn? Die Jesusvorstellungen extremer Theologen oder enthusiastisch gefärbter Gruppen bieten nur fragwürdige Christusbilder an.

Gottes Wort verrät unmissverständlich: Hütet euch vor den Verfälschern.

Lieber Herr, Du bist für mich kein Superstar, sondern mein Erretter und Erlöser. Mach mich im Glauben stark, dass ich auf keinen anderen Heilsbringer hereinfalle. Amen.

Jesus Christus und sonst keiner kann die Rettung bringen. Nirgends auf der ganzen Welt hat Gott einen anderen Namen bekannt gemacht, durch den wir gerettet werden könnten.
APOSTELGESCHICHTE 4, 12

Es geht um Jesus Christus.

Prof. Karl Barth, wohl der einflussreichste Theologe dieses Jahrhunderts, hat drei Jahre vor seinem Tod 1966 ein bemerkenswertes Zeugnis über Jesus abgelegt. Es lautet:

> „Der Name Jesus. Der ganze Gehalt der Bibel von A bis Z und dann auch alles, was wir christliche Kirche und christliche Verkündigung nennen, hängt schlechterdings an diesem Namen Jesus. Alles kommt nun auf diesen Jemand selbst an. Durch diesen Jemand, durch Jesus, unterscheidet sich die Heilige Schrift von andern guten und ernsthaften frommen Büchern, unterscheidet sich das, was in der Heiligen Schrift Offenbarung heißt, von dem, was gewiss auch von anderen Großen, Göttern und Menschen gesagt werden kann. Wenn wir den Namen Jesus Christus wegnehmen wollten aus dem Neuen Testament, so würde es gewiss auch noch ein ganz schönes Buch sein und wäre doch völlig absurd, so absurd wie lauter Prädikate, zu denen das Subjekt fehlt. Man könnte dann wirklich auch an diesem Buch vorübergehen, denn was ihm ausschließlich das Gewicht gibt, das ist eben dieser Name."

Retter in der Not hat es zu allen Zeiten gegeben. Aber den Retter, der vom Tode errettet, gibt es nur ein Mal. Sein Name ist einmalig. Die ganze Bibel würde in die Reihe literarischer Werke eingestuft, wenn dieser alles beherrschende Name gestrichen würde.

Such, wer da will, ein ander Ziel, die Seligkeit zu finden; mein Herz allein bedacht soll sein, auf Christus sich zu gründen. Amen.

(Georg Weissel)

Da sagte Nathanael zu ihm: „Kann aus Nazareth etwas Gutes kommen?“
JOHANNES 1, 46

Es geht um Jesus Christus.

Nathanael ist mit seinem Vorurteil schnell bei der Hand: „Was kann schon aus Nazareth Gutes kommen? So eine Provinzstadt! Keine berühmten Leute kommen von da, keine nennenswerte Vergangenheit.“

Wir werden nicht mit Vorurteilen geboren, aber Eltern, Geschwister, Nachbarn und dergleichen prägen unsere Vorstellungen, Meinungen und Vorurteile. Wir sagen leichtfertig: Alle Katholiken sind falsch, Oberschüler sind eingebildet, Polizisten sind verhinderte Verbrecher, Politiker sind verlogen, Italiener sind tolle Liebhaber, die Kirche segnet die Waffen, Studenten sind radikal, die Intellektuellen stehen links. Das sind Kostproben aus der Schublade der Vorurteile. In jedem von uns steckt ein Nathanael. Jede plumpe Vereinfachung ist ein Vorurteil.

Wozu tun wir das? Wir machen es uns leicht, simplifizieren, vergröbern und verfälschen. Selbst Jesus wurde mit Vorurteilen bedacht. Er sei ein Säufer, ein Schlemmer, ein Gesetzesbrecher, ein Mensch, der Sünder in seiner Umgebung duldet und sich mit Kollaborateuren der Besatzungsmacht ungezwungen unterhält. Er sei der erste Sozialist, der erste Kommunist gewesen und ein Vorbild aller Revolutionäre. Und genau an Jesus können wir lernen, weniger mit Vorurteilen umzugehen. Er liebte die Menschen – ohne Vorurteile und ohne Bevorzugung.

Herr, Du willst keine Vorurteile, sondern Nachfolge. Gib uns täglich neuen Mut, mit Dir ernst zu machen. Amen.

Wenn jemand nicht aus Wasser und Geist geboren wird, kann er nicht in das Reich Gottes eingehen.
JOHANNES 3, 5

Es geht um das eigentliche Leben.

Bruce Marshall, der englische Schriftsteller, hat in einem seiner Romane das Wirken des Heiligen Geistes beschrieben. Seine dichterische Sprache lässt uns das Wirken des Leben schaffenden Geistes Gottes neu hören. Er schreibt:

> „Hinter Straßenbahnen, Ton-Film und Wall-Street bewegt sich die Wirklichkeit Gottes wie das Räderwerk hinter dem Zifferblatt einer Uhr, die der ungeschickte Mensch nicht öffnen kann. Es gibt einen Himmel, es gibt die Hölle, und der Heilige Geist streicht wie ein alter, weiser Windesodem über die Welt."

Hinter den modernen Errungenschaften der Technik, hinter Fortschrittsglauben, Mond- und Marsflügen, hinter Geld, Macht und Karriere gibt es noch eine andere Wirklichkeit, die Wirklichkeit Gottes. Alle großen Dinge sind wie das Zifferblatt einer Uhr, das die Menschen anstarren und verfolgen. Dahinter verbirgt sich das eigentliche Leben. Mehr noch, alle diese Dinge bewegen sich nur durch das unsichtbare Räderwerk Gottes, das sie in Bewegung setzt und in Bewegung hält. Der Heilige Geist streicht wie ein Windesodem über die Welt. Wir erfahren ihn, wenn wir uns ihm bedingungslos ausliefern. Der Glaube an Christus schafft neues Leben, gibt Raum für die Wirklichkeit Gottes in unserem Alltag. Der umgekrempelte Mensch, die neue Geburt, ist das Ergebnis dieser Geistumwandlung.

Du bist das Leben in Ewigkeit. In Deinen Händen ruht unsere Zeit. Ruf uns mit Namen, kehr bei uns ein, gib Frieden allen Herzen. Herr, wir sind Dein. Amen.

(Anna Martina Gottschick)

Wer sein Leben findet, der wird es verlieren; und wer sein Leben verliert um meinetwillen, der wird es finden.
MATTHÄUS 10, 39

Es geht um das wahre Leben.

Dale Carnegie schreibt in seinem Buch „Sorge dich nicht – lebe!" ein langes Kapitel über den Dienst an anderen Menschen, über gute Taten, Nächstenliebe und Selbstlosigkeit als Wege zum eigenen Glück. An einer Stelle formuliert er:

> „Weil ihr aber vielleicht über die Lehren der großen Religionsstifter spottet, wollen wir ein paar Atheisten zu Wort kommen lassen. Wenden wir uns zunächst an A. E. Housman, den vor nicht langer Zeit verstorbenen Dichter und Professor der Universität Cambridge, der zu den angesehensten Gelehrten seiner Zeit gehörte. Als er einmal in Cambridge eine Vorlesung hielt, erklärte er: ‚Die größte Wahrheit, die je geäußert wurde, und die tiefgründigste moralische Entdeckung aller Zeiten ist enthalten in dem Worte Jesu: ‚Wer sein Leben suchet, der wird es verlieren; wer aber sein Leben verliert um meinetwillen, der wird es finden.'"

Housman selber war Atheist, Pessimist und spielte oft mit dem Gedanken an Selbstmord. Und er fand, dass derjenige, der nur an sich selbst denkt, seinem Dasein nicht viel abgewinnen kann und zeitlebens unglücklich sein wird. Wer sich aber im Dienste seiner Mitmenschen vergessen kann, wird die wahre Lebensfreude kennen lernen. Wie viel mehr diejenigen, die als Geliebte Gottes lieben und diese empfangene Liebe weitergeben. Wer in seinem Leben sich sucht und sich in den Mittelpunkt stellt, läuft an Jesus Christus und damit am wahren Leben vorbei.

Wer seine Seel zu finden meint, wird sie ohn mich verlieren; wer sie hier zu verlieren scheint, wird sie nach Hause führen. Wer nicht sein Kreuz nimmt und folgt mir, ist mein nicht wert und meiner Zier. Amen.

(Johann Scheffler)

Denn wer sein Leben retten will, wird es verlieren. Aber wer sein Leben um meinetwillen verliert, dem wird es neu geschenkt.
MATTHÄUS 16, 25

Es geht um das wahre Leben.

Von Rudolf Kirsten stammt eine kleine Fabel: „‚Mein Honig und mein Blütenstaub gehören mir und keinem anderen!‘, sagte eine Blume und ließ weder Biene noch Schmetterling davon naschen. Dafür welkte sie ziel- und zwecklos dahin und starb ohne Frucht und Samen."

Wer sein Leben mit aller Gewalt bewahren will, der wird es verlieren. Wer nur mit sich beschäftigt ist, dem verdirbt das Leben. Fruchtlos welkt es dahin. Je mehr ein Mensch bestrebt ist, sein Leben festzuhalten, desto schneller rinnt es ihm durch die Finger.

Der Schriftsteller Walter Goes hat einige Sinnsprüche über das Leben zusammengestellt:

„Das Leben hat keinen Sinn, wenn ihm nicht ein zweites folgen würde."
„Die Begrenzung unseres Lebens braucht den nicht zu drücken, der von einem Unbegrenzten weiß."
„Lange leben ist nicht nötig, aber ewig leben."
„Wer sich an Vergängliches hält, vergeht mit ihm."

Wer sich an sein vergängliches Leben klammert, geht unter wie ein Ertrinkender, der sich an einen haltlosen Gegenstand geklammert hat. Das Leben findet, wer es preisgibt, sagt Jesus. Wirkliches Leben erhält der, der sich an Jesus verliert. Er hat nicht über das Leben philosophiert, er ist das Leben. Er schenkt uns ein Leben, das niemals aufhört. Jesus hat alles hergegeben und hat alles dafür geschenkt bekommen. Ohne den Auferstandenen hat mein Leben nur einen sehr begrenzten Wert. Wollen wir es festhalten wie die Blume in der Fabel?

Jesus ist kommen, die Ursach zum Leben. Hoch gelobt sei der erbarmende Gott, der uns den Ursprung des Lebens gegeben. Dieser verschlinget Fluch, Jammer und Tod. Selig, die ihm sich beständig ergeben. Jesus ist kommen, die Ursach zum Leben. Amen.

(Johann Ludwig Konrad Allendorf)

Und vergib uns unsere Schuld, wie wir vergeben unseren Schuldigern.
MATTHÄUS 6, 12

Schuldig werden wir alle – so oder so.

„Schuld ist etwas so Allgemeines wie die Sonnenfinsternis: Sie gilt für jeden. Die einzige Möglichkeit, ihr zu begegnen, liegt darin, sie anzunehmen, sie zu übernehmen", schrieb Siegfried Lenz.

Schuld ist nicht nur der konkrete Fehler, die bestimmte Sünde. Schuld hat auch etwas mit Erbsünde zu tun. Was ist gemeint? Sie ist nicht durch geschlechtliche Zeugung und Empfängnis entstanden. Die Erbsünde ist das belastete Verhältnis der Menschen untereinander und die Eigenmächtigkeit des Menschen vor Gott. Er ist der Rebell von Hause aus. Es gibt keine sündenfreien Räume in der Gesellschaft und keinen sündenfreien Raum zwischen Gott und den Menschen. Das müssen wir annehmen.

Schuld bedeutet: Riss zwischen Gott und Mensch. Und Vergebung bedeutet: Dieser Riss wird geflickt. Die Protestaktion gegen Gott hat ein Ende. Die Beziehung zum Vater ist wieder intakt. Die Entfremdung ist aufgehoben. Gott, unser Vater, nimmt uns an, wie wir sind. Wir stellen unsere eitle Selbstbehauptung ein und geben den Anspruch ab, das Maß aller Dinge zu sein. Die Zielverfehlung hat ein Ende. Denn Schuld ist Zielverfehlung. Am lebendigen Gott vorbei leben ist Schuld. Es ist die einzige Bitte im Vaterunser, die an eine Bedingung geknüpft ist: Der Vater im Himmel vergibt uns nur, wenn wir unseren Schuldigern vergeben. Die Vergebung Gottes in Anspruch zu nehmen und selbst auf dem Richterstuhl zu sitzen, ist ein Widerspruch in sich.

... dass Du mich hast aus Gnaden in der vergangnen Nacht vor Gefahr und allem Schaden behütet und bewacht. Ich bitt demütiglich: wollst mir mein Sünd vergeben, womit in diesem Leben ich hab erzürnet Dich. Amen.

(Georg Niege)

Da jammerte den Herrn des Knechts, und er ließ ihn los, und die Schuld erließ er ihm auch.
MATTHÄUS 18, 27

Schuld hat etwas mit persönlicher Verantwortung zu tun.

Wir werden beinahe täglich mit Meldungen konfrontiert, die etwa folgendermaßen lauten:

> „Der Straßenverkehr forderte an diesem Wochenende in der Bundesrepublik 48 Todesopfer."
> „Die Unruhen in Nordirland forderten wieder ein Todesopfer."
> „Die Umweltverschmutzung hat es in der Bundesrepublik fertiggebracht, eine Reihe von Vogelarten auszurotten."

Das sind beliebte Formulierungen, um die persönliche Schuld des Menschen zu tarnen. Nicht wir sind es gewesen, sondern der Straßenverkehr; nicht wir tragen Schuld, sondern die Unruhen in Nordirland; nicht wir haben die Vogelarten ausgerottet, sondern die unheilvolle Umweltverschmutzung.

Niemand ist unschuldig. Die „Zeit der Schuldlosen" – ein bekannter Romantitel von Siegfried Lenz – gehört der Phantasie an. Menschsein heißt: schuldig werden, und zwar untereinander und vor Gott. Viele Menschen versuchen auf ihre Art, mit der Schuld fertig zu werden. Sie fliehen in das „man" (man handelt eben heute so); sie berufen sich auf Eltern, die sie falsch erzogen haben, und auf die Gesellschaft, die alles falsch macht. Schuld wird entschuldigt, rationalisiert und verdrängt.

Christen stellen sich der Schuld. Sie wissen um ihre konkrete, aber auch um ihre allgemeine Schuld. Gott lässt keinen Schuldigen im Stich, der sich ihm nähert.

Verleih, dass wir Dich lieben, o Gott von großer Huld, durch Sünd Dich nicht betrüben, vergib uns unsre Schuld, führ uns auf ebner Bahn, hilf, dass wir Dein Wort hören und tun nach Deinen Lehren: das ist recht wohlgetan. Amen.
(Georg Werner)

Er verzichtete auf alles; er nahm die niedrige Stellung eines Dieners an und wurde als Mensch geboren und als solcher erkannt. Er erniedrigte sich selbst und war gehorsam bis zum Tod, indem er wie ein Verbrecher am Kreuz starb.
PHILIPPER 2, 7–8

Alles zum „Schnäppchenpreis"?

Das ist die Überschrift von Uwe Feil in einem Beitrag. „45 % Preisnachlass für ein Essen bei (...). 51 % Nachlass für das Wellness-Wochenende in (...). Dieser Trend will uns auch in unseren Gemeinden und im Christsein in Beschlag nehmen: Jesus zur Hälfte des Preises. 63 % weniger Mühe an persönlichem Opfer. Der Preis für unsere Vergebung und ewiges Leben war nicht heruntergesetzt. Da gab es keinen Nachlass."

Wirtschaft, Technik und Gesellschaft sind bemüht, uns das Leben einfacher und bequemer zu machen. Früher mussten wir laufen, heute können wir fahren. Früher mussten wir Muskelkraft einsetzen, heute leisten das Maschinen. Disziplin, Opfer, Verzicht und Askese werden kleingeschrieben. Wir wollen Genuss ohne Reue, Spaß ohne Einschränkung und Arbeit ohne Schwielen. Auch auf den christlichen Glauben hat das abgefärbt. Nicht nur Cola light ist die Parole, sondern auch der christliche Glaube muss „light" zu praktizieren sein.

Christus hat sich alles zugemutet, er verzichtete auf alles. Wir können ihn nicht imitieren. Aber wir wollen ihm nachfolgen. Und diese Nachfolge ist nicht zum „Schnäppchenpreis" zu haben.

Mein Herr und Gott: Nachfolge ist kein Schlussverkauf. Du willst unser Bestes und damit sind Schmerzen, Leid und Einschränkungen verbunden. Wir legen alles in Deine Hände und rechnen mit Deiner unendlichen Liebe. Amen.

Greift zu den Waffen Gottes, damit ihr alle heimtückischen Anschläge des Teufels abwehren könnt. Denn wir kämpfen nicht gegen Menschen, sondern gegen Mächte und Gewalten des Bösen.
EPHESER 6, 11–12

Wie begegnen wir dem Teufel?

Ulrich Eggers beschreibt im Editorial von AUFATMEN eine Szene, die Martin Luther widerfuhr:

> „Eines Nachts schreckte er aus dem Schlaf hoch und sah an seinem Bett den Teufel stehen. Luther erkannte ihn, sagte dann aber ganz schlicht: ‚Ach, du bist es nur!', drehte sich um und schlief weiter."

Da heißt es, den Sieg Jesu zu leben und die Kraft des Evangeliums als wirklich gute Nachricht zu begreifen. Ich bewundere den Reformator. Der Teufel ist eine heimtückische Macht. Ein gefährlicher Durcheinanderbringer. Ich wünsche mir diese Gelassenheit und die innere Gewissheit, wie sie Martin Luther in der Anfechtung praktizierte. Wenn wir uns auf die Waffen Gottes berufen und verlassen, können wir ruhig schlafen. Die schlimmsten inneren Vorwürfe, Verführungen und Versuchungen können wir mit den „Waffen Gottes" in Jesus Christus abwehren.

„Nichts kann uns scheiden von der Liebe Gottes." Können wir das getrost und gelassen sagen?

Treuer Herr und Gott, in allen Anfechtungen und Versuchungen brauche ich Deine Waffenrüstung, brauche ich Deinen Schutz, der mich ruhig und gelassen sein lässt. Amen.

Dein Reich komme, dein Wille geschehe wie im Himmel so auf Erden.
MATTHÄUS 6, 10

Das Vaterunser.

Beim Vaterunser beten wir, dass Gottes Reich, seine Herrschaft kommt. Was hat seine Herrschaft mit der unsrigen zu tun?

Richard Rohr kommentierte diese Stelle in einem Vortrag. Er erzählte, dass ihm bei seiner Predigttätigkeit in aller Welt von Nichtchristen immer wieder der Vorwurf gemacht werde:

> „Ihr Christen habt die meisten Kriege geführt, ihr verbraucht die meisten Ressourcen der Welt und habt den Planeten vergewaltigt. Und dann sagt ihr, ihr liebt euren armen Jesus. Ihr hasst Jesus und sagt, dass ihr ihn liebt, um euch selbst an der Nase herumzuführen." Dem könne er nichts entgegnen, weil es ja zutreffe. Christen könnten nicht nur sagen „Dein Reich komme!", ohne zugleich zu sagen „Mein Reich gehe!".

Starker Tobak! Aber hat Rohr nicht recht? Wir wollen seine Herrschaft und unsere auch behalten. Wir wollen seinen Willen bejahen und unseren weiterhin durchsetzen. Wir wollen ihn Herr sein lassen und gleichzeitig Herren der Welt bleiben. Seine Herrschaft soll alles ändern, unsere Herrschaft soll unangetastet bleiben. Das geht nicht. Auch meine Herrschaft muss ein Ende haben!

An welchen Stellen setzen wir uns ungerechtfertigt durch?

Herr Jesus, wir wollen unser Leben, unsere Umgebung und Mitmenschen bestimmen. Mach uns im Herzen klar, wo Du die Herrschaft übernehmen musst. Amen.

Legt von euch ab den alten Menschen mit seinem früheren Wandel, der sich durch trügerische Begierden zugrunde richtet. Erneuert euch aber in eurem Geist und Sinn.
EPHESER 4, 22–23

Wir sollen den alten Menschen ablegen.

Was gehört konkret zum Ablegen des alten Menschen? Richard Rohr nennt einige Tatsachen:

Den Zwang, erfolgreich zu sein.
Den Zwang, recht zu haben.
Den Zwang, mächtig zu sein.

Er meint, dass Jesus diesen drei Zwängen in der Wüste ins Gesicht geblickt hat.

Auch wir sollten uns hinterfragen, ob wir nicht diesen Zwängen unterliegen – vielleicht nicht so offensichtlich, aber dennoch vorherrschend. Unsere Hochleistungsgesellschaft übt einen gewaltigen Erfolgsdruck aus. Und wir vergessen, dass wir selbst mit unseren hohen Ansprüchen und mit Selbstüberforderung diesen Erfolgsdruck verstärken. Wir wollen recht haben und wollen Macht ausüben. Kennen wir unsere „trügerischen Begierden"?

An welche Zwänge sind wir gebunden? Welche Dämonen haben in unserem Leben das letzte Wort? Welche Besitzansprüche können wir nur schwer loslassen?

Sind es nicht auch die Aspekte, mit denen Jesus in der Wüste konfrontiert wurde, die seine Versuchung ausmachten und die uns heute zu schaffen machen?

Herr, wir sind von den Ratschlägen der Selbstverwirklichung angesteckt. Der alte Adam und der alte Mensch schauen durch alle Ritzen. Steh uns bei, dass wir uns in Geist und Sinn erneuern. Amen.

Wer an mich glaubt, den wird nimmermehr dürsten.
JOHANNES 6, 3-5

Durst ist schlimmer als Heimweh.

So formuliert eine alte Volksweisheit. Und Theo Lehmann, ein bekannter Evangelist aus der ehemaligen DDR, meint, dass es nicht um einen Durst geht, der sich mit ein paar Flaschen Bier stillen lassen würde. Trinker tränken ja weiter, selbst wenn ihr Durst schon lange gelöscht ist.

Dies zeige, dass es letzten Endes nicht um die Durststillung geht, sondern um etwas anderes. Lehmann wörtlich:

> „In uns allen steckt das Heimweh nach dem verlorenen Paradies. In uns allen steckt eine ungeheure Sehnsucht nach Befriedigung und Glück. Jeder versucht, seinen Lebensdurst auf seine Weise zu befriedigen. Von irgendeiner Quelle muss jeder trinken. Du kannst mit allen Wassern der Philosophie gewaschen sein, du kannst aus dem Ozean der Weltreligionen schlürfen, du kannst aus den trüben Tümpeln der Horoskope und Wahrsagerei saufen, aber deine Seele wird verdursten."

Jesus offeriert sich als die Quelle des Lebens. Wer an ihn glaubt, hat seinen Lebensdurst gelöscht. Wer trinkt und Erfahrungen macht, kann mitreden. Wer grübelt und philosophiert, bleibt durstig. Wer durstig allen Lebensabenteuern nachläuft, wer ständig prickelnde Ablenkung braucht, bleibt durstig. Jesus hat unsere menschliche Seele durchschaut.

Herr Jesus, wir wollen kein langweiliges und trübseliges Leben führen. Du stillst unsren Lebensdurst. Lass uns niemals daran zweifeln. Amen.

Lasst kein faules Geschwätz aus eurem Mund gehen, sondern redet, was gut ist, was erbaut und was notwendig ist, damit es Segen bringe denen, die es hören.

EPHESER 4, 29

Hüten wir uns vor Vorurteilen und Unterstellungen.

„Redet nicht schlecht voneinander“, übersetzt die „Hoffnung für alle“.

Viele Christen halten ihre Vorurteile und Unterstellungen für richtig. Auch Herr Müller. Er hat vier Kinder, der Älteste ist 17 und hat vor zwei Jahren seiner Mutter fünfhundert Mark gestohlen. Herr Müller misstraut seit der Zeit seinem Sohn. Eines Tages vermisst er seine Brieftasche. Sie ist spurlos verschwunden. Sein Verdacht fällt auf Ewald, den ältesten Sohn. Er beobachtet ihn genau. Alles spricht dafür: Er geht wie ein Dieb, er spricht wie ein Dieb. Überhaupt, er verhält sich wie ein Krimineller. Nach kurzer Zeit findet Herr Müller seine Brieftasche wieder. Er hatte sie an ungewöhnlicher Stelle verlegt. Nichts fehlt. Das Geld ist auf Mark und Pfennig vorhanden. Herr Müller schaut auf seinen Sohn. Nein, der geht nicht wie ein Dieb, er spricht auch nicht wie ein Dieb. Überhaupt, er benimmt sich wie ein normaler Mensch.

Das achte Gebot ist eindeutig: Du sollst nicht falsch Zeugnis reden wider deinen Nächsten. Unterstellungen und Vorurteile sind Sünden. Sie werten den anderen ab und nehmen ihm die Ehre. Luther hat recht: Wir sollen den anderen entschuldigen, Gutes von ihm reden und alles zum Besten kehren. Verdächtigungen schaden. Gute Worte stärken.

Herr, hilf, dass ich meine Zunge im Zaun halte. Vor allem, dass ich meine Gedanken und Gefühle kontrolliere, dass ich keine Verdächtigungen denke und ausspreche. Amen.

Herr, mein Fels, meine Burg, mein Erretter.
PSALM 18, 3

ER ist unser Erretter.

In einem bewegenden Gottesdienst vor ein paar Jahren in New Orleans hatte man einige Zeilen als Leitsatz formuliert. Er lautete:

> „Wenn *Wissen* unser größtes Bedürfnis wäre, hätte Gott uns ein Universalgenie geschickt. Wenn *Technologie* unser größtes Bedürfnis wäre, hätte Gott uns einen Technik-Wissenschaftler geschickt. Wenn *Geld* unser größtes Bedürfnis wäre, hätte Gott uns einen Ökonomen geschickt. Wenn *Unterhaltung* unser größtes Bedürfnis wäre, hätte Gott uns einen Unterhaltungskünstler geschickt. Aber so, da *Vergebung* unser größtes Bedürfnis ist, schickte er uns einen Erretter."

Wir alle sind geknechtet an unsere Triebe, an unsere Zwänge, an unsere Pflicht- und Wunschvorstellungen, also an unsere Sünde. Niemand kann sich aus eigener Kraft befreien. Wir alle haben tausend Bedürfnisse, Wünsche und Erwartungen. Aber Jesus Christus ist nicht unser Bedürfnisbefriediger. Viele Wünsche lassen sich erfüllen, aber Vergebung der Sünden kann nur einer anbieten. Den hat Gott in die Welt geschickt. Der Psalmist ist zu Recht begeistert, wenn er ausruft: „Herr, mein Fels, meine Burg, mein Erretter!" Wohl uns, wenn wir das auch aus innerster Überzeugung sagen können. Es ist das größte Geschenk, das uns zuteilwerden kann.

Herr, Du willst nicht alle unsere Wünsche und Bedürfnisse erfüllen, Du willst uns erretten. Du garantierst die Ewigkeit. Danke, Herr. Amen.

Lernt wieder, Gutes zu tun! Sorgt für Recht und Gerechtigkeit, tretet den Gewalttätern entgegen und schafft den Witwen und Waisen Recht.
JESAJA 1, 17

Freiheit für moderne Sklaven.

Das ist die Überschrift eines Beitrages von Daniel Rentschler im „Monatlichen Allianzblatt". Wörtlich heißt es bei ihm:

> „In den drei Minuten, die Sie brauchen, um diesen Text zu lesen, werden sechs Kinder und Jugendliche zur Prostitution gezwungen. (…) Jede Minute zwei. Eines von diesen zur Sklaverei verdammten Kindern ist Jyoti, ein 12-jähriges Mädchen aus Indien. Sie wurde 2004 entführt und mit Stromschlägen, Peitschenhieben und Schlägen so lange gefoltert, bis sie bereit war, ihren ersten ‚Kunden' zu empfangen. Es folgten Jahre unsäglicher Demütigung, pro Tag wurde sie 20-mal vergewaltigt. Wie ihr geht es Millionen anderer Kinder und Jugendlicher weltweit."

Das sind entsetzliche Botschaften. Das ist brutales Unrecht. Gott verabscheut diese Gewalttaten. Dass heute noch Menschen versklavt werden, darf uns nicht gleichgültig sein. In einer globalisierten Welt ist unser Nächster nicht nur der direkte Nachbar, sondern das Opfer von Menschenhandel in Indien, Thailand oder Kambodscha. Gott liebt Gerechtigkeit. Er will, dass wir uns kümmern. Lernen wir, Gutes zu tun! Und fragen wir uns allen Ernstes, wie wir durch Spenden helfen, das Unrecht in der Welt zu mindern.

Herr, Gewalt, Macht und sexuelle Begierden bringen Unschuldige und Schwache in schlimme Bedrängnis. Öffne unsere Herzen und Geldbeutel, dass wir mithelfen, der Not zu begegnen. Amen.

Wandelt weise gegen die, die draußen sind, und kaufet die Zeit aus.
KOLOSSER 4, 5

Die Zeit nutzen!

Das Bibelwort ist im alten Luthertext sehr missverständlich. Darum schreibt Ulrich Wedel:

> „Das Beste aus jedem Moment herausholen, optimale Ergebnisse durch effektive Zeitnutzung erzielen: Ist das gemeint, wenn Paulus schreibt, man solle die Zeit auskaufen? Ist Muße also Sünde? Bringt dieses Bibelwort Christen in Hetze? Ein Kollege im Verlag erzählte mir, dass er es immer so empfunden hat und tief berührt war, als er erfuhr, welches Wort Paulus hier eigentlich wählte. Zunächst bezieht sich dieser Satz besonders auf das Verhalten gegenüber Menschen, die nicht an Christus glauben."

Das hier verwendete Wort für Zeit, „kairos", meint nicht den gleichförmigen Zeitablauf, meint nicht den Terminkalender, meint nicht den Zeitdruck, dem wir ausgesetzt sind, sondern einen bestimmten von Gott gefüllten Moment. Paulus meint also nicht, dass wir immer und ständig in höchster Drehzahl aktiv sind und das Letzte aus uns herausholen, sondern: Wenn der günstige Zeitpunkt geschenkt ist, dann seid wach und nutzt ihn. Der Text meint: Was ist jetzt im Namen Gottes dran? Wie erfüllen wir im Augenblick Gottes Willen?

Mein Herr und Gott, Du willst nicht, dass wir jede Minute und pausenlos aktiv sind und die Zeit „auskaufen". Du willst, dass wir die Zeit, die Du für günstig hältst, in Deinem Namen nutzen. Amen.

Denn aus dem Herzen kommen böse Gedanken, Mord, Ehebruch, Unzucht, Diebstahl, falsches Zeugnis, Lästerung.
MATTHÄUS 15, 19

Ein „Kat" fürs Herz.

Unter dieser Überschrift schrieb Gerhard Bruns einen hilfreichen Kommentar über das Herz:

> „Ein Katalysator für unser Herz! Ein verwegener Gedanke. Für unsere Autos halten wir einen Katalysator für selbstverständlich. Die Abgase sind einfach zu giftig. Zugegeben, aus unserem Herzen kommen keine CO2-Abgase. Aber manchmal können es ziemlich giftige Gedanken sein und sie können das Miteinander belasten und zerstören. Aber gibt es denn einen solchen ‚Kat fürs Herz'? Nun, erfunden ist er längst. Die Arbeitsweise beschreibt das Neue Testament: Vergib uns, wie wir vergeben!"

Vergebung ist der geistliche Filter für unsere Giftschleuder, wie Jesus sie charakterisiert. Unser Herz ist in der Tat eine Mördergrube. Sie produziert Giftgase am laufenden Band. Die Vergebung reinigt, heiligt und säubert. Denn vor der Tat stehen böse Gedanken, destruktive Phantasien und lieblose Wünsche. Das Herz ist die Ideenwerkstatt. Die Reinigung muss an der Quelle beginnen. Der Mund, die Hände und Füße sind nur die ausführenden Organe. Gott schenke uns, dass wir die Vergebung als Kat in unser Leben einbauen und damit unser Herz reinigen.

Mein Herr und Gott, Du hast recht, unser Herz ist eine Mördergrube. Wir hecken die verrücktesten Gedanken und Vorstellungen aus. Wir brauchen Deinen Geist, der Ordnung schafft, der filtert und reinigt. Amen.

Oder verachtest du den Reichtum seiner Güte, Geduld und Langmut? Weißt du nicht, dass dich Gottes Güte zur Buße treibt?
RÖMER 2, 4

Wie gehen wir mit Schuldgefühlen und Selbstbestrafung um?

Viele Christen, die mit Schuldgefühlen und Ängsten herumlaufen, legen sich selbst Bußpraktiken auf. Eine Geschichte macht das deutlich: Eine junge Frau, die an einer degenerativen rheumatischen Gelenkerkrankung litt, erzählte mir, dass sie sich zwanghaft die Freuden des Lebens vorenthalte (z. B. keine Kinobesuche, kein Spaß, kein Ausgelassensein usw.). Im Verlauf unseres Gespräches erzählte sie mir, dass sie vor Jahren zweimal abgetrieben habe. Es war befreiend für sie zu verstehen, dass jeder Selbsterlösungsversuch zum Scheitern verurteilt ist. Die junge Frau erlebte echte innere Heilung von Schuldgefühlen.

Selbstbestrafung soll Schuldgefühle verringern, soll unser Gewissen beruhigen.

Es ist in der Tat Gottes Güte, die uns zur Umkehr bringt. Wir können uns nicht selbst erlösen. Auch die Selbstbestrafung ist kein Weg. „Die Strafe liegt auf ihm, auf dass wir Frieden hätten." Seine Erlösung ist vollständig und muss nicht durch unsere Mithilfe und Nachhilfe aufgebessert werden. Nicht unsere Selbstbestrafung rettet uns, sondern seine Güte in Jesus Christus. Nicht eine selbst auferlegte Buße befreit uns, sondern sein Tod auf Golgatha.

Herr Jesus Christus, wir können Schuld und Schuldgefühle nicht ausräumen, nicht verkleinern und abmildern. Nur Du kannst uns erlösen. Das macht ruhig und gelassen. Amen.

Du sollst den Herrn, deinen Gott, lieben von ganzem Herzen, von ganzer Seele und von ganzem Gemüt. Dies ist das höchste und größte Gebot. Das andere aber ist dem gleich: Du sollst deinen Nächsten lieben wie dich selbst.
MATTHÄUS 22, 37–39

Liebe ist mehr als schöne Sprüche.

Peter Spangenberg hat eine beherzigenswerte Geschichte geschrieben, die von einer kranken Häsin handelt:

> „Der Igel kam zu Besuch und sagte: ‚Kommt Zeit, kommt Rat!' Tags darauf sah die Eule herein und meinte: ‚Gut Ding will Weile haben!' Als die Feldmaus durchs Fenster schaute, fiepte sie: ‚Kopf hoch, Frau Nachbarin, so trägt eben jeder sein Päckchen!' Die alte Katze sah auch kurz herein und erkundigte sich nach dem Befinden. ‚Es wird schon wieder werden!', meinte sie schnurrend und meinte es ehrlich. Auch der Maulwurf überwand seine Hemmungen und rief: ‚Keine Sorge. Ende gut, alles gut!'"

Die Häsin wurde wütend und empfand nur noch Bitterkeit. In der Küche tobten hilflos ihre Kinder. Keiner kümmerte sich um die Kleinen. Gut gemeinte Lippenbekenntnisse, gut gemeinter Unsinn. Wir glauben, Kranken und Hilflosen mit solch nichtssagenden Sprüchen zu helfen. Wir bieten Vertröstung, aber keinen Trost. Wir geben Steine statt Brot. Wer den Mitmenschen liebt, beschenkt ihn nicht mit Wortgeklingel, sondern mit echter warmherziger Liebe. Er sieht die Not und packt zu. Und diese Taten der Liebe zählen mehr als Brandopfer und andere Opfer.

Ja, Herr, Liebe ist mehr als schöne Sprüche, mehr als gute Wünsche. Liebe ist Tat. Es fällt uns schwer, den anderen zu lieben wie uns selbst. Amen.

Ein jegliches hat seine Zeit, und alles Vorhaben unter dem Himmel hat seine Stunde.
PREDIGER 3, 1

Wie gehen wir mit der Zeit um?

Eine Geschichte von Irmela Wendt macht den problematischen Umgang mit der Zeit deutlich:

> „‚Alles geht nach der Uhr', sagt Frau Ureburegurli, ‚um ein Uhr haben die Kinder gegessen, bis zwei arbeiten sie an den Schulaufgaben, bis fünf dürfen sie spielen, um halb sechs essen sie Abendbrot, danach lernt die Großmutter noch mit den Kindern, und von abends sieben bis morgens sieben schlafen sie. Um acht gehen sie zur Schule und um zwölf Uhr dreißig sind sie wieder zu Haus.' ‚Ich bin gespannt', sagt Frau Lustibustigiero, die Nachbarin, ‚wie lange es dauert, bis Ihre Kinder nur noch tik tak sagen.'"

Es ist keine Frage, die Zeit kann missbraucht, vertrödelt und bis ins Letzte strukturiert werden. Die einen wollen sie fest im Griff haben, die andern lassen sie schleifen. Das einzige Mittel, Zeit zu haben, ist: sich Zeit zu nehmen. Wir entscheiden, welche Prioritäten wir setzen. Wir entscheiden, welche Dinge dringend oder notwendig sind. Haben wir Zeit für unsere Kinder, für den Ehepartner, für andere Menschen? Und nehmen wir uns Zeit für Gott, der unsere Zeit und unsere Ewigkeit in seinen Händen hält? Oder heißt es immer noch: „Ich habe keine Zeit!"

Treuer Herr und Gott, Zeit ist Dein kostbares Geschenk an uns. Wir können sie bin ins Letzte strukturieren und wir können sie nach Deinem Willen gestalten. Die Gestaltung ist Dein Angebot an uns. Amen.

Sondern ein jeder, der versucht wird, wird von seinen eigenen Begierden gereizt und gelockt. Danach, wenn die Begierde empfangen hat, gebiert sie die Sünde; die Sünde aber, wenn sie vollendet ist, gebiert den Tod.
JAKOBUS 1, 14–15

Vom Umgang mit Versuchungen.

Jakobus macht darauf aufmerksam, dass die Hauptversuchungen nicht von *außen*, sondern aus unserem *Inneren* kommen. Was sollten wir also bedenken? Eine kleine Begebenheit aus dem letzten Weltkrieg veranschaulicht das:

Als ein US-General im Zweiten Weltkrieg einen neuen Fahrer benötigte, bewarben sich drei junge Soldaten. Er fragte sie danach, wie nah sie während einer Schlacht auf einer kurvigen Bergstraße an den Rand des Abgrundes heranfahren könnten. Der erste Fahrer war der Meinung, er könne 30 Zentimeter am Felssturz entlangfahren. Der zweite Fahrer traute sich zu, auf 15 Zentimeter heranzufahren. Der dritte Fahrer aber entgegnete, er würde so weit wie möglich vom Abgrund entfernt zu fahren versuchen. Der General entschied sich für ihn.

Es ist gefährlich, mit der Sünde zu liebäugeln. Der Abgrund ist verführerisch. Wie schrieb Nietzsche? „Wer ständig in den Abgrund schaut, fällt hinein." Die Sünde hat Sogkraft. Nur wer der Sünde aus dem Weg geht, hat Chancen. Machen wir uns nichts vor: Das Böse hat Format.

Herr, unsere offenen und versteckten Begierden und Wünsche machen uns zu schaffen. Wir machen uns was vor und reden sie klein. Schärfe Du unseren Blick! Amen.

Lobe den Herrn, meine Seele, und vergiss nicht, was er dir Gutes getan hat. Der dir alle deine Sünde vergibt und heilet alle deine Gebrechen.
PSALM 103, 2-3

Hinfallen ist menschlich, liegen bleiben ist teuflisch.
Die folgende Begebenheit lese ich in einem Buch:

„Ein junger Pfarrer soll im Gefängnis predigen. Tagelang sucht er Formulierungen, die ihm für diesen Anlass geeignet erscheinen. Als er den Saal betritt, erschauert er unter der Kälte der höhnischen Gesichter. Unsicher steigt er zur Kanzel hinauf. Auf der vorletzten Stufe stolpert er und rollt alle Stufen hinunter. Die Gefangenen brüllen vor Lachen. Einen Augenblick ist der Pfarrer wie gelähmt. Dann springt er auf, stürmt die Treppe empor und lacht auf die Männer hinunter: ‚Deswegen bin ich gekommen! Ich wollte euch zeigen, dass man wieder aufstehen kann, wenn man gestürzt ist. Sünde gehört zu unserem Leben. Wer ohne Sünde leben will, muss diese Erde verlassen. Hinfallen ist menschlich, liegen bleiben ist teuflisch. Wieder aufstehen ist christusgemäß.'"

Ein wahres Wort von Frank Buchman, dem Begründer der „Moralischen Aufrüstung". Machen wir uns klar: Christus ist für Sünder gestorben und nicht für Perfektionisten. Er ist unser Retter und nicht unser Sklavenantreiber. Er will uns aufrichten und nicht vernichten. Wer zehnmal hinfällt, steht zehnmal wieder auf. Wer viel auf dem Kerbholz hat, kann von Christus wieder aufgerichtet werden. Das ist eine Botschaft, die Mut macht.

Treuer Herr und Gott, das ist eine beruhigende Botschaft, Du heilst alle Gebrechen. Das stärkt den Lebensmut. Amen.

Ihr dürft niemand unter euch dulden, der wahrsagt oder aus Vorzeichen die Zukunft deutet, der zaubert, Geister beschwört oder Tote befragt. Wer so etwas tut, ist dem Herrn zuwider.

5. MOSE 18, 11–12

Astrologie 2011: Es traf wieder nichts zu.

Die Prognosen erwiesen sich wieder als falsch. Das ist das Ergebnis von Untersuchungen der wissenschaftlichen Gesellschaft zur Untersuchung der Parawissenschaften in Roßdorf bei Darmstadt. Die Prophezeiungen im Blick auf Katastrophen bleiben „extrem vage", folgern die Experten. Die Astrologin Susanne Eder wollte durch eine Pluto-Uranus-Verbindung Vulkanausbrüche und Erdbeben voraussagen. Sie seien alle „absolut wertlos", weil weder Zeit noch Orte angegeben wurden. Keiner der Hellseher hätte das Erdbeben im März in Japan vorausgesagt. Andere sagten dem Chef des Internationalen Währungsfonds, Dominique Strauss-Kahn, ein „geniales Jahr" voraus. Tatsächlich wurde er gestürzt. Die Experten ziehen einen bitteren Schluss: „Die Trefferquote lag fast bei Null."

Die Bibel warnt uns vor Wahrsagerei. Gott verbietet uns, zu wahrsagen, die Zukunft aus Vorzeichen zu deuten, Geister zu beschwören und die Toten zu befragen. Immer wieder lassen sich Menschen verführen, Wahrsagern zu vertrauen. Sie wollen Gewissheit und Klarheit in Liebesfragen, bei Berufsangelegenheiten und anderen Geschäften. Sie vertrauen den Sternen, aber nicht dem lebendigen Gott.

Lieber Vater im Himmel, bewahre uns vor falscher Neugier, dass wir uns auf Wahrsagerei statt auf Dich verlassen. Schenke uns das Vertrauen zu Deiner Führung. Amen.

Ein fröhliches Herz fördert die Genesung, aber ein niedergeschlagener Geist dörrt die Gebeine aus.
SPRÜCHE 17, 22

Vom Seiltanz des Lebens.

Ryder Rogers schreibt in einer Zeitschrift, dass eine Fernsehdokumentation ergeben habe, dass die zweithäufigste Todesursache unter jungen Leuten in Großbritannien Selbstmord sei. Ein junges, attraktives und begabtes Mädchen hätte gesagt: „Man ist entweder ein Sieger oder ein Versager, dazwischen gibt es nichts." Das Wort Versager würde zum Damoklesschwert über unserem Leben. Eine verheerende Denkweise.

Ganz oder gar nicht, Leben oder Tod, Sieger oder Versager sind Entweder-oder-Entscheidungen, die ich nur als teuflisch beschreiben kann. Wer so denkt und diese Überzeugung zu seiner Lebensdevise macht, lebt gefährlich. Er spielt mit Selbstmordgedanken. Im Leben gibt es immer mehrere Wege und Auswege, es gibt immer mehrere Lösungen. Menschen mit einem „niedergeschlagenen Geist" sind in der Regel Pessimisten. Ihre Erwartungen an sich und die anderen sind zu hoch. Sie wollen alles oder nichts. Sie frustrieren sich selbst und lassen ihre Gebeine, ihre Organe, verkümmern. Alles-oder-Nichts-Gedanken spiegeln einen gefährlichen Seiltanz des Lebens wider.

Wir gewinnen oder stürzen ab. Nur krankhafter Ehrgeiz kann einen Menschen so verführen.

Herr, schenke uns das unbedingte Vertrauen in Deine Führung, dann bleiben wir vor Resignation und Verzweiflung bewahrt. Amen.

Sind wir aber Kinder, so sind wir auch Erben, und zwar Erben Gottes und Miterben Christi, wenn wir nämlich mit ihm leiden, um einst auch an seiner Herrlichkeit teilzunehmen.
RÖMER 8, 17

Es geht um den Sinn des Leidens.

Leid und Belastungen können nicht nur deprimieren, sie können auch einen Menschen stärken. Sie können ihm Kräfte verleihen, mit neuem Leid und Rückschlägen fertig zu werden.

In einem Fotobildband erschien vor Jahren ein Bild, das ein stark verschneites Tannenbäumchen darstellte. Die dichten Nadeln hatten allen Schnee aufgefangen. Die Zweige hingen tief nach unten gebeugt. Der Beschauer hatte den Eindruck, das Bäumchen würde unter der Wucht des Schnees zusammenbrechen. Unter dem Foto stand ein Zwiegespräch, das der Schnee mit dem Bäumchen führte. „Ich", sagte der Schnee, „bin eine Last, die dich zu Boden drücken wird." „Nein", entgegnete das Bäumchen, „die Sonne wird kommen und dich zum Schmelzen bringen. Deine Wasser wässern meine Wurzeln. Am Schnee wächst man."

Der Psychologe Alfred Adler, ein Schüler Sigmund Freuds, hat den Satz gesagt: „Das Schönste, was eine Fee einem Kind in die Wiege legen kann, sind Schwierigkeiten, die es überwinden muss." Am Schweren wächst man. Die weiche Welle schafft Versager, Wegläufer, Leistungsverweigerer, Untüchtige und Kraftlose. Im Glauben ist es nicht anders. Der liebe Gott, der nach Art eines gutmütigen, weichen, irdischen Vaters die Wünsche und Launen seiner Kinder kommentarlos erfüllt, ist eine fromme Einbildung.

Richt unser ganzes Leben allzeit nach deinem Sinn; und wenn wir's sollen geben ins Todes Rachen hin, wenn's mit uns hier wird aus, so hilf uns, fröhlich sterben und nach dem Tod erwerben des ewgen Lebens Haus. Amen.

(Paul Gerhardt)

Da Jesus den sah liegen und vernahm, dass er schon lange gelegen hatte, spricht er zu ihm: „Willst du gesund werden?“
JOHANNES 5, 6

Es geht um Krankheit und Leiden.

Da liegt ein Gelähmter. Er ist schon 38 Jahre krank und hat keine Gelegenheit, in die Heilquelle von Bethesda zu gelangen. Und Jesus fragt ihn: „Willst du gesund werden?“ Was empfinden Sie, wenn Sie eine scheinbar so überflüssige Frage hören? Ist sie nicht völlig unangebracht? Ist sie nicht taktlos?

Die Therapeutin Hanna Wolff hat ein bemerkenswertes Buch („Jesus als Psychotherapeut“) geschrieben. Sie setzt sich genau mit dieser Frage auseinander und schreibt:

> „Willst du gesund werden, das ist in Wahrheit die erste Kardinalfrage einer jeden Therapie (...) So sollten die Menschen nicht lockerlassen, schärft Jesus ein, sie müssen willentlich wollen und nichts als wollen. Wenn man jedoch nicht wirklich will, soll man es lieber ganz lassen.“

Es ist eine große Täuschung zu glauben, jeder Mensch wolle wirklich von seinen Symptomen, von seiner Krankheit, geheilt werden. Viele Therapien werden abgebrochen, weil der Patient im tiefsten Grunde nicht will. Er möchte ohne Anstrengungen, ohne Selbstverantwortung und ohne Mitarbeit befreit werden. Es soll nichts kosten und nicht wehtun.

Alfred Adler formulierte es so: „Wasch mich, aber mach mich nicht nass!“ Gib mir ein Wundermittel, aber lass mich ungeschoren! Wollen Sie gesund werden – nur mit dem Kopf oder mit Ihrer ganzen Existenz?

Herr, mit dem Kopf will ich Dir hundertprozentig nachfolgen, aber wie oft versagt mein Wollen. Du kannst es schenken, dass mein Wollen ehrlich wird und ich mich nicht selbst belüge. Amen.

Lobet den Herrn (...) der da heilt, die zerbrochenen Herzens sind, und ihre Wunden verbindet.
PSALM 147, 1ff.

Es geht um Leiden und Heilung.

Der namhafte Psychiater Viktor E. Frankl, der Begründer der Logotherapie, schrieb über Heil und Heilung:

> „Es ist schick geworden, sich über die heile Welt lustig zu machen, den Menschen herunterzumachen, ihn zu verteufeln (...) Die Welt liegt im Argen – wem sagen Sie das? Sie ist nicht heil. Aber Sie werden verstehen müssen, dass es mir als Arzt widerstrebt, es dabei bewenden zu lassen. Die Welt ist nicht heil, aber heilbar."

Heilen und Zerstören sind Gegensätze. Wie viele ließen sich vor Jahren von linkslastigen Studenten anstecken, die den Mund voll nahmen und schrieen: „Macht kaputt, was euch kaputt macht." Zerstören, aber nicht bessern! Das Heillose wird gefördert – in der Kunst und in der Literatur. Das Kaputte, Gescheiterte und Trostlose ist Trumpf. Chaos an der Wand, Chaos im Herzen und Chaos im Leben. „Die Welt ist nicht heil, aber heilbar", sagt Viktor E. Frankl.

Die Bibel ist das Buch vom Heil. Christus ist das Heil persönlich. Er ist kein moderner Medizinmann, kein Wunderheiler und Arzt, der mit Akupunktur, mit Naturheilverfahren oder auf Krankenschein heilt. Sein Tod am Kreuz hat für uns heilende Kraft. Sein Blut heilt Wunden, sein Blut heilt gebrochene Herzen. Wer ihn aufnimmt, hat teil am Heil. Er bringt keine Nostalgie, sondern Seligkeit. Er ist für Verwundete, Zerbrochene und Herzkranke der Heiland.

Ach könnt ich Dich nur besser ehren, welch edles Loblied stimmt ich an; es sollten Erd und Himmel hören, was Du, mein Gott, an mir getan. Amen.
(Johann Gottfried Herrmann)

Selig sind, die da Leid tragen; denn sie sollen getröstet werden.
MATTHÄUS 5, 4

Es geht um Leid und Schmerzen.

Wir leben in einer Gesellschaft, die Leid und Schmerzen durch Pillen, Drogen und Tabletten auf ein Minimum reduziert.

„Der Spiegel" schrieb über die Psychodrogen und Psychopharmaka:

> „Die Wunderdroge bietet alle Tröstungen des Alkohols und des Christentums. Sie ersetzt Haschisch und Heroin und gewährt, wie die Hersteller garantieren, einen frohen ‚Urlaub von der Wirklichkeit' – alles ohne Kater und Kopfschmerzen (...) Trübsinnige Westdeutsche schlucken ‚Librium', laut Werbung die ‚Sonnenbrille für die Seele', und Millionen trösten sich mit ‚Tranxilium' oder ‚Dogmatil', das, wie Anzeigen verheißen, mühelos den Weg der Lebensbejahung eröffnet."

Nun müssen wir uns klar sein, es gibt kein schmerzfreies Christentum. Die große Schwäche, Reizbarkeit und Empfindlichkeit vieler Christen kommen daher, dass sie des Schmerzes nicht mächtig sind. Sie reagieren ohnmächtig.

Friedrich Heer, ein bedeutender österreichischer Publizist und katholischer Christ, gibt zu bedenken: „Wer des Schmerzes nicht teilhaftig ist, beraubt sich der stärksten Waffe, die der Mensch in dieser Welt besitzt."

Die Wirtschaftswunderwelt schmerzfremden Christentums weigert sich, jeden Tag in Rechnung zu stellen, dass es ohne Annahme des Schmerzes kein Wachsen des Menschen, des Christen gibt. Ohne Leiderfahrung kein Mitleid und ohne Schmerzannahme kein Denken als Mitdenken. Selig sind die Leidtragenden. Der Satz ist zweifellos eine Herausforderung an uns Christen.

Treuer Herr und Gott, Leiden und Schmerzen machen bitter und bedrücken. Ohne Deinen Beistand werden wir mit allem nicht fertig. Wir rechnen mit Deiner Kraft. Amen.

Wenn wir aber zusammen mit Christus gestorben sind, werden wir auch zusammen mit ihm leben (...) Genauso müsst ihr von euch selbst denken: Ihr seid tot für die Sünde.
RÖMER 6, 8.11

Schuld wird vergeben und verwunden.

Sie ist ein für alle Mal erledigt. In Neu-Guinea war es so: Wenn ein Mann von den Angehörigen eines anderen Stammes getötet wurde, schnitt die Familie vor der Beerdigung den Kieferknochen des Toten heraus und hängte den Knochen im Hause auf. Das sollte daran erinnern, dass dieser Verwandte von einem Gegner getötet wurde und noch gerächt werden müsse. Ein Mann, der Christ wurde, verbrannte jedoch die gesammelten Kieferknochen als Zeichen dafür, dass er keine Rache an den Tätern nehmen wollte. Deshalb ist für den gläubigen Christen in Neu-Guinea Gott „einer, der keine Kieferknochen aufbewahrt".

Wir sind mit Christus gekreuzigt, gestorben, begraben und auferstanden, sagt Paulus. Wir werden mit ihm leben. Sind wir aber mit ihm gestorben, ist auch unsere Schuld begraben. Wiederkehrende Schuldgefühle, die uns plagen und uns den Seelenfrieden rauben wollen, gehören in die Erde. Sagen wir nicht auch: „Das ist jetzt zwischen uns begraben!" Wenn sich alte Schuldgefühle regen, wenn wir vergangene Schuld aus der Mottenkiste herausholen, gilt nur eins: Wir sind mit Christus gestorben. Die alten Kamellen gehen mich nichts mehr an. Wie sagen die Leute auf Neu-Guinea: Gott bewahrt keine Kieferknochen auf!

Mein Gewissen quält mich nicht, will mich das Gesetz verklagen – der mich frei und ledig spricht, hat die Schulden abgetragen, dass mich nichts verdammen kann: Jesus nimmt die Sünder an. Amen.

(Erdmann Neumeister)

Wer einen anderen zurechtweist, wird letzten Endes mehr Dank bekommen als jemand, der den Leuten nach dem Munde redet.
SPRÜCHE 28, 23

Wer gefallen will, redet den Menschen nach dem Mund.

Der große englische Prediger C. H. Spurgeon konnte den bissigen Satz formulieren: „Wer nicht zu Bett gehen will, bis er's jedermann recht macht, wird viele Nächte aufbleiben müssen." Und der amerikanische Psychologe Albert Ellis drückte es so aus: „Wer allen Menschen gefallen will, sitzt zwischen allen Stühlen." Und ein niederdeutscher Spruch lautet so: „Allen gefallen wollen nur Knechte; keinem gefallen wollen nur Schlechte; Gott gefallen wollen – das ist das Rechte."

Gefallsucht ist eine seelische Störung. Wir werden unwahr und unwahrhaftig. Wir heulen mit den Wölfen. Wir passen uns der Mehrheit an. Wir haben kein Rückgrat. Wir wollen geliebt werden, vielleicht weil wir von Minderwertigkeitsgefühlen heimgesucht werden. Menschen können sich nicht fest auf uns verlassen. Denn wer gefallen will, ändert schnell seine Meinung.

Wer in erster Linie Gott gefallen will, sieht ihn als Maßstab und nicht die Menschen. Er muss zurechtweisen, muss Kritik üben, muss Stellung beziehen. Hier und da muss er gegen den Strom schwimmen. Hier und da muss er schlicht und einfach Nein sagen. Gefallsüchtige kommen im Augenblick überall an. Aber schnell kommt ihre Unzuverlässigkeit ans Licht.

Herr, bewahre mich davor, den Menschen zum Munde zu reden, um geliebt zu werden und beliebt zu sein. Hilf, dass ich Dich anschaue und Deine Wahrheit vor Augen habe. Amen.

Siehe, das ist Gottes Lamm, welches der Welt Sünde trägt.
JOHANNES 1, 29

Wie werden wir mit der Schuld fertig?

Helmut Thielicke schreibt im Gleichnis vom Pharisäer und Zöllner, wie das Schuldbekenntnis zur frommen Masche wird. Es gäbe auch Schuldbekenntnisse und Schwarzmalerei als Trick. Das sei der Fall, wenn die Leute aus ihrer Demut eine Leistung machen wollten. Dann sei das Schlagen an die eigene Brust nichts anderes als die allerraffinierteste Koketterie. Man schnalze dann heimlich mit der Zunge vor Wonne bei dem Gedanken, welche Freude Gott an einem so zerschlagenen Gewissen haben müsse. Aber man habe dann gerade kein zerschlagenes Gewissen, sondern der Teufel habe einen mit Zöllner-Hochmut geschlagen. Viele von uns gleichen weniger dem Pharisäer mit seinem erhobenen Haupte und seinem moralisch gefestigten Charakter als dem Zöllner, der nun seinerseits sagt: „Ich danke dir, dass ich nicht so hochmütig bin wie dieser Pharisäer da; ich bin ein Räuber und Ungerechter und Ehebrecher. So ist nun einmal der Mensch, aber ich bin mir wenigstens darüber im Klaren und darum immerhin ein Quentlein besser als die sonstige Rasselbande."

Thielicke spricht vom „Zöllner-Hochmut". Dieser kokettiert mit seiner Schuld, stapelt tief und verfällt dabei einem ausgemachten Hochmut. Das Schlagen an die eigene Brust und das demonstrierte zerschlagene Gewissen können allerraffinierteste Selbsterniedrigung sein. Vor Gott und Menschen müssen wir keine Show abziehen – auch nicht in Sachen Schuld!

Herr, hilf mir, dass ich nicht Tiefstapelei mit Demut verwechsle, dass ich vor diesem „Zöllner-Hochmut" bewahrt bleibe. Amen.

Ich hebe meine Augen auf zu den Bergen. Woher kommt mir Hilfe? Meine Hilfe kommt vom Herrn, der Himmel und Erde gemacht hat.
PSALM 121, 1–2

Rechnen Sie mit der Hilfe von oben?

Die Menschen in Nepal nennen den höchsten Berg nicht „Mount Everest", sondern „Sargamatha", das heißt, „Sitz der Götter". Wo sonst sollten die Götter wohnen, wenn nicht auf dem höchsten Punkt der Welt? Viele fromme Buddhisten und auch Hindus gehen in die Berge, um dort Ruhe und Gott zu finden. Große Strapazen und Opfer nehmen die Pilger im höchsten Gebirge der Welt auf sich. Barfuß gehen sie durch den Schnee. Stundenlang meditieren sie in eisiger Kälte auf großer Höhe. Tagelang schleppen sie große Mani-Steine, Steinplatten, in die sie Gebete gemeißelt haben, hinauf zu den Bergen, wo sie Hilfe suchen. Viele von ihnen haben Angst vor der Rache der Götter und möchten sie durch ihre Wallfahrt versöhnen.

Wir schauen nach oben. Manchmal auch zu den Bergspitzen. Aber wir müssen sie nicht erklimmen. „Meine Hilfe kommt vom Herrn, der Himmel und Erde gemacht hat." Der Psalmist weiß sich in Gott geborgen. Der lebendige Gott ist Tag und Nacht bereit, mich zu hören und zu erhören. Auf seine Hilfe kann ich mich verlassen. Wir haben uns angewöhnt, nach oben in den Himmel zu sehen. Aber Himmel ist da, wo Gott herrscht. Himmel ist Gegenwart Gottes. Himmel ist um uns.

Herr, unser Gott, Du hast Himmel und Erde gemacht. Du herrscht oben und unten, Du bist über uns, aber auch bei uns. Das beruhigt und macht gelassen. Amen.

Viele Propheten und Gerechte haben begehrt, zu sehen, was ihr seht, und haben's nicht gesehen, und zu hören, was ihr hört, und haben's nicht gehört.
MATTHÄUS 13, 17

Warum einfach, wenn es auch kompliziert geht!

Anthony de Mello erzählt uns eine Weisheitsgeschichte von Nasrudin, dem Eierverkäufer. Eines Tages kam jemand in seinen Laden und fragte ihn, was er wohl in der Hand hinter dem Rücken halten würde. Als Tipp sagte der Besucher: „Es hat die Form eines Eis und die Größe eines Eis. Es sieht aus wie ein Ei, schmeckt wie ein Ei und riecht wie ein Ei. Innen ist es gelb und weiß. Es ist flüssig, ehe es gekocht wird, und wird beim Erhitzen immer fester. Außerdem wurde es von einer Henne gelegt." Nasrudin meinte, es sei eine Art Kuchen ...

Mit dieser Geschichte verdeutlicht Anthony de Mello, dass ein Fachmann ein besonderes Talent hat, den Wald vor lauter Bäumen nicht zu sehen – genauso wie der Oberpriester ein besonderes Talent hat, den Messias zu übersehen.

Sind wir auch mit Blindheit geschlagen? Können wir schlichte Wahrheiten annehmen oder verrennen wir uns wie Nasrudin? Christus ist der Messias, und doch gelingt es vielen, in ihm eine ganz andere Persönlichkeit zu erkennen, die vieles verkörpert, nur nicht den Erlöser.

Was sehen wir in IHM?
Was bedeutet ER für uns?

Herr Jesus Christus, Du bist mein Erlöser, mein Retter und mein Fürsprecher. Du bist der Sinn meines Lebens. Amen.

Und alles, was ihr tut mit Worten oder Werken, das tut in dem Namen des Herrn Jesus und danket Gott, dem Vater, durch ihn.
KOLOSSER 3, 17

Das Beste geben.

Das ist die Überschrift eines Beitrages, in dem Bill Hybels gefragt wird, wie er „totale Hingabe" verstehe? Er sagte:

> „Gott hat für uns Menschen sein absolut Bestes gegeben, als er seinen Sohn Jesus Christus für unsere Erlösung opferte. Dann ist es nach meiner Auffassung vernünftig, wenn wir auch unser Bestes für Gott geben. (...) Wer sich Gott zu 95 % hingibt, gibt 5 % zu wenig. Geheimnis, Abenteuer und Freude des christlichen Glaubens kann nur erfahren, wer sich wirklich vollständig Gott hingibt. [Frage an Hybels:] ‚Wie motivieren Sie Ihre Mitglieder, diesen Schritt tatsächlich zu gehen?' Hybels: ‚Indem ich es lehre und selbst lebe. Ich versuche, dem Vorbild Jesu Christi zu folgen, indem ich selbst ein Vorbild bin.'"

Hingabe ist mehr als Glaube. Das hat der Evangelist Wilhelm Busch frech ausgedrückt: „Ich glaube, dass zwei Pfund Rindfleisch eine gute Suppe geben".

Es gibt noch einen Glaubenssatz, der weder Hingabe noch Engagement verlangt: „Ich glaube, das Wetter wird wieder gut!" Hingabe ist ein Glaube, der *aktiv* macht. Hingabe verlangt Einsatz, verlangt Arbeit und „Werke", wie es der Text sagt. Glaube ohne Tat ist Selbstbetrug.

Noch ein wichtiger Gedanke, der dazugehört: Was ich tue, tue ich in *seinem* Namen und nicht in *meinem*.

Herr Jesus Christus, Du hast uns vorgemacht, was Hingabe ist. Erbarme Dich über unsern kläglichen Einsatz! Amen.

Alles menschliche Denken nehmen wir gefangen und unterstellen es Christus, weil wir ihm gehorchen wollen.
2. KORINTHER 10, 5

Falscher Gehorsam.

Der Philosoph Richard David Precht setzt sich mit dem menschlichen Gehorsam auseinander. Wie sich Gehorsam gegen unser Gewissen durchsetzen kann, veranschaulicht er an einem Experiment, das der französische Filmemacher Christophe Nick durchführte. Das Experiment wurde im Fernsehen 2010 gezeigt und erschütterte viele Menschen. Es wollte zeigen, wie Menschen manipuliert werden können. Kandidaten mussten sich Begriffe merken und wiedergeben. Machten sie Fehler, wurden sie von Freiwilligen bestraft, und zwar mit Stromschlägen von 20–460 Volt. Die eingeweihten Kandidaten wehrten sich und schrien, aber die Freiwilligen folterten *auf Befehl* weiter, jubelte das Publikum ihnen doch zu. Precht wörtlich:

> „Eine wichtige Quintessenz aller Tests ist, dass sehr viele Menschen in einer Drucksituation bereit sind, Dinge zu tun, die sie eigentlich für falsch, wenn nicht gar für verwerflich oder verabscheuungswürdig halten."

Wir Menschen sind unglaublich verführbar und manipulierbar, wenn unser Gewissen nicht an Gott gebunden ist. Wir gehorchen Befehlen, die unmenschlich sind, und wir handeln gegen unser Gewissen. Paulus bringt es auf den Punkt: Alles menschliche Denken unterstellen wir Christus.

Mein Herr und Gott, es ist in der Tat erschütternd, wie wir uns leichtfertig fremden Befehlen ausliefern und sie gegen unser Gewissen ausführen. Nimm Du unser Denken gefangen, dass wir nur Deinen Geboten gehorchen. Amen.

Aus der Tiefe rufe ich, Herr zu dir: Herr, höre meine Stimme. Wende dein Ohr mir zu, achte auf mein lautes Flehen!
PSALM 130, 1–2

Wenn die Schwermut uns überfällt.

Pfarrer Tilo Brach spricht in einer Zeitschrift über ein Erlebnis, das Martin Luther kennzeichnet, der oft im Leben von Niedergeschlagenheit heimgesucht wurde. Man erzählt sich von ihm, dass er schwermütig sein konnte. Heute sprechen wir von Depression:

> „Eines Tages, es war für Luther wieder solch ein schwerer Tag, trat seine Frau Käthe in den schwärzesten Trauerkleidern, die sie besaß, in seine Arbeitsstube. Luther fragte sofort: ‚Ja, wer ist denn gestorben?' Käthes Antwort: ‚Der Herr Jesus.' Luther darauf etwas unwirsch: ‚Das weiß ich doch.' Käthe: ‚Er ist für dich gestorben, das weißt du. Aber er ist auch auferstanden. Scheinbar aber nicht für dich.'"

Treffend hat „Herrin Käthe", wie Luther sie nannte, seine Stimmung erfasst. Depressive oder Schwermütige können auch im Glauben heftig angefochten werden, das ist eine bittere Tatsache. Zweifel und Resignation haben mit der Krankheit zu tun. Wie der Psalmbeter erleben es viele. Sie schreien zu Gott und haben den Eindruck, sie werden nicht erhört. Sie haben den Eindruck, Gott habe sie abgeschrieben, Gott habe sie verlassen. Die Dunkelkammer des Herzens und die Finsternis haben sie oft fest im Griff. Sie sehen alles schwarz. Gefährlich, wenn wir seelsorgerlich den Glauben infrage stellen, statt die Krankheit zu behandeln.

Herr Jesus Christus, mache uns hellhörig für Menschen, die durch Depression in Zweifel, in Ängste und Resignation geraten. Du gibst sie nicht auf. Amen.

Wenn ihr also mit dem Mund bekennt: „Jesus ist der Herr" und mit dem Herzen darauf vertraut, dass Gott ihn vom Tod erweckt hat, werdet ihr gerettet.
RÖMER 10, 9

Tyrannischer Toleranztick.

Unter dieser Überschrift hat der deutsche und in Amerika lebende Theologe Uwe Siemon-Netto einen bissigen Artikel über die Toleranz geschrieben. Wörtlich heißt es bei ihm:

> „Unsere glaubensferne Zeit hat eine neue Religion geboren. Ihr Gott ist ‚Toleranz'. Ihre Priester sind alle ‚Toleranten'. Und ihre Teufel sind alle jene, die sich von dem Toleranztick nicht tyrannisieren lassen wollen. Ich zähle zu den Teufeln. Dies macht mich noch lange nicht zum Neonazi, Rassisten, Ku-Klux-Klan-Mitglied, Befürworter einer neuen Inquisition."

Er schreibt, dass sich das Wort „Toleranz" von der lateinischen Vokabel *tolerare* ableite. Es bedeute „erdulden". Und Erdulden täte man etwas, das einem Schmerz oder zumindest Unbehagen bereite. Er lebt in seiner Gemeinde mit vorwiegend Schwarzen zusammen. Er ist tolerant, aber er will im Glauben kein Wischiwaschi.

Es geht in der Tat um Toleranz, die wir als Christen leben sollen und wollen. Es geht darum, den anderen zu ertragen, mit seiner Hautfarbe, mit seiner Sprache, mit seinem Glauben, mit seinen Urteilen und Vorurteilen. Aber immer geht es darum, dass wir als Christen unseren Herrn bezeugen, ohne Fanatismus und ohne Rechthaberei. Toleranz ist keine Gleichgültigkeit, ist keine Übereinstimmung mit dem anderen. Toleranz ist eine Haltung des Verstehens.

Herr, Du bist ein Beispiel für Toleranz. Du betest für Deine Verfolger und lässt Deine Sonne scheinen über Böse und Gute, über Gerechte und Ungerechte. Amen.

Lasst beides (Unkraut und Weizen) bis zur Ernte wachsen. Wenn es so weit ist, will ich den Erntearbeitern sagen: „Sammelt zuerst das Unkraut ein und bündelt es, damit es verbrannt wird. Aber den Weizen schafft in meine Scheune."
MATTHÄUS 13, 30

Was heißt für uns Christen Toleranz?

In dem Wort steckt die Bedeutung von tragen und dulden. Ich dulde und respektiere die Meinung des anderen. Professor Berger, der Heidelberger Theologe, schreibt dazu: „In der pfarrhäuslichen Küche unserer Ferienwohnung hängt ein ‚interreligiöser' Kalender, der zum Thema Gleichberechtigung der Religionen auf jeder Seite nebeneinander Kreuz, Halbmond und den jüdischen Leuchter als Logo stellt. Dies genau ist der Zeitgeist und ihn infrage zu stellen, ist ein Wagnis, das einem den Vorwurf der ‚maßlosen Intoleranz' einträgt. So wie eben jeder, der sich zu seinem christlichen Glauben bekennt, mit der Frage rechnen muss, wie er es denn dabei mit der Toleranz halte und überhaupt halten könne."

Ich respektiere, ich dulde, ich trage den anderen mit seinem Glauben. Das ist Toleranz. Aber: Wenn mir alles gleich *gültig* ist, wird mir alles *gleichgültig.*

Christus untersagt es uns, das „Unkraut", den Andersgläubigen, den Ungläubigen, den Gegner auszureißen oder auszurotten. Wir urteilen und verurteilen nicht. Das überlassen wir dem lebendigen Gott, der scheidet, wenn geerntet wird. Christus ist mein Leben, das entwertet nicht meine Toleranz gegenüber Andersgläubigen.

Mein Herr und mein Gott, das ist mein Bekenntnis. Dabei will ich bleiben. Aber ich toleriere jeden Menschen, der eine andere Meinung und einen anderen Glauben hat. Amen.

Aber auf dein Wort will ich das Netz auswerfen.
LUKAS 5, 5

Es geht um Gehorsam.

Der Schriftsteller Thornton Wilder hat ein erdachtes Gespräch über die „Flucht nach Ägypten" niedergeschrieben. Der Dichter lässt die Eselin auf der Flucht unaufhörlich fragen und reden. „Also, es ist schon eine wunderliche Welt, in der es von Eseln abhängt, ob der Heiland am Leben bleibt."

Und gleich richtet sie wieder eine Frage an Maria über „die Sache mit dem Glauben und dem Verstand". Und bekommt die Antwort: „Für den Augenblick tu du wie ich und trage deinen Herrn und Meister weiter."

Der Gehorsam ist eine Frage rückhaltlosen Vertrauens. Wer vertrauensvoll gehorcht, ist glücklich und zufrieden. Wer widerwillig gehorcht oder ängstlich, missmutig folgt oder widerspenstig, der wird an Leib, Seele und Geist unglücklich. Der Esel gehorcht im Glauben, Maria gehorcht im Glauben und Petrus gehorcht im Glauben. Hätte sich Petrus auf seine Erfahrungen verlassen und auf seinen Verstand als Fischer, wäre er ganz sicher ein kleiner Fischer geblieben. Der Bibelübersetzer Eugen A. Nida schreibt: „Südlich von den Shipibos leben die Piro-Indianer. Glauben heißt für sie wörtlich ‚gehorchen'. Den Glauben an Gott kann ein Verb ‚glauben' allein nicht ausdrücken."

Der Gehorsam setzt den Glauben in die Tat um. Darum konnte Bonhoeffer schreiben: „Nur der Gehorsame glaubt." Mein Kopf kann die unvorstellbarsten Dinge für wahr halten, kann sie glauben. So lange ich seelenruhig auf meinem Stuhl sitzen bleibe, geschieht gar nichts.

Herr, ich glaube, hilf meinem Unglauben. Der Kopf sagt oft Ja, aber meine Füße gehen nicht. Ich stimme Dir zu und handle nicht. Vergib! Amen.

Alles, was in der Gemeinde gesagt wird, soll zur Liebe führen, die aus reinem Herzen, einem guten Gewissen und einem aufrichtigen Glauben kommt.
1. TIMOTHEUS 1, 5

Es geht um das Gewissen.

Gewissensbildung gehört zu den vornehmsten Aufgaben der Bildung: Bildung der Person, Bildung einer Gesellschaft, Herzensbildung, Persönlichkeitsbildung, Bildung von Liebesfähigkeit.

Was ist das Gewissen? Die Summe von Vererbungsanlagen, Umwelteinflüssen und Zwangssituationen? Pater Leppich, den ich vor Jahrzehnten in Hamburg hörte, antwortete:

> „Für den Christen steht ebenso fest, dass der Schöpfer-Gott der menschlichen Natur etwas Wesentliches mitgegeben hat: das Gewissen. Darum ist die ‚Stimme der Natur', die Stimme Gottes."

Luther war etwas skeptischer und glaubte nicht, dass das Gewissen das Gute will und das Böse verdammt. Er war fest davon überzeugt, dass es in den Abfall, in die Selbstrechtfertigung und Sünde mit hineingezogen ist. Nur das „erlöste Gewissen" öffnet sich nach seiner Meinung der Stimme Gottes. Luther konnte sogar vom Gewissen als einer Hure reden, die sich jeder verführerischen Einflüsterung anschließt. Und Albert Schweitzer hielt das „gute Gewissen" für eine Erfindung des Teufels. Er hat recht, wenn er darunter das „ruhige Gewissen" versteht, das schläft und seine Verantwortung abgetreten hat.

Ein Mensch mit „richtigem Glauben", wie Paulus formuliert, hat ein erlöstes und geschärftes Gewissen. Es führt zur Liebe und nicht zur Lieblosigkeit, zur Wahrheit und nicht zur Lüge. Ein gutes Gewissen, das der Glaube an Christus angespitzt hat, ist nicht stumpf und verschlafen.

Auch mein Gewissen, Herr, braucht Deine Erlösung. Mach es zu einem Organ, das Deine Stimme unverfälscht wiedergibt. Amen.

Ich bin meinem Gott, dem ich von meinen Vorfahren her mit reinem Gewissen diene, dankbar dafür, wie unablässig ich deiner in meinen Gebeten bei Tag und Nacht gedenke.
2. TIMOTHEUS 1, 3

Der Gewissenskonflikt.

Thomas S. Elliot gilt – nach Sommerset Maugham – als einer der größten Dichter im angelsächsischen Raum. Unter anderem schrieb er das Mysterienspiel „Mord im Dom". Held des Stückes ist der Erzbischof von Canterbury, Thomas Becket. Ein Konflikt mit dem König hat äußerste Schärfe erreicht. Aber Thomas Becket geht den Weg des Gewissens. Er widersteht allen Versuchungen und entschließt sich, seinen Eigenwillen freiwillig und ganz an Gott hinzugeben, selbst um den Preis des Lebens. Der Chor der Weiber von Canterbury fleht ihn unablässig an, davon abzulassen: „Ach Thomas, nur leben und halbwegs leben." Thomas Becket kann nicht anders. Er will nicht „halbwegs leben".

Halbheiten sind gewissenlos. Halbwegs leben heißt, angepasst und antichristlich leben. Zur Herde Christi gehören ist schmählich missverstanden worden als Herdentrieb, Herdenmenge, Herdenohnmacht. Doch das Gegenteil ist richtig. Christliche Existenz ist Bekenntnis zum mutigen Leben.

Wir müssen üben, unser Gewissen zu benutzen. Heinrich Böll hat ein treffendes Wort geschrieben: „Sein Gewissen war rein. Er benutzte es nie." Eines Tages ist es stumpf geworden. „Satt sein macht stumpf und träge." Wohlstand macht behäbig. Paulus macht deutlich: Wer Gott ganz gehört, dient ihm mit „reinem Gewissen". Unser Gewissen ist ein Spiegelbild unseres Glaubens.

Du bist der Herr meines Gewissens. Ohne Dich fallen mir zu allen Bosheiten passende Entschuldigungen ein. Schärfe mein Gewissen, dass ich vor Dir und vor Menschen ehrlich bleibe. Amen.

Seid immer bereit zu antworten, wenn euch jemand nach einer Erklärung für eure Hoffnung fragt. Aber tut es taktvoll und in Verantwortung vor Gott, als Leute, die ein gutes Gewissen haben.
1. PETRUS 3, 15–16

Ein verkrüppeltes Gewissen.

In dem Roman „Sicherheitsausgang" von Ignazio Silone heißt es an einer Stelle: „Wohin ist es mit dem Gewissen gekommen? Es gibt viele ehrenwerte Leute, die imstande sind, ihre Nahrung einzuschränken, um schlanker zu werden, aber nicht, um Hungernde zu speisen."

Ist das nicht ein degeneriertes Gewissen? Was ist schlimmer, ein krankhaftes Über-Ich oder ein verkrüppeltes und degeneriertes Gewissen? Mit dem Wort „neurotisches Über-Ich", „Über-Ich-Neurose" oder „ekklesiogene Neurose" sind wir schnell bei der Hand. Immer stehen das eigene Wohl, das persönliche Glück, die Selbstverwirklichung und die Selbstrealisierung im Vordergrund. Erst komme ich, weitaus später der andere. Wer für ein großzügiges Über-Ich plädiert, wer für eine großzügige Über-Ich-Erziehung plädiert, entscheidet sich gegen den anderen, gegen den Nächsten.

Gerade in den letzten Jahren wurde das Lustprinzip gegen das Leistungsprinzip, die individuelle Freiheit gegen den Verzicht ausgespielt. Lustverzicht, Glücksverzicht, Disziplin und Leistungsprinzip wurden bravourös heruntergespielt. Sollte das Wort Martin Luthers doch stimmen: „Ein herrenloses Gewissen ist wie ein herrenloser Hund – es läuft jeder Einflüsterung nach."

Vergib, Herr, wenn mein Gewissen auf die Not der Hungernden und Bedürftigen so wenig anspricht. Gib mir ein gehorsames Gewissen! Amen.

Achtet genau auf eure Lebensweise. Lebt nicht wie Unwissende, sondern wie Menschen, die wissen, worauf es ankommt. Nutzt die Zeit in der rechten Weise, denn wir leben in der letzten, schlimmen Zeit.
EPHESER 5, 15f.

Kostbare Zeit.

Die Gebrüder Grimm haben ein Märchen überliefert, das die falsche Lebensweise charakterisiert: Ein Kaufmann hatte auf der Messe gute Geschäfte gemacht und reiste heim. Er setzte sich auf sein Pferd und ritt fort. Mittags machte er in einer Stadt Rast. Als er aufbrechen wollte, sagte der Stallknecht: „Herr, am linken Hinterfuß fehlt ein Nagel im Hufeisen." – „Lass ihn fehlen", erwiderte der Kaufmann, „in sechs Stunden bin ich zu Hause. Ich habe große Eile."

Wie das im Märchen zu gehen pflegt, die Fragen und Antworten kommen noch dreimal. Plötzlich fängt das Pferd an zu hinken, zu stolpern und schließlich bricht es zusammen. Der Kaufmann lässt das Pferd liegen und kommt sehr spät zu Hause an. „An allem Unglück", sprach er zu sich selbst, „ist der verfluchte Nagel schuld." Um auf seinem Lebensweg glücklich zu werden, geht er buchstäblich über Leichen. Time is money (Zeit ist Geld). Er nutzt tatsächlich seine Zeit, er „kauft sie aus", wie eine andere Übersetzung lautet – aber in egoistischer und selbstsüchtiger Weise. Zeit ist anvertraute und geschenkte Zeit. „Meine Zeit steht in Gottes Händen." Wir können sie verplempern, totschlagen, vertun und egoistisch nutzen.

Wer sündhaft mit der Zeit umgeht, verfehlt sein Ziel und damit sein Glück.

Hilf mir, dass ich die Zeit, die Du mir schenkst, vor Dir und dem Nächsten verantworten kann. Amen.

Lasst euch nicht in das vorgefertigte Muster des Zeitgeistes pressen. Gestaltet euch stattdessen um, in dem ihr ein neues Denken beginnt.
RÖMER 12, 2

Der Alltag als Gottesdienst.

Der Generalsekretär des CVJM in Deutschland, Roland Werner, schreibt über dieses Thema:

> „Die frühen Christen wurden von ihrer Umwelt ‚atheoi' genannt, also Atheisten, Gottlose, Menschen, die die Götter nicht respektierten. Sie hatten keine Achtung vor Götterstatuen und heiligen Orten. Sie weigerten sich, an religiösen Staatshandlungen teilzunehmen, zu denen alle Bewohner des Römischen Reichs verpflichtet waren. (...) Das Leben als Gottesdienst. Ein hoher Anspruch und zugleich eine echte Befreiung – und wertschätzende Berufung. Die Trennung zwischen ‚Heiligem' und ‚Alltäglichem' ist aufgehoben."

Der Gottesdienst erfasst das alltägliche Leben, die Arbeit, die Familie, die Beziehungen und die Gestaltung der Welt. Luther hatte es schon damals klar erkannt, die Magd, die die Kühe melkt und der Bauer, der den Acker bestellt, halten Gottesdienst, wenn sie ihre Arbeit in seinem Namen tun. Christsein ist mehr als ein theoretischer Glaube, ist mehr als ein Gefühl und ein Standpunkt.

Christsein bewährt sich im Alltag, im praktischen Handeln nach seinen Geboten. Investmentbanking, Fahren in U-Bahn oder Straßenbahn und die Reparatur von Autos sind für den Christen Gottesdienst.

Herr, erinnere mich bei allem Tun und Lassen daran, dass jeder Dienst in Deinen Augen Gottesdienst beinhaltet, den wir für oder gegen Dich erledigen. Amen.

Ihn ließ er sterben zu unserer Rettung. Unsere ganze Schuld hat er uns vergeben, weil Christus sein Blut vergossen hat. So zeigte uns Gott den ganzen Reichtum seiner Gnade.
EPHESER 1, 7

Wie neu geboren.

Der große Evangelist Billy Graham schrieb in einem Beitrag unter dem oben genannten Titel, dass er vor Kurzem von einem Bankraub gelesen habe. Ein Mann hätte den Revolver auf den Bankbeamten gerichtet, der ihm sofort das geforderte Geld ausgeliefert habe. Der Räuber wusste aber nicht, dass die Tasche mit dem Geld eine Art Farbbombe enthalten hätte. Als der Räuber später das Geld herausnehmen wollte, sei das Ganze explodiert. Das Geld, die Tasche und der Räuber seien mit Farbe bespritzt gewesen, die nicht abzuwaschen gewesen sei. Graham wörtlich:

> „Durch die Sünde hat eine unsichtbare Farbe unsere Seele bekleckert. Es ist unmöglich, sie abzuwaschen. Da sie auf unserer Seele haftet, können wir schnell entdeckt, gefangen genommen und vor den Richter geführt werden. Wir sind schuldig. Nur Jesus kann sie mit seinem Blut abwaschen."

Die Bluttheologie ist für viele ein Ärgernis. Aber genau das hat Gott aus Liebe zu uns Menschen getan. Christus musste sein Blut für uns vergießen, damit wir gerettet werden. Und Paulus kommentiert dieses Ereignis so: „So zeigt uns Gott den ganzen Reichtum seiner Gnade."

Herr Jesus Christus, Dein Tod für uns bleibt ein Wunder und nahezu unfassbar. Deine Gnade ist wahrhaftig grenzenlos. Amen.

Der Schafhirt geht durch die Tür hinein; der Wächter am Eingang öffnet ihm. Die Schafe hören auf seine Stimme, wenn er sie einzeln beim Namen ruft und ins Freie führt.
JOHANNES 10, 2–3

Unser Herr kennt uns mit Namen.

Das ist unglaublich. Ich habe in der Seelsorgepraxis ein besonderes Erlebnis gehabt. An der Tür erscheint eine Frau, die zum Gespräch kommt. Ich reagiere sehr überrascht, denn den Termin hatte ich vergessen. Das war die erste Blamage. Die Frau nimmt Platz und ich frage sie, woher sie mich kennt und wie sie an meine Anschrift gelangt ist. Einen Augenblick ist sie auch verunsichert und sagt dann: „Ich war doch schon vor drei Wochen bei Ihnen. Kennen Sie mich nicht mehr?"

Die zweite Blamage ist perfekt. Die Entschuldigung kommt stotternd aus mir heraus. Weder den Namen noch das Gesicht habe ich behalten. Ich muss mich fragen, wie ernst ich diesen Menschen genommen habe. Was hat er im Tiefsten von mir gedacht? Wie anders ist unser Vater im Himmel. Bei der unausdenkbar hohen Zahl von Personen kennt er jeden Namen, bevor wir etwas von ihm wussten. Er beschäftigt sich mit jedem von uns. Jedes persönliche Schicksal ist ihm wichtig. Die Haare auf unserem Kopf sind sogar gezählt. Entweder eine unglaubliche Übertreibung oder Gottes Größe. Liebe interessiert sich für Einzelheiten. Seine Liebe zu uns ist unübertroffen. Wie weit ist unsere Liebe von dieser entfernt!

Ich schäme mich, Herr, wenn ich lese, wie Du jeden kennst, Dich für jeden interessierst. Gib mir auch im Alter die Kraft, mich mit anvertrauten Menschen innig zu beschäftigen. Amen.

Meine Zeit steht in deinen Händen.
PSALM 31, 16

Die Lebensuhr.

In einer Zeitschrift fand ich die Darstellung der Lebensuhr.

Sie zeigt an, wie viel Uhr es in Ihrem und in meinem Alter ist. Wie gehen Sie mit dem Rest Ihres Lebens um, wenn die Lebenserwartung eines Menschen mit einem Tagesplan von 7 bis 23 Uhr verglichen werden kann?

Mit 15 Jahren ist es 10.25 Uhr.
Mit 20 Jahren ist es 11.34 Uhr.
Mit 25 Jahren ist es 12.45 Uhr.
Mit 30 Jahren ist es 13.51 Uhr.
Mit 35 Jahren ist es 15.00 Uhr.
Mit 40 Jahren ist es 16.08 Uhr.
Mit 45 Jahren ist es 17.16 Uhr.
Mit 50 Jahren ist es 18.25 Uhr.
Mit 55 Jahren ist es 19.34 Uhr.
Mit 60 Jahren ist es 20.42 Uhr.
Mit 65 Jahren ist es 21.51 Uhr.

Albert Schweitzer schrieb: „Du bist so jung wie dein Selbstvertrauen, so alt wie deine Furcht. So jung wie deine Hoffnung, so alt wie deine Verzagtheit. Erst wenn die Flügel nach unten hängen und das Innere deines Herzens vom Schnee des Pessimismus und vom Eis des Zynismus bedeckt ist, dann bist du wahrhaft alt geworden."

Altwerden ist nicht in erster Linie ein körperliches Problem. Die seelische Zufriedenheit bestimmt unser Geschick.

Treuer Herr und Gott, meine Zeit steht in Deinen Händen. Du bestimmst den Ablauf, Du bestimmst das Ende. Mach es mir täglich deutlich. Amen.

Begegnet älteren Menschen mit Achtung und helft ihnen, wo ihr könnt. Dadurch zeigt ihr, dass ihr mich ehrt. Ich bin der Herr, euer Gott!
3. MOSE 19, 32

Alte Menschen sollen geehrt werden.

Wir werden aufgefordert, alte Menschen zu ehren.

„Ehre Vater und Mutter!" Aber wie sieht die Realität aus? In der Schule lernen wir die Beugung: ich, du, er, sie, es. In der christlichen Grammatik sieht die Reihenfolge anders aus: Zuerst ER, dann du, an dritter Stelle ich. Im Hebräischen bedeutet „ehren" auch: „Gewicht verleihen", „schwer machen". Halten wir die Eltern für ge-wichtig? Ehren wir die Alten, ehren wir auch Gott. Nicht umsonst hat Johann Sebastian Bach alle seine Werke mit „S.D.G." unterschrieben: Soli Deo Gloria, allein Gott die Ehre. Das war mehr als eine gute Gewohnheit.

Wir werden statistisch immer älter und die Gebrechen nehmen zu. Rücksicht und Respekt sind ein Gebot der Stunde. Diese Seligpreisungen sollten zum Lernstoff der jungen Generation gehören. Die Alterszahlen steigen rapide an. Und die Versorgung in Heimen und Pflegestätten zeigt ernste Probleme. Die Alten sollten die Liebe aufbringen, den Jungen diese Weisheit einfühlend zu vermitteln.

Schenk uns, Herr, diese Geduld, den langen Atem und die Aufmerksamkeit, alte Menschen zu ehren und zu achten und ihnen nahe zu sein. Amen.

Unser Leben währet siebzig Jahre, und wenn's hoch kommt, so sind's achtzig Jahre, und was daran köstlich scheint, ist doch nur vergebliche Mühe.
PSALM 90, 10

Werden wir gern alt?
In einem von Jörg Zinks Büchern heißt es:

„Vor einigen Jahren schrieb ich ein kleines Buch mit dem Titel ‚Ich werde gerne alt'. Inzwischen möchte ich es wiederholen: Ich werde wirklich gerne alt. Ich meine, wir können ein Ja dazu finden, dass das Leben mühsamer wird. Dass es einsamer wird um viele Freunde, die vor uns gehen. Wir können ein Ja finden zur Schwäche. Zur Schwäche des Gedächtnisses, aber auch der Augen, des Gehörs, der Hände, der Beine, zur Langsamkeit der Bewegungen und der Reaktionen (...) Wenn ich dazu Ja sage, dann meine ich damit nicht: Es war schon recht, es war nicht so schlimm. Sondern ich meine: So war es. Kein Zweifel: Es war so und nicht anders. Und das alles lege ich in Gottes Hände und bitte ihn, es möge mich nicht von ihm trennen."

Mein Alter ist gottgegebene und gottgewollte Zeit. Wir bejahen dieses Geschenk und leben nicht im Kampf mit uns selbst. Dieses Vertrauen in Gott schafft Ruhe und Gelassenheit. Wer das Alter verdrängt und ständig dagegen ankämpft, lebt im Bürgerkrieg mit sich selbst. Er wird sich und anderen zur Last. Er hat weder inneren noch äußeren Frieden.

Mein Herr und Gott, das Alter ist auch beschwerlich. Du zeigst uns, dass unser Leben endlich, mühsam, beschwerlich und begrenzt ist. Hilf uns dabei, Schönes und Schmerzliches aus Deiner Hand zu nehmen. Amen.

Gott aber, der uns immer wieder neuen Mut und Trost schenkt, helfe euch, einmütig zu sein, so wie es euch Jesus Christus gezeigt hat.
RÖMER 15, 5

Der Mensch ist auf Trost angelegt.

Das schreibt Dr. Hansjörg Bräumer in einem Artikel. Er zitiert den ehemaligen Schweizer Theologen Rudolf Bohren, der gesagt hatte, dass der Mensch auf Trost angelegt sei. Im Alten Testament kommt das Wort (Bräumer zufolge) 119 Mal vor. Das hebräische Wort heißt *nicham* und bedeutet „heftig atmen", und meint, dem anderen so nahe sein, dass er meinen Atem spürt. Bräumer wörtlich:

> „Dabei erinnerte ich mich spontan an ein Wort von Rabbi Simon, Sohn des Eleasar: ‚Besänftige nicht deinen Nächsten in der Stunde des Zornes. Tröste ihn nicht in der Stunde, wo ein Toter vor ihm liegt, frage ihn nicht in der Stunde seines Gelobens, bemühe dich nicht, ihn zu sehen in der Stunde seiner Erniedrigung.'"

Denn Trost, so Bräumer, beginne immer mit Schweigen. Tröster, die viele Worte machen, wie bei Hiob, sind „leidige Tröster". Sie stürzen den Trauernden in die Verzweiflung. Trost geben heißt: Ganz nahe bei dem andern zu sein, dass er meinen Atem spürt. Wir können Trost schenken, wenn Gott unser Tröster und Mutmacher ist. Selbst am Kreuz ist Jesus dem Sterbenden, dem Schächer, nahe, der wahrscheinlich vor den Trümmern seiner Existenz stand.

Herr, Du bist der Ermutiger und Trostspender für unser Leben. Hilf uns, dass wir nicht Trostsprüche geben, die mehr belasten als aufbauen. Lege uns die richtigen Worte in den Mund. Amen.

Der Herr ist mein Licht und mein Heil: Vor wem sollte ich mich fürchten? Der Herr ist die Kraft meines Lebens: Vor wem sollte mir bangen?
PSALM 27, 1

Das höchste Gut ist doch die Gesundheit!

Der katholische Christ und Psychiater Manfred Lütz geht mit dieser Heilslehre scharf ins Gericht. „Doch leider ist solche Behauptung kompletter Unsinn. Niemals in der gesamten philosophischen Tradition des Abendlandes und des Morgenlandes ist irgendjemand auf die absurde Idee verfallen, in einem so zerbrechlichen Zustand wie der Gesundheit der Güter höchstes zu sehen. Bei Immanuel Kant ist das höchste Gut die Einheit von Heiligkeit und Glückseligkeit oder Gott. (...) Politisch würde der Satz, wenn man ihn nur einen Moment ganz ernst nähme, zum sofortigen Zusammenbruch der finanziellen Grundlagen unserer Gesellschaft führen. Der restlos aufgeklärte Mensch vermutet das Heil, den Sinn, die Erlösung nicht mehr in irgendwelchen jenseitigen Hinterwelten, sondern im Diesseits. Der Philosoph Odo Marquard stellt fest, es herrsche heute ‚die ideologische Naherwartung der heilen Diesseitswelt, der mentale Teddybär des modernen verkindlichten Erwachsenen'."

Lütz ist der Meinung, dass der moderne Mensch in existenziellen Notlagen nicht mehr das Heil im Anzünden einer Kerze nebst Gebet suche, sondern Zuflucht nähme zum Beispiel bei einer Magnetresonanztomographie, die den Körper wie ein Anatomiebuch abbildete.

Wie sagt der Psalm? Der Herr ist mein Licht und mein Heil. Was hat für uns den höchsten Wert? Worin suchen wir das Heil?

Mein Herr und Gott, ich freue mich, wenn ich weitgehend gesund sein darf. Aber mein Heil und Leben finde ich nur in Dir. Amen.

Wohl dem, dessen Übertretung vergeben und dessen Sünde bedeckt ist! Wohl dem Manne, dem der Herr die Schuld nicht anrechnet.
PSALM 32, 1-2

Vergessen können.

„Glücklich ist, wer vergisst, was nicht mehr zu ändern ist." In diesem Ausschnitt aus der bekannten Operette „Die Fledermaus" von Johann Strauß geht es nicht nur um ein bisschen Operettenseligkeit, sondern dahinter verbirgt sich ein gutes Stück Wahrheit. Glücklich ist, wer Unangenehmes und Belastendes vergessen, wer einen Trennungsstrich ziehen kann und neu beginnt.

Der französische Philosoph Blaise Pascal hat über das Glück meditiert und geschrieben:

> „Die einen sagen: Haltet Einkehr bei euch selbst, dort werdet ihr Ruhe finden, und das ist nicht wahr. Die anderen sagen: Wendet euch nach außen, sucht das Glück, indem ihr euch zerstreut. Das Glück ist weder außer uns noch in uns; es ist in Gott."

Er ist unser Friede, unsere Zuflucht, unser Glück. Glücklich ist der, der seine Vergangenheit hinter sich gelassen hat. Darum verließ Jesus die Sphäre des Glücks beim Vater. Er entäußerte sich seiner Gottheit und wurde selbst Mensch. Er ging über diese Erde und machte Kranke gesund. Er machte Unglückliche glücklich und gab Niedergedrückten und Schwermütigen neue Freude und Hoffnung. Wer dieses Glück erfahren hat, behält es nicht wie ein stiller Genießer für sich. Darum ist es gut, glücklich zu sein; es ist besser, andere glücklich zu machen. Es ist gut, begeistert zu sein; es ist besser, selbst die Initiative zu ergreifen und Begeisterung auszulösen. Empfangen ist gut, geben ist mehr.

Lieber Herr! Oft überfallen mich die dunklen Taten aus der Vergangenheit. Sie stehen vor mir und klagen mich an. Ich danke Dir, dass ich mich dann auf Dich berufen kann. Du hast mir vergeben, Du machst mich glücklich. Amen.

Das ist meine Freude, dass ich mich zu Gott halte und meine Zuversicht setze auf Gott, den Herrn.
PSALM 73, 28

Sich das Leben nehmen vor Glück?

In der „Frankfurter Rundschau" erschien ein Bericht aus Le Havre unter dem Titel „Vor Glück das Leben genommen". Wörtlich heißt es da: „Nicht aus Kummer, sondern vor Glück hat sich gestern ein junges Liebespaar an der französischen Küste das Leben genommen. Der 19-jährige Patrick und die 21-jährige Maryvonne fuhren in ihrem Kleinwagen auf die Klippen in der Nähe von Le Treport hinauf. Dort schrieben sie einen Abschiedsbrief, und wenig später fuhr das kleine Auto mit seinen Insassen auf den Rand der Klippen zu und stürzte 90 Meter in die Tiefe. Ihr Freitod sei kein Akt der Verzweiflung, sondern ein Zeichen höchster Liebe, hieß es im Abschiedsbrief der Liebenden. Sie seien so glücklich, dass dieses Glück bis in alle Ewigkeit dauern solle. Feriengäste fanden die Toten eng umschlungen in den Trümmern des Autos wieder."

Welcher Anspruch! Die beiden jungen Leute wollen Gipfelstürmer des Glücks sein. Nur lupenreines Glück soll sie begleiten. Das gibt es nur in Märchen und in der Phantasie. Wer zeitloses Glück sucht und es durch Selbstmord verewigen will, hat den Boden unter den Füßen verloren. Er hat diese Welt mit ihrer Realität schon verlassen.

Freude, Glück und Zufriedenheit, die Gott schenkt, und die heile Welt fleckenloser Glückseligkeit sind Widersprüche.

Lieber Herr! Mein Glück und meine Freude bestehen darin, dass Du mich hältst. Ich gehe, schlafe oder arbeite, ich weiß, dass Du bei mir bist. Amen.

Wenn ich nur dich habe, so frage ich nichts nach Himmel und Erde.
PSALM 73, 25

Es geht um Glück und Freude. Im Tagebuch des ehemaligen Generalsekretärs der Vereinten Nationen, Dag Hammerskjöld, der vor vielen Jahren im Kongo mit einem Flugzeug abstürzte, fand man den bezeichnenden Satz: „Was bedeutet alles irdische Glück gegen die Verheißung: ‚Wo ich bin, werdet ihr auch sein.'"

Glück gehört zu den heißen Sehnsüchten des Menschen. Glück gehört zu den Hauptzielen des Menschen, das viele verbissen anstreben. Und da liegt das Problem: Der Mensch kämpft um das Glück und verliert es im Streit. Das Glück lässt sich nicht zwingen. Dem Glück ergeht es wie der Lust: „Wer sie anstrebt, dem vergeht sie", sagte Professor Viktor E. Frankl, der Begründer der Logotherapie. Glück ist Begleitmusik, Glück ist ein Geschenk, das uns zufällt, in den Schoß fällt, wenn wir zufrieden sind.

„Jeder ist seines Glückes Schmied", lautet das berühmte Sprichwort. Jeder schmiedet seine Pläne und baut seine Luftschlösser. Je unerreichbarer die Ziele, desto ferner das Glück. Je ehrgeiziger der Mensch, desto unglücklicher oft sein Gesamtbefinden. Er jagt und läuft am Glück vorbei. Wer aus vollem Herzen sagen kann: „Wenn ich nur dich habe, so frage ich nichts nach Himmel und Erde", wer den lebendigen Gott an die erste Stelle setzt, ist glücklich. Warum? Das Wesentliche stimmt. Die Grundlage seines Lebens ist fest. Das Glück umgibt ihn, weil er sich gehalten, getragen und geborgen weiß. Können wir das sagen? Ist Gott unser Glück, unsere Geborgenheit, unser Ein und Alles?

Lieber Herr, ich spüre, dass ich viele Dinge noch erreichen und haben will. Ich habe Pläne, aber ich laufe nicht hinter dem Glück her. Gib mir die Einsicht, dass ich heute schon in Dir alles habe. Amen.

Freuen dürfen sich alle, die mit leeren Händen vor Gott stehen.
MATTHÄUS 5, 3

Leere Hände.

Sie kennen doch alle das bekannte Märchen „Hans im Glück“. Er tauschte einen Goldklumpen gegen ein Pferd, das Pferd gegen eine Kuh, die Kuh gegen ein Schwein, das Schwein gegen eine Gans, die Gans gegen einen Wetzstein. Der Wetzstein fiel dem armen Kerl in den Brunnen, er hatte nichts mehr. Alle Last war von ihm abgefallen. Er war glücklich.

Was ist die Pointe dieses Märchens? Der Mensch auf der Suche nach Glück, im ewigen Bemühen, Besseres zu finden, verfehlt das Glück. Wer ruhelos auf der Lauer liegt, den Fang seines Lebens zu machen, wird von Unzufriedenheit aufgefressen. Als Hans die Jagd aufgab, als die Beschwernisse „abgefallen“ waren, wurde er glücklich. Er war mit sich und seinem Dasein zufrieden. Da liegt der entscheidende Punkt.

Auf die Frage „Glück – was ist das?“ antwortete der weltbekannte Dirigent Karl Böhm: „Glück ist wie ein Maßanzug. Unglücklich sind meistens die, die den Maßanzug eines andern tragen möchten.“ Ich verstehe Böhm so: Wenn wir das akzeptieren, was Gott uns an Gaben geschenkt hat, wenn wir den Anzug bejahen, den Gott uns geschneidert hat, sind wir glücklich.

Das Unglück beginnt mit dem Vergleich. Neidisch schauen wir auf Nachbarn, Freunde und Bekannte. Wer sich annimmt und vor den Geber aller Gaben mit leeren Händen tritt, wird glücklich. Oder haben wir in Gott nicht alles, was wir brauchen? Wollen wir noch mehr als das Leben, Geborgenheit, Halt, Vergebung, Beistand in Not und Tod und Ewigkeit?

Lieber Vater im Himmel! Wir vertreiben das Glück, weil wir nicht zufrieden sein wollen mit dem Maßanzug, den Du uns angemessen hast. Vergib uns unser schreckliches Habenwollen. Schenke uns Zufriedenheit in Dir. Amen.

Weh dem, der allein ist, wenn er fällt. Dann ist kein anderer da, der ihm aufhilft.
PREDIGER 4, 10

Wie gehen wir mit Einsamkeit und Alleinsein um?

Viele haben sicher den Film „Der Schattenmann“ mit Mario Adorf gesehen. Im Laufe des Films gibt es eine wichtige Szene. Ein Apotheker, der aus seinem Haus vertrieben werden soll und nicht ausziehen will, wird von einigen gedungenen Verbrechern zusammengeschlagen. Die Schläger sagen: „Und wenn Sie sich irren? Wenn es keinen Gott gibt, wenn Ihr ganzer Glaube eine Täuschung ist?“ Der schwer verwundete Apotheker sagt: „Dann habe ich immer noch besser gelebt als die ohne Glauben. Aber dann wird es heikel. Denn wenn es keinen Gott gibt, dann muss jeder von uns die Verantwortung für sein Leben und Tun mutterseelenallein tragen. Dann gibt es keine Vergebung.“

Wer niemanden hat, der ihm die Schuld abnimmt, ist ohne jeden Zweifel „mutterseelenallein“. Darüber können Menschen krank und irre werden. Es ist in der Tat eine Tragik, wenn der Mensch niemanden hat, der ihm auf die Beine hilft, wenn er „gefallen“ ist. Aber auch das andere gilt: Einsamkeit ist eine Last. Viele sind einsam trotz grenzenloser Kommunikation. Etwa 90 % der Männer, 85 % der Frauen und 15 % der Kinder suchen im weltweiten Datennetz nach Liebe und Freundschaft. Was können wir selbst tun, um nicht zu vereinsamen? Nur wer Gemeinschaft sucht, kann auch Gemeinschaft finden.

Mein Herr und Gott, Du lässt mich in meiner Schuld nicht allein. Deine Liebe hilft mir wieder auf die Beine. Ich bin nicht verloren und allein gelassen. Amen.

Ich wache und klage wie ein einsamer Vogel auf dem Dach.
PSALM 102, 8

Es geht um Einsamkeit.

Eine schlimme Krankheit unserer Zeit ist bisher wenig bekannt. Sie heißt *Autismus.* Meistens sind es Kinder, die davon betroffen sind. Kinder, die überhaupt nicht reagieren können, die nicht fähig sind, auch nur irgendeinen Kontakt aufzunehmen, weder mit den Händen noch mit den Augen, noch mit dem Mund. Diese Krankheit, die sich immer mehr ausbreitet, legt ein Grundübel unserer Zeit bloß. Jeder lebt vor sich hin. Der Individualismus wird großgeschrieben. Die zwischenmenschliche Liebe erkaltet. Ärzte und Heilpädagogen sagen: „Man muss den Kindern immer wieder das Gesicht hinhalten. Dann wird es geschehen, dass eines Tages ein leiser Händedruck kommt, ein Blick oder gar ein versuchtes Wort in der Nacht."

„Ich habe keinen Menschen", dieser Satz ist einer der erschütterndsten in der ganzen Heiligen Schrift. Denn Verlassenheit ist wie ein Vorstadium des Totseins. Es ist paradox: Je mehr Menschen dicht zusammenleben, desto einsamer sind sie. Menschen, die weit auseinander leben, die viele Kilometer zurücklegen müssen, um sich zu begegnen, sind die gastfreundlichsten. Als Gott Adam geschaffen hatte, sah er, dass er einsam war. Und er bestimmte: „Es ist nicht gut, dass der Mensch allein sei. Ich will ihm eine Gehilfin machen, die um ihn sei."

Die Erfahrung des Alleinseins gehört aber auch zum Menschen. Wie schrieb Dostojewski: „Zeitweilige Einsamkeit ist für einen normalen Menschen notwendiger als Essen und Trinken."

Herr, hilf, dass wir den Einsamen sehen, der wie der Vogel auf dem Dach klagt. Bewahre uns davor, dass wir nur mit uns selbst beschäftigt sind. Amen.

Ich wartete auf das Gute, und es kam das Böse; ich hoffte auf Licht, und es kam Finsternis.
HIOB 30, 26

Enttäuschung.

Hiob hat sie zigfach erfahren. Die Forschung hat ihre Blickrichtung innerhalb ihrer Arbeit geändert. Früher ging es fast immer um *Pathogenese*, um die Entstehung und Entwicklung von Krankheiten, heute geht es stärker um die *Salutogenese*, um die Entstehung und Entwicklung von Gesundheit, um die Befähigung des Menschen, Belastungen zu meistern. Eine Zeitschrift gibt die neuesten Forschungsergebnisse wieder:

> „Was krank macht: Enttäuschung und Demoralisierung. Die Steigerung chronischer Enttäuschung ist Demoralisierung. Enttäuschungen frustrieren unsere Erwartungen. Eben deshalb mündet anhaltende Frustration oft in das Dauersyndrom Demoralisierung."

Man rechnet, dass etwa ein Drittel der Bevölkerung mit Enttäuschungen lebt und sich durch Enttäuschungsstress krank macht. Wer sich wie Hiob trotz aller Enttäuschungen an den lebendigen Gott klammert, wird von ihm erhört und erlebt: „Und der Herr wandte das Geschick Hiobs, als er für seine Freunde Fürbitte tat" (Hiob 42,10). Enttäuschungen müssen unseren Organismus nicht belasten. Je höher unsere Erwartungen, desto größer unsere Enttäuschungen. Viele Enttäuschungen sind in der Tat hausgemacht. Wer hochgesteckten Zielen nachjagt, landet häufig in der Resignation. Es sind *meine* Ziele und nicht die Gottes. *Mein* Ehrgeiz und *meine* hohen Ansprüche rufen die Enttäuschungen hervor.

Herr, viele Enttäuschungen hängen mit unseren hohen Erwartungen zusammen. Wir wollen zu viel. Wir erwarten zu viel. Herr, Du prüfst unseren Egoismus. Amen.

Es ist nicht gut, parteiisch zu sein; aber manch einer lässt sich schon für einen Bissen Brot zum Unrecht verleiten.
SPRÜCHE 28, 21

Es geht um Vorurteile.

Ein orientalischer Kaufmann besaß einen Papagei. Eines Tages stieß der Vogel eine Ölflasche um. Der Kaufmann geriet in Zorn und schlug den Papagei mit einem Prügel auf den Hinterkopf. Seit dieser Zeit konnte der Papagei, der sich vorher sehr intelligent gezeigt hatte, nicht mehr sprechen. Er verlor Federn auf dem Schädel und wurde ein Kahlkopf. Eines Tages, als er auf dem Regal im Geschäft seines Herrn saß, betrat ein glatzköpfiger Kunde den Laden. Sein Anblick versetzte den Papagei in höchste Erregung. Flügelschlagend sprang er umher, krächzte und fand schließlich zur Überraschung aller seine Sprache wieder: „Hast du auch die Ölflasche heruntergeworfen und einen Schlag auf den Hinterkopf bekommen, sodass du nun keine Haare mehr hast?"

Wir Menschen projizieren – wie der Papagei – unsere Erfahrungen auf andere. Wir arbeiten mit Vorurteilen und werden parteiisch, wie der Text sagt. Wir halten unsere Erfahrungen und Vorurteile für richtig. Wir lachen über den dummen Papagei, und doch stecken wir alle in der gleichen Gefahr, Erfahrungen, die wir machen, zu verfälschen. Unsere Vorurteile und subjektiven Erfahrungen werden zu Lebenslügen. Unsere habgierigen Wünsche verleiten uns, aus Recht Unrecht zu machen.

Herr, versteckte Wünsche und Habgier verleiten uns, parteiisch zu werden und Unrecht zu tun. Herr, decke unsere falschen Motive auf und lass uns aufrichtig sein. Amen.

Er beutet niemand aus; er fordert kein Pfand, wenn er etwas ausleiht; er nimmt keinem etwas weg, sondern gibt dem Hungrigen zu essen und dem Nackten Kleidung; er begeht kein Unrecht an den Schutzlosen.
HESEKIEL 18, 16–17

Hier geht es um das Teilen.

Eine kleine Geschichte spiegelt wider, wie schwer den Menschen das Teilen fällt:

> Als ein Mann seinem Freund berichtet, dass er nun in einem Verein Mitglied sei, in dem das Teilen das Motto sei, fragt der Freund nach: „Du würdest also auch mit mir teilen?“ Als der Mann bejaht, fragt der Freund, ob er je zwei Äcker, Pferde, Ferkel oder Hennen mit ihm teilen würde. Der Mann meint, er würde alles teilen – nur die Hennen nicht. Auf das erstaunte Warum des Freundes gibt er die Antwort: „Äcker, Pferde und Ferkel habe ich nicht, aber Hennen habe ich.“

Es ist leicht, von Menschen, die viel haben, das Teilen zu verlangen. Geht es aber an den eigenen Besitz, fällt das Teilen doppelt schwer. Der Prophet Hesekiel hat eine klare Vorstellung von einem Menschen, der sich Gott unterstellt: Er betreibt keinen Ehebruch, betet keine Götzen an und teilt sein Brot mit den Hungernden und kleidet die Nackten. Teilen und Opferbereitschaft sind ein Zeichen fruchtbaren Glaubens. Wenn Tag für Tag etwa 40 000 Kinder weltweit an Unterernährung sterben, ist das ein haarsträubender Makel, den die Christen in allen Ländern vor dem lebendigen Gott verantworten müssen.

Herr, das Teilen fällt uns Reichen schwer. Wir finden viele Ausreden, um nicht mit den Armen, die leiden, alles teilen zu müssen. Herr, erbarme Dich. Amen.

In der Welt habt ihr Angst; aber seid getrost, ich habe die Welt überwunden.
JOHANNES 16, 33

Wie werden wir mit der Angst fertig?

In einer Geschichte von Anthony de Mello heißt es:

> „Der Mensch steht allein und verlassen im Universum. Und er hat viele Ängste. Eine gute Religion nimmt ihm die Angst, eine schlechte vergrößert sie. Eine Mutter konnte ihren kleinen Sohn nicht bewegen, rechtzeitig vor Einbruch der Dunkelheit vom Spielen nach Hause zu kommen. Also machte sie ihm Angst: Sie erzählte ihm, auf dem Weg zu ihrem Haus spukten Geister, die herauskämen, sobald die Sonne untergegangen war. Der Junge kam abends rechtzeitig nach Hause. Aber als der Junge herangewachsen war, hatte er solche Angst vor der Dunkelheit und Geistern, dass er sich weigerte, das Haus nachts zu verlassen. Also gab sie ihm ein Amulett und machte ihm klar, dass die Geister keine Macht hätten, ihm etwas Böses anzutun, solange er es trug. Nun wagt er sich also in die Dunkelheit hinaus und drückt das Amulett fest an seine Brust."

Die Mutter handelt pädagogisch und geistlich falsch. Wer mit Angst erzieht, erzieht Angsthasen. Und wer Schutzamulette anpreist, der klammert sich später an irrationale Hilfen. Jesus unterstellt, dass alle Menschen Angst haben. Er nimmt uns die Angst nicht einfach ab, sondern bietet sich als Welt- und Angstüberwinder an. Wer ihm vertraut, geht zuversichtlich in alle Angstsituationen hinein.

Herr, mit Dir beginne ich den Tag, mit Dir beschließe ich ihn. Mit Dir begegne ich allen Gefahren, allen Problemen, allen Unwägbarkeiten. Dir vertraue ich, dass Du mich hältst und trägst. Amen.

Daraus folgt: Durch die Verfehlung eines einzigen kam es für alle Menschen zur Verurteilung. Genauso kommt es durch die gerechte Tat eines einzelnen dazu, dass alle Menschen als gerecht gelten. Und dadurch steht ihnen das neue Leben offen.
RÖMER 5, 18

Wir sind alle komische Typen.

John Ortberg, der amerikanische Evangelist, setzt sich in einem Beitrag mit „komischen Typen" auseinander. Im Alten Testament gab es keinen Platz für komische Typen. Es durften keine Hummer gegessen werden, keine fehlerhaften Lämmer auf dem Altar hergerichtet werden und menstruierende Frauen durften nicht angerührt werden. Ortberg wörtlich: „Dahinter verbarg sich das Prinzip, aber im Laufe der Zeit wurde es zur Grundlage dafür umfunktioniert, dass man ‚komische Menschen' ausschließen durfte. Gemeinschaften neigen alle dazu, mit der Zeit exklusiv zu werden." Als Jesus gekommen sei – Ortberg bezieht sich dabei auf Philipp Yankee –, hätte er aber das alte Gesetz durch das Gesetz der Gnade ersetzt. Es lautet: „Wir sind alle komische Typen, doch Gott liebt uns trotzdem."

Wie schreibt Paulus: „Durch die gerechte Tat eines einzelnen, gelten *alle* Menschen als gerecht." In der Tat: Wir alle haben unsere kleinen Macken, wir alle haben „einen Riss in der Schüssel", wie ein Lehrer auf einer Tagung in Haus Schönblick formulierte. Aber Gott liebt uns.

Danke, Herr, dass Du Ja zu uns sagst mit unseren Sünden, mit unseren Macken und Eigenarten, mit unseren oft komischen Lebenseinstellungen. Amen.

Israel aber, das sich so sehr bemühte, Gottes Gebote zu erfüllen, um dadurch vor Gott bestehen zu können, hat dieses Ziel nicht erreicht. Warum eigentlich nicht? Weil die Israeliten nicht durch den Glauben an Christus, sondern durch ihre eigenen Leistungen Anerkennung bei Gott finden wollten.
RÖMER 9, 31–32

Auch Juden brauchen Jesus Christus.

Der Vorsitzende der theologisch konservativen Konferenz Bekennender Gemeinschaften betonte in einer Stellungnahme gegenüber ideaSpektrum: Gilt die befreiende Botschaft von der gnädigen Liebe Gottes, dass Gott den Sünder liebt und durch seinen geliebten Sohn rettet, bei den Juden etwa nicht? Rüß wörtlich:

> „Wer den Juden grundsätzlich das Evangelium vorenthält, relativiert den Missionsauftrag Jesu und widerspricht dem Willen Gottes. Was sollen die konvertierten Juden, die messianischen Christen von den Äußerungen des Ratsvorsitzenden halten?! Christen sollten den Juden nicht mit Überheblichkeit, aber mit Christus vor Augen entgegentreten."

Präses Schneider hatte sich übrigens gegen eine Judenmission gewehrt! Auch Paulus gibt Rüß recht. Entweder ist Christus der Weg, die Wahrheit und das Leben, und „niemand kommt zum Vater denn durch mich", oder wir machen aus allen Religionen einen Einheitsbrei.

Herr, bewahre uns vor Überheblichkeit und Fanatismus. Aber schenke uns die Gewissheit, dass Deine Botschaft in Christus uns und allen Menschen gilt. Amen

Ihr könnt nicht Gott dienen und dem Mammon.
MATTHÄUS 6, 24 b

Lust und Laster.

Samuel Moser, Präsident i. R. der Vereinigung evangelischer Freikirchen in der Schweiz, schrieb in der „Kleinen Kanzel", dass in Bern letzthin die Ausstellung „Lust und Laster" zu Ende gegangen sei. Die Ausstellung hätte sich mit den „Sieben Todsünden" beschäftigt. Dargestellt worden seien die Eitelkeit, Neid, Zorn, Trägheit, Habgier, Völlerei und Wollust. Am Bild „Mammon" sei sein Blick länger hängen geblieben. Der Engländer Frederic Watts hätte den „Mammon" als monströsen Dämon im schweren goldenen Gewand dargestellt. In seinem Schoß ein praller Geldbeutel und zu seinen Füßen zwei Opfer, die beide durch Habsucht verführt worden seien. Wörtlich schreibt Moser:

> „Das Wort ‚Mammon' leitet sich vom aramäischen ‚mamona' (Vermögen, Besitz) ab. Geld und Besitz ist der Götze unserer Zeit. Wenn es ums Geld geht, gibt es nur ein Schlagwort: ‚Mehr!'. Es ist schlicht unmöglich, gleichzeitig Gott und dem Mammon zu dienen."

Wie sagte Martin Luther: „Geld ist ein guter Knecht, aber ein schlechter Herr." Geld ist nützlich und notwendig, aber es übt eine große Faszination auf den Menschen aus. Es übt Macht über uns aus. Es will den Ton angeben. Uns bleibt nur die Wahl: Gott oder der Mammon. Herr, wie tief stecken wir alle in diesem Dilemma?

Treuer Herr und Gott, Du hast ein klares Entweder-oder gesetzt: Wir dienen Dir oder dem Mammon. Wir spüren täglich die große Versuchung. Lass uns nicht ärgerlich wegschauen! Amen.

Ein gelassenes Herz ist des Leibes Leben; aber Eifersucht ist Eiter in den Gebeinen.
SPRÜCHE 14,30

Gelassenheit ist ein Geschenk, keine eintrainierte Tugend.

Gelassenheit hat mit Loslassen zu tun. Else Schubert-Christaller erzählt eine jüdische Geschichte. Sie heißt „Das Pfand“:

> „Der Rabbi kam nach Hause und fand seine Frau in tiefer Trauer. Er erkundigte sich nach seinen Söhnen. Seine Frau stellte ihm die Frage: ‚Vor Tagen kam ein Mann zu mir und gab mir ein Pfand zur Aufbewahrung, zwei wunderschöne goldene Armringe. Nun ist der Mann zurückgekehrt und er hat das Pfand zurückverlangt. Soll ich es ihm zurückgeben?‘ Der Rabbi bejahte, verstand aber die Frage nicht. Da führte ihn die Frau in die Kammer. Beide Knaben lagen tot im Bett. Der Rabbi schrie laut und warf sich auf die Toten. Seine Frau stand hinter ihm, bleich und ernst, und sprach: ‚Hast du mir nicht gesagt, dass wir bereit sein müssen, das Pfand zurückzugeben?‘“

Gelassenheit können wir nicht zaubern. Sie ist auch keine Tugend. Es ist unendlich schwer, loszulassen. Wie schrieb Albrecht Goes: „Der Herr, der etwas gibt, und der Herr, der etwas nimmt, ist derselbe Herr.“ Das kann uns trösten. Gelassenheit ist ein Geschenk. Wer sich Gott überlassen kann, der erfährt Gelassenheit. Wie sagen die Anonymen Alkoholiker: „Let go and let God.“ Sei gelassen und lass Gott alles machen.

Wir beten: „Ihn, ihn lass tun und walten, er ist ein weiser Fürst und wird sich so verhalten, dass du dich wundern wirst.“ Amen.

Brüder und Schwestern, ihr seid zur Freiheit berufen! Allerdings nicht zu einer Freiheit, die nur den Vorwand liefert für eure irdische Gesinnung. Dient euch vielmehr gegenseitig in Liebe. Denn das ganze Gesetz ist erfüllt, wenn ein einziges Gebot befolgt wird: „Liebe deinen Mitmenschen wie dich selbst."
GALATER 5, 13–14

Freiheit mit Einschränkungen.

Heißt Freiheit, dass ich tun und lassen kann, was ich will? Freiheit ist nicht Anarchie und antiautoritäres Gebaren. Eine kleine Geschichte verdeutlicht das: Eine ältere Dame wartete mit ihrem Einkaufswagen in einer Schlange vor der Kasse. Während sie wartete, schubste ein kleiner, etwa achtjähriger Junge, der in der Schlange hinter der Dame stand, seinen Einkaufswagen immer wieder auf die Dame. Nachdem diese wiederholt versucht hatte, den Jungen zu bewegen, die Attacken einzustellen, wandte sie sich an die Mutter. Die etwas hilflos wirkende Frau entgegnete: „Ich kann ihm das leider nicht verbieten, weil er antiautoritär erzogen wurde."

Eine andere Person, die ebenfalls in der Schlange stand, hatte das Schauspiel verfolgt, nahm daraufhin ein Glas Honig, schraubte den Deckel auf, goss die klebrige Masse über die Jacke der verblüfften Mutter und kommentierte: „Sie müssen entschuldigen, aber ich bin auch antiautoritär erzogen worden."

Die Freiheit des Einzelnen hört da auf, wo die Freiheit eines anderen verletzt wird. Wer sie missbraucht, handelt machtbesessen, selbstsüchtig und lieblos. Freiheit heißt nicht, dass ich tun und lassen kann, was ich will. „Freiheit ist Selbstbeschränkung", schrieb Solschenizyn. Wer sich an den lebendigen Gott bindet, verwandelt das „Du sollst" in ein freiwilliges „Ich will".

Herr Jesus, wir nehmen uns gern viele Rechte anderen Menschen gegenüber heraus. Hilf, dass die Liebe unser Tun und Lassen bestimmt. Amen.

Aber jedem, der Gutes tut, schenkt Gott Herrlichkeit, Ehre und Frieden.
RÖMER 2, 10

Friede ist Shalom.

Und Shalom meint einen umfassenden, totalen Frieden. 1867 entdeckte der schwedische Chemiker Alfred Nobel eine neue hochexplosive Verbindung, das Dynamit. Er war überzeugt, dass die schrecklichen Auswirkungen des Dynamits jeden Krieg und seine Folgen so entsetzlich machen würden, dass es einfach keine Kriege mehr geben könne. Aber er musste bald feststellen, dass die Interessenten sich den neuen Stoff gar nicht schnell genug besorgen konnten. Seine Erfindung ließ sich offensichtlich rasch und effektiv vermarkten. Riesige Gewinne waren die Folge. Und mit diesen Gewinnen konnte er am Ende seines Lebens die berühmten Nobelpreise finanzieren, darunter den prominenten Friedens-Nobelpreis. Unfassbar: Finanziert aus dem Verkauf von hochexplosivem, zerstörerischem Sprengstoff.

Wirklicher Friede ist kein Sprengstoff. Shalom (Friede) ist Lebensfülle, ist ein religiöses Urwort. Ein Zustand des Heils. Frieden halten meint nicht, die Augen zumachen, Ohren verschließen und den Kopf raushalten. Frieden halten kostet Arbeit, ist eine Herausforderung und bedeutet Schmerzen. Wer Licht und Salz als Christ sein will, hält Frieden mit anderen Menschen. Salz gibt sich preis, Salz verschwendet sich für andere. Frieden beinhaltet, Gutes zu tun. In der Tat: Frieden halten kostet Arbeit und ist das Gegenteil von Zerstörung.

Herr Jesus Christus, schenke uns die Shalom-Gesinnung, die für den anderen nur das Beste will. Amen.

Verwirf mich nicht in meinem Alter, verlass mich nicht, wenn ich schwach werde.
PSALM 71, 9

Die Realität des Alterns ist nicht schön.

In einer Tragödie des griechischen Dichters Sophokles, gibt die rätselhafte Sphinx dem König Ödipus folgendes Rätsel auf. „Welches Tier geht am Morgen auf vier Beinen, mittags auf zweien und abends auf dreien?" – „Der Mensch", antwortete Ödipus und meinte das Kind, das auf allen Vieren krabbelt, den Erwachsenen, der auf zwei Beinen geht, und den alten Menschen, der sich auf einen Stock im Alter stützen muss.

Das ist das Schicksal des Menschen. Die bedeutende Schriftstellerin Luise Rinser sieht dem Alter realistisch ins Auge, wenn sie schreibt: „Als ich so saß und die alte Frau ansah, da sah ich mich plötzlich selber so dasitzen, alt und aufgequollen und schon halb tot, und das war kein angenehmes Bild. Da bekam ich Angst, und ich ging schnell ins Freie, in den kleinen Garten hinterm Haus. Da hatte ich Dahlien und Astern gepflanzt, die blühten. Aber dann dachte ich: Siehst du, so gehst du jeder wichtigen Erkenntnis aus dem Weg und der nackten Wahrheit. Geh du nur wieder hinein und sieh dir die alte Frau an und dich selber. Es schadet gar nichts, wenn dir schaudert."

Vielleicht ist das Altwerden das schwerste Examen, das wir zu bestehen haben. Der Lebenskreis wird enger, die Kräfte schwinden. Die Nähe Gottes ist notwendig, um der Einsamkeit Herr zu werden.

Herr, den meisten Menschen mutest Du das Altwerden zu. Gib, dass wir es annehmen und bejahen, weil es aus Deiner Hand kommt. Amen.

Denn er denkt nicht viel an die Kürze seines Lebens, weil Gott sein Herz erfreut.
PREDIGER 5, 19

Altwerden muss man in jungen Jahren lernen.

Arthur Richter, der Begründer des Marburger Kreises, stellte fest: „Das Altwerden ist eine Aufgabe. Vielleicht ist es sogar eine Kunst. Aber es ist eine Kunst, die man lernen kann." Sehen wir die Aufgabe und beschäftigen uns mit der Kunst? Der alte Kaiser Franz Josef von Österreich sagte einmal kopfschüttelnd zu seinem Hofmarschall: „Ich weiß gar nicht, was die Leute haben. Sie reden so viel vom Altwerden. Ich merke nichts davon." Der Hofmarschall zögerte einen Augenblick, blickte lächelnd zum Kaiser auf und sagte: „Aber die andern merken's!"

Merken wir es oder wollen wir nicht daran erinnert werden? In der Steinzeit hatte ein Mensch eine durchschnittliche Lebenserwartung von 20 Jahren. Noch zu Zeiten Bismarcks betrug die Lebenserwartung eines deutschen Mannes gerade einmal 36 Jahre. Heute hat sich die Lebenserwartung der Männer nahezu verdoppelt. Viele alte Menschen können nicht abtreten. Sie wollen mithalten. Nicht wenige brechen nach der Pensionierung zusammen. Sie können sich nicht damit abfinden, dass der letzte Lebensabschnitt angebrochen ist. Der Vers aus dem Prediger spiegelt eine interessante Nuance wider. Wer aus und in Gott lebt, denkt nicht an sein Alter und die Kürze des Lebens. Er genießt jeden Tag die Freude, die Gott schenkt. Schon heute ist er mit der Ewigkeit verbunden.

Herr, Du erinnerst mich jeden Tag daran, dass ich älter werde. Die Zähne, die Knochen, die Gelenke, das Herz und das Gedächtnis – alles wird älter und schwächer. Du weißt, warum. Amen.

Du hast mich geschaffen – meinen Körper und meine Seele, im Leib meiner Mutter hast du mich gebildet. Herr, ich danke dir dafür, dass du mich so wunderbar gemacht hast.
PSALM 139, 13–14

Wir sind sein Wunderwerk!

Der Psychotherapeut Till Bastian beschreibt in einem seiner Bücher eine wunderbare Beobachtung. Schon im Mutterleib begänne das „Schallbad". Mit gutem Grund hätte man die Terz des mütterlichen Herzschlages, die wir im Uterus viele Tausende Male hören, als den Ursprung der Musik bezeichnet. Er selbst habe die Wirkung von Klängen miterleben dürfen. Denn als seine Frau Maike schwanger gewesen wäre, hätte sie bis zur Geburt des ersten Kindes Cello gespielt, das sie ja direkt vor den Bauch gehalten habe. Gespielt habe sie oft die Cello-Suite von Johann Sebastian Bach. Sein Sohn Alexander habe im Mutterleib immer wieder diese Musik gehört. Und wenn er als Kind später gequengelt habe, hätte er ihm diese Melodie auf einer CD vorgespielt. Er wäre sofort verstummt und hätte andächtig das Stück gehört.

Der Schöpfer hat uns wunderbar gemacht. Die Forscher entdecken immer neue Geheimnisse. Das Kind im Mutterleib bekommt alles mit: nicht nur die Musik von Mutter und Vater, sondern auch den Streit, die Auseinandersetzungen, Verbitterung und Resignation, die über die Nabelschnur dem Kind einverleibt werden.

Unser Herr und Gott, Du bist ein wunderbarer Schöpfer. Gib den schwangeren Frauen Einsicht in ihre Verantwortung und den im Leib heranwachsenden Kindern Deinen Segen. Amen.

So spricht der Herr zu seinem Volk: „Stellt euch an die Straßen, und erkundigt euch, welchen Weg eure Vorfahren gegangen sind, fragt nach dem richtigen Weg, und dann beschreitet ihn."
JEREMIA 6, 16

Orientierungslosigkeit?

Peter Hahne spricht von der Spaßgesellschaft, wenn er schreibt: „Wem diese (Medien-)Welt unberechenbar und unerträglich ist, für den ist die moderne Spaßgesellschaft die natürliche Antwort. ‚Wir amüsieren uns zu Tode', warnte Neil Postman schon vor langer Zeit. Alles wird zum Event, der letzte Ernst ist verloren gegangen. Die Mediengesellschaft liebt das Schrille, das Exotische, die Sensation. Normalität haftet Langeweile an. Immer größer, immer schneller, immer weiter ist die Olympia-Norm der Informationsindustrie. Tabulos, schamlos, maßlos. Eben: gottlos." Hahne zitiert den ZDF-Intendanten:

> „Wir leben nicht nur zerstreut, sondern auch verstreut: jeder vor sich hin, jeder mit einem anderen Programm, einem anderen Ziel, ohne gemeinsames Zentrum, folglich auch ohne Zusammenhang."

Eine bittere Perspektive. Die Spaßgesellschaft amüsiert sich zu Tode. Jeremia gibt die Antwort. Unsere Vorfahren haben die Antwort. Unsere Vorfahren wussten noch den richtigen Weg. Wer das Schrille liebt, lässt sich auf Abenteuer ein. Sie versprechen Sensationen, aber kein erfülltes Leben, sie versprechen Abwechslung, aber kein zielorientiertes Handeln.

Herr, Du bist der Weg, nicht irgendein Weg, der irgendwohin führt. Schenke Du uns Einsicht, Deinen Weg zu gehen, der ans Ziel führt. Amen.

Ich habe auch genau wie sie die feste Hoffnung, dass die Gestorbenen auferstehen werden, die guten wie die schlechten.
APOSTELGESCHICHTE 24, 15

Heute denken wir über die Hoffnung nach.

Elisabeth Kübler-Ross berichtet in ihrem Buch „Interviews mit Sterbenden" von Gesprächen mit unheilbar Kranken. Dabei wird deutlich: Gerade die Patienten, die ihre Krankheit realistisch beurteilen, sich und anderen nichts vormachen und sich mit ihrem Zustand abgefunden haben, halten zugleich fest an der Hoffnung. So warten einige auf die Entdeckung eines neuen Mittels gegen ihre Krankheit, obwohl nach menschlichem Ermessen diese Chance äußerst gering ist:

> „Der Hoffnungsschimmer hilft über Tage, Wochen und Monate hinweg (...) für andere bedeutet Hoffnung eine flüchtige, aber notwendige Periode des Leugnens. Was es auch immer sein mochte: Wir stellten fest, dass alle Patienten Hoffnung hegten und sich in besonders schwierigen Perioden von ihr tragen ließen (...). Wenn der Kranke keine Hoffnung mehr zu erkennen gibt, ist es meistens ein Zeichen dafür, dass der Tod unmittelbar bevorsteht."

Hoffnung ist ein elementares Lebensbedürfnis. Leben heißt hoffen. Wer die Hoffnung aufgibt, vegetiert dahin. Er verkümmert, stirbt. Hoffnung mobilisiert Lebenskräfte. Hoffnung erweckt Heilungskräfte. Ostern ist darum ein Sieg über die Resignation und Hoffnungslosigkeit. Jede Form von Sinnlosigkeit hat abgewirtschaftet. Ostern ist kein frommes Wunschdenken, keine fromme Einbildung, kein Produkt selbstgebastelter Hoffnung.

Du bist unsere Hoffnung, Herr. Und wenn sich alles gegen uns zu verschwören scheint: Du bist bei uns. Amen.

Der Gott aller Gnade aber, der uns berufen hat zu seiner ewigen Herrlichkeit in Christus, der wird euch nach einer kurzen Leidenszeit vollbereiten, festigen, stärken und gründen.
1. PETRUS 5, 10

Leid stärkt, festigt und gründet.

Herausforderungen schaffen unersetzliche Abwehrkräfte und mobilisieren ungeahnte Kräfte.

Harry Emerson Fosdick schrieb in seinem Buch „Die Kraft des Durchhaltens":

> „Es gibt ein skandinavisches Sprichwort, das sich jeder von uns als inneren Aufruf zu eigen machen könnte: ‚Der Nordwind hat die Wikinger gemacht.' Woher kommt nur die Auffassung, dass gesicherte und angenehme Lebensbedingungen, das Fehlen von Schwierigkeiten und die Vorteile des Wohlstandes je an sich einen Menschen gut oder glücklich zu machen vermögen? Im Gegenteil – wer sich selbst bemitleidet, der bemitleidet sich auch, wenn er auf einem Samtkissen liegt."

Sehr wahrscheinlich schrieb der Dichter Milton seine schönsten Verse, komponierte Beethoven so herrliche Musik, weil der Erste blind, der Zweite taub war. Wäre Tschaikowski nicht durch grenzenloses Leid gegangen, wie wäre er imstande gewesen, seine wundervolle „Symphonie Pathetique" zu komponieren? Hätten Dostojewski und Tolstoi nicht großes seelisches Leid erlitten, sie wären wohl nie dazu gelangt, ihre unsterblichen Romane zu schreiben.

Leid trägt dazu bei, Menschen „voll-zu-bereiten", sie zu festigen und zu stärken. Denn je mehr der junge Bambus vom Sturm gepeitscht wird, sagt ein asiatisches Sprichwort, desto fester wird er. Wir sind zur Herrlichkeit berufen.

Herr, wir möchten uns in der Tat Leid und Schmerzen ersparen. Wir sehen nur die Last und nicht den Segen des Leides. Hilf, dass wir Leid als Deine Gabe und Deine Entscheidung verstehen lernen. Amen.

Denn euch ist in eurem Christenstand die Gnade zuteil geworden, nicht nur an Christus zu glauben, sondern auch seinetwegen zu leiden.
PHILIPPER 1, 29

Kann Leid auch Gnade sein?

Dass Glaube Gnade ist, leuchtet ein. Dass Leid auch Gnade sein soll, ist wahrscheinlich schwer zu verstehen. Der ehemalige Bischof Dibelius schrieb hierzu einmal:

> „Es ist ein so großer und tapferer und hilfreicher Gedanke: Das Leiden macht den Menschen stark! Ich weiß es noch wie heute, dass unser Konfirmator Stolte in der kleinen Lichterfelder Dorfkirche vor 67 Jahren in der Konfirmationsrede sagte: ein Kilo Eisen sei nur ein paar Pfennige wert, und wenn man daraus Hufeisen schmiede, dann werde es auch nicht viel mehr wert; aber schon wenn man Messerklingen daraus mache, bekomme es einen Wert von ein paar hundert Mark. Und wenn man es zu Uhrfedern verarbeite, dann steige der Wert in viele Tausende. Dazu aber müsse das Eisen immer aufs Neue in die Glut und müsse wieder und wieder gehärtet werden. So sei es auch mit den Menschen. Wer etwas Tüchtiges werden wolle, der müsse immer wieder in den Schwefelofen der Not hinein; da erst stähle sich der Charakter. Das habe ich nicht vergessen."

Wir leben in einer leidscheuen Gesellschaft. Schmerzstillende, lindernde und leidsparende Medikamente werden von uns geschluckt. Gut, dass wir solche Medikamente haben. Sie schwächen aber unsere Widerstandskraft und stählen nicht unseren Charakter. Die Gnade des Leides zu bejahen, Leid als Geschenk und Gunst Gottes anzusehen, fällt uns unendlich schwer. Vielleicht müssen wir es wieder lernen.

Drum will ich, weil ich lebe noch, das Kreuz Dir fröhlich tragen nach. Mein Gott, mach mich dazu bereit, es dient zum Besten allezeit; hilf mir mein Sach recht greifen an, dass ich den Lauf vollenden kann. Amen.

(Martin Moller)

Er wird deinen Fuß nicht gleiten lassen; und der dich behütet, schläft nicht.
PSALM 121, 3

Wie gehen wir Christen mit Krankheit und Leiden um?

Es gibt eine schlichte Parabel von einem chinesischen Bauern. Er hatte sehr mageres Land zu beackern, nur einen Sohn, der ihm half, und nur ein Pferd zum Pflügen. Eines Tages lief ihm das Pferd davon. Alle Nachbarn kamen und bedauerten den Bauern ob seines Unglücks. Der Bauer blieb ruhig und sagte: „Woher wisst ihr, dass es Unglück ist?" In der nächsten Woche kam das Pferd zurück und brachte zehn Wildpferde mit. Die Nachbarn kamen wieder und gratulierten ihm zu seinem Glück. Wieder blieb der Bauer ruhig und sagte: „Woher wisst ihr, dass es Glück ist?" Eine Woche später ritt sein Sohn auf einem der wilden Pferde und brach sich ein Bein. Nun hatte der Bauer keinen Sohn mehr, der ihm helfen konnte. Die Nachbarn kamen und bedauerten sein Unglück. Wieder blieb er ruhig und sagte: „Woher wisst ihr, dass es Unglück ist?" In der folgenden Woche brach ein Krieg aus und Soldaten kamen ins Tal, um alle jungen Männer mitzunehmen mit Ausnahme des Bauernsohnes, der nicht mitmusste, weil er sich ein Bein gebrochen hatte.

Wir alle kennen das Sprichwort: „Nichts ist so schlecht. Es hat auch sein Gutes." Aus der Perspektive Gottes muss Krankheit kein Unglück sein. Das veranschaulicht eindrücklich die schlichte Parabel. Unsere Deutungsversuche von Glück und Unglück, von Gesundheit und Krankheit sind oft ungenau und vorschnell. Wir denken wie die Nachbarn des Bauern. Nur Gott schaut weiter und sieht die Zusammenhänge.

Kein Urteil mich erschrecket, kein Unheil mich betrübt, weil mich mit Flügeln decket mein Heiland, der mich liebt. Amen.

(Paul Gerhardt)

Was wir jetzt leiden müssen, dauert nicht lange und ist leicht zu ertragen in Anbetracht der unendlichen, unvorstellbaren Herrlichkeit, die uns erwartet.
2. KORINTHER 4, 17

Ganz schön schwer.

Unter diesem Thema hat Gotthard Fuchs einen Beitrag geschrieben. Er zitiert Rainer Maria Rilke, der einem jungen Dichter schreibt, der ziemlich verzweifelt und ohne Erfolg lebt. „Wir wissen wenig, aber dass wir uns zu Schwerem halten müssen, ist eine Sicherheit, die uns nicht verlassen wird." Klingt äußerst altklug. Und doch gibt es kein Leben ohne Ermäßigung und ohne Vorbehalt. Fuchs wörtlich:

> „‚Ganz schön schwer' – antworten Kinder bisweilen auf die Frage, wie es in der Schule war. Auch die Erwachsenen kennen diese Redewendung nur zu gut. Ein zentral christliches Wort dafür heißt: Herrlichkeit – im Hebräischen *kabod*: Gewicht, Schwere, Bedeutung. Die Herrlichkeit Gottes ist eine Wucht, das haut einen um. ‚Ganz schön schwer' – (...) so ist das sterbliche Leben, so ist der christliche Glaube, so ist authentische Spiritualität."

Ich möchte es wie der Paulus auch glauben, leben und sagen können, dass alle Leiden und Schmerzen im Angesicht der „unvorstellbaren Herrlichkeit" leicht zu ertragen sind. Leben wir hier nicht gegensätzlich? Wir wollen gesund bleiben und geben das Letzte her, um uns hier so lange wie möglich einzurichten. Ist das nicht verrückt?

Treuer Herr und Gott, wir glauben an Dich. Schenk uns die Kraft, dass wir im Leid nicht verzweifeln, sondern Deine „unvorstellbare Herrlichkeit" erwarten. Amen.

Bei allem, was ihr tut, hütet euch vor Nörgeleien und Zweifel. Dann wird euer Leben hell und makellos sein, und ihr werdet als Gottes vorbildliche Kinder mitten in dieser verdorbenen und dunklen Welt leuchten wie die Sterne in der Nacht.
PHILIPPER 2, 14–15

„Vergiss nie, dass du ein Ravenstein bist",
so sagte ein alter Edelmann beim Abschied seinem Sohne; „wenn je die Versuchung zu ehrlosem Tun an dich herantreten sollte, so sage dir: ‚So etwas tut ein Ravenstein nicht!'" Der Sohn versprach es. An der Universität traf er einen weisen Ratgeber, der auch zum Geschlecht der Ravensteiner gehörte. Dem erzählte er mit Stolz das Mahnwort, das ihm der Vater mit auf den Weg gegeben.

Der Alte schüttelte seinen Kopf und sagte: „Mein Lieber, wenn ich heute an all das denke, was ich in meinem Leben getan habe, dann kann ich nur mit Grauen die Worte hören: So etwas tut ein Ravenstein nicht! Sei sicher, wenn es irgendeine Lumperei gibt, so ist sie auch schon von einem Ravensteiner oder einer Ravensteinerin vollbracht worden. Ich sage dir heute umgekehrt: Vergiss nie, welche gefährliche Erbschaft du in dir trägst; wir haben riesige Schufte und heimliche Banditen unter uns gehabt."

Der Junge unterbrach den Alten: „Ich ahne, dass Ihr unbedingt recht habt, aber woran soll ich mich halten?" Er rief ihm zu: „Vergiss, dass du ein Ravenstein bist, aber vergiss nicht, dass du ein Gotteskind bist und dass Gott Mensch wurde, um dich an diese deine vornehmste Herkunft zu erinnern; in allem Zwiespalt des Lebens habe Gott vor Augen und im Herzen."

Wir tragen den Rock des höchsten Königs. Welche Schande, ihn zu beschmutzen oder ihn zu verunehren!

Herr, erinnere mich ständig daran, dass ich zu Dir gehöre. Amen.

Denkt nicht, dass ich gekommen bin, das Gesetz und die Propheten aufzulösen! Ich bin nicht gekommen aufzulösen, sondern zu erfüllen.
MATTHÄUS 5, 17

Die Treue zu Gott geht über alles.

Der jüdische Geschichtsschreiber Flavius Josephus schildert in einem Bericht, mit welcher Inbrunst die Juden das jüdische Gesetz liebten und verehrten.

Der römische Statthalter in Jerusalem hatte von Rom eine scharfe Anweisung erhalten, keine weitere Rücksicht zu nehmen auf Proteste, die das jüdische Volk mit Berufung auf sein geheiligtes Gesetz gegen die Aufstellung von Büsten des Cäsar in den Straßen von Jerusalem und gegen die göttliche Verehrung, die für diese Kaiserbilder gefordert wurde, vorbrachte. Als nun der Statthalter angekündigt hatte, dass er dieses Gebot des römischen Cäsar am nächsten Tage öffentlich verkünden würde, strömte von weither die Landbevölkerung in die Stadt. Als der Statthalter auf der Ausführung des Befehls bestand, warf die ganze Volksmasse sich zu Boden und blieb fünf Tage und fünf Nächte mit dem Gesicht nach unten gekehrt unter ununterbrochenen Gebeten auf dem Platz liegen.

Nach fünf Tagen erschien der Statthalter von Neuem vor dem Volke, wiederholte sein Verlangen und befahl den Legionen, mit gezückten Schwertern gegen die Volksmasse vorzurücken. „Tötet uns alle", rief das Volk, „tötet auch unsere Kinder und Frauen, wir wollen lieber sterben als uns gegen das Gesetz unseres Gottes versündigen." Dieser unerwartete Widerstand erschütterte den Römer derart, dass er den Befehl zurückzog und die Bilder entfernen ließ. Die Juden wollten lieber in die Hände der Feinde Gottes fallen als in die Hände des lebendigen Herrn (Hebräer 10, 31). Die Treue zu Gott, zu den Gesetzen und Geboten ging ihnen über alles.

Herr, Du bist nicht gekommen, das Gesetz und die Propheten aufzulösen. Du willst die Erfüllung. Wenn Du uns nicht stärkst, versagen wir. Amen.

Selig sind die Sanftmütigen, denn sie werden das Erdreich besitzen.
MATTHÄUS 5, 5

Der Ameisenstaat als Vorbild.

Hast Du mal vor einem Ameisenbau gestanden? Dann weißt Du, welche staunenswerte Ordnung, Arbeitsteilung und Arbeitsgemeinschaft dort herrscht. Da gibt es keine Streiks, keine Revolution und keine Diktatur; jeder weiß genau, wo und was er zu arbeiten hat, und ist pünktlich zur Stelle. Ein unfehlbarer Instinkt ersetzt Polizei und Führerschaft.

Dem Menschen ist der architektonische Instinkt der Ameise nicht gegeben. Gewiss besitzt auch er soziale Gefühle, ja sogar Herdeninstinkte, aber sie sind bei Weitem nicht stark genug, um der Macht der antisozialen Leidenschaften zu widerstreben, die unablässig aus dem Vulkan der unersättlichen Selbstsucht der Einzelnen und der Völker hervorbrechen.

In der menschlichen Gesellschaft wütet der Krieg aller gegen alle. Und zwar selbstmörderischer als im Tierreich. Der kalte und heiße Krieg wird brutaler, raffinierter und unmenschlicher. Heute scheinen viele zu denken: „Selig sind die Erbarmungslosen, denn sie werden die Erde besitzen."

Die Ameise konzentriert alle Kraft auf die Vollendung ihres Baus. Wenn nicht über der Demokratie die *Theokratie* thront, über der Volksherrschaft die *Gottesherrschaft*, missbraucht der Mensch seine Vernunft dazu, um tierischer als nur ein Tier zu sein. Glückselig sind die Gewaltlosen, die Sanftmütigen. Sie – und niemals die andern – werden die Erde besitzen.

Herr, Du preist die Sanftmütigen selig, die auf Macht, Gewalt und Unterdrückung verzichten. Schenke uns Deinen Geist dieser Gesinnung! Amen.

Wir segnen, wenn man uns verflucht; wir ertragen es, wenn man uns verfolgt; wenn man uns beschimpft, antworten wir mit freundlichen Worten.
1. KORINTHER 4,12

Es ist schwer, Rachegefühle zu beherrschen.

Ich fand das Gebet eines Zaddik, eines Gerechten, eines Führers einer jüdischen Chassidischen Gemeinde, das Elie Wiesel schrieb:

> „Ich habe deine Gerechtigkeit, deine Güte nie infrage gestellt, obwohl ihre Wege meinem Begreifen oft entgangen sind. Ich habe mich unter alles gebeugt und habe zu allem Ja gesagt viel mehr aus Liebe und Dank als aus Resignation. Ich habe die Züchtigungen, das Sinnlose, die Blutopfer auf mich genommen. Ich bin selbst schweigend über den Tod einer Million Kinder hinweggegangen. Ich habe mich für das Gebet und die Anbetung entschieden. Ich habe mich bemüht, in ein Lied zu verwandeln den Dolch, den du so oft in mein dir gehorsames Herz gestoßen hast (...). Aber damit ist Schluss. Hörst du mich? Ich kann nicht mehr. Wenn du dieses Mal dein Volk im Stich lässt, dann wisse, o Herr, von allem, was atmet, wisse, dass du nicht mehr die Liebe deines Volkes verdienst (...)."

Man kann die Gefühle des Zaddik verstehen. Aber unsere Gefühle sind schlechte Ratgeber. Der Zaddik sagt: „Ich habe mich für das Gebet und die Anbetung entschieden." Das ist Umkehr in der Tiefe unserer Existenz. Wenn wir uns im Namen Jesu für das Gute entscheiden, überwinden wir das Böse. Dann können wir segnen, die uns verfluchen. Wir können die ertragen, die uns verfolgen. Und wir können denen freundlich antworten, die uns beschimpfen.

Herr, überwinde mich, dann ist das Böse überwunden. Herr, heile mich, dann sind die Rachegefühle geheilt. Amen.

Selig sind, die seine Gebote halten.
OFFENBARUNG 22, 14

Welche Maßstäbe gelten?

In der Zeitung „Die Welt" las ich das Schlusswort eines Angeklagten. In Auszügen werde ich es hier wiedergeben, was er den Geschworenen sagte:

> „Ich halte es für selbstverständlich, dass ich freigesprochen werde! In welcher Welt leben Sie eigentlich, dass Sie so viel Lärm veranstalten um das, was ich tat? Es war ein dickes Ding, das gebe ich zu. Wenn ich morgens aufstehe, meine Herren, höre ich die Ratschläge unserer Zeit. Ich soll mir keine Sorgen machen, das Leben genießen. Wo das Glück ist, habe ich dann gesehen. Es hing überall an den Wänden aus Stein und Beton. Mal war es ein Weib im Pelz, dann war es wieder eine Villa am Waldrand, Champagner, der aus einem Glas perlte, ein Auto mit Chrom oder ein Luxushotel an der Riviera. Ich habe zu mir gesagt: Das ist für dich. Und nun, meine Herren, was habe ich eigentlich getan? Ich habe die Gebote unserer Welt befolgt. Ich habe den Champagner perlen lassen. Und nun will mir dieser Herr da vorne plötzlich sagen, dass es Unrecht war, was ich getan habe? Ich bin ein moderner Mensch und ein Opfer finsterster Reaktion."

Mit diesem Angeklagten werden Unzählige sagen: „Verrückt, die seine Gebote halten." Das bringt nichts ein. Die Welt lebt nach anderen Gesetzen. Schwärmer, die seine Gebote halten, Weltfremde. Und doch steht Folgendes fest: Gott ist der Herr der Welt – nicht nur der Frommen. Und Jesus preist die Menschen selig, die seine Gebote halten – ohne Einschränkung.

Herr Jesus Christus, hilf, dass wir uns nicht vom Zeitgeist anstecken lassen, sondern Deine Gebote ernst nehmen. Amen.

Was gehört zum Wesen dieser Welt? Selbstsüchtige Wünsche, die Gier nach allem, was einem ins Auge fällt, Selbstgefälligkeit und Hochmut. All dies kommt nicht von Gott, unserem Vater, sondern gehört zur Welt.
1. JOHANNES 2, 16

„Herr, gib uns *Taft* zum Tragen!"

In einer Zeitschrift lese ich, dass um die Jahrhundertwende eine Pfarrfrau sich mit dem mühsam zusammengesparten Geld etwas Taft (Stoff aus Seide oder Chemiefäden) zum Schmücken ihres Kragens kaufen wollte. Als sie ihren Mann fragte, war der entsetzt. Er war bei der Predigtvorbereitung über Johannes dem Täufer in der Wüste, der nur mit einem Kleid aus Kamelhaaren bedeckt war. Die Frau bettelte, aber der Pfarrer blieb hart. Er ging mit seiner Frau zur Kirche und hatte ein schlechtes Gewissen. Seine Frau saß verheult unter der Kanzel. Beim Schlussgebet versprach er sich und betete: „Herr, gib uns Taft zum Tragen ..." Im Gottesdienst saß auch der Stoffhändler, hatte von dem Streit gehört und war so angetan, dass er heimlich den gewünschten Taft als Geschenk im Pfarrhaus vorbeibrachte.

Das war um die Jahrhundertwende. Über solche „Kleinigkeiten" können wir doch nur lächeln. Wie hat sich heute alles geändert! Aber die selbstsüchtigen Wünsche und die Gier nach allem, was ins Auge fällt, haben sich vervielfacht. Oder?

Herr, Du kennst unsere selbstsüchtigen und habgierigen Wünsche. Von allen Seiten prasselt die Werbung auf uns ein. Du kannst unsere Wünsche und Ansprüche im Zaum halten. Amen.

Dreimal habe ich Schiffbruch erlitten; einmal trieb ich sogar einen Tag und eine ganze Nacht hilflos auf dem Meer. Auf meinen vielen Reisen bin ich immer wieder in Gefahr geraten.

2. KORINTHER 11, 25–26

Stürmische Zeiten.

Paulus hat etliche Schiffbrüche und Stürme im Leben aushalten müssen. Ein Kapitel weiter sagt er den entscheidenden Satz: „Denn ich weiß: gerade wenn ich schwach bin, bin ich stark“ (2. Korinther 12, 10).

Und ein Ausleger schreibt, dass oft nach der Ruhe der Sturm kommt. Stürme kommen plötzlich und unerwartet. Wörtlich:

Schiffbruch in der Karriere,
Turbulenzen in der Ehe,
plötzlicher Gegenwind von Kindern,
gesundheitlicher Einbruch,
Wellen finanzieller Schwierigkeiten.

Diese Stürme können dazu führen, dass wir aufgeben müssen, ehe wir am Ziel unserer eigentlichen Planungen angekommen sind.

Stürme und Schiffbrüche können entmutigen, können deprimieren. Die Erfahrungen können uns aber auch herausfordern. Krisen sind und werden zu Herausforderungen Gottes. Wir lernen aus Pleiten und Erschütterungen. Wir geben nicht auf, weil wir IHM vertrauen. Alles muss an IHM vorbei.

Herr, Lebensstürme können riesige Ängste in uns auslösen, können uns zur Verzweiflung bringen. Hilf uns, dass wir in der Verzagtheit nicht aufgeben. Amen.

In Wirklichkeit verdreht ihr so die Wahrheit. Eine solche Weisheit kann niemals von Gott kommen. Sie ist irdisch, ungeistlich, ja teuflisch. Wo Neid und Streitsucht herrschen, da gerät alles in Unordnung.
JAKOBUS 3, 14–16

Die Schlafwandler.

Der libanesische Weise und Schriftsteller Kahlil Gibran erzählt von einer Frau und ihrer Tochter:

> Beide wandelten im Schlaf. Eines Nachts trafen sich Mutter und Tochter schlafwandlerisch im nebelverhangenen Garten: Die Mutter sprach: „Endlich habe ich dich, Feindin! Du warst es, die meine Jugend zerstörte. Ich möchte dich töten." Und die Tochter erwiderte und sagte: „Verhasstes Weib, selbstsüchtige Alte. Immer noch stehst du meiner Freiheit im Weg."
> „Ach, wärst du doch tot."
> In diesem Augenblick krähte der Hahn und beide Frauen erwachten. Voller Sanftmut fragte die Mutter: „Bist du es, mein Herz?", und die Tochter antwortete sanftmütig: „Ja, liebe Mutter!"

Im Traum, im Unbewussten sind wir ehrlich. Da kommt die Wahrheit ans Licht. Wo Neid und Streitsucht herrschen, geraten Lüge und Wahrheit durcheinander. Wer sich im Wachen verstellt, löst keine Probleme. Beide Parteien lügen. Darum lassen wir uns in der Seelsorge gern Träume erzählen. Sie bringen ans Licht, was wir zutiefst denken.

Herr, hilf, dass wir voreinander ehrlich werden, dass wir uns nicht verstellen, dass wir uns nicht etwas vorspielen und leiden. Amen.

Beweise deine wunderbare Güte, du Heiland derer, die dir vertrauen, gegenüber denen, die sich gegen deine rechte Hand erheben.
PSALM 17, 7

Glaube ist auch Vertrauen.

Im christlichen Glauben spielt das Vertrauen eine entscheidende Rolle.

Der Sprachwissenschaftler Eugen A. Nida, der verschiedene Begriffe unseres Glaubens in mehreren Sprachen untersucht hat, schrieb über das Vertrauen, es sei das Mittel, das den Zweifel heile, doch Vertrauen wachse nicht auf dem Boden des Wunschdenkens. Es komme aus der Gewissheit. Die Navajos beschrieben das Vertrauen mit einem Prozess. Sie sagten, man müsse eine Spur bis zum Ziel verfolgen. Wenn das Pferd das mit Hecken umgrenzte Gehege verlassen hätte, dann gäbe es nur eine Möglichkeit, es wiederzufinden: man müsse seine Hufspuren so lange verfolgen, bis man es erreicht hätte. Vertrauen in die Wahrheit des Evangeliums erwachse nicht aus mühseliger Spekulation über mögliche Wahrheiten. Es liegt darin, die Spur des Gegenstandes unseres Vertrauens bis ans Ziel zu verfolgen.

Vertrauen ist Tat. Vertrauen ist Aktion. Vertrauen will gelebt werden. Gott ist der „Gegenstand" unseres Vertrauens. Wir verfolgen seine Spur bis ans Ziel. Wer aufgibt, wer sein Vertrauen wegwirft, wer resigniert, verfehlt das Ziel.

„Vertrauen schenken ist eine unerschöpfliche Kapitalanlage", sagte Pestalozzi, der bedeutende Erzieher. Vertrauen schenken zahlt sich aus: bei Kindern, bei Ehepartnern, bei Nachbarn und Freunden und erst recht bei Gott. Der Zweifler wird geheilt, sagt Eugen A. Nida, wenn er Vertrauen investiert. Der Skeptiker kann Gottes Güte nicht erfahren.

Ich traue seiner Gnaden, die mich vor allem Schaden, vor allem Übel schützt; leb ich nach seinen Sätzen, so wird mich nichts verletzen, nichts fehlen, was mir ewig nützt. Amen.

(Paul Fleming)

Es ist aber der Glaube ein zuversichtliches Vertrauen auf das, was man hofft, ein festes Überzeugtsein von Tatsachen, die man nicht sieht.
HEBRÄER 11, 1

Glaube und Vertrauen gehören unauflöslich zusammen.

Von Papst Johannes XXIII. stammt ein treffendes Wort: „Wer glaubt, der zittert nicht. Er überstürzt nicht die Ereignisse, er ist nicht pessimistisch eingestellt, er verliert nicht die Nerven. Glauben – das ist die Heiterkeit, die von Gott kommt."

Glauben und Vertrauen gehören unauflöslich zusammen. Vertrauen ist die Gewissheit, die der Glaube vermittelt. Die Gewissheit des Verstandes ist anders. Wer glaubt und sich vertrauend auf den lebendigen Gott verlässt, „der zittert nicht". Der Glaubende ist wie ein Alpinist, der sich rückhaltlos vertrauend seinem Bergführer ausliefert. Er vertraut, dass der Führer alle Wege kennt, alle Gefahren und Tücken richtig einschätzt. Er geht über gefährliche und ungefährliche Klippen in der Zuversicht des vollkommenen Vertrauens in den, der das andere Ende des Seiles festhält. Diese unsichtbare Nabelschnur lässt keinen niederdrückenden Pessimismus zu. Dieses gelebte Vertrauen wird belohnt. Wir „drehen nicht durch", weil wir uns in fester Hand wissen. Wir reagieren „gelassen" und mit „Heiterkeit", weil wir darauf vertrauen, dass alle Dinge an Gott vorbeimüssen.

Menschen, die dieses Kapital weggeworfen haben, erfahren am eigenen Leibe Misstrauen, Hoffnungslosigkeit, Verzweiflung, Ungeborgenheit, Nervosität, Pessimismus und innere Zerrissenheit. Wer glaubt und sich seinem Herrn ausliefert, wird die stärkste Begleitung erfahren, die wir uns vorstellen können.

Auf meinen lieben Gott trau ich in Angst und Not; der kann mich allzeit retten aus Trübsal, Angst und Nöten, mein Unglück kann er wenden, steht all's in seinen Händen. Amen.

(Johann Hermann Schein)

Es ist viel besser, beim Herrn Schutz zu suchen, als sich auf Menschen zu verlassen.
PSALM 118, 8

Vertrauen und Verkrampfung.

Das Gegenteil von Vertrauen ist Verkrampfung.

Graf Dürkheim, Psychologieprofessor und Therapeut, sagt, dass jede Verkrampfung eigentlich Ausdruck mangelnden Grundvertrauens sei. Seit Jahren mache er die Beobachtung, dass, was auch immer die Ausgangsarbeit mit einem Menschen sein möge, ein Fortschritt auf dem Wege des Heilwerdens so lange nicht zu verzeichnen sei oder sich als Illusion erweise, solange sich die Schultern nicht aus der Verkrampfung lösten. Ein Mensch möge voll guten Willens sein, zustimmend und voller Einsicht, solange die Schulter sich nicht senke, geschähe nichts. Denn die leicht hoch gezogenen Schultern, zwischen denen der Mensch seinen Kopf einziehe, spiegelten ganz unmittelbar eine eingefleischte zentrale Sicherungstendenz wider.

Was bedeutet das für den Glauben? Bis in unsere Entkrampfung muss deutlich werden, ob wir uns dem Herrn ausgeliefert haben. Wer sich verspannt, kann sich nicht lösen. Wer sich verkrampft, kann nicht loslassen. Er will sich selbst sichern und sein Heft in der Hand behalten. Leib und Seele sind eine Einheit. Unser Körper verrät uns. Er spricht aus, was wir an Misstrauen und Ängsten in uns tragen.

Können Sie sich loslassen und Ihrem Herrn blindlings vertrauen? Was trauen Sie Ihrem Vater im Himmel zu?

Mein Herr und mein Gott! Ich bin so oft verkrampft. Ich liefere mich Dir nicht aus. Ich vertraue Dir nur stückweise. Hilf, dass ich rückhaltlos glaube und mich blindlings in Deine Hände fallen lassen kann. Amen.

Wahrlich, wahrlich, ich sage euch: Wer mein Wort hört und dem glaubt, der mich gesandt hat, der hat ewiges Leben und kommt nicht ins Gericht.
JOHANNES 5, 24

Es geht um den Glauben.

Der Glaube an Christus ist das A und O unseres Lebens. Das hat der dänische Philosoph und Theologe Sören Kierkegaard unvergesslich formuliert:

> „Wie preise ich Dich, Vater Abraham, dass Du es in 120 Jahren nur bis zum Glauben gebracht hast. Mein Friseur sagt: ‚Man muss höher kommen.' Du aber hast es in 120 Jahren nur bis zum Glauben gebracht."

Abraham hat gehört, vertraut, geglaubt und ist losgegangen. Glauben heißt nicht, am sicheren Ufer zu stehen und über die Tragfähigkeit des Wassers nachzudenken. Glauben heißt, ins Wasser zu springen und die Tragfähigkeit des Wassers zu erleben. Glaube ist Nachfolge, und ich werfe Gott – wie es Luther einmal in seiner drastischen Art ausgedrückt hat – „den ganzen Sack seiner Verheißung vor die Füße".

Wer hört und glaubt, den lässt Gott nicht im Ungewissen. Gott gibt Laut und hält, was er verspricht. Es muss auch kein Berge versetzender Glaube sein, kein Glaube, der imponiert. Jesus hat bekanntlich nicht gesagt: „Wenn ihr einen unerschütterlichen Glauben habt, könnt ihr Berge versetzen." Nein, er hat vom Senfkorn-Glauben gesprochen, einem lächerlich kleinen Glauben, der ausreicht, um Berge zu versetzen. Noch erstaunlicher: Der Glaube garantiert ewiges Leben, und zwar heute schon. Kierkegaard hat recht: Abraham ist zu preisen, dass er es nur bis zum Glauben gebracht hat.

Herr, Dir ist unendlich zu danken für die Zusage, dass unser Glaube allein bis in die Ewigkeit reicht. Amen.

Glücklich sind die Menschen, denen Gott ein reines Herz gibt, denn sie werden Gott schauen.
MATTHÄUS 5, 8

Es geht um Glück und Freude.

Wer keinen Herrn hat, hat wenigstens Pillen. „Happy-Pills“ sind die Bestseller der Pharmaindustrie. Und „Der Spiegel“ schrieb darüber, dass die Wunderdroge alle Tröstungen des Alkohols und des Christentums biete. Sie ersetze Haschisch und Heroin und gewähre, wie die Hersteller garantierten, einen frohen „Urlaub von der Wirklichkeit“ – alles ohne Kater und Kopfschmerzen. Die „Happy-Pills“ machten Aggressive sanftmütig, Nervöse dösig, Ängstliche mutig und Schlaflose sogar tagsüber träumerisch – an den Ursachen der Probleme ändere sie allerdings nichts.

Das Glück wird käuflich, so jedenfalls scheint es. Die Erlösung kommt nicht von Christus, sondern aus einem Röhrchen. Mangelnde Freude wird ausgeglichen durch Stimmungsmacher. Wer darum seinen Glückspegel hoch erhalten will, muss ständig schlucken. Wer hoch oben sein will, muss hoch dosieren. Die Zunahme des Verbrauchs von Psychopharmaka zeigt, wo die Wurzel allen Übels sitzt: Der Mensch hat keinen inneren Halt, er hat keinen Herrn, er hat keine Mitte. Er weiß sich nicht getröstet, darum greift er zu „Seelentröstern“.

Hier werden Scheinlösungen angeboten. Ein Schleier wird über Angst, Schuld, Schlaflosigkeit, Trauer, Resignation und Einsamkeit geworfen. Glücklich sind die Menschen, die nicht ihr Herz mit Psychopharmaka ruhigstellen, sondern denen Gott ein reines Herz gibt.

Lieber Herr! Wir wollen nicht vor der Wirklichkeit fliehen. Hilf, dass wir nicht vorschnell unsere Probleme zudecken und mit Psychopharmaka betäuben. Schenk uns die Kraft, Dir ganz zu vertrauen. Amen.

Herr, ich erkenne, dass du alles zu tun vermagst; nichts und niemand kann deinen Plan vereiteln. Ja, es ist wahr, ich habe von Dingen geredet, die ich nicht begreife, sie sind zu hoch für mich und übersteigen meinen Verstand. (...) Darum widerrufe ich alle meine Worte, ich bereue in Staub und Asche.
HIOB 42, 2–6 (AUSWAHL)

Hiob auf dem Mist.

Das ist Albrecht Dürers Bild vom leidenden Hiob. Das Bild zeigt im Hintergrund Feuer, das sein Hab und Gut zerstört hat. Bei Hiob ist Hoffnungslosigkeit. Sein Körper ist voll dem Schmerz ausgeliefert. Er rauft sich mit dem kleinen Finger seinen grauen Bart. Seine Frau versucht mit einem Eimer Wasser sein Leid zu lindern. Sie ist nicht von Resignation gepackt wie Hiob.

Im Mittelalter galt Hiobs Leiden als trostreiche Parabel, weil er anschließend geheilt wurde und großes Glück von Gott empfing. In einer Auslegung schreibt Nicola Bourdon, dass die Erzählung dafür stehe, nicht Gott bei einer Lebenskrise oder einer schweren Krankheit anzuklagen, sondern sich von Gott begleiten zu lassen und in jedem Augenblick an ihm festzuhalten, auch in der Klage und Anklage.

Hiob erfährt in der Tat eine wunderbare Fügung Gottes. Er empfängt von Gott einen unvorstellbaren Segen. Er bereut und schämt sich für alles, was er gesagt und gedacht hat. Für uns alle ist Hiob ein hilfreiches Lehrstück. Trotz Leid und Not wollen wir mit IHM im Gespräch bleiben.

Herr, in Hiob zeichnest Du uns einen Menschen, der auf dem Schutthaufen seines Lebens sitzt und Dich nicht aufgibt. Du führst ihn aus Bitterkeit und Hoffnungslosigkeit heraus. Amen.

Denn wer sich vor dieser treulosen und sündigen Generation meiner und meiner Worte schämt, dessen wird sich auch der Menschensohn schämen, wenn er mit den heiligen Engeln in der Hoheit seines Vaters kommt.
MARKUS 8, 38

Es geht um die Scham.

In dem Buch „Und wenn der Rabbi lacht" werden köstliche kleine Geschichten erzählt. Eine handelt von dem ehemaligen Ministerpräsidenten Ben Gurion in Jerusalem. Er lebte in einem Stadtbezirk, der vorwiegend von Deutschen bewohnt wurde. Ben Gurion begrüßte auf der Treppe des Hauses einen deutschen Juden als Nachbarn in Hebräisch. Der sagte zu ihm: „Verzeihen Sie, Herr Ministerpräsident, aber ich kann kein Hebräisch."

„Wie viele Jahre wohnen Sie bereits in Israel?", fragte Ben Gurion.

„Dreißig Jahre, Herr Ministerpräsident."

„Dreißig Jahre, und Sie schämen sich nicht, dass Sie kein Hebräisch können?"

„Wissen Sie, es ist viel leichter, sich zu schämen, als Hebräisch zu lernen!", sagte der Deutsche.

Mit der Scham sind viele Menschen schnell bei der Hand. Es kostet sie ein Lächeln, sich schamvoll herauszureden. Sie werden nicht einmal mehr rot dabei. Wenn es um Gott und sein Wort geht, ist Scham eine lebensbedrohliche Einstellung.

Herr, schenk uns Bekennermut, wenn es um Dich und Dein Wort geht. Hilf, dass wir Dich nicht verraten. Amen.

Jedes Ereignis, alles auf der Welt hat seine Zeit.
PREDIGER 3, 1

Zeit ist relativ.

Das macht der Zeitforscher Karlheinz A. Geißler an einem Beispiel deutlich:

> „Also, junger Mann, gibt es die Zeit, was meinen Sie?“, fragt das Mathematikgenie Kurt Gödel den jungen Automechaniker Edward in dem Kinofilm „*IQ. Die Liebe ist relativ*“. Edward antwortet nach kurzem Zögern:
> „Ich habe gerade was darüber gelesen. Da sind Zwillinge. Der eine von ihnen verlässt die Erde in einem Raumschiff mit Lichtgeschwindigkeit und der andere lebt weiter auf der Erde. Der Bruder, der die Reise ins Weltall gemacht hat, kommt nach vielen Jahren zurück und ist noch jung. Sein Zwilling auf der Erde ist im Gegensatz dazu sehr alt. Also, wer ist Ihrer Ansicht nach der Glücklichere von beiden?“
> „Der Jüngere“, meint Gödel ohne jeden Zweifel. „Nein“, korrigiert ihn Edward, „der, der hiergeblieben ist.“
> „Wieso?“, fragt verblüfft der Mathematiker.
> „Weil er ein erfülltes Leben hatte. Er hat erfahren, was Liebe und Schmerz sind, Familie und Freunde. Und der, der unterwegs war, an dem ist die Zeit vorbeigegangen.“

Hüten wir uns, dass wir drauflosleben, uns treiben lassen, und wir genießen keine „erfüllte Zeit“. Noch gibt es kein Raumschiff, das uns mit Lichtgeschwindigkeit durchs Weltall jagt. Wehe, wenn wir sagen müssen: „Die Zeit ist an uns vorbeigegangen.“ Gott ist der Herr der Zeit. Unser Leben, und was wir daraus machen, ist in seiner Hand.

Herr, die Zeit ist Dein Geschenk an uns. Hilf, dass wir sie nicht verplempern oder vergeuden. Gib, dass wir sie in Deinem Namen nutzen. Amen.

Jesus aber reckte alsbald die Hand aus und ergriff ihn und sprach zu ihm: „O du Kleingläubiger, warum zweifelst du?"
MATTHÄUS 14, 31

Wenn der Zweifel uns überfällt.

Bei William R. Inge fand ich ein treffendes Zitat über den Zweifel: „Du zweifelst an Gott? Es ist ganz natürlich und selbstverständlich, dass, wenn du sechzehn Stunden am Tag über die Angelegenheiten der Welt nachdenkst und nur fünf Minuten über Gott, diese Welt dir als eine zweihundertmal größere Realität erscheinen muss als Gott."

Das trifft den Kern der Sache. Die Bibel nennt den Zweifler *dipsychos*. Das ist der Mensch mit zwei Seelen. Mit der Seele für das Diesseitige und mit der Seele für das Jenseitige. Der Erfolg: Die harten Tatsachen um uns her zwingen uns auf den Boden der Realität. Die sogenannte unwirkliche, himmlische Welt löst sich in Wohlgefallen auf.

Jesus spricht den Petrus an. Keinen Randsiedler. Er hat alles im Stich gelassen, Heimat, Beruf, Familienbande. Petrus hat in Jesus den Sohn des lebendigen Gottes erkannt. Jesus kommt den Jüngern über die Wellen entgegen. Petrus hat Glaubensmut und geht dem Herrn entgegen.

Und dann bricht der Zweifel los. Die Realitäten der Welt, hier die tobende See, fegen den Glaubensmut des Petrus beiseite. Er sieht nur noch gefährliche Wellen, alte Erfahrungen als Fischer brechen auf, panische Angst vor der Tiefe überkommt ihn. Er schaut auf die sogenannten Tatsachen und beginnt zu sinken. Kleinglaube und Zweifel triumphieren. Bis Christus selbst eingreift.

Lieber Herr! Kleinglaube und Zweifel packen einen Deiner getreusten Gefolgsleute. Die Szene auf dem See zeigt uns: Wenn wir von Dir wegsehen, zieht uns der Zweifel in die Tiefe. Amen.

Jesus antwortete ihnen mit den Worten: „Die Gesunden haben keinen Arzt nötig, wohl aber die Kranken; ich bin nicht gekommen, Gerechte zu rufen zur Bekehrung, sondern Sünder."
LUKAS 5, 31

Wir dürfen Leiden und Sterben nicht verharmlosen.

In dem Roman „Die Jerominkinder" hat Ernst Wiechert einen Weltmenschen, einen reinen Diesseitsmenschen dargestellt. Er heißt Jumbo. Er trägt sein Schicksal ohne Auflehnung. Jumbo resigniert nicht, selbst in den Stunden größten Leides nicht. Mit dem „kleinen Leutnant" kommt Jumbo in der grenzenlosen Weite der russischen Steppe in Lebensgefahr. Beide haben Bauchschüsse. „Meinst du, dass niemand kommt?", fragt der junge Offizier. „Nein, niemand. Zwei arme Schächer sind wir, kleiner Leutnant, und es ist Zeit, den kleinen Erdengroll zu vergessen." Beide haben rasende Schmerzen und brennenden Durst. Sie teilen das Letzte. „Exitus", haucht Jumbo noch, „so sagen die Ärzte (...) Es war alles nicht so schlimm, wie sie immer behauptet haben."

Will der Dichter Ernst Wiechert Leiden und Sterben verharmlosen? Ist es wahr, dass alles nur halb so schlimm ist? Ist wirklich niemand da, der kommen kann? Der lebendige Gott ist nahe denen, die ihn anrufen. Ihnen und mir macht er sein Angebot: Ich bin für Sünder und Kranke da. Wir können uns wie Jumbo zu der Überzeugung versteigen, dass für uns „arme Schächer" niemand zuständig ist. Unser Herr ist kein Allheilmittel gegen jede Krankheit, aber ein Allheilmittel gegen den ewigen Tod.

Von guten Mächten wunderbar geborgen, erwarten wir getrost, was kommen mag. Gott ist bei uns am Abend und am Morgen und ganz gewiss an jedem neuen Tag. Amen.

(Dietrich Bonhoeffer)

Ich bin der Weg, die Wahrheit und das Leben.
JOHANNES 14, 6

Wovon lebt der Mensch? Was gibt dem Dasein Sinn?

In seinem Roman „Krebsstation" beschreibt Alexander Solschenizyn einen Mann, Jefrem, einen ungeschlachten Burschen der durch den Krankensaal geht und alle Menschen fragt, wovon sie denn nun leben. Schwierige Frage!

„Von der Luft", meint einer. „Von Wasser und vom Essen", ein anderer. „Vom Arbeitslohn oder von der Qualifikation", meinen wieder andere. Jefrem gibt sich nicht zufrieden. „Von der Heimat", meint einer, „daheim ist alles leichter." Jefrem fragt nun den Funktionär, der gerade ein Hühnerbein abnagt. „Darüber kann doch kein Zweifel sein", erwidert der ohne Zögern, „die Menschen leben von der Ideologie und den gesellschaftlichen Interessen."

Reicht das aus? Was ist der Sinn des Lebens? Wofür, wozu leben wir? Das Tier kann eine solche Frage nicht stellen. Jefrem, in Solschenizyns Roman, hat es erfahren: Die einen leben in den Tag hinein, die anderen machen sich ständig Gedanken. Die einen klammern sich an die Heimat, an die Arbeit, an Essen und Trinken, die anderen an eine Ideologie. Ist das alles, wenn der Tod auf der „Krebsstation" ständiger Begleiter ist?

Jesus gibt uns in dem oben genannten Wort eine umfassende Antwort auf den Sinn unseres Lebens. Fragen wir nicht nach dem besten Weg, nach dem einzigen sinnvollen Weg? Fragen wir nicht nach der Wahrheit, an die wir uns im Leben halten sollen? Jesus bietet sich uns selbst an: Er ist *der* Weg, *die* Wahrheit und *das* Leben.

Du bist alles, Herr, was ich in meinem Leben suche und brauche. Du bist nicht ein Weg, sondern der Weg, nicht irgendeine Wahrheit, sondern die Wahrheit und nicht ein x-beliebiges Leben, sondern das Leben. Amen.

Da rief er ein Kind, stellte es in ihre Mitte und sagte: Amen, das sage ich euch: Wenn ihr nicht umkehrt und wie die Kinder werdet, könnt ihr nicht in das Himmelreich kommen.
MATTHÄUS 18, 3

„Bleib, wie du bist!" Echt?

Unter dieser Überschrift veröffentlichte der Direktor des Evangeliumsrundfunks einen Beitrag. Wörtlich heißt es bei ihm:

> „‚Bleib wie du bist!', wünscht sich mancher zum Geburtstag und meint es gut. Doch gut gemeint ist auch hier das Gegenteil von gut. In seinen ‚Geschichten vom Herrn Keuner' schildert der Dramatiker Bertolt Brecht die folgende kleine Episode: Ein Mann, der Herrn K. lange nicht gesehen hatte, begrüßte ihn mit den Worten: ‚Sie haben sich gar nicht verändert.' ‚Oh!' ‚sagte Herr K. und erbleichte.'"

Wer bleibt, wie er ist, hat keine Umkehr vollzogen. Umkehr zum lebendigen Gott, das ist die biblische Botschaft. Wie Kinder werden, was heißt das?

> Sie zeigen ein kindliches Vertrauen,
> sie zeigen uns, wie sie wirklich denken,
> sie können sich ganz schwer verstellen,
> sie sind kindlich ehrlich.

Erst wenn wir vertrauensvoll – wie Kinder – uns in die Arme Gottes fallen lassen können, steht uns das Himmelreich offen.

Du kannst es schenken, dass wir unsere Lebensziele neu auf den Prüfstand stellen. Du rufst uns zur Umkehr, Du stellst unser Lebenskonzept infrage. An Kindern sollen wir uns ein Beispiel nehmen. Danke, Herr. Amen.

Wenn der Menschensohn seine Herrschaft antritt, wird es sein wie bei den zehn Mädchen, die bei einer Hochzeit als Brautjungfern mit ihren Lampen den Bräutigam abholen sollten. Nur fünf von ihnen waren klug, sich ausreichend mit Öl für ihre Lampen zu versorgen. Die anderen dachten überhaupt nicht daran, genügend Öl mitzunehmen.
MATTHÄUS 25, 1–4

Soll Deutschland die Welt retten?

Unter dieser Überschrift schreibt der Aufsichtsratsvorsitzende des Diakonie-Klinikums in Stuttgart über Schuldenmachen: „Es geht bestimmt nicht um Angstmacherei – aber die deutsche Staatsverschuldung wächst. Bund, Länder und Gemeinden sind mit rund 2.000 (!) Milliarden (!) Euro verschuldet."

Er macht deutlich, dass wir also restlos über unsere Verhältnisse leben und dass der Karren tief im Dreck stecke. Und wir machten uns auf den Weg zu Eurobonds. Noch einmal wörtlich: „Im Gleichnis von den klugen und törichten Jungfrauen spricht Jesus unmissverständlich von den Grenzen der Solidargemeinschaft. Wir können nicht die Schuldenlawine in Europa weiterrollen lassen und dann in der Not von anderen Solidarität fordern."

Jesus redet uns allen ins Gewissen. Nüchtern und realistisch beschreibt er unsere Situation. Wir alle müssen Vorsorge treffen. Wir alle müssen rechnen und kalkulieren. Wir dürfen und wollen in der Herde der Mitläufer und Mitschuldenmacher nicht mitrennen.

Herr, Du legst uns ein realistisches Gleichnis vor. Lass uns nicht zu den ahnungslosen und gleichgültigen jungen Frauen gehören, die Dich unvorbereitet empfangen wollen. Amen.

Wir alle aber, die wir mit unverhülltem Angesicht die Herrlichkeit des Herrn widerspiegeln, werden dadurch in sein Ebenbild umgestaltet von Herrlichkeit zu Herrlichkeit, weil der Herr des Geistes da am Werk ist.
2. KORINTHER 3, 18

Wir sind Gottes Ebenbild.

Ein Wissenschaftler unserer Tage hat ein Buch geschrieben mit dem Titel „Die zweite Schöpfung". Er schildert die Welt nach dem Jahr 2000. Er sieht den Menschen auf dem Weg zur zweiten Schöpfung. Er kann den Höhenflug verfehlen und zur Bestie werden:

> „Jetzt, da wir uns der zweiten Schöpfung nähern, finden wir unsere Möglichkeiten, in jeder der beiden Richtungen (Engel oder Bestie) weiterzugehen, außerordentlich vergrößert. Entweder entscheiden wir uns vorwärtszugehen oder aufwärts, einer schöneren Zukunft entgegen, oder wir ziehen uns auf die Bestialität zurück, beim Absturz in einen Abgrund, in den sich kein Tier wagen würde."

Die „zweite Schöpfung" ist der maßlose Hunger des Menschen nach Eben*bürtig*keit und nicht nach Eben*bild*lichkeit Gottes. Er will mehr als Gottes Bild und Gottes Gleichnis sein. Er will die Macht wie der lebendige Gott. Er beeinflusst die Erbmasse, verändert die genetischen Codes und „schafft" neue Lebewesen, die es bisher nicht gab. Diese „schöpferischen" Möglichkeiten sind ernst zu nehmende Produkte der „zweiten Schöpfung", wie Albert Rosenfeld schreibt.

Wir sind geschaffen, Gottes Bild in unserem Wesen, in unserem Handeln, in unserem Denken und Leben widerzuspiegeln.

Lieber Vater im Himmel! In Jesus kennen wir das Ideal Deines Ebenbildes. Hilf, dass wir an ihn glauben und durch ihn in sein Ebenbild umgestaltet werden. Amen.

Nicht vom Brot allein soll der Mensch leben, sondern von jedem Wort, das durch den Mund Gottes ergeht.
MATTHÄUS 4, 4

Der Mensch lebt nicht von tausend Mittelchen.

Ich habe heute eine beliebige Illustrierte durchgeblättert und die Anzeigen überflogen. Für und gegen alles gibt es Mittel und Präparate: Unsere Zähne sind geschützt vor Karies, Verdauungsstörungen werden reguliert, eine Wirkstoffkosmetik glättet Falten und Krähenfüße an Hals und Augenlidern, Frischzellen regenerieren und schaffen mehr Leben, mehr Jahre und größeres Glück. Verschleimte Bronchien und quälender Hustenreiz werden gestillt durch ein wirksames Elixier; schlank werden wir durch XYZ und erhalten eine ideale Figur. Von Schmerzen im Kopf, im Zahn, im Ohr befreit uns die Tablette. Konzentrationsfähigkeit und Denkvermögen steigert ein Vitaminpräparat mit zweiunddreißig Aufbaustoffen. Schlechte Schulnoten verhindert eine biologische Aufbaunahrung und ein wunderwirksames Präparat heilt Arthrose.

Die Liste ist unvollkommen. Von Kopf bis Fuß wird der Mensch gereinigt, entschlackt, geschützt, befreit, reguliert, geglättet, schlank gemacht, gesteigert, gefördert und wieder an Haupt und Gliedern geheilt. Betreiben wir nicht eine vollendete Symptomkosmetik? Der Markt bietet stets Mittel an. Aber der Mensch lebt nicht nur von tausend Mittelchen, Präparaten und Vitaminen, vom Brot, von den Produkten dieser Erde, er lebt – und dieses Wort ist wörtlich zu nehmen – vom Worte Gottes. Gottes Wort heilt, reguliert, befreit und verjüngt, aber nicht nur für ein paar Jährchen. Sein Wort ist kein Make-up für unser Leben, sondern Basis, Inhalt und Zukunft.

Herr, wir halten Ausschau nach tausend Mitteln und Pülverchen, die unsere Lebensqualität verbessern sollen. Dein Wort ist Leben, heilt und befreit. Wir danken Dir. Amen.

Aber unser Körper ist deshalb noch lange nicht für die Unzucht da, sondern für den Herrn, der auch der Herr über unsern Körper ist.
1. KORINTHER 6, 13

„Mein Bauch gehört mir!"

Damit gingen Tausende von Frauen auf die Straße, um Abtreibung gutzuheißen. „Mein Leib gehört mir!", sagt der Raucher und will jedem, der es hören will, sagen, dass nur er selbst für seinen „Selbstmord mit Zeitzünder" verantwortlich ist.

Die Bibel ist anderer Meinung: Unser Körper gehört Gott! Wer Gott gehört, gehört ihm mit Leib und Leben. Das ist die Konsequenz.

Eine britische Studie kam zu dem Schluss, jede Zigarette verkürze das Leben um fünfeinhalb Minuten – pro Schachtel also ca. anderthalb Stunden. Und die Medizinische Fakultät Harvard rechnet bei starken Rauchern mit 24-mal höherem Lungenkrebsrisiko, 19-mal höherem Emphysemrisiko, zwei- bis dreimal höherem Herzinfarktrisiko als bei Nichtrauchern, ferner mit häufigerem Auftreten von Mund-, Lippen-, Kehlkopf-, Bauchspeicheldrüsen- und Harnblasenkrebs. Rauchen führt also mutwillig Krankheiten herbei. Zugegeben, es gibt viele Faktoren, die uns krank machen und uns vergiften. Jeden Tag werden neue Gifte und Krebserreger in Speisen gefunden.

Ist das eine Entschuldigung? Wenn wir bewusst Gottes Wort ignorieren, wenn wir die angeführten Argumente als lächerlich abtun, wenn wir uns über bewusste Selbstzerstörung hinwegsetzen, wie wollen wir Gott ehren? Wird unser Handeln nicht zum gelebten Unglauben? Ist unsere Gleichgültigkeit nicht eine Beleidigung Gottes?

Herr, Du hast uns als Dein Eigentum erworben. Wir können nicht mehr rücksichtslos über uns verfügen. Hilf, dass wir die Erkenntnis in die Tat umsetzen. Amen.

Wisst ihr denn nicht, dass euer Körper der Tempel des Heiligen Geistes ist? Gott hat euch seinen Geist gegeben, der jetzt in euch wohnt.
1. KORINTHER 6, 19

Mein Leib ist mir zur Verfügung gestellt. Ich bin Treuhänder meines Leibes. Professor Ernst Lange beschreibt das treffend in einem seiner Bücher:

> „Ein Mann ist als Bote in einem großen Betrieb angestellt. Da er viele Wege zu erledigen hat, stellt ihm der Betrieb ein Dienstfahrzeug zur Verfügung. Nach einer Weile zeigt sich, dass der Mann sein Fahrzeug nicht pflegt, sondern rücksichtslos kaputtfährt und verkommen lässt. Man wird es ihm also wieder wegnehmen, aber nicht nur das. Man wird ihn entlassen. Denn wie kann einer ein brauchbarer Bote sein, der so mit seinem Dienstfahrzeug umgeht. Mein Leib ist das Gefährt meines Lebens. Ich habe ihn empfangen. Darum hat er Anspruch auf Erhaltung und Pflege (...) Wenn ich mein ‚Dienstfahrzeug' zerstöre, bin ich als ‚Bote' unbrauchbar und werde entlassen."

Wir sind seine Boten, unterwegs für ihn. Er hat uns einen Leib als „Dienstfahrzeug" zur Verfügung gestellt. Wollen wir es verkommen lassen? Gott hat uns ein unbeschreibliches Kapital zur Verfügung gestellt. Wir können damit arbeiten. Es gehört ihm. Ich glaube, dass mein Herr nicht kleinlich ist und mir meine „Privatfahrten" nicht mit dem Rotstift vorrechnet. Aber wenn ich mein „Dienstfahrzeug" missbrauche und sein Eigentum mutwillig schrottreif fahre, handele ich wie der Bote, der sich gegen seinen Arbeitgeber stellt. Lebe ich auf eigene Faust, vertreibe ich den Heiligen Geist aus meinem Leben.

Herr, ich bin Treuhänder meines Leibes, den Du mir zur Verfügung gestellt hast. Hilf, dass ich nicht treulos Deinen Tempel verkommen lasse. Amen.

Gott hat euch als sein Eigentum erworben. Macht ihm also mit eurem Körper Ehre.
1. KORINTHER 6, 20

Unser Leib – eine kostbare Einzelanfertigung.

Ein Kollege schenkte mir den Abzug eines fingierten Briefes der Firma „Schöpfer & Sohn". Er spricht für sich. Angefertigt wurde er in der Abteilung „Mahnungen". Er lautet:

> „Sehr geehrtes Geschöpf! Sie erhielten von uns: Einen Leib, funktionstüchtig, komplett ausgestattet mit hohem künstlerischen Wert in der Einzelanfertigung, ein Leben, überaus kostbar, eine größere Menge an Verstand und Gefühl, einen ausgeprägten Willen samt Anleitung, zum Gebrauch mehrere hochwertige Begabungen und Fähigkeiten; eine ausreichende Menge an Urvertrauen, Unmengen Rohstoffe und Energie, seelische Kräfte wie Freude, Liebesfähigkeit etc. Sie erhielten außerdem eine komplette Anleitung zum Gebrauch dieser Lieferung. Ihre bisher ausgebliebenen Gegenleistungen haben die Schulden in eine unglaubliche Höhe getrieben. Bedenken Sie bitte die zusätzlichen Mahnkosten (Krankheit usw.) und die Schadenersatzforderungen für alles durch Sie entstandene Unheil wie Misstrauen, Neid, Boshaftigkeit, Streit, Verletzungen etc. Mit freundlichem Gruß, Ihr Schöpfer."

Die „Mahnung" spricht für sich. Wir leben drauflos, ohne die Gebrauchsanleitung ernst zu nehmen. Die Bibel ist die „Gebrauchsanweisung" unseres Schöpfers. Weil wir den funktionstüchtigen Leib nicht als sein Eigentum betrachten, haben wir die „Schulden in eine unglaubliche Höhe getrieben". Sehen wir den „Mahnkosten" ruhig entgegen?

Lieber Herr, mein Leib ist in der Tat eine hervorragende Einzelanfertigung. Gib mir das Wollen und das Vollbringen, Dein Eigentum als Tempel Deines Heiligen Geistes vor Unheil zu bewahren. Amen.

Alles, was Gott uns gibt, ist gut und vollkommen.
JAKOBUS 1, 17

Wir feiern Erntedankfest.

Jemand schreibt, dass er dankbar sei für die Steuern, die er zahle, das bedeute, er hätte Arbeit und Einkommen, dass er dankbar sei für die Hose, die zu eng sitze, das bedeute, dass er genug zu essen besitze, dass er dankbar sei für den Rasen, den er mähen müsse, das bedeute, er habe ein Zuhause. Man kann etwa auf diese Weise danken:

> „Ich bin dankbar für die Wäsche und den Bügelberg, weil das bedeutet, dass ich genug Kleidung habe, für die Müdigkeit und die schmerzenden Muskeln am Ende des Tages, weil das bedeutet, ich bin fähig, hart zu arbeiten ..."

Wie viel Grund haben wir zu danken? Alles keine Selbstverständlichkeiten!

Wir können essen, wir können sehen, wir können gehen, wir können arbeiten, wir können ruhig schlafen, wir können es uns gut sein lassen.

Öffne unsere Augen, Herr, dass wir diese Gaben nicht als selbstverständlich hinnehmen.

Herr,
Du hast uns ***reich*** *gemacht,*
gib, dass wir den Reichtum an Arme weitergeben;
Du hast uns ***satt*** *gemacht,*
gib, dass Hungernde an unseren Gaben teilhaben;
Du hast uns ***froh*** *gemacht,*
gib, dass wir anderen die Freude mitteilen;
Du hast uns ***zufrieden*** *gemacht,*
gib, dass Mitmenschen unsere Zufriedenheit erleben;
Du hast uns ***reich beschenkt,***
gib, dass wir mit diesem Segen auch andere beglücken. Amen.

Wie können wir Gott nur angemessen danken – für euch und für alle die Freude, die ihr uns vor unserem Gott bereitet?
PSALM 3, 9

Erntedankfest.
Dieses Fest können wir auf verschiedene Weise feiern.

Manchmal bin ich dankbar,
dass es Nudeln gibt, schließlich bin ich ein Kartoffelfan. Ich freue mich, dass ich weniger essen muss;
manchmal bin ich dankbar,
dass ich im Stau stehe, Gott zeigt mir, dass nicht alles glattgeht;
manchmal bin ich dankbar,
dass das Fernsehen nichts Vernünftiges anbietet, meine Frau und ich kommen zu guten Gesprächen;
manchmal bin ich dankbar,
dass ich völlig erschöpft aus dem Garten komme. Gott hat mir ein wunderbares Zuhause geschenkt.

Sind wir wirklich dankbar für alle Freuden des Leibes und der Seele? Dankbar für einen reich gedeckten Tisch, für gesunde Kinder, für eine Arbeitsstelle, für Frieden ohne Krieg, für Gesundheit ohne Krankheit, für freie Gottesdienste ohne Verfolgung und für ein relativ stressfreies Leben?

Erntedank ist Lebensdank. Erntedank ist auch Dank für Lebensfreude, für Lebensgenuss und ein friedvolles Leben. Wer keine Ackerfrüchte genießt, genießt den Supermarkt Gottes in seiner Fülle.

Herr, Du hast mich dankbar gemacht,
dass ich sehe die Schönheit Deiner Schöpfung,
dass ich bestaune den Reichtum Deiner Gaben,
dass ich beglückt erfahre, was Du alles für mich tust. Amen.

Verwirf mich nicht in meinem Alter, verlass mich nicht, wenn ich schwach werde.
PSALM 71, 9

Lange leben wollen alle und alt werden?

Erika Krumwiede stellt in einer Auslegung die Frage an vier unterschiedliche Menschen: „Willst du lange leben?"

Alle vier antworten mit einem klaren Ja.

Dann stellt sie an sechs andere die Frage: „Willst du alt werden?"

Und alle sechs Befragten antworten eindeutig mit Nein.

Und sie kommentiert: „Was ist der Unterschied? Ich frage einen, den anderen, den dritten, den vierten, fünften, sechsten. Sie wenden sich ab und sagen: ‚Lange leben und alt werden sind wie Himmel und Hölle.'"

Vielleicht übertrieben, und doch spiegeln alle Befragten menschliche Ängste wider. Der Psalmist drückt die Altersängste aus. Wer schwach wird, fühlt sich leicht von Gott verlassen. Wir spüren in erster Linie die Gebrechen und nicht seinen Beistand. Wir erleben unsere Schwäche und nicht Gottes Hilfe. Wir erfahren unsere Begrenzung und nicht seine Allmacht.

Wir können nur mit Jochen Klepper beten:

„Der Du allein der Ewige heißt
und Anfang, Ziel und Mitte weißt,
im Fluge unserer Zeiten:
bleib Du uns gnädig zugewandt und führe uns an Deiner Hand,
damit wir sicher schreiten!" Amen.

Ihr seid das Licht der Welt! Eine Stadt, die oben auf einem Berge liegt, kann nicht verborgen bleiben.
MATTHÄUS 5, 14

Sind wir Licht in der Welt?

Vor Jahren sprach ich auf einer Predigertagung. In einer Arbeitssitzung bekamen alle den Auftrag, aus der Bergpredigt ein Wort auszuwählen, das dem Betreffenden viel bedeutete und zu dem er einige Gedanken äußern möchte. Zwei Brüder hatten zufällig das Wort gewählt: „Ihr seid das Licht der Welt." Aber beide deuteten aus dem persönlichen Glaubensleben den Text ganz verschieden. Der eine sagte: „Für mich als Prediger gibt es nichts Schöneres zu wissen: Ich bin das Licht der Welt. Ich muss nicht krampfhaft strahlen und Helligkeit erzeugen. Ich bin Licht." Und der andere sagte aus seinem Erleben: „Dieses Wort ist für mich jeden Tag die größte Anfechtung in meinem Dienst. Ich möchte Licht sein und befürchte, Rücklicht, Stopplicht und schlechtes Licht zu sein."

Beide Aussagen haben ihre Bedeutung. Jünger Jesu sind Licht. Wenn sie dem Licht der Welt nachfolgen, muss dieses Licht in der Umgebung zu sehen sein. „Es ist unmöglich, dass der Mensch in die Sonne schaut, ohne dass sein Gesicht hell wird", schrieb ein frommer Denker. Licht ist das erste Schöpfungshandeln Gottes. „Es werde Licht."

Licht ist lebensnotwendig, so wie die Finsternis lebenstötend ist – ohne Licht kein Leben. Das macht Jesus klar. Jünger Jesu sind lebensnotwendig für diese Welt. Wie ein Scheinwerfer die Blicke nicht auf sich selbst zieht, sondern auf den angestrahlten Gegenstand, so werden die Menschen durch das Reden und Tun der Christen auf den Vater im Himmel aufmerksam. Sind wir solche Scheinwerfer?

Ich bin das Licht, ich leucht euch für mit heilgem Tugendleben. Wer zu mir kommt und folget mir, darf nicht im Finstern schweben. Ich bin der Weg, ich weise wohl, wie man wahrhaftig wandeln soll. Amen.

(Johann Scheffler)

Lebt nun auch als Menschen, die im Licht stehen! Aus dem Licht kommt lauter Güte, Gerechtigkeit und Wahrhaftigkeit.
EPHESER 5, 8–9

Christen sind das Licht der Welt.

Der Schriftsteller Uwe Johnson hat einen Artikel geschrieben mit der Überschrift: „Die guten Leute". Ohne viel Federlesen reißt er den sogenannten guten Leuten die Maske vom Gesicht. Er schreibt: „Die guten Leute essen von den Früchten, die ihre Regierungen für sie in der Politik oder auf den Märkten Asiens ernten. Die guten Leute wollen einen guten Kapitalismus, einen Verzicht auf Expansion durch Krieg, die guten Leute wollen das sprechende Pferd; was sie nicht wollen, ist der Kommunismus. Die guten Leute wollen eine gute Welt; die guten Leute lernen nichts dazu. Die guten Leute hindern nicht die Arbeiter, mit der Herstellung des Kriegswerkzeugs ihr Leben zu verdienen, sie halten nicht die Wehrpflichtigen auf, die in diesem Krieg ihr Leben riskieren, die guten Leute stehen auf dem Markt und weisen auf sich hin als die Besseren. Die guten Leute sollen das Maul halten. Sollen sie gut sein zu ihren Kindern, auch Fremden, ihren Katzen, auch fremden, sollen sie aufhören zu reden von einem Gutsein, zu dessen Unmöglichkeit sie beitragen."

Die guten Leute gibt es städteweise. Sie sind gut mit dem Kopf, mit der Zunge, in der Theorie. Auch unter Christen ist diese Krankheit verbreitet. Sie leben nicht als Menschen, die im Licht stehen. Denn „aus dem Licht kommt lauter Güte, Gerechtigkeit und Wahrhaftigkeit". Christen sollen ihren Glauben nicht hochhalten wie eine Lampe. Christen sollen auch nicht die Lampe beschreiben. Sie sollen vielmehr das Licht ihres Glaubens in die Welt hineinhalten, damit es die Welt erleuchtet.

Wir sind der Widerschein Deines Lichtes, lieber Herr. Je intensiver Du uns erleuchtest, desto heller wird es um uns her. Amen.

Jesus sprach weiter zu den Leuten: „Ich bin das Licht der Welt."
JOHANNES 8, 12

Ist ER unser Licht?

Auch das andere gilt: Wir sind das Licht der Welt. Darüber können wir meditieren. Zur Meditation oder zur Innerung können Gegenstände, Bilder und Sinnbilder benutzt werden. Friso Melzer schreibt: „So kann die Kerze als das Licht, das einzige Licht im Raum, zum Sinnbild für Christus und seine Sendung werden. Die leuchtende Kerze als Gegenstand der Innerung verlangt einen Raum, der dunkel oder zumindest in Dämmerung getaucht ist. Man hängt ein dunkles Tuch hinter die Kerze an die Wand (...). Die Übung mit der Kerze ist eine Grundübung. Sie ist leichter zu vollziehen als jede andere Übung."

Wer beharrlich übt, kann zur Erfahrung gelangen, die sich etwa in diesen Sätzen aussprechen lässt: „Dort steht die Kerze. Sie leuchtet und vertreibt die Finsternis. Sie verschenkt sich und nimmt dabei ab. Still gibt sie sich hin. Sie dient und opfert sich. Sie leuchtet als das eine Licht. So weist sie hin auf den einen, der von sich gesagt hat: ‚Ich bin das Licht der Welt.' Auch Er hat sich geopfert – für mich."

Meditation will uns still machen. In der Kerze erkennen wir das Sinnbild Christus als das Licht der Welt. Wir sind der Widerschein Seines Lichtes. Er hat uns hell gemacht und entzündet. Ist Er in uns als das Licht, werden wir leuchten.

Durch Dein Opfer ist in meinem Herzen Licht geworden. Dafür danke ich Dir. Mach Du auch mich zu einem Menschen, der wie diese Kerze nichts will als dienen; als leuchten mit dem Licht, das ihm gegeben ist, als dienend leuchten und darin sich still hingeben und selbst verzehren. Amen.

Nicht wahr? Wenn du dem Hungrigen dein Brot brichst und unglückliche Obdachlose in dein Haus aufnimmst, dann wird dein Licht wie das Morgenrot hervorbrechen.
JESAJA 58, 7-8

Sind wir Licht und Salz der Welt?

In einem Gedicht wird die Raumfahrt einer harten Kritik unterzogen. Es heißt darin:

> „Willst der Erde du entfliehen, schwerelos zum Kosmos ziehen, willst du echtes Leben suchen, musst den Flug zum Mars du buchen! Lass den Erdenstaub zurück, in Himmelsfernen liegt das Glück. Seid umschlungen, Illusionen! Kümmern uns noch Inflationen, wenn wir auf der Venus wohnen? Muss den Hunger man besiegen, wenn wir in die Sonne fliegen? Sammelt Brot ihr für die Welt? Brüder, überm Sternenzelt löst sich in der Stratosphäre alle Erdennot und Schwere. Und das Denken sich nicht lohnt, lebt man erst mal hinterm Mond."

Wenn man alle Hungernden der Welt hintereinander antreten lässt, dann geht die Schlange der Hungernden 25-mal um die ganze Erde. Auch eine Art Erdumkreisung. Wie groß muss die Geduld Gottes sein, dass er sich diese brutale Lieblosigkeit gefallen lässt? Aber wir wollen nicht andere verantwortlich machen. Wer dem Hungrigen sein Brot bricht, zündet ein Licht an. Wer einen Obdachlosen aufnimmt, der macht die Dunkelheit hell. Jede Tat im Namen Jesu ist ein Leuchtzeichen in der menschlichen Finsternis. Christen sind keine frommen Selbstversorger. An ihrem Licht, das sie weitergeben, können sich viele erwärmen. Sind wir solche Leute?

Herr, Licht sein bedeutet Aktivität und Handeln in Deinem Namen. Hilf, dass ich Deiner Berufung nicht ausweiche. Amen.

Sage nichts Unwahres über deinen Mitmenschen!
2. MOSE 20, 16

Kuschelmoderator? Warum nicht!

Peter Hahne, Moderator des Politmagazins „Berlin direkt", wurde 60 Jahre alt.

Er wurde interviewt: „Hier die frohe Botschaft, dort schlechte Neuigkeiten. Haben Sie das problemlos unter einen Hut bekommen?"

Hahne: „Weniger unter den Hut als im Herzen. Da trage ich die frohe Botschaft, meinen Glauben an Jesus Christus als stets erneuerbare Energie. Ich kann durchhalten, weil ich gehalten bin ..."

„Ihnen wird vorgeworfen, Gäste mit Samthandschuhen anzufassen. Ärgert Sie das?"

Hahne: „Überhaupt nicht! Kuschelmoderator ist ein Kompliment für mich, kein Schimpfwort. Ich bringe meinem Gesprächspartner das entgegen, was ich mir selber auch wünsche: Respekt und Fairness, zuhören und ausreden lassen, nicht vorführen und niedermachen."

Hahne, wie immer ein glänzender Formulierer, hat auf den Punkt gebracht, wie wir unsere Mitmenschen behandeln sollen. Das ist das achte Gebot in der Fassung von „Hoffnung für alle". Auch Luther hat in seiner Auslegung zum achten Gebot geschrieben: „Wir sollen Gutes von ihm reden und alles zum Besten kehren."

Alle Menschen gleich behandeln, fair und respektvoll. Das ist leichter gesagt als getan. Auch wenn wir angegriffen, verhöhnt oder verspottet werden, Gott schenke uns die Kraft, fair zu bleiben.

Herr, Du erwartest, dass wir nichts Unwahres über einen Mitmenschen sagen. Herr, schenke uns die Kraft, auch wenn wir in unseren Gefühlen verletzt werden, sachlich, fair und respektvoll zu bleiben. Amen.

Deshalb macht euch bereit. Bewahrt einen klaren Kopf. Setzt eure Hoffnung ganz auf die Gnade, die euch bei der Offenbarung von Jesus Christus zuteil wird.

1. PETRUS 1, 13

Amazing grace.

Als John Newton 1807 starb, hinterließ er eines der bekanntesten Lieder der Kirchengeschichte. Aus seiner Feder stammt das Bekenntnis:

„Amazing grace! How sweet the sound that saved a wretsch like me. I once was lost, but now I'm found, was blind, but now I see." Übersetzt:

„Erstaunliche Gnade! Wie wunderbar das Wort, das einen Lumpen wie mich gerettet hat. Ich war verloren, bin jetzt gefunden. War blind, jetzt sehe ich."

Newton war ein junger Kapitän eines Sklavenschiffes und wurde von der Gnade überwältigt. Er bekam Augen für Gottes Wirklichkeit. Eine bemerkenswerte Veränderung fand in seinem Leben statt.

Dieser Song wurde von unzähligen Sängern und Chören bisher in der ganzen Welt gesungen.

Gnade heißt auf griechisch: *charis*. Der Ausdruck hat denselben Wortstamm wie das Verb *charein* (sich freuen), denn *chara* ist die Freude. Christi Gnade erfreut, sie überwältigt und ist ein großes Geschenk. Christen sind Begnadete, Beschenkte. Wir haben Teil an Gottes Überfluss. Wer seine Hoffnung auf Christus setzt, ist in der Tat ein Begnadeter.

Herr, Jesus Christus, Deine Gnade ist eine unaussprechliche Freude. Dein Opfer ist für uns ein unüberbietbares Geschenk. Amen.

Ihr sollt nicht stehlen noch lügen noch fälschlich handeln einer mit dem andern.

3. MOSE 19, 11

Es geht um die Lüge.

Der amerikanische Psychiater Chris Thurman hat sich in einem Buch mit Lebenslügen auseinandergesetzt. In einem Kapitel beschreibt er sogenannte „Verzerrungslügen". Was sind Verzerrungslügen? Wörtlich:

> „Manche dieser Verzerrungen sind uns schon sehr vertraut und um jede davon gruppieren sich weitere vertraute aber falsche Ideen. Diese Verzerrungen und Lügen, die sich aus ihnen nähren, sind folgende: Vergrößerung – die Lüge, aus einer Mücke einen Elefanten zu machen; Personalisation – die Lüge, alles persönlich zu nehmen; Polarisation – die Schwarz-weiß-Lüge; Über-Verallgemeinerung – die Lüge, es ist immer das alte Lied; emotionales Denken – die Lüge, wenn ich es fühle, stimmt es auch."

Lügen haben viele Gesichter. Es gibt bewusste Lügen, an die wir glauben. Es gibt „Verzerrungslügen" und Lügen, die mit Vorurteilen und Unterstellungen verknüpft sind. Wir machen uns als Christen nicht klar, dass Übertreibungen, Dramatisierungen, aber auch Verniedlichungen mit Lügen verbunden sind. Viele haben nicht den Mut, diese unverstandenen Gewohnheiten als Lügen zu kennzeichnen. Der Gegenspieler Gottes wird nicht umsonst als „Vater der Lüge" beschrieben. Hüten wir uns, ihm auf den Leim zu kriechen.

Herr, in der Tat, die Lügen haben kurze Beine und viele Gesichter. Bewahre uns vor allen Verzerrungen, Verniedlichungen, Dramatisierungen und Unterstellungen. Amen.

Und sie kamen zum Grab am ersten Tag der Woche, sehr früh, als die Sonne aufging.
MARKUS 16, 2

Es geht um den Sonntag.

Das Wort „Sonntag" leitet sich vom lat. *dies solis* (Tag der Sonne) ab. Die Römer weihten diesen Tag ihrem Sonnengott. Die Christen übernahmen die Bezeichnung, deuteten sie aber in ihrem Sinne: Christus, „Sonne der Gerechtigkeit", Christus, das „Licht der Welt". Von Anfang an haben Christen den Sonntag als „Tag des Herrn" gefeiert. Nach dem jüdischen Kalender war der Tag der Auferstehung von Jesus der Tag nach dem Sabbat, also der erste Arbeitstag der Woche. Selbstverständlich war damals der Sonntag kein öffentlicher Feiertag.

Die Christen versammelten sich am frühen Sonntagmorgen vor Arbeitsbeginn. Diese wöchentlichen Versammlungen waren schon bald das entscheidende Erkennungszeichen der Christen. Viele Christen wurden deshalb verfolgt. 304 n. Chr. wurden 49 Personen in der Nähe von Karthago zum Tode verurteilt, weil sie sich gegen den Befehl des Kaisers zum Gottesdienst versammelten. Nach den Beweggründen ihres Handelns befragt, gaben sie zur Antwort: „Weil die Herrenfeier nicht ausgelassen werden darf; weil es geboten ist; wir können nicht leben, ohne den Herrentag zu feiern." Der Sonntag als arbeitsfreier Tag wurde erst 321 n. Chr. vom römischen Kaiser Konstantin durch Gesetz vorgeschrieben. Am Sonntag, dem 1. Tag der Woche, kamen die Frauen zum Grab. Es ist der Auferstehungstag.

Herr, wir feiern Deinen Auferstehungstag. Wir erinnern uns an Deine große Tat. Du bist die Sonne in unserem Leben. Lass uns nicht Trübsal blasen. Amen.

Geh (...) aus deines Vaters Hause in ein Land, das ich dir zeigen will.
1. MOSE 12, 1

Ist der Glaube ein Risiko?

Wer nicht wagt, der nicht gewinnt. „No risk, no fun“ (ohne Risiko kein Spaß). In einer Zeitschrift lese ich: „Ich finde das Leben extrem riskant. Man könnte jeden Tag von einem Klavier erschlagen werden“, das sagt Timo, 20 Jahre alt. Übertreibt er nicht ein bisschen, der Junge? Nein, Recht hat er. Und er steht nicht allein mit seiner Meinung. Schon eine alte jüdische Weisheit sagt: „Seit der Tod aufgekommen ist, ist man seines Lebens nicht mehr sicher.“

Ist unser Leben riskant? Wir kennen keine Hungerkatastrophen, keine Epidemien, keine verheerenden Erdbeben. Wo Gefahren lauern, hilft eine Versicherung. Wir können uns also beruhigt in unserem Sessel zurücklehnen. Weil alles so risikolos geworden ist, schießen Extremsportarten aus dem Boden. Autorennen werden auf regulären Straßen veranstaltet. Bungeespringen soll dem Leben einen Kick versetzen, lebensgefährliche Wildwasserfahrten sollen den Adrenalinspiegel erhöhen. Was riskant ist, macht Spaß.

Abraham, der Urvater des Glaubens, ging wahrscheinlich ein lebensgefährliches Risiko ein. Seine Wanderung war ein Marsch ins Blaue. Abraham war kein Abenteurer, kein Liebhaber von Überlebensexperimenten. Er vertraute Gott und zog ins Unbekannte. Wer an den lebendigen Gott glaubt, geht ein kalkuliertes Risiko ein.

Herr, viele von uns sind Sicherheitsfanatiker. Wir wollen alles absichern und kein Risiko eingehen. Schenke uns den Mut des Abraham, der geht, weil er sich auf Dich verlässt. Amen.

Ein jeder siebt auf seinen Weg, alle sind auf ihren Gewinn aus.
JESAJA 56, 11b

Von Egoismus und Selbstsucht ist die Rede.

In Amerika wurden 3000 Teenager in einer nationalen Jugend-Umfrage nach den größten Übeln in der Welt befragt. Aus der Liste von 15 Missständen sollten sie die fünf problematischsten auswählen. Das Ergebnis in Zahlen: 56 % entschieden sich für Egoismus. Die Menschen kümmerten sich nicht um die Rechte von anderen. An zweiter Stelle rangierten mangelnder Respekt gegenüber dem Gesetz und gegenüber Autoritäten. An dritter Stelle entschieden sich die Jugendlichen für mangelnden Respekt der Kinder gegenüber den Eltern und zählten die Überbetonung von Geld und materiellen Gütern zu den „größten Übeln der Welt".

Schon vor einigen tausend Jahren legt der Prophet Jesaja den Finger in die Wunde. Jeder sieht nur auf seinen Weg. Jeder verfolgt egoistische Interessen. Der Weg über Leichen ist vorgezeichnet, wenn der andere nicht im Blickfeld ist. Egoismus und Selbstsucht sind Sünden, die sich wie ein roter Faden durch die Weltgeschichte ziehen. Der Chefredakteur der Zeitschriften „Aufatmen" und „Family" antwortete auf die Frage nach dem gefährlichsten Trend unserer Zeit:

> „Allgemein: Die Sucht nach Spaß und Lust für mich selbst, und die ungebremste Herrschaft von Geld und Gewinn. Unter Christen: das Beschäftigtsein mit sich selbst und die richtende, abgrenzende Kritik untereinander, die längst Maßstäbe und Liebe verloren hat."

Herr, der Prophet Jesaja hat ein übles Verhalten bei uns Menschen charakterisiert: Egoismus und Gewinnstreben. Keiner von uns ist frei davon. Nur Du kannst dieses Streben in uns verringern. Amen.

Er selbst hat unsre Sünde mit seinem eigenen Leib hinaufgetragen an das Holz. Dadurch sind wir für die Sünde tot (...) durch seine Wunden sind wir geheilt.
1. PETRUS 2, 24

Es geht um Heilung.

Einer der führenden amerikanischen Psychologen ist Martin Seligman. Erstaunlich, was er in seinem neuesten Buch schreibt: „Das erste schmutzige kleine Geheimnis der biologischen Psychiatrie und der klinischen Psychologie ist, dass sie sich beide vom Konzept der Heilung verabschiedet haben. Heilung braucht zu lange. So geht es bei der Behandlung durch Therapie und Medikamente heute ganz und gar um kurzfristiges Krisenmanagement und den Verkauf kosmetischer Behandlungen. Es gibt zwei Arten von medikamentöser Behandlungen: rein symptomatische Medikamente und rein kurative Medikamente. (...) Es gibt hier keine heilenden Medikamente (...). Die biologische Psychiatrie hat das Ziel der Heilung längst aufgegeben."

Seligman ist Christ und weiß, wovon er spricht. Heilung ist ein geistliches Problem. Seit dem Sündenfall sind wir Menschen *heil-los* und auf den Heiland angewiesen. Wir können vorübergehend ärztlich von Krankheiten befreit und entlastet werden. Niemand kann geheilt werden und ewig leben. Darum erfährt die Gesundheit heute eine geradezu religiöse Verehrung.

Ewige Heilung erfahren wir nur in IHM.

Herr, wir sehnen uns nach ewigem Leben. Du garantierst es, Du schenkst es. Du hast alles dafür getan. Deine Wunden haben uns heil gemacht. Amen.

So macht meine Freude dadurch vollkommen, dass ihr eines Sinnes seid, gleiche Liebe habt, einmütig und einträchtig seid. Tut nichts aus Eigennutz oder um eitler Ehre willen, sondern in Demut achte einer den andern höher als sich selbst.

PHILIPPER 2, 2–3

Es geht um Ehrgeiz.

Der Ehrgeiz spielt im Leben der meisten Menschen eine zwielichtige Rolle. Fachleute sprechen vom „Faust-Syndrom". Faust wollte dem Teufel für 24 Stunden grenzenloser Macht und Sinnenlust seine Seele verkaufen. Die Faust-Legende handelt von unserem Leben, von der Sinn- und Bedeutungsleere. Wie finden wir Glück, Erfolg und Reichtum? Der Ehrgeiz wird vergöttert. „Wer immer strebend sich bemüht, den können wir erlösen." Dieser so fromm klingende Satz ist eine Lüge und eine teuflische Irreführung. Mit dem höheren Lebensstandard verkaufen wir uns an den Teufel. Wir bringen uns um das wahre Leben. Hier wollen wir Karriere, Erfolg, Ruhm und Ansehen. Wir verkaufen unsere Seele. Wir rackern uns ab und schuften uns zu Tode. Ein schönes tschechisches Sprichwort spiegelt den falschen Ehrgeiz wider: „Wer seine Leiter zu steil stellt, kann leicht nach hinten fallen." Wer zu viel will, landet im Burn-out.

Dem Ehrgeiz und der Prahlerei stellt Paulus die Demut gegenüber. Als der Erzbischof von Canterbury gefragt wurde, was nach seiner Meinung die schwerste christliche Sünde sei, antwortete er: „Der Mangel an Demut." Zur Demut gehört Bescheidenheit. Der Verzicht auf Macht, Anerkennung und Ansehen. Der Demütige will den andern nicht überholen.

Herr, ich kenne den Ehrgeiz, die eitle Ehre, wie sie Paulus nennt. Bewahre uns vor Eitelkeit, Stolz und Hochmut. Schenke uns den Geist der Demut. Amen.

Die Ehe soll in Ehren gehalten werden bei allen und das Ehebett unbefleckt; denn die Unzüchtigen und die Ehebrecher wird Gott richten.
HEBRÄER 13 ,4

Es geht um den Segen Gottes für die Ehe.

Theo Lehmann setzt sich bissig mit der kirchlichen Trauung und dem Segen für ein Paar auseinander. Er schreibt: „,Heutzutage fangen ja die meisten ihre Ehe ohne Jesus an, auch die, die ihn bloß zu Dekorationszwecken benutzen. Da kam jetzt ein junger Mann zu mir und sagte: ,In drei Wochen will ich heiraten! Alles fix und fertig – Standesamt, am nächsten Tag Gaststätte gemietet, Essen bestellt, Verwandtschaft eingeladen. Das Problem ist bloß: Meine Frau, die übrigens im fünften Monat schwanger ist, ist weder getauft noch konfirmiert noch Glied einer Gemeinde – können Sie uns bitte kirchlich trauen?'– Also so nicht! Jedenfalls nicht mit mir! Und kein Pfarrer, der noch einen Rest von Geist besitzt, wird sich auf so ein Theater einlassen. Denn den Braten riecht doch jeder: Die wollen zu ihrer Hochzeit nicht Jesus, sondern einen kirchlichen Schleimer, der den bereits angebrannten Braten mit einer frommen Soße übergießt. Die wollen vom Pfarrer die Soße, aber nicht von Gott den Segen."

Die Ehe ist mehr als eine Möbelgemeinschaft. Und der Pfarrer ist mehr als eine fromme Dekoration. Wer die Ehe achtet, bittet Gott um seinen Schutz, um seine Begleitung und um seine Liebe. Das meint seinen Segen.

Herr, wir sollen die Ehe in Ehren halten. Sie ist mehr als ein frommes Ritual. Wir brauchen Deinen Segen, um treu zueinander zu stehen. Wir brauchen Deinen Beistand, um mit Konflikten und Auseinandersetzungen umgehen zu können. Amen.

Es ist nicht gut, dass der Mensch allein sei; ich will ihm eine Gehilfin machen, die um ihn sei.
1. MOSE 2, 18

Die Frau ist die Gefährtin des Mannes.

Ein Beispiel aus dem Talmud (Saanhewdrin 39 a): Ein heidnischer Philosoph sagte einst zu Rabbi Gamliel: „Euer Gott ist ein Dieb, denn eure Bibel berichtet, dass Gott einen tiefen Schlaf auf den Adam fallen ließ, und dann stahl er ihm eine Rippe und bildete davon die Eva." Da sprach die Tochter des Rabbi Gamliel zu ihrem Vater: „Erlaube mir, dass ich ihm antworte."

Der Vater erlaubte es, und sie sprach nun zum Philosophen: „Zunächst bringe man mir einen Kriminalrichter, denn ich habe auch einen Diebstahl zu melden: diese Nacht stieg nämlich ein Dieb bei uns ein, stahl einen silbernen Becher und legte dafür einen goldenen hin." – „Solche Diebe", sagte der Philosoph, „müsstet ihr euch alle Tage wünschen!" – „Doch das Gleiche", erwiderte die Tochter des Rabbi Gamliel, „ist dem Adam auch widerfahren; denn statt der Rippe, die ihm Gott wegnahm, gab er ihm eine Lebensgefährtin, die ihm zur Seite steht."

Eine Lebensgefährtin und nicht eine Dienerin. Ein Gegenüber und keine Putzhilfe. Einen Ansprechpartner und keine Befehlsempfängerin. Adam wurde beschenkt, nicht beraubt. Er erhielt eine „bessere Hälfte", um vollendet zu werden. Gott sah sofort, dass das Alleinsein dem Mann große Probleme bescherte. Gott stiftete die Ehe, die bis heute unverzichtbar ist.

Herr, meine Frau ist mein gleichwertiges Gegenüber. Wir ergänzen uns und stehen uns zur Seite. Wir sind Gefährten, und Du bist der Dritte in unserer Mitte. Amen.

Abraham zog südwärts in die Landschaft Negev und wohnte eine Zeit lang zwischen Kadesch und der Wüste Schur (...). Dort gab er seine Frau als seine Schwester aus.

1. MOSE 20, 1–2

Kompetent scheitern.

Das ist die Überschrift, die Daniel Zindel in einem Beitrag wählt. Er schreibt: „Wir scheitern selten an unseren Aufgaben – viel häufiger an uns selbst. (...) Das Notvolle daran ist, dass wir unsere innere Überzeugung, die wir als wichtig und richtig erkannt haben, nicht durchhalten. Das, was ich nicht tun will – tue ich trotzdem. Mit zunehmender Regelmäßigkeit und abnehmender Reue."

Dann schildert er, wie der vorbildhafte Abraham seine Frau als seine Schwester ausgibt und dem Pharao ins Bett vermittelte. Nur durch ein Eingreifen Gottes wird ein handfester Ehebruch verhindert. Mose erschlug heimlich einen Sklavenaufseher und verscharrte ihn. David schwängerte seine Nachbarin und ließ darauf ihren Mann umkommen. Noch einmal wörtlich David Zindel: „Paulus war ein Christenverfolger. Augustinus und Franziskus standen in jungen Jahren dem Lebemann Gunter Sachs in nichts nach. Das legt für mich den Schluss nahe, dass Gott offenbar nicht ungern sein Reich mit der Kompetenz gescheiterter Persönlichkeiten baut."

Das Menschliche und Sündhafte gehört zu uns, auch zu uns Christen. Die Bibel ist rückhaltlos ehrlich. Wir reden uns heraus und schieben die Schuld auf andere.

Herr, alle Beispiele sind bitter und halten uns einen Spiegel vor. Gib uns die Kraft, ehrlicher und glaubhafter, wahrhaftiger und zuverlässiger zu werden. Amen.

Wer auf den Wind achtet, und wer auf die Wolken sieht, der erntet nicht.
PREDIGER 11, 4

Viele Menschen sind Befürchtertypen.

Sie befürchten ständig das Schlimmste. Sie befürchten, dass das Kind krank wird, der Mann fremdgeht, der Bus nicht kommt, die Klausur danebengeht, der Hund beißen, die Brücke einstürzen und das Flugzeug abstürzen könnte. Befürchtertypen sind arme Menschen. In deren Speichel fanden die Wissenschaftler mehr als bei anderen Menschen das Stresshormon Cortisol. Es schwächt den gesamten Organismus und zieht das Immunsystem in Mitleidenschaft. Die Widerstandskraft gegen Infektionen und Krankheiten wird herabgesetzt. Negative Gedanken und Befürchtungen sind Lügen. Irrationale Überzeugungen sind Barrieren gegen den Glauben an den lebendigen Gott.

Eine asiatische Weisheit bringt es auf den Punkt: „Du wirst garantiert fallen, wenn du immer nur ans Stolpern denkst."

Können wir im Namen von Jesus die Sorgen und Befürchtungen vor die Tür setzen? Wollen wir ihm vertrauen oder unserem Misstrauen die Vorfahrt geben? Vertrauen ist das trotzige Dennoch gegen Zweifel, Pessimismus und Befürchtungen. Vertrauen ist die stärkste Macht in der Welt gegen unsinnige Ängste und Grübelzwänge. Die Bibel hat recht: „Wer ständig nach dem Wind schaut, kommt nicht zum Säen."

Herr, vielen Menschen liegt das Befürchten im Blut. Sie sehen das Negative und nicht das Positive, sie sehen den Misserfolg und nicht den Erfolg. Schenk uns allen Augen, die Dir vertrauen und sich auf Deine hilfreichen Entscheidungen verlassen. Amen.

Denn ein fröhliches Herz ist des Menschen Leben, und seine Freude verlängert sein Leben.
JESUS SIRACH 30, 23

Wie gehen wir mit Ärger um?

Eugen Roth hat uns ein ausgezeichnetes Rezept verraten: „Es gilt, just bei nervösen Leiden, Aufregung aller Art zu meiden; besonders, wie der Doktor rät, vorm Schlafengehen, abends spät. Noch mehr fast, fleht er, gib dir Müh, dich nicht zu ärgern in der Früh. Und, bitte, ja nicht zu vergessen: Niemals vorm, beim und nach dem Essen. Wer streng zu folgen ihm bereit, hat sich zu ärgern kaum noch Zeit."

Ärger ist unvermeidlich im menschlichen Leben. Ärger macht uns nie grundlos wütend, aber selten aus gutem Grund. Schon vor einigen tausend Jahren wusste die Bibel, dass Sorgen, Verdruss und Ärger das Leben verkürzen. Ein Arzt hat einmal gesagt: „Spuck den Ärger aus, schluck ihn nicht herunter und kaue schon gar nicht auf ihm herum!"

Ein kluges Wort! Der *arme Schlucker* ruiniert seine inneren Organe. Er belastet Leib, Seele und Geist. Woody Allen, der amerikanische Filmschauspieler und Regisseur, formulierte: „Ich kann meinen Ärger nie ausleben. Das ist eins meiner Probleme. Stattdessen brüte ich einen Tumor aus." Den klügsten Rat gibt uns Paulus: Wir sollen alle Sorgen, allen Kummer und Ärger auf Jesus werfen. Er sorgt für uns. Wer nicht werfen will, muss schlucken.

Herr, Du willst nicht, dass wir uns mit Ärger den hellen Tag dunkel machen. Du willst nicht, dass wir Trübsal blasen. Du willst, dass wir alle Sorgen und allen Kummer auf Dich werfen. Amen.

Doch um deinetwillen werden wir täglich getötet und sind geachtet wie Schlachtschafe. Wache auf, Herr! Warum schläfst du? Werde wach und verstoße uns nicht für immer!
PSALM 44, 23–24

Warum lässt Gott das zu?

Diese Frage zieht sich wie ein roter Faden durch die Weltgeschichte. Fassungslos stehen wir vor dem Sterben anderer Menschen.

Jörg Zink gibt eine grandiose Legende wieder, die von einem Juden berichtet, der mit Frau und Kindern der Verfolgung in Spanien entflohen war und über das stürmische Meer auf eine steinige Insel flieht. Ein Blitz erschlug seine Frau, der Sturm riss seine Kinder ins Meer. Zink wörtlich: „Allein, elend wie ein Stein, nackt und barfuß, geschlagen vom Sturm und geängstigt von Donner und Blitz, mit verwirrtem Haar und die Hände zu Gott erhoben, ist der Jude seinen Weg weitergegangen auf der wüsten Felseninsel und hat zu Gott gesagt: ‚Gott von Israel, ich bin hierher geflohen, um dir ungestört dienen zu können, um deine Gebote zu erfüllen und deinen Namen zu heiligen. Du aber hast alles getan, damit ich nicht an dich glaube. Du kannst mich schlagen, mir das Beste und Teuerste nehmen, das ich auf der Welt habe. Du kannst mich zu Tode peinigen – ich werde immer an dich glauben. Ich werde dich immer lieben.'"

Eine fast unglaubliche Geschichte. Hier wird deutlich: Glaube ist ein Geschenk. Wir können ihn nicht machen. Welcher Trost bleibt uns?

Hedwig von Redern hat versucht, es in einem Liedvers auszudrücken: *„Weiß ich den Weg auch nicht, du weißt ihn wohl, das macht die Seele still und friedevoll." Amen.*

Dann redete Gott. Er sprach: „Ich bin der Herr, dein Gott; ich habe dich aus Ägypten befreit. Du sollst keine anderen Götter verehren."
2. MOSE 20, 1–3

Unserem Gott allein die Ehre geben!

Der ehemalige Ratsvorsitzende der EKD in Deutschland, Bischof Huber, schrieb dazu: „Denn die biblische Botschaft bekennt sich zu dem einen Gott nicht nur in dem Sinn, dass man keine anderen Götter neben ihm haben soll, mit deren Existenz man sich gleichwohl abfindet, sondern sie bekennt sich zu dem einen Gott, neben dem es keine anderen Götter gibt. Wie immer man zu dem Streit über die Entstehung dieses biblischen Monotheismus Stellung nimmt, so ist es doch für den christlichen Glauben der Ausgangspunkt auch für den Dialog mit den Religionen. Und zwar so, dass dieser eine Gott sich in Christus Jesus, seinem Sohn, offenbart."

Toleranz heißt: Wir dulden den anderen, es ist eine Tugend der Menschlichkeit, es ist eine Tugend des Verstehens. Toleranz meint aber nicht Gleichgültigkeit, falsche Großzügigkeit, Übereinstimmung mit den anderen. Je eindeutiger ich dem Herrn die Ehre gebe, desto ruhiger und friedfertiger kann ich den Andersgläubigen annehmen. Jesus hat die Liebe zu den Andersgläubigen auf die Spitze getrieben. Er hat sich klar dafür ausgesprochen, sogar die Feinde zu lieben.

Herr, hilf, dass ich den anderen, der andere Götter und andere Überzeugungen pflegt, achte und dulde, trage und toleriere, und dass ich mich nicht überheblich zeige. Amen.

Führt euer Leben nicht länger so, wie die Heiden es tun – ohne Sinn und Verstand. Ihre Erkenntnisfähigkeit ist getrübt. Ihnen ist das Leben fremd, das Gott gemäß ist.
EPHESER 4, 17–18

Wie geht's, alter Säufer?

Ulrich Eggers, Schriftleiter von „Aufatmen", zitiert Martin Luther und beruft sich auf dessen Aussagen über den „fröhlichen Sünder". Eggers macht darauf aufmerksam, dass es uns Christen schwerfällt, unser „Stolpern", unser „Scheitern", unser Versagen und unsere Sünde ehrlich zu bekennen. Wir pflegen den Heimlichkeitssumpf, wir bagatellisieren und reden uns heraus. Wörtlich: „Brennan Manning, alkoholkranker Autor aus den USA, erzählt, wie er das Gefühl hatte, dass Gott ihn eines Morgens fröhlich begrüßte mit dem Satz: ‚Na, Brennan, du alter Säufer, wie geht es dir heute?' Was für eine Schande?! Oder: Was für eine Freundlichkeit. Ich darf das sein, der ich bin! Säufer, Tratscher, Geiziger, Pornokonsument, Jähzorniger. Für die einen liegen die Stolpersteine hier – für den anderen dort. Und manche werden hier oder da vielleicht nie mehr über das Humpeln hinauskommen."

Eggers hat recht, wer Realist ist, überschätzt sich nicht, denn Hochmut und Selbstüberschätzung kommen vor dem Hinfallen. Es bleibt dabei: Wir sind Sünder und Heilige zugleich.

Herr, wir wollen nicht leben wie die Heiden ohne Sinn und Verstand. Aber wir wollen uns auch nichts vormachen. Wir werden immer wieder rückfällig, verführbar und schwach. Zieh Deine liebende Hand nicht von uns! Amen.

„Und nicht lange danach sammelte der jüngere Sohn alles zusammen und zog in ein fernes Land; und dort brachte er sein Erbteil durch mit Prassen."
LUKAS 15, 13

Es geht um Tugenden und Wohlanständigkeit.

Wir können sie unseren Kindern nicht vererben. Von Thomas Fuller fand ich ein eindrückliches Gebet:

> „Herr, mir erscheint die Ahnenreihe meines Heilands seltsam gescheckt. Mit vier bemerkenswerten Veränderungen in vier Generationen. Rehabeam zeugte Abia: Ein schlechter Vater einen schlechten Sohn. Abia zeugte Asa: Ein schlechter Vater einen guten Sohn. Asa zeugte Josaphat: Ein guter Vater einen guten Sohn. Josaphat zeugte Joram: Ein guter Vater einen schlechten Sohn. Ich erkenne, Herr, daraus: Ein Vater vermacht sein Frommsein nicht dem Sohn. Böse Kunde für mich. Doch ich erkenne auch: Gottlosigkeit ist kein Erbgut – Gute Kunde für meinen Sohn."

Das Gleichnis über den verlorenen Sohn wirft viele Fragen auf. Ein Vater hat zwei Söhne. Beide haben vermutlich eine gute religiöse Erziehung genossen. Der eine hat sie positiv umgesetzt, der andere hat sie in den Wind geschlagen. Fuller hat recht: „Ein Vater vermacht sein Frommsein nicht dem Sohn." Unsere Kinder müssen sich freiwillig entscheiden. Mit dem sogenannten „Nürnberger Trichter" können wir ihnen nichts vermitteln. Sie haben die Möglichkeit, sich für oder gegen etwas zu entscheiden. „Gute Kunde für meinen Sohn!"

Herr, wir können unseren Kindern vieles vererben, aber nicht den Glauben. Du kannst uns nur Kraft schenken, dass wir vorbildhaft unseren Kindern ein Leben mit Dir demonstrieren. Amen.

„Wer an ihn glaubt, der wird nicht gerichtet; wer aber nicht glaubt, der ist schon gerichtet, denn er glaubt nicht an den Namen des eingeborenen Sohnes Gottes."

JOHANNES 3, 18

Wer an Jesus Christus glaubt, der ist o.k.

Vor Jahren erschien ein aufsehenerregendes Buch von den Autoren Amy und Thomas Harris, international bekannte Transaktionsanalytiker. Der Titel ihres Buches: „Ich bin o.k. – du bist o.k."

Die Gesamtauflage des Buches beträgt über 15 Millionen. Die Eheleute Harris bezeichnen sich als Christen. Beide sind aktiv in Gemeinden tätig. Und doch steckt für uns Christen ein fundamentaler Irrtum in dem Buch. Viele haben geglaubt, das ist doch das wahre Evangelium. Aber im Grunde ist es das Evangelium nicht. Die frohe Botschaft sagt unmissverständlich: „Du bist nicht o.k., aber das muss nicht so bleiben. Du kannst in der Tat durch Christus o.k. werden." Ich muss mir nicht Mühe geben, o.k. zu sein. Ich bin o.k., wenn ich an Jesus Christus glaube, den Namen des einzigen Sohnes Gottes, der für uns sein Leben gelassen hat. Wer an Jesus glaubt, wagt das unglaubliche Abenteuer des Vertrauens auf Gott. Dieses Vertrauen wird belohnt, wie die Bibel sagt. Dieses Vertrauen schenkt ein gesundes Selbstvertrauen, keine Überheblichkeit. Es schenkt Selbstvertrauen, keinen Hochmut. Dieses Vertrauen schenkt zweifelsfrei das Lebensgefühl: Ich bin o.k.

Herr, Deine Zusage ist enorm: Wir sind o.k., wenn wir Dir gehören, wenn wir an Dich glauben. Wir müssen uns nicht für Dich aufopfern, das hast Du besorgt. Amen.

„Es sei denn, dass jemand von neuem geboren werde, so kann er das Reich Gottes nicht sehen.“
JOHANNES 3, 3

Es geht um den alternativen Lebensstil.

Bei Dr. Siegfried Buchholz fand ich darüber eine bemerkenswerte Auslegung in einem Vortrag: „Nehmen Sie einmal die Aussage von der Notwendigkeit einer neuen Geburt und stellen Sie sie mitten hinein in unsere Gegenwart. Wenn wir heute in eine Diskussion geraten über die vielen Umbrüche in unserer Welt, und was man da eigentlich tun müsste, dann wird irgendjemand nach einer gewissen Zeit den Begriff ‚alternativ‘ ins Spiel bringen. Alternativer Lebensstil, alternative Energien, alternative Landwirtschaft (...) Wissen Sie, was ‚alternativ‘ bedeutet? Es bedeutet soviel wie ‚anders geboren‘. Neu geboren, wieder geboren! Noch einmal von vorn anfangen. Das ist alternativer Lebensstil, und davon redet Jesus hier. Was Jesus hier zu Nikodemus sagt, das sagt er heute auch zu uns. Jesus sagt, es gibt eine Alternative, eine wirklichkeitserprobte Alternative.“

Nikodemus, der kluge jüdische Gelehrte, hat es schwer, diesen Gedanken der Neugeburt zu verstehen. Der „alternative Lebensstil der Christen“ beinhaltet die Neuwerdung in Christus. Der alte Lebensstil mit seinen alten Denk- und Lebensgewohnheiten gehört der Vergangenheit an. Alternativer Lebensstil meint nicht die Kehrtwendung von der Fett orientierten zur ökologischen Lebensweise, er meint die Umkehr vom Leben auf eigene Faust zum Leben mit Christus.

Herr, pausenlos wird in unserer Welt vom alternativen Lebensstil geredet. Du schenkst die neue Geburt, das neue Leben, den neuen Lebensstil. Du willst keine Fassadenschminke, sondern eine echte innere Umkehr. Amen.

Kommt her zu ihm! Er ist der lebendige Stein, der von Menschen für unbrauchbar erklärt wurde. Aber bei Gott ist er auserwählt und kostbar. Lasst euch auch selbst als lebendige Steine zur Gemeinde aufbauen.
1. PETRUS 2, 4–5

Wir feiern Reformationsfest!

Das „Allgemeine Priestertum" ist ein Kerngedanke der Reformation. Martin Luther veröffentlichte im Jahre 1520 seine Schrift „An den deutschen Adel". In dem Schreiben stellte er die These auf: „Alle Christen sind wahrhaft geistlichen Standes! (...) Demnach so werden wir allesamt durch die Taufe zu Priestern geweiht." Priester im Alltag, nicht nur im Collarhemd, sondern auch im Bauernkittel? Gott schenkt die Würde, davon leitet sich das Amt ab. Und Benjamin Schließer, Oberassistent an der Züricher theologischen Fakultät schreibt:

> „In Fürbitte, aber auch in ‚Fürklage und Fürdank', kompetenter Laienpredigt, Seelsorge und Diakonie, Gemeindepädagogik, Öffentlichkeitsarbeit (allgemeines Prophetentum aller Glaubenden), Mitwirkung in der Kirchenleitung, in Berufsausübung und Erziehung in evangelischer Verantwortung ist dieses Lehrstück im Leben zu realisieren."

Wie schrieb schon Hans Asmussen vor einigen Jahrzehnten: „Das Priestertum aller Gläubigen ist ein Teil der Nachfolge Christi." Wer zu IHM gehört, lehrt, verkündigt, redet und lebt dieses allgemeine Priestertum.

Herr, seit Martin Luther hat sich vieles geändert. Vieles ist seichter, leichter und glaubensloser geworden. Wir haben Dich verraten, wir haben Dich und Dein Wort entwertet. Schenke uns, dass wir wieder ehrlicher und gradliniger Deinen Glauben bezeugen. Amen.

„Seht zu, bringt rechtschaffene Frucht der Buße!“
MATTHÄUS 3, 8

Heute ist Reformationstag.

Der Reformator Martin Luther setzte im 16. Jahrhundert weltweit eine Gesinnungsänderung in Gang. Er forderte eine Reformation an Haupt und Gliedern. Und heute? Der deutsch-amerikanische Theologe Uwe Simon-Netto setzte sich in einem scharf formulierten Leitartikel mit den Missständen der heutigen Kirche auseinander. Bissig und zornig schrieb er:

> „Am Reformationstag packt mich die Wut. Mein Zorn hat mit Orientierungslosigkeit zu tun. (...) Meine lutherische Kirche hat sich zur Wurst reduziert – zur Salami, deren Substanz sich scheibchenweise verringert. Beschämt konstatieren wir zum Beispiel, dass von den großen Institutionen des Landes nur noch der Katholizismus unbeirrt gegen den Massenmord an Ungeborenen kämpft. Ein leisetreterischer Süßstoff-Protestantismus lehrt aus Scheu vor Werkgerechtigkeit oder Gesetz nicht mehr; er hört auf, der Gesellschaft Maßstäbe zu setzen.“

Buße und Reformation meinen nicht die Kirche, sie meinen uns, die lebendigen Glieder. Wie sagte Luther: „sola scriptura“ (allein die Schrift). Schon damals konnte Luther sagen: „Das Wort sie sollen lassen stahn!“ Dieser Kerngedanke der Reformation muss wieder zu Ehren kommen. Wer Schrift und Bekenntnis aufgibt, gibt wesentliche Fundamente preis. Wer sein Wort infrage stellt, stellt den Glauben und die Kirche infrage.

Herr, die Reformation an Haupt und Gliedern meint nicht die anderen, meint nicht die bösen Katholiken, meint nicht die Atheisten, sondern uns. Nur Du kannst es schenken, dass wir aufrichtige Buße tun. Amen.

Früher habt ihr die Glieder eures Körpers in den Dienst der Unmoral gestellt. Das führt dann noch tiefer in die Gesetzlosigkeit. Genauso sollt ihr jetzt die Glieder eures Körpers in den Dienst der Gerechtigkeit stellen. Das wird dazu führen, dass ihr heilig seid.
RÖMER 6, 19b

Was sind Heilige?

Der katholische Bischof Bernhard Hasslberger erzählte 2012 an Allerheiligen in Salzburg eine kleine Geschichte, um die Bedeutung der Heiligen zu erklären. Ein Vater ging mit seiner kleinen Tochter Marie durch die Stadt. Sie kamen an einer Kirche vorbei und der Vater versuchte ihr die schönen Fenster der Kirche zu erklären.

Aber die Tochter sagte: „Die sind aber sehr schmutzig." Dann gingen beide in die Kirche. Und die Sonne schien durch die bunten Scheiben, die hell leuchteten. Auf einem der Fenster waren Menschen zu sehen. Und der Vater sagte zu Marie: „Siehst du, das sind Heilige. Heilige sind Menschen, durch die die Sonne hell scheint und die ein Segen für andere sind."

Was sind Heilige? Menschen, die in einer persönlichen Beziehung zu Jesus Christus leben, die in IHM verankert sind. Menschen, die Gottes Sonne und Gottes Liebe spiegeln. Heilige sind Menschen, die Gott in Anspruch nimmt. Alles, was Gott gehört, ist heilig. Wie sagte Martin Luther: „Wir sind Heilige und Sünder zugleich." In dieser Heiligung entsteht Frucht.

Die müssen wir uns nicht abzwingen, nicht abringen. Keine gesetzliche Eigenanstrengung, keine Selbstüberforderung und kein negativer Stress. Wir bilden uns nichts ein auf unseren Dienst, auf unseren Einsatz. Es geht nur um eins: dass wir in IHM bleiben.

Danke Herr, Du bist der Weinstock, wir sind die Reben. Reben, die am Weinstock bleiben, bringen automatisch Frucht. Das ist das Geheimnis der Heiligen. Wir danken Dir dafür. Amen.

Ich habe euch deshalb geschrieben, weil ihr die Wahrheit nicht kennt. Denn ihr kennt sie und wisst, dass aus der Wahrheit keine Lüge kommt.
1. JOHANNES 2, 21

Eine verlogene Gesellschaft.

Der amerikanische Psychologe, Professor Dan Ariely, beschäftigt sich seit Jahren mit dem Thema Lüge. Er schreibt, das Motto „Das machen doch alle!" sei eine der mächtigsten Ausreden für die eigene Unehrlichkeit. In einem Gespräch wird er gefragt: „Was meinen Sie: Wird die Welt in Zukunft ehrlicher?" Ariely: „Ich fürchte eher das Gegenteil. Mit der Technisierung des Berufslebens werden viele Prozesse unpersönlicher und abstrakter – siehe das Beispiel mit den illegalen Downloads. Es gibt immer mehr Distanz zu den Menschen, mehr Distanz zum Geld. Unsere Studien zeigen, welche Folgen das hat: mehr Schummelei, mehr Betrug, weniger schlechtes Gewissen. Genau darüber wird unsere Gesellschaft in Zukunft noch mehr und noch gründlicher nachdenken müssen."

Das ist die bittere Realität. Menschen ohne Gott bekommen ein verwahrlostes Gewissen, handeln skrupellos und betrügen auf Teufel komm raus. ER ist die Wahrheit. Wer diese Wahrheit nicht kennt, trägt vor niemandem die Verantwortung. Wahrheit erfährt eine subjektive Deutung. Jeder behandelt sie nach seinem Gutdünken. Er darf sich nur nicht erwischen lassen – von Polizisten und Gerichten.

Herr, Du bist die Wahrheit, Du hasst die Lüge und die Ungerechtigkeit. Nur Du kannst unser Gewissen schärfen, dass wir Deine Gebote und Gesetze ernst nehmen. Amen.

Darum werfet euer Vertrauen nicht weg, welches eine große Belohnung hat.
HEBRÄER 10, 35

Glaube ist auch Vertrauen.

Ich traue meinem Partner, ich traue der Regierung, ich traue meinen Kindern, ich traue dem Geschäft, ich traue der Bibel und nicht zuletzt: Ich traue meinem Gott. Wer misstraut, verliert den Glauben. Da fand ich in einer großen Zeitung eine Karikatur über den amerikanischen Dollar. In der ganzen Welt wird ihm misstraut. Abgebildet ist eine Ein-Dollar-Note. Über der Zahl steht auf jedem Schein zu lesen: IN GOD WE TRUST (auf Gott vertrauen wir). Da ungezählte Menschen dieser nationalen Währung misstrauen, ist ein edles Metall an ihre Stelle gerückt: Gold. Der Zeichner der Karikatur hat das Wort GOD durchgestrichen und in unübersehbaren Buchstaben das Wort GOLD darübergesetzt.

Wer sein Vertrauen wegwirft, kann eine Währung ruinieren. Wer sein Vertrauen auf Gott wegwirft, ruiniert sich. Ohne Vertrauen können wir nicht leben. Mangelndes Vertrauen zerstört die zwischenmenschlichen Beziehungen und die Beziehung zum lebendigen Gott. Ein kleiner Vers schildert treffend unsere Situation: „Gott, weil er groß ist, schenkt so gerne große Gaben. Ach, dass wir Armen nur so kleine Herzen haben.“ Kleine Herzen handeln sich kleine Belohnungen ein. Gold ist uns lieber als Gott, ein glänzendes Metall lieber als der Herr des Himmels und der Erden.

Das Bibelwort ist darum bewundernswert, weil wir es ausprobieren können. Wer vertraut, wird nicht enttäuscht, wer vertraut, wird belohnt.

Ich steh in meines Herren Hand und will drin stehen bleiben; nicht Erdennot, nicht Erdentand soll mich daraus vertreiben. Und wenn zerfällt die ganze Welt, wer sich an ihn und wen er hält, wird wohlbehalten bleiben. Amen.

(Philipp Spitta)

Selig sind, die nicht sehen und doch glauben.
JOHANNES 20, 29

Nicht sehen und doch glauben.

Der Dichter und Schriftsteller Edzard Schaper hat die Tagebücher eines Gefängnisinsassen, Petter Moen, der sie auf WC-Papier geschrieben hatte, veröffentlicht. Er schildert das verzweifelte Ringen eines Menschen um Glauben:

> „55. Tag: Der Zweifel nagt an mir. Ist es richtig zu beten, ohne zu glauben? (...) 189. Tag: Wenn auch das Exekutionskommando auf mich wartet, ich kann mir kein Credo [kein Glaubensbekenntnis] abzwingen. Ich versuchte das in der äußersten Not in der Einzelzelle. Es war vergebens."

Der Zweifel hält den Menschen zurück, sich gläubig fallen zu lassen. Der Glaube ist ein Wagnis. Der Zweifel verhindert das Wagnis. Paul Tillich schreibt über den Zweifel: „Da ist keine Festung des Glaubens, in die nicht Elemente des Zweifels eingedrungen sind." Machen wir nicht ständig ähnliche Erfahrungen?

Der Text aus dem Johannesevangelium ist eine Geschichte gegen den Zweifel. Thomas, der *Zweifler*, gehörte zum Jüngerkreis. Jesus hat ihn trotzdem gern gehabt. Wir sollten es offen sagen: Unter den Christen gibt es viele strahlende, gewisse Leute. Sie haben eine beneidenswerte kindliche Gläubigkeit. Und dann gibt es die Thomas-Christen, Menschen, denen der Zweifel zur zweiten Natur geworden ist. Sie hinterfragen alles. Sie stellen ihren Glauben, ihre Ernsthaftigkeit, ihre Seligkeit und Rettung infrage.

Jesus sagt zu Thomas: „Selig sind, die nicht sehen und doch glauben." Entscheidend ist: Jesus hat auch den Zweifler lieb.

Lieber Herr! Ich glaube, hilf meinem Unglauben. Ich möchte auch wie der Thomas ständig handfeste Beweise. Hilf, dass ich glauben kann, ohne die Bestätigung zu sehen. Amen.

Jesus antwortete ihnen: „Ich versichere euch: wenn ihr Vertrauen habt und nicht zweifelt, könnt ihr nicht nur tun, was ich mit diesem Feigenbaum getan habe."
MATTHÄUS 21, 21

Glaubensgewissheit.

Eines Tages erscheint eine Dame in der Beratung. Sie will mit mir über ein wichtiges Problem sprechen. Sie sagt: „Ich spüre keine Glaubensgewissheit. Irgendwie muss ich doch fühlen, dass diese Gewissheit in mir ist. Ich erlebe im Gespräch mit Gläubigen, dass sie diese Gewissheit wie eine gefühlsmäßige Beglückung erfahren haben."

Hier begegnet uns der Zweifel im Gewande der Glaubensungewissheit. Glaubensgewissheit ist kein Gefühl. Meine Gefühle sind wetterwendisch. Heute bin ich hochgestimmt, morgen deprimiert. Billy Graham schreibt unmissverständlich, wie die Dinge zusammenhängen:

> „Merke dir diese drei Worte, die dir den Weg aus der Unsicherheit zu einem zuversichtlichen, christlichen Leben zeigen werden. Sie heißen Tatsache, Glaube und Gefühl. Sie erscheinen in dieser Reihenfolge, das ist sehr wichtig. Christi Auferstehung ist eine Tatsache (...). Der Glaube steht an zweiter Stelle in dieser Reihenfolge. Der Glaube muss einen Gegenstand und ein Ziel haben. Der Gegenstand ist Christus. Der Glaube bedeutet praktisch Übergabe an die Forderungen Christi (...). Das Gefühl ist das Letzte der drei Worte. Sicherlich gibt es bei dem erlösenden Glauben auch Raum für das Gefühl, aber wir werden auf keinen Fall dadurch gerettet."

Mit anderen Worten: Ich kann niedergeschlagen sein, die Tatsache der Auferstehung kommt damit nicht ins Wanken.

Lieber Herr, Du machst uns klar, dass wir Glaubenszweifel bekommen, weil wir zu stark auf unsere Gefühle achten. Du ergreifst unsere Hand und hältst uns fest. Wir danken Dir. Amen.

Denn uns ist der Heilige Geist geschenkt, und durch ihn hat Gott unsere Herzen mit seiner Liebe erfüllt.
RÖMER 5, 5

Seine Liebe ist unbegreiflich!

Vor langer Zeit, im 14. Jahrhundert, lebte ein Mönch in einem kleinen Dorf. Eines Tages ließ er verkünden, dass er am kommenden Sonntag die großartigste Predigt aller Zeiten über die Liebe Gottes halten würde. Er drängte wirklich jeden, daran teilzunehmen. Der Sonntag kam und die Kirche füllte sich bis auf den letzten Platz. Alle Einwohner des Dorfes waren gekommen und alle warteten nur auf diese besondere Predigt! Als es soweit war, stand der Mönch auf, ging zum großen Armleuchter, nahm eine der brennenden Kerzen und ging damit zur Statue, die Jesus zeigte, wie er am Kreuz hing. Schweigend hob er die Kerze, bis der Schein direkt auf eine der durchbohrten Hände fiel. Dann ging er hinüber zur anderen Seite und beleuchtete mit der Kerze die andere Hand. Langsam bewegte er die Kerze an die Seite des Herrn, dorthin, wo der Speer Ihn durchbohrt hatte. Dann ging er im Gebet auf die Knie und hielt die schimmernde Kerze so, dass ihr Schein auf die durchbohrten Füße fiel. Dann stand der Mönch auf und wandte sich der Gemeinde zu. Er hielt die Kerze nun vor sich, sodass man die Tränen der Rührung und der Freude auf seinem Gesicht sehen konnte. Es sagte: „Ihr lieben Leute, das ist meine Predigt über die Liebe Gottes!" Danach entließ er sie mit einem Segen.

Das ist Agape, die bedingungslose und grenzenlose Liebe Gottes zu jedem einzelnen Menschen – die Liebe Gottes zu Ihnen und zu mir.

Herr, diese einzigartige Liebe können wir nur staunend fassen. Wir stehen wie der Mönch wortlos und anbetend davor. Es ist in der Tat ein Geschenk des Heiligen Geistes. Amen.

Gott aber sei gedankt, der uns allezeit Sieg gibt in Christus und offenbart den Wohlgeruch seiner Erkenntnis durch uns an allen Orten! Denn wir sind für Gott ein Wohlgeruch durch Christi unter denen, die gerettet werden, und unter denen, die verloren werden.

2. KORINTHER 4, 14–15

Das himmlische Kokosnuss-Duftbäumchen.

Andreas Boppart, der für „Campus für Christus" als Autor und Eventprediger tätig ist, schrieb unter obiger Überschrift, dass eine Bekannte ein Duftbäumchen gekauft hätte, um im Auto einen unangenehmen Geruch zu überdecken. Die Geschmacksrichtung wäre mit „Kokosnuss" angegeben worden.

Boppart schreibt, dass er diese Aussage von Paulus liebe, der uns im Korintherbrief mit einem „himmlischen Parfüm" vergliche. Wörtlich heißt es bei ihm:

> „Stellen Sie sich vor, die Leute drehen sich schnuppernd nach Ihnen um, wenn Sie durch die Straßen Ihres Wohnortes flanieren. Ich wünsche mir, zu einem Wohlgeruch Gottes zu werden, zu einem himmlischen ‚Chanel No 5'. Doch wahrscheinlich sieht die Realität oft ganz anders aus."

Ziehen wir Menschen an, oder verduften sie, wie wir zu sagen pflegen? Wir alle brauchen eine Generalreinigung, um wieder duftfrisch für die Mitmenschen zu wirken. Es geht nicht um künstliche Parfüms, sondern darum, dass Christus einen neuen Geist in unser Leben bringt, der uns anziehend macht.

Herr, hilf, dass wir in jeder Weise eine Ausstrahlung für andere Menschen sind. Dass unser Wesen andere Menschen anlockt, weil ein Geruch von uns ausgeht, der neugierig macht. Amen.

Sind wir aber mit Christus gestorben, so glauben wir zuversichtlich, dass wir auch mit ihm leben werden.
RÖMER 6, 8

Zur Schau getragene Schuldgefühle.

Sie können tief beeindrucken. Oder ergeht Ihnen das nicht so? Der Schüler in der Schule bekennt ehrlich und „reinen Herzens" seine Schuld: „Es tut mir außerordentlich leid!" „Mutter, ich bin ganz erschrocken, dass ich dir das angetan habe!"

Lehrer und Eltern sind geneigt, den produzierten Schuldgefühlen eher Glauben zu schenken und „Gnade vor Recht" ergehen zu lassen. Viele Schuldgefühle sind unecht. Darum formuliert Alfred Adler den bissigen Satz: „Schuldgefühle sind die guten Absichten, die wir nicht haben." Der Mensch will gut erscheinen, aber er ist es nicht. Er produziert erhebliche Schuldgefühle, um sein schlechtes Gewissen, den ewigen Mahner, zu beruhigen. Er ändert sich nicht, hat aber wenigstens Schuldgefühle. Schuldgefühle machen einen guten Eindruck. Mit reuigen Tätern ist man überall – verfolgen Sie einmal Gerichtsprozesse – schnell versöhnt oder verfährt nachsichtiger mit ihnen. Mit Schuldgefühlen kann man moralischen Profit ergattern. Man macht sich klein, um heraufgeholt zu werden. Der gute Wille wird bewiesen, aber die klare Kehrtwendung unterbleibt.

Unser Herr schaut das Herz an. Nicht die Pose ist entscheidend, sondern die Gesinnung. Nicht die Tränen beeindrucken, sondern der Wille zur Umkehr.

Ich bin ganz getrosten Muts: ob die Sünden blutrot wären, müssen sie kraft deines Bluts dennoch sich in schneeweiß kehren, da ich gläubig sprechen kann: Jesus nimmt die Sünder an. Amen.

(Erdmann Neumeister)

Die auf ihn trauen, werden frei von Schuld.
PSALM 34, 23

Es geht um Schuld und Schuldgefühle.

Die Schauspielerin Elisabeth Bergner, Idol der Zwanziger Jahre, hat ihre Memoiren geschrieben unter dem Titel: „Bewundert viel und viel gescholten ... Elisabeth Bergners unordentliche Erinnerungen". Der „SPIEGEL" kommentiert die Erinnerungen an unglückliche Verehrer. Da heißt es an einer Stelle: „Die Schauspielerin zog bald darauf nach Wien. Auf der Zugfahrt nach Wien erreichte sie ein Lehmbruck-Telegramm: ‚Marga, wenn du mich retten willst, komm zurück!' Sie reagierte nicht. Zwei Tage später las sie in der Zeitung die Nachricht vom Selbstmord Lehmbrucks. Sie wurde noch am selben Tage zu dem Psychoanalytiker Alfred Adler ‚geschleppt', der therapierte die Geschockte mit dem Satz, den sie ‚wie eine Ohrfeige' empfand: ‚Und jetzt glauben Sie, Sie sind schuldig? Das könnte Ihnen so passen!'"

Schuldgefühle sind ein Auf-der-Stelle-Treten, ein Sich-Beruhigen, ein So-tun-als-ob. Der Mensch produziert Schuldgefühle, aber er ändert nichts. In den Memoiren wird die harte Konfrontation Adlers klar: „Das könnte Ihnen so passen, dass Männer hinter Ihnen herlaufen, die sich Ihretwegen umbringen. Sie kommen sich schlecht vor, und was geschieht? Wollen Sie weiterhin Ihre Eitelkeit befriedigen?" Ist Schuld vergeben, hören die Schuldgefühle auf. Ist die Schuld von Christus vergeben, beginnt der Marsch in die richtige Richtung.

Herr, verzeihe mir aus Gnaden alle Sünd und Missetat, die mein armes Herz beladen und mich gar vergiftet hat. Hilf mir, da des Satans Spiel mich zur Hölle stürzen will. Du allein kannst mich erretten, lösen von der Sünden Ketten. Amen.

(Jochen Rist)

Jesus spricht zu ihm: „Ich bin (...) das Leben."
JOHANNES 14, 6

Was ist das Geheimnis des Lebens?

Wohin das Auge blickt: Lebensrätsel, Geheimnisse, ungelöste Fragen. Warum ist das Gras grün? Wie kommt es, dass eine schwarz-weiße Kuh mit rotem Blut in den Adern, die grünes Gras frisst, weiße Milch gibt?

Ich hatte einen jungen Mann in der Beratung, dem Ärzte das Etikett Schizophrenie angeheftet hatten. Er versagte am Leben, weil er alles, was er unternahm, in den Griff bekommen wollte. Alle Formeln, die er anwandte, wollte er unbedingt durchschauen. In einem Gespräch sagte er: „Bevor ich eine Batterie meines Autos nicht erklären kann, setze ich mich nicht ans Steuer." Hätte er nicht gelernt, diesen himmelstürmenden Forscherdrang kleiner zu schrauben, wäre er am Leben verzweifelt.

Auch im Glauben gibt es unzählige Geheimnisse. Um ehrlich zu sein, das Geheimnis der Dreieinigkeit kann ich nur nachschwätzen, begriffen davon habe ich so gut wie gar nichts. Ich hätte mich auch bis über beide Ohren in die tiefste Verzweiflung hineingegrübelt, wenn ich mit meinen fünf Sinnen hätte alles nahtlos klären wollen. Ich danke meinem Herrn, dass er nicht gesagt hat: Ich meditiere über das Leben, ich mache einen Lebensentwurf, ich halte viel vom Leben, ich diskutiere über das Leben.

Er sagte: Ich *bin* das Leben. Wer dem eigentlichen Leben auf die Spur kommen will, muss es wagen. Wer Jesus ergreift, hat das Leben. Wer sich ihm ausliefert, liefert sich dem Leben aus.

Herr, ich möchte leben! Ich möchte nicht im Überfluss vegetieren. Ich danke Dir, dass Du das Leben bist und mir volles Genüge schenkst. Amen.

Denn was könnte es einem Menschen helfen, wenn er die ganze Welt gewönne, aber sein Leben oder seine Seele einbüßte.
MATTHÄUS 16, 26

Es geht um Tod und Leben.

Wie leichtfertig Menschen mit dem wahren Leben umgehen, beschreibt der ehemalige Jugendpfarrer und Evangelist Ulrich Parzany in seiner unnachahmlichen Art:

> „Man kann doch einem modernen Menschen nicht mit Gott kommen! Viele sagen: ‚Für solchen Tiefgang habe ich im Augenblick keinen Nerv. Ich will leben.' Sehr sinnig. Wie bei einem Autofahrer: ‚Jetzt will ich erst mal Gas geben, steuern kann ich später!' Wer Gas geben will, muss steuern. Ich will leben. Darum stelle ich die Frage: Gibt es Gott? Wie steht er zu mir? Sein Angebot: ‚Ich bin der Weg, die Wahrheit und das Leben', klingt fast zu schön, als dass es wahr sein könnte. Aber wenn es stimmt? Wer darauf verzichtet, die letzte, wichtigste Frage nach Gott, Jesus, nach dem Tod, nach dem Sinn des Lebens zu stellen, fährt sein Leben garantiert schrottreif. Wer leben will, muss steuern!"

Das ist der Mensch auf der Flucht vor sich selbst. Er fährt drauflos. Er will aus dem Leben herausholen, was herauszuholen ist. Er will nicht zur Besinnung kommen. „Zeit ist Geld!" Arbeit ist ein wunderbarer Fluchtmechanismus. Raffen und Schaffen verbauen uns den Blick für das eigentliche Leben. Beschaulichkeit, Besinnung und innere Einkehr sollen später kommen. „Wer leben will, muss steuern!"

Herr Jesus Christus, es geht um unser ewiges Leben, nicht um ein bisschen Spaß, um Abenteuer, um Vergnügen oder einen Lottogewinn. Wir können durchs Leben rasen, ohne nachzudenken, oder wir lernen zu steuern. Amen.

Durch Christus wurde euch die Freiheit geschenkt, liebe Brüder und Schwestern! Das bedeutet aber nicht, dass ihr jetzt tun und lassen könnt, was ihr wollt.

GALATER 5, 13

Zerschnittene Fesseln.

„Wer von euch ist der Stärkste?", fragte der ehemalige Essener Jugendpfarrer Wilhelm Weigle einmal die versammelten Jungen in der Jugendstunde. Bald stand der Stämmigste vor ihm. Weigle hielt ihm einen Zwirnsfaden hin: „Kannst du den zerreißen?"

„Kleinigkeit!", antwortete der. „Dann halte einmal deine beiden Hände zusammen."

Zehn-, zwanzig-, dreißig Mal schlang er den Faden darum und sagte: „Nun zerreiße ihn!" Der Junge presste und drückte mit aller Kraft – umsonst. „Es geht nicht!", gab er zu. „Seht", rief Weigle, „das ist ein Beispiel für die Macht der Sünde! Der Verführer sagt: ‚Ein Mal ist kein Mal!' Aber es werden daraus zwanzig- und dreißig Mal, und es entsteht eine unzerreißbare Fessel."

Dann nahm Weigle sein Taschenmesser. Ein leichter Druck und die Fesseln fielen. Darum geht es. Ein Beispiel für das Wort des Herrn Jesus: Wen aber der Sohn frei macht, der ist wirklich frei! Wilhelm Busch wusste, dass das Evangelium von Jesus die entscheidende Botschaft für die Menschen ist. Deshalb hat er es leidenschaftlich gepredigt. Auch wenn Tausende ihm zuhörten, verstand er es, den Einzelnen anzusprechen und mit ihm in ein Gespräch einzutreten, in dem es nur um ein Thema ging: Jesus!

Herr, wie leicht lassen wir uns verführen und Fesseln anlegen, die wir aus eigener Kraft nicht mehr lösen können. Du bist unser Leben, Du bist unsere Freiheit. Hab Dank! Amen.

Der von Disteln überwucherte Boden entspricht einem Menschen, der die Botschaft zwar hört, bei dem aber alles beim Alten bleibt. Denn die Sorgen des Alltags, die Verführung durch den Wohlstand und die Jagd nach den Freuden dieses Lebens ersticken Gottes Botschaft.
LUKAS 8, 14

Was tun wir im Ernstfall?

Der Philosoph Richard David Precht wiederholte eine Frage, die der Harvard-Psychologe Hauser 30 000 Menschen gestellt hatte. Sie ständen auf einem Eisenbahngleis und ein Waggon rase auf sie zu, der aber vorher fünf Gleisarbeiter in den Tod reißen würde. Es sei denn, die Weiche würde umgestellt. Frage, ob die Zuschauer die Weiche umstellen würden, um die fünf Gleisarbeiter zu retten. Alle antworteten mit Ja. Änderung der Fragestellung: Wieder die fünf Gleisarbeiter. Ein Waggon rast heran. Aber auf dem Nebengleis spielt das eigene Kind. Fünf Gleisarbeiter können gerettet werden oder das eigene Kind auf dem Nebengleis. Ergebnis: Keiner hätte die Weiche umgestellt. Allen war das eigene Kind wichtiger als die fünf Gleisarbeiter. Der Philosoph schreibt dazu: „Wenn wir andere Menschen moralisch bewerten, so messen wir mit unterschiedlichem Maß. Und nicht Moral und Vernunft sprechen unser Urteil, sondern häufiger die Sympathie." Precht spricht von einer Doppelmoral.

Was hätten wir getan? Sind wir alle auch von Disteln umwuchert? Sind Verführung, Wohlstand und eigene Interessen größer als das Leben von 5:1?

Herr, die Frage des Philosophen macht mir zu schaffen. Ich spüre, dass ich auch zerrissen bin. Hilf mir, dass Deine Botschaft nicht von egoistischen Motiven erstickt wird. Wir leben in der Tat von Deiner Gnade. Amen.

Denn im Zorn tun wir niemals, was Gott gefällt. Deshalb trennt euch von aller Schuld und allem Bösen.
JAKOBUS 1, 20–21

Zorn ist ein Pulverfass der Feindseligkeit.

Der Präsident des Verbandes evangelischer Freikirchen, Samuel Moser, schreibt über den Philosophen Peter Sloterdijk, der ein Essay über „Zorn und Zeit“ geschrieben hat. Der Philosoph hätte Zorn als Triebfeder der Geschichte bezeichnet, es sei eine notwendige Primärenergie, die sich leider aber immer wieder negativ darstelle.

Auch Jakobus stellt klar, dass Zorn zum menschlichen Leben gehört. Aber er tut niemals, was Gott gefällt. Zorn ist ein Pulverfass der Feindseligkeit. Zorn ist zerstörerisch. Er zerstört Beziehungen, Friedfertigkeit und Liebe. Leider ist er auch anlagebedingt. Aber mit Gottes Kraft und seinem Geist können wir unseren Unmut, unsere Wut und unser Missempfinden so ausdrücken, dass der andere nicht in Abwehr, in Rechtfertigungsdruck und Widerspruch gerät, sondern Lösungen gefunden werden, die beide Parteien befriedigen. Zorn hat mit Selbstgerechtigkeit, mit Macht- und Überlegenheitsstreben zu tun. Was wollen wir mit Zorn erreichen? Was streben wir bewusst oder unbewusst an?

Wollen wir demütigen, wollen wir recht haben, wollen wir uns durchsetzen?

Herr, Zorn ist ein Pulverfass. Wir zerstören, statt zu heilen. Hilf uns, dass wir vor Dir still werden, bevor wir unseren Zorn und unseren Unmut unkontrolliert loslassen. Amen.

Der Träge oder Faule spricht: „Ein Löwe ist auf der Gasse, und mitten in den Straßen könnte ich ermordet werden."
SPRÜCHE 22, 13

Es geht um Gefühle und um unser Denken.

In der Beratung erscheint Frau M. Sie kann nicht allein auf die Straße gehen. Viele Menschen ihrer Umgebung haben versucht, ihr diesen „Spleen" auszureden. Frau M. hat eine Platzangst, eine Agoraphobie, entwickelt. Als gläubige Christin hat sie gebetet, Gott möge ihr das Problem abnehmen. Es blieb dabei, sie konnte ohne ihren Mann oder einen Menschen nicht das Haus verlassen. Sie sagt: „Ich habe das *Gefühl,* der Boden wackelt. Ich verliere draußen sofort mein Gleichgewicht."

Die Beratung ergibt, dass Frau M. zu Hause allein ist. Die Kinder sind verheiratet und wohnen weit weg. Der Mann geht über Tag zur Arbeit. Sie fühlt sich machtlos, wertlos und allein und versucht – unbewusst – ihren Mann zu zwingen, sie ständig zu begleiten. Erst als Frau M. ihr falsches Denken durchschaut, ihre falschen Ziele erkennt, kann ihr geholfen werden. Ihr versteckter Hass auf den Mann, der immer stärker in die Arbeit geflohen war, verändert sich. In der Kraft Gottes kann sie allein nach draußen gehen, ohne sich an ihren Mann klammern zu müssen.

Salomo hat mit seinem Spruch dieses falsche Denken treffend charakterisiert. Christliche Nachfolge beginnt mit Buße, Sinnesänderung, mit Änderung des Denkens. Wer vorher selbstherrlich und egoistisch seinen Weg ging, richtet jetzt sein Denken, Sinnen und Trachten auf Gott aus. Sein Wort wird „unseres Fußes Leuchte".

Herr, gib Du uns den Glauben, dass Deine Kraft in den Schwachen mächtig ist. Gib uns Deine Zuversicht, dass unser Wille wirklich will und in Dir das Gute vollbringt. Amen.

Der Träge oder Faule spricht: „Ein Löwe ist auf der Gasse, und mitten in den Straßen könnte ich ermordet werden.“
SPRÜCHE 22, 13

Es geht um Gedanken und Gefühle.

Da ist von einem faulen Menschen die Rede. Ist Faulheit eine Stoffwechselstörung oder eine fest verwurzelte Charaktereigenart? Nein. Faulheit ist Mittel zum Zweck. Das Denken des Faulen ist in Unordnung. Er selbst redet sich ein: „Draußen ist ein Löwe, wenn du gehst, wirst du aufgefressen!“ Felsenfest ist er von seinem Denken überzeugt. Die Angst, die er damit produziert, verhindert, dass er ins feindliche Leben geht.

Albert Einstein sagte: „Es ist leichter, ein Atom zu spalten als ein Vorurteil.“ Der Faule will faul sein. Er wird aber zur Entschuldigung sagen: „Ich kann nicht aus meiner Haut!“ Im Klartext heißt das: Er will seine falschen Denkziele nicht ändern. Alfred Adler beschrieb die Technik seiner psychotherapeutischen Praxis so: „Ändert der Patient in deiner Behandlung seine Ziele, ist sein nervöses Leiden überwunden.“ Es gibt auch unter Christen ungezählte Träge, Faule, Zauderer, Entscheidungsschwache, Grübler und Angstneurotiker. Sie verhalten sich alle gleich. Ihr Denken ist falsch und damit sind ihre Ziele auch falsch. Sie fliehen vor der Front des Lebens und sagen: „Gegen meine Gefühle kann ich nicht an.“ Falsch. Gefühle sind Werkzeuge, Gefühle sind Instrumente unseres Denkens. Die Bibel sagt: „Tut Buße (ändert euer Denken!) und glaubt an das Evangelium!“ Die Folge wird sein, dass die Richtung unseres Denkens, Sehens, Fühlens und Wollens sich ändert. Nicht mehr meine Befürchtungen bestimmen mein Leben, sondern der lebendige Gott.

Herr, leider ist es wahr, dass falsche Gedanken tausend unnötige Probleme hervorrufen. Du willst, dass wir Buße tun und unser Denken in Deinem Namen ändern. Du kannst das in uns vollbringen. Amen.

Auf Gott hoffe ich und fürchte mich nicht; was können mir Menschen tun?
PSALM 56, 12

Gottesfurcht.

Von dem „eisernen" Kanzler Bismarck stammt das markige Wort: „Wir fürchten Gott und sonst nichts auf der Welt." Unterstellen wir, dass es keine rhetorische Floskel ist, beschreibt es treffend, worauf es ankommt. Wenn der lebendige Gott die absolute Priorität in unserem Denken einnimmt, ist unsere Abhängigkeit von Menschen minimal.

Genau an dieser Stelle liegt aber die Fehlerquelle vieler Menschen – auch bei Christen. Sie leben und handeln so, als ob sie der Meinung wären: „Ich kann mich nur wohlfühlen, wenn ich der festen Überzeugung bin: alle Menschen mögen mich." Bei allem, was sie tun und lassen, haben sie zuerst die andern im Auge. Niemanden wollen sie verletzen und bei allen gut ankommen. Das ist ich-haft und nicht realistisch, egoistisch und nicht geistlich. Sie fürchten in erster Linie, von Menschen enttäuscht zu werden. Die Furcht, von Menschen nicht akzeptiert zu werden, ist größer als die Furcht Gottes.

Der amerikanische Therapeut A. Ellis spricht in seinen Büchern von Lebensgrundirrtümern. Der erste Irrtum lautet bei ihm: „Als erwachsener Mensch muss ich von allen geliebt und anerkannt werden, besonders von bedeutenden Persönlichkeiten meiner Umgebung." Wer dieser Vorstellung huldigt, macht sich und anderen das Leben schwer. Wer seinen Selbstwert gering einschätzt, wer sich in seinem Selbstwertgefühl niedrig einstuft, buhlt um die Liebe der Menschen.

Ich danke Dir, Herr, dass ich als Dein Kind eine unvorstellbare Würde genieße. Durch deine Liebe hast Du mich als Kind adoptiert. Ich bin wertgeachtet und habe es nicht nötig, mich vor der Meinung der Mitmenschen zu fürchten. Amen.

Man kann die Gemeinde Christi mit einem Leib vergleichen, der viele Glieder hat. Obwohl er aus so vielen Teilen besteht, ist der Leib doch einer.
1. KORINTHER 12, 12

Was bedeutet das Bild vom Leib?

Das Bild vom Leib verdeutlicht, was in unserer Kirche und unserer Gesellschaft falsch läuft. Reibungslos funktionieren die verschiedenen Glieder des Leibes, wie Paulus schreibt. Einträchtig sorgen sie füreinander. Sie kennen keine Spaltung, sie leiden miteinander und sie freuen sich aneinander. Einträchtig und gleichwertig gehen sie miteinander um. Die Erziehung zur *Gleichwertigkeit* muss als Gesinnung von klein auf praktiziert werden. Am Beispiel des Orchesters kann man die Gleichwertigkeit des Menschen in der Gruppe demonstrieren.

Frau Witte, die Leiterin des Kindergartens, macht mit einer Gruppe ihrer Kinder Musik. Jedes Kind wird beteiligt. Vom Xylophon angefangen bis zum Löffel in der Flasche, vom Spielzeug-Saxophon über Kindertrommel, Triangel und den Kamm, der mit Butterbrotpapier überzogen ist, reichen die Musikinstrumente. Dieses gemeinsame musikalische Spiel verdeutlicht, dass es im Leben und in der Gemeinschaft auf Gleichwertigkeit, Zugehörigkeit, Zusammenarbeit und Verantwortlichkeit ankommt. Das größte Lob, das man einem Orchester spenden kann, lautet doch wohl: ein ganzheitlicher Klangkörper.

Gleichwertigkeit hat nichts mit Uniformierung und Gleichmacherei zu tun. Die Instrumente des Orchesters sind nicht gleich, sie sind sogar sehr verschieden. Auch Gaben und Begabungen sind verschieden.

Lieber Vater im Himmel! An den Organen unseres Leibes zeigst Du uns, wie wir miteinander umgehen sollen. Sie praktizieren Harmonie und Gemeinschaft. Gib uns die Kraft, diese Gesinnung zu üben und weiterzuvermitteln. Amen.

Tut Buße, das Himmelreich ist nahe herbeigekommen!
MATTHÄUS 4, 17

Heute geht es um den Buß- und Bettag.

Martin Luther war in der römisch-katholischen Unterscheidung aufgewachsen.

Er gewann eine starke Erkenntnis der Sünden, wie wohl selten ein Christ zuvor. Entsprechend war seine Erkenntnis der Buße ausgeprägt. Er war mit aller Kraft bemüht, für seine Sünden zu büßen. Er schlug sich mit Hundepeitschen. Dann erkannte er: „Mit unserer Macht ist nichts getan, wir sind gar bald verloren." Darum kann Wilhelm Busch, der große Verkündiger, sagen: „So etwas meint die Bibel auch nicht, wenn sie von ‚Buße' spricht. Die Buße fängt gar nicht mit dem an, was *wir* tun oder getan haben. Sie fängt mit dem an, was *Gott* getan hat."

Auf Golgatha ist das Gericht über uns ergangen. Nun können wir ohne Furcht unsere Sünden bekennen. Buße tun heißt: Wir kehren um, kehren heim zu Gott.

Buße ist keine fromme Leistung, sondern Dein Geschenk,
Buße ist Umkehr,
Buße ist keine Selbstkasteiung, sondern Sinnesänderung,
Buße ist Heimkehr,
Buße ist Hinkehr zu Dir.

Mein Herr und Heiland, auch ich will lernen, Buße ist kein einmaliger Waschvorgang, Buße geschieht täglich. Buße tun heißt für mich: Ich wende mich immer wieder Dir zu. Amen.

Was das Salz für die Nahrung, das seid ihr für die Welt. Wenn aber das Salz seine Kraft verliert, wie soll es sie dann wiederbekommen? Man kann es für nichts mehr gebrauchen.
MATTHÄUS 5, 13

Ist das Ihr persönliches Salz?

Unter dieser Überschrift hat Andrea Schwarz einen Beitrag verfasst. Es ist Sonntagmittag in einer evangelischen Gemeinde. Frau Schwarz hat die Predigt gehalten und sie sitzt mit anderen Gottesdienstbesuchern beim Mittagstisch. Vor ihrem Teller mit Kartoffeln steht ein großer Salzstreuer.

Neben ihr sitzt eine junge Frau, die aus einer Folie Kartoffeln befreit.

Sie deutet auf den Salzstreuer und fragt: „Ist das Ihr persönliches Salz?“ Die Pfarrerin muss lachen und sagt: „Nein, natürlich nicht!“, und schiebt der Dame den Salzstreuer rüber. Sie schreibt dann, es sei in der Tat ein richtiger „Gemeindezentrums-Salzstreuer“.

Wörtlich heißt es dann bei ihr: „Salz dient dazu, etwas zu würzen – für alle! Der große Salzstreuer, sorgfältig im Gemeindezentrum aufbewahrt, nutzt wenig, wenn er nicht auf den Tisch gestellt wird. Und Salz gehört allen, die es wollen und brauchen! Ein ‚persönliches Salz‘ gibt es nicht (...) und das gilt auch für unseren Glauben.“

Wir sind das Salz für die Welt. Wir würzen durch unser Dasein. Das Salz ist nicht nur für uns selbst bestimmt.

Herr, hilf, dass wir kein kraftloses Salz sind oder Menschen, die es nur für sich nutzen. Schenke uns die Bereitschaft, das Leben unserer Mitmenschen schmackhafter zu machen. Amen.

Wir sind doch Menschen genau wie ihr. Wir verkündigen euch die gute Nachricht, damit ihr euch von diesen nutzlosen Götzen abwendet. Wendet euch dem lebendigen Gott zu!
APOSTELGESCHICHTE 14, 15

„Invasion von innen".

Der amerikanische Pastor und Missionar Tom Doyle predigt in Ländern wie Ägypten, Syrien oder dem Iran. Seine eindrücklichsten Erfahrungen hat er in einem Buch festgehalten. Moritz Breckner schreibt, dass immer mehr Muslime den christlichen Glauben entdecken. „In den letzten Jahren haben sich mehr Muslime zum Christentum bekehrt als in den letzten 14 Jahrhunderten des Islam zusammengenommen", hat Tom Doyle wörtlich erklärt. Denn glaubt man Doyle, dann hatte etwa jeder zweite Moslem, der zum christlichen Glauben kommt, zuvor eine göttliche Erweckung als eine „Invasion von Gottes Liebe". Doyle behauptet auch, dass viele Muslime nicht töten wollten und Abscheu zeigten gegenüber den Terroristen, die nur Menschen umbringen wollten. Viele Muslime seien verzweifelt darüber, dass jemand sich es als guter Muslim zur Pflicht machen kann, andere Menschen zu töten. Seine Botschaft lautet, dass wir Muslime weder hassen noch fürchten sollten. Denn Angst und Hass seien unchristliche Positionen.

Wo stehen wir? Wie reagieren wir auf muslimische Nachbarn? Wie begegnen wir ihnen?

Herr, Du bist der Weg, die Wahrheit und das Leben. Wir wollen weder gleichgültig noch ängstlich oder hässlich diesen Menschen begegnen. Schenk uns die Freiheit, ihnen innerlich stark und liebevoll gegenüberzutreten. Amen.

Du sollst nicht begehren deines Nächsten Haus! Du sollst nicht begehren deines Nächsten Weib, noch seinen Knecht, noch seine Magd (...) Noch irgend etwas, was deinem Nächsten gehört.
2. MOSE 20, 17

Die Begehrlichkeitsneurose.

Psychologen unserer Tage haben den Lebensstil vieler Menschen, vor allem junger Menschen, mit folgendem Etikett treffend charakterisiert: *Begehrlichkeitsneurose.* Wie entsteht sie? Wenn ein Kind von der Wiege an jeden Wunsch erfüllt bekommt, wenn Vater, Mutter und womöglich noch die Geschwister sich zu Sklaven für das Kind degradieren lassen, ihm alle Schwierigkeiten aus dem Weg räumen und möglichst alle Bedürfnisse befriedigen, dann muss sich in einem heranwachsenden Kind das Gefühl einnisten: Alles ist für mich da und alles muss sofort für mich da sein. Solche Menschen erwarten, dass ihnen die gebratenen Tauben in den Mund fliegen.

Wir Erwachsene tragen die Verantwortung dafür, wenn wir unseren Kindern die verzerrte Wirklichkeit vermitteln, in einem Schlaraffenland zu leben. Die Begehrlichkeit treibt dann merkwürdige Blüten. Sie entwickelt sich zu einer seelischen Störung, zu einem handfesten Konflikt mit der Wirklichkeit. Ist es verwunderlich, dass die Diebstahlskriminalität unter Jugendlichen zum Delikt Nummer eins in unserer Gesellschaft geworden ist? Die Begehrlichkeit steckt an und kann durch die Werbung angeheizt werden.

Sören Kierkegaard, der dänische Philosoph, hat seinem Buch „Die Krankheit zum Tode“ folgenden Vers vorausgeschickt, den wir als Gebet sprechen wollen:

Herr! Gib uns blöde Augen für Dinge, die nichts taugen, und Augen voller Klarheit in alle Deine Wahrheit. Amen.

Du sollst nicht stehlen.
2. MOSE 20, 15

Es geht um die Gebote.

Diebstahl ist in der modernen Welt zum „Kavaliersdelikt“ Nummer eins geworden. Es wird geklaut, mitgenommen, entwendet, abgestaubt, organisiert, unter den Nagel gerissen, englisch eingekauft usw. Die Fülle der Begriffe macht deutlich, wie Diebstahl verniedlicht wird. In der Statistik hat der Diebstahl einen absoluten Spitzenrekord erhalten. Seit den 50er-Jahren hat dieses Delikt um über 700 Prozent (!) zugenommen. Diese „Begehrlichkeitsneurose“ hat besonders Jugendliche erfasst. Der Begriff des Diebstahls hat sich auch gewandelt.

Wer heute einen verschwenderischen Luxus betreibt, statt anderen Menschen zu helfen, ist ein Dieb. Wer unter dem Schein des Rechtes die Preise in die Höhe treibt, ist ein Dieb. Auch wer sein Eigentum benutzt, um andere Menschen zu schikanieren und zu unterdrücken. Immer ist es Unmenschlichkeit in Form von Diebstahl. Machen wir uns nichts vor, der Reichtum der Industrieländer geht einher mit Diebstahl an den armen Ländern. Wie das sechste Gebot die Ehe schützt, so schützt das siebte Gebot das Eigentum als einen für den Menschen grundlegenden Wert.

In einem Glaubensbuch heißt es: „Du sollst dich nicht bereichern, das heißt, du sollst dein Leben nicht durch Erwerb von Besitz reich machen. Nicht den Erwerb von Besitz wehrt das siebte Gebot ab, sondern nur denjenigen Besitz, der auf Kosten und zu Lasten anderer geht.“ Wenn wir in Saus und Braus leben, werden wir zu Dieben an anderen – und zu Dieben an Gott.

Herr, mir wird deutlich, dass Du unter Diebstahl mehr als Einbruch verstehst. Als Reiche berauben wir die Armen und leben Tag und Nacht von Diebstahl. Herr, Du hältst uns einen erschreckenden Spiegel vor! Amen.

Du sollst nicht ehebrechen.
2. MOSE 20, 14

Das sechste Gebot.

In dem Theaterstück von John Osborne „Watch it come down" sagt Sally, die verbitterte Ehefrau, die von ihrem Mann verlassen wurde: „Ihr verängstigten, versagenden Männer in den besten Jahren. Schleicht in euren Gedanken und Erinnerungen um junge Bräute rum, ihr alle! Zum Kotzen. Warum wirst du nicht erwachsen?"

Ehebruch ist Lebenskrise, Krise des Erwachsenseins. Die Abwechslung wird zur Flucht, aber die Flucht ist keine Lösung. Jesus lehnt den Ehebruch grundsätzlich ab. Ja, er radikalisiert das Gebot der Ehescheidung so sehr, dass schon der ein Ehebrecher ist, der die Frau des Nächsten lüstern ansieht. Es ist typisch für die moderne Liebe, die sagt: Wir gehören uns *jetzt*. Die Treue spricht: Wir gehören uns *für immer*. Der Ehebruch macht deutlich, dass eine brüchige Stelle in der Partnerschaft ist.

„Am Zustandekommen dieser brüchigen Stelle sind aber immer beide Teile schuld. Wer als ‚Richter' des anderen auftritt, bricht seinerseits die Ehe", schrieb Dr. Theodor Bovet, der Vater der Ehewissenschaft in Europa.

Leider ist das sechste Gebot in der Kirchengeschichte überbewertet worden. Das hat Heinrich Giesen in seiner handfesten Art charakterisiert:

> „Auf das sechste Gebot hat sich deine Gemeinde seit 100 Jahren gut eingeschossen. Wer hier schuldig wird, ist erledigt. Ich traf ihn unterwegs. Die Bruderschaft, der Gemeindevorstand, die ‚Schwachen' in der Gemeinde – alle hatten ihn eingekesselt. Alle schlugen zu. Die Steine lagen parat. Wie damals. Aber du hattest doch zehn Gebote. In den übrigen neun tummelten sie sich wie die Hechte. Sie haben ihren Karpfen! (...) Wie schrecklich übersehen wir neun Gebote."

Ein reines Herz, Herr, schaff in mir, schließ zu der Sünde Tor und Tür, vertreibe sie und lass nicht zu, dass sie in meinem Herzen ruh. Amen.

(Heinrich Georg Neuss)

Du sollst nicht ehebrechen!
2. MOSE 20, 14

Ohne jede Hoffnung.

Das ist die Überschrift, unter der Karsten Huhn über die BERLINALE, das größte Publikumsfestival der Welt, berichtet. Keine Zerstreuung, kein Zeitvertreib und Vergnügen, sondern grüblerische Autorenfilme mit Überlänge und langweilig. Kaum einer der Filme kenne ein glückliches Ende, keine Wende zum Guten. Wörtlich:

> „Auffallend viele Berlin-Filme machten sich auf die Suche nach dem letzten Tabubruch. Mehrere Filme beschäftigten sich mit Internet, Pornographie, mit dem Coming-out von Homosexuellen, der Leihmutterschaft eines lesbischen Paares. Bei manchen Filmen fragt man sich, wo eigentlich der Unterschied zu einem Pornofilm liegt."

Ein Film würde angekündigt, „eine Welt, in der die Lust am Zurschaustellen des Körpers, sexuelle Diversität und das Überschreiten jeglicher Grenzen gefeiert und der Geschlechtsnormalität der Kampf angesagt wird". Muss man das gesehen haben?, fragt Karsten Huhn. Besser nicht.

Es bleibt dabei: Wenn wir Gott, seine Gebote und Maßstäbe ausklammern, triumphiert die Gesetzlosigkeit, wird sexuelle Treue ausgeblendet. Der Mensch ist verantwortungslos, weil er keinem Gott und keinem Herrn Verantwortung schuldig ist.

Herr, gib, dass wir Deine Gebote und Maßstäbe nicht wie Kavaliersdelikte betrachten, dass wir gleichgültig Deine Gebote beiseitelegen. Wir brauchen Deinen Heiligen Geist, der unser Gewissen schärft. Amen.

Du sollst deinen Vater und deine Mutter ehren, auf dass du lange lebest in dem Lande, das dir der Herr, dein Gott, geben wird.
2. MOSE 20,12

Es geht um die Gebote.

Martin Luther hat in seinem Katechismus Eltern*liebe* und Eltern*ehre* so charakterisiert: „Diesen Vater- und Mutterstand hat Gott besonders ausgezeichnet vor allen anderen Ständen, die unter ihm sind: Er gebietet, nicht einfach die Eltern zu lieben, sondern sie zu *ehren.* Somit unterscheidet und sondert er Vater und Mutter von allen anderen Personen auf Erden und setzt sie neben sich. Denn ‚ehren' ist etwas viel Höheres als lieben. Es schließt ja nicht allein die Liebe in sich, sondern auch Zucht, Demut und Scheu einer Majestät gegenüber, die hier verborgen ist (...) Drittens soll man ihnen auch mit Werken, das heißt mit Leib und Gut, solche Ehre erweisen; man soll ihnen dienen, helfen und sie versorgen, wenn sie alt, krank, gebrechlich oder arm sind. Und das alles soll man nicht bloß gerne tun, sondern mit Demut und Ehrerbietung als etwas, das für Gott getan wird."

Luther hält ehren und lieben auseinander. Dass Kinder Eltern lieben, wird als selbstverständlich vorausgesetzt. Ehren ist mehr. Achtung und Ehrfurcht basieren nicht nur auf dem Bund des Blutes, sondern auf dem ausdrücklichen Befehl Gottes. Eltern ehren heißt, sie respektieren, anerkennen und Vertrauen zu ihnen haben. Ehren heißt, die nötige Geduld aufbringen, ihre Vorstellungen und Maßnahmen ernst nehmen und das Gespräch nicht abreißen lassen. Trotz ist ein Zeichen der Schwäche.

Hab Dank, Herr, dass wir Eltern haben; Du gibst ihnen Deinen besonderen Schutz und uns eine ausdrückliche Verheißung, wenn wir sie ehren. Amen.

Denn ich bin überzeugt, dass dieser Zeit Leiden nicht ins Gewicht fallen gegenüber der Herrlichkeit, die an uns offenbart werden soll.
RÖMER 8, 18

Das Leiden in dieser Welt lässt viele Fragen offen.

Der amerikanische Seelsorger und Leiter eines Institutes für biblische Seelsorge, Lawrence J. Crabb, schreibt in einem seiner letzten Bücher, das „im Schmelztiegel des Leidens und Ringens mit der Frage nach Gott inmitten des Leidens" entstanden ist, Folgendes: „Schon während ich diese Frage stellte, wusste ich, dass ich keine Antwort erhalten würde. Niemand kennt die Antwort – außer Gott. Und er schweigt. (...) Aber ich verlange noch immer nach Antworten – manchmal mehr als nach Gott. Gott weiß alles über uns. Er kennt unsere Geschichte und unser Heute von allen Seiten. Und alles, was er antwortet, ist: ‚Christus'. Mehr gibt es nicht zu sagen."

Crabb trifft den Nagel auf den Kopf. Wir suchen Antworten auf die Frage nach dem Leiden. Und Gott bleibt stumm. Wenn wir uns ihm rückhaltlos ausliefern, können wir auf Antworten verzichten. Alles, was er antwortet, ist: Christus. Gott liefert uns keine perfekten Antworten, aber er ist in Christus die Antwort. Gott verheißt nicht, alle unsere Gebete zu erfüllen, aber er verheißt, immer in Christus bei uns zu sein. Diese Gewissheit bringt Ruhe und Gelassenheit in unser Leben. Diese Gewissheit befreit von quälenden Fragen nach dem Leiden.

Lieber Vater im Himmel, wir hätten so gern Antworten auf alle Fragen nach dem Leid in unserem Leben. Du bleibst in der Regel stumm. Christus ist die Antwort. Wir können ihm nur blind vertrauen. Amen.

Es begab sich aber zu der Zeit, dass er auf einen Berg ging, um zu beten; und er blieb die Nacht über im Gebet zu Gott. Und als es Tag wurde, rief er seine Jünger und erwählte zwölf von ihnen, die er auch Apostel nannte.
LUKAS 6, 12–13

Zwölf Männer wählt Jesus aus.

Jesus wählte zwölf aus. Es war keine Frau darunter. Richard Rohr – vielleicht auch wir – fragen zu Recht, warum nur Männer als Jünger ausgewählt wurden. Rohr schreibt: „Ich habe dafür meine eigene Interpretation und keinen Beweis, dass sie stimmt. Aber ich denke: Wäre Jesus als Frau gekommen und wäre diese Frau vergebend und barmherzig gewesen und hätte Gewaltlosigkeit gelehrt, hätten wir das nicht als Offenbarung erlebt. Wir hätten gesagt: ‚Na ja, typisch Frau!‘ (...) Und die Männer in der Kirche haben zweitausend Jahre lang nichts kapiert. Denn wir Männer wollten einen Gott der Herrschaft. Wir haben einen Gott gebraucht, der es den Deutschen erlauben würde, die Franzosen zu töten, und den Franzosen, die Engländer zu töten. In der Männerkirche ist kein Platz dafür, die andere Wange hinzuhalten und den Feinden zu vergeben. Wir haben Jesus als Mann vereinnahmt und ihm eine Krone auf den Kopf gesetzt, keine Dornenkrone, sondern eine Königskrone.“

Jesus hat seine Jünger das Gegenteil gelehrt. Sie sollen dienen, machtlos sein und verlieren können. Er hat sie gelehrt, anderen Menschen die Füße und nicht die Köpfe zu waschen. Sie sollen Liebe üben und nicht das Schwert schwingen.

Herr, es ist Deine Entscheidung, dass Du Männer und keine Frauen auserwählt hast. Mit Männern willst Du keine Schlachten schlagen, sondern dienen und lieben. Amen.

Ihr werdet mich suchen und finden; denn wenn ihr mich von ganzem Herzen suchen werdet, so will ich mich von euch finden lassen.
JEREMIA 29, 13

Wer sucht, der findet.

Es gibt eine alte Geschichte von einem kleinen Jungen, der weinend zu seinem Großvater gelaufen kommt, einem Rabbi. Der Großvater nimmt ihn auf den Schoß und versucht, ihn zu beruhigen. Er fragt ihn:

> „Mein Junge, was ist los? Was ist nicht in Ordnung?" Und der Junge erzählt: „Mein Freund und ich, wir wollten Versteck spielen. Ich sollte derjenige sein, der sich versteckt." Der Junge weint herzerweichend und sagt: „Er hat nach einer Weile einfach aufgehört, mich zu suchen." Und der weise, alte Rabbi sagt: „Mein Junge, das ist der Grund, warum auch Gott weint. Weil wir aufgehört haben, ihn zu suchen."

Gott will von ganzem Herzen von uns gesucht werden. Niemand kann sich herausreden, er hätte Gott nicht gefunden. Eine Verheißung, die zu einem Experiment einlädt. Gott lässt sich finden, unter der einen Bedingung, dass wir ihn „von ganzem Herzen" suchen. Nicht mit links, so nebenbei. Etwa unter der Devise: „Ein bisschen Christentum gehört einfach zum Leben in dieser Kultur." Das ist Selbstbetrug. Was hat Gott mit uns vor?

Gott hat uns seinen Willen verraten, es liegt an uns, wie wir antworten. Es liegt an uns, ob wir ihn inständig suchen.

Herr, wer Dich sucht, findet den Sinn im Leben, findet die Erfüllung seiner Sehnsucht, findet die Antwort bei Dir auf alle Fragen. Amen.

Denn so sehr hat Gott die Welt geliebt: Er hat seinen einzigen Sohn hergegeben, damit keiner verloren geht, der an ihn glaubt. Sondern damit er das ewige Leben erhält.
JOHANNES 3, 16

Warum wurde Gott Mensch?

Advent heißt Ankunft, wir feiern die angekündigte Geburt.

Immer wieder haben sich Theologen bemüht, die Menschwerdung Gottes in Worte zu fassen. Ein ausgesprochen kluger Kopf war Anselm von Canterbury. Sein theologisches Werk trägt den Titel: „Cur Deus homo" („Warum Gott Mensch wurde"). Anselm vertritt die Meinung, dass die Sünde des Menschen eine ungeheure Beleidigung Gottes darstellt, die unbedingt gesühnt werden muss. Und Jürgen Diehl ergänzt:

> „Nicht sein berechtigter Zorn, der für die Schuld des Menschen Sühne als Genugtuung fordert, war der entscheidende Anlass für Gott, Mensch zu werden, sondern seine durch nichts zu erschütternde Liebe, in der er trotz aller Enttäuschungen nicht von den Menschen loskommt. Darum hat wohl Jesus selbst auf die Frage nach der Menschwerdung Gottes die oben genannte Antwort gegeben."

Gott wird Mensch aus Liebe zu uns. Gott hält es im Himmel nicht aus, um uns aus der Gefangenschaft der Sünde zu befreien. Das kann uns nur dankbar machen.

Lieber Vater im Himmel, wir dürfen Vater zu Dir sagen. In Deiner Liebe tust Du das Äußerste für uns Menschen. Wir feiern und begrüßen Deine Ankunft. Amen.

Was wir gesehen und gehört haben, das verkündigen wir auch euch, damit auch ihr Gemeinschaft mit uns habt; unsere Gemeinschaft besteht aber auch mit dem Vater und mit seinem Sohn Jesus Christus.

1. JOHANNES 1, 3

Es geht um Gemeinschaft.

Es ist ein zentraler Begriff christlichen Lebens. Im Neuen Testament kommt *koinonia* (Gemeinschaft) 18-mal vor.

Der englische Theologe W. Barclay schreibt über diesen Begriff: „Da haben wir das Wort *koinonia*, das im klassischen Griechisch *Vereinigung, Verbindung, Teilhaberschaft* bedeutet. Gemeinschaft bezeichnet großzügiges Teilen im Gegensatz zum selbstsüchtigen Nehmen. Im Leben gibt es eine *koinonia*, die Partnerschaft in dem Werk Christi bedeutet. Es gibt eine *koinonia* im Glauben. Der Christ ist nie isoliert, er steht nicht allein; er ist Teil einer Glaubensgemeinschaft. Im Leben eines Christen gibt es eine *koinonia* mit Christus. Die Christen sind zur Gemeinschaft mit Christus berufen. *Koinonos* bedeutet im klassischen Griechisch Gefährte, Partner, Teilhaber."

Christen haben Gemeinschaft. Heute würden wir sagen Partnerschaft. Und alles, was wir mit Partnerschaft unter Eheleuten, in Familien, in Gemeinden und unter Völkern bezeichnen, steckt in dem Wort *Gemeinschaft*. Christen leben keine anonyme Partnerschaft. Die Gemeinschaft mit Christus ist das Fundament für Teilhaberschaft und Gefährtenschaft. Sie beinhalten: Mitmenschlichkeit, Mitleiden, Mittragen, Mitdenken und Mitverantworten.

Lass uns so vereinigt werden, wie Du mit dem Vater bist, bis schon hier auf dieser Erden kein getrenntes Glied mehr ist, und allein von Deinem Brennen nehme unser Licht den Schein; also wird die Welt erkennen, dass wir Deine Jünger sein. Amen.

(Nikolaus Ludwig Graf von Zinzendorf)

Lasst euer Leben vom Geist Gottes bestimmt sein und richtet es danach aus. Dann werdet ihr nicht euren selbstsüchtigen irdischen Wünschen nachgeben. Denn eure irdische Gesinnung kämpft gegen den Geist Gottes.
GALATER 5, 16

Es geht um Egoismus und Selbstsucht.

Da lese ich sehr überrascht den Text von Veit Lindau: „Egoismus, der beste Nährboden für Selbstliebe". Er wehrt sich gegen „spirituelle Kreise", die verzweifelt versuchten, den Egoismus hinter sich zu lassen. Er singt ein Loblied auf den Egoismus. Denn die Entwicklungspsychologie hätte bewiesen, dass bei Kindern im Alter von 0 bis drei Jahren „die Egozentrik eine universelle und wichtige Phase in der Reifung des menschlichen Bewusstseins" darstelle. Er ist der Meinung, dass Menschen, die in dieser egozentrischen Phase gestört würden, sich später „in kleine, infantile Wesen verwandeln könnten". Sie neigten dann zum Helfersyndrom oder zum Narzissmus, zur Verliebtheit in das eigene Selbst.

Paulus ist ganz anderer Meinung. Wo Egoismus und Selbstsucht in Kindheit und Jugend gepflegt werden, bestimmen die eigenen Wünsche und die irdische Gesinnung unser Denken und Handeln. Wundern wir uns, dass das Thema Selbstverwirklichung in unserer Gesellschaft eine so große Rolle spielt? Was treibt uns an, egoistische Bedürfnisse oder der Geist Gottes?

Herr, Egoismus und Selbstsucht können wir kaum gänzlich ausrotten. Wenn Du uns bestimmst, werden alle selbstsüchtigen Wünsche kleiner. Amen.

Lasset uns wahrhaftig sein in der Liebe und wachsen in allen Stücken zu dem hin, der das Haupt ist, Christus, von welchem aus der ganze Leib zusammengefügt ist.
EPHESER 4, 15–16

Gleichwertig oder gleich gemacht?

Der schwedische Sozialphilosoph Dr. Tage Lindbom hat die modernen Totalitätsansprüche und Gleichheitsbestrebungen unserer Gesellschaft unter die Lupe genommen. Als Christ schreibt er: „Alle Macht der Erde gehört laut der französischen revolutionären Freiheits- und Rechtserklärung von 1789 nicht länger Gott, sondern dem Menschen. Der autonome Mensch will selbst Gott sein. Deshalb müssen alle einheitlich werden. Dieser Egalisierungsprozess (Prozess des Gleichmachens) wird nach dem Zweiten Weltkrieg besonders deutlich. Gleichheit wird jetzt auch Moral. Gleich zu sein auf allen menschlichen Gebieten, wird zur höchsten Form der Privat- und Gesellschaftsethik erklärt. Was tritt tatsächlich ein? Weil alle gleich sein wollen, müssen alle einander beargwöhnen. Je mehr Uniformität, desto mehr Streit gibt es. Wollten wir Brüder sein, müssten wir einen gemeinsamen Vater haben."

Dr. Tage Lindbom trifft den Nagel auf den Kopf: Gleichheitsstreben und Uniformität schaffen erst recht Uneinigkeit und Streit. Der ganze Leib kann nur organisch und harmonisch zusammengefügt sein, wenn Christus das Haupt ist, wenn wir Menschen uns nicht zum alleinigen Maßstab aufrufen. Ohne Christus gibt es Zerstückelung, Vereinzelung und Egoismus. Er ist das Haupt, wir seine Glieder.

Lieber Herr! Wir setzen uns gegen andere durch. Weil wir Dir die Ehre streitig machen, leben wir untereinander im Streit. Vergib uns unsere Selbstherrlichkeit. Amen.

Aber auf dein Wort will ich das Netz auswerfen. Und da sie es taten, fingen sie eine große Menge Fische.
LUKAS 5, 5–6

Es geht um Gehorsam.

Jesus lehrt die Menge am See Genezareth. Anschließend spricht er speziell den Simon Petrus an. Er solle am helllichten Tage auf die Seemitte zufahren und die Netze auswerfen. Der Fischfachmann Petrus wagt einen Einwand: „Meister, wir haben die ganze Nacht gearbeitet und nichts gefangen; aber auf dein Wort hin ..." Die Szene ist umwerfend. Ein berufserfahrener und mit allen Wassern gewaschener Fischer bekommt einen geradezu unsinnigen Auftrag. Ein Laie berät den Fachmann. Wer seine Vernunft walten lässt, kann nur den Kopf schütteln. Aber der unbedarfte Laie ist nicht irgendwer, er ist der Herr aller Herren. Petrus hat das gespürt. Er gehorcht, er stellt selbst sein fachmännisches Urteil beiseite.

Allerdings kann der Gehorsame auch menschlich scheitern – wie Paul Schneider, jener tapfere Bekenner aus dem Hunsrück, der im KZ Buchenwald ermordet wurde. Er konnte nicht heucheln und die Parolen der Nationalsozialisten überhören. Er war kein Asket und kein Märtyrertyp. Er war schlicht und einfach dem Wort seines Herrn gegenüber gehorsam. Am 18. Juli 1939 wurde er nach Folterungen und qualvollen Demütigungen umgebracht. „Aber das Ja zu Christus in der Ordination stand mir immer über dem Ja der Trauung. Man muss Gott mehr gehorchen als den Menschen."

Das Ja zu Christus stand auch dem Petrus über seinem Sachverstand.

Lieber Herr, Petrus war Deinem Wort gehorsam. Er wurde unbeschreiblich dafür belohnt. Gib uns den Mut, konsequent Ja zu Dir zu sagen. Amen.

Wir leben als Trauernde und sind doch voller Freude. Ja, wir leben als Arme, die doch viele reich machen, als die, die nichts haben und die doch alles besitzen.

2. KORINTHER 6, 10

Das Ziel vor Augen.

Das ist die Zwischenüberschrift, die Dr. Roland Werner, Leiter des CVJM-Gesamtverbandes, in einer Predigt formulierte. Wörtlich heißt es bei ihm: „Der Astrophysiker Heino Falcke hatte einmal das Dilemma der Naturwissenschaftler geschildert, die herausfanden, dass das Universum einen Anfang hat: ‚Mist, dann müssen wir doch wohl an Gott glauben!‘ Wie viel hoffnungsvoller aber die Erkenntnis, die Welt habe einen Beginn, ist die Botschaft Jesu: die Welt hat einen Zielpunkt! Griechisch: *telos* – der Punkt, auf den alles ausgerichtet ist. Handelt, bis er wiederkommt!“

Weil wir das Ziel kennen, wird aus Traurigkeit Freude, wird aus Leid Zuversicht, entwickelt sich aus Ängsten und Befürchtungen Hoffnung. In der Adventszeit leben wir als Hoffende und Wissende: Der Herr kommt wieder. Der ehemalige Bundespräsident Gustav Heinemann formulierte ein oft zitiertes Wort:

„Die Herren dieser Welt gehen, unser Herr kommt!“

Diese Gewissheit nimmt uns die Unruhe, mindert den Stress und die Hektik, die wir erleben.

Herr, in dieser Welt geht es verrückt zu. Krisen, Erschütterungen und tausend Ängste wollen uns überfallen. Oft können wir den Einflüssen nicht entfliehen. Du hast alles in Händen, den Anfang und das Ende, auch in unserem Leben. Danke, dass Du uns ruhig machst! Amen.

Wahrlich, ich sage euch: Was ihr getan habt einem von diesen meinen geringsten Brüdern, das habt ihr mir getan.
MATTHÄUS 25, 40

Heute ist Nikolaustag.

Aus der großen Schar der Heiligen sind einige auch in der Erinnerung und im Brauchtum der evangelischen Kirche erhalten geblieben. Nicht zufällig gehört zu ihnen der heilige Nikolaus, ein Bischof aus dem 4. Jahrhundert, der vor allem wegen seines liebevollen Engagements für die Bürger seiner Stadt, für Große und Kleine in Erinnerung blieb. Er begleitet uns auf dem Weg zur Krippe, ein Vorbild der Nächstenliebe. Er hat Menschen geholfen und Menschen beschenkt. Er besuchte sie im Gefängnis.

Darum schreibt der „Evangelische Lebensbegleiter": „Nikolaustag – ein Tag der Aufmerksamkeit füreinander, ein Anlass für kleine Geschenke. Mach etwas aus dieser Tradition: Schau dich in deiner Familie, deinem Freundeskreis und in deiner Nachbarschaft um und verschenke gezielt."

Was wir geben, was wir den Geringsten schenken, das haben wir IHM getan.

Nicht umsonst werden wir in der Vorweihnachtszeit mit Anfragen zum Spenden für alle möglichen Gelegenheiten überschüttet.

Herr, heute ist Nikolaustag. Du erinnerst uns an den Heiligen, der als Bischof teilte, sich als Helfer ausgab und ein Herz für die Armen hatte. Amen.

Sie (die Hirten) brachen sofort auf, gingen hin und fanden Maria und Josef und das Kind in der Krippe.
LUKAS 2, 16

Adventszeit – stille Zeit.

Hans Biedermann hat ein nachdenkliches Gedicht über Advent verfasst. Es lautet so:

> „Ein Mensch denkt schaudernd an Advent, die Zeit, die jeder hilflos rennt, ohne noch viel auszuschnaufen, Geschenke sinnig einzukaufen. Der Mensch im Innern tief verdrossen, hat sich für heuer fest entschlossen, die Zeit der Plastiktüten zu versäumen und stille Zeit sich einzuräumen. Der Mensch sinniert nun hin und her, wie dies wohl zu ergründen wär, denn allzu fromm, das spürt er ehrlich, ist dieses nicht – doch einfach herrlich! Aus Sorge für die eigne Seele, damit sie nicht das Ziel verfehle und andern Seelen hilfreich sei, hält sich der Mensch vom Trubel frei."

Stille Zeit ist eine gute Sache, die „Sorge für die eigene Seele" notwendig. Aber wir bleiben bei uns selbst. Wir drehen uns um die eigene Achse. Weihnachten ist kein Fest der Innerlichkeit. Darum haben uns die Hirten viel zu sagen. Sie hörten die Botschaft, trafen eine Entscheidung, gingen hin und fanden. Was hätte wohl eine Gruppe von Philosophen getan? Reflektieren ist gut, hingehen ist besser. Die entscheidenden Schritte christlicher Nachfolge werden von den Hirten exakt vorgelebt: Hören, sich entscheiden, hingehen und finden. Daher schrieb der Philosoph und Theologe Sören Kierkegaard: „Christus hat keine Dozenten angestellt, sondern Nachfolger."

Die Nacht ist schon im Schwinden, macht euch zum Stalle auf! Ihr sollt das Heil dort finden, das aller Zeiten Lauf von Anfang an verkündet, seit eure Schuld geschah. Nun hat sich euch verbündet, den Gott selbst ausersah. Amen.
(Jochen Klepper)

Herr, wende dich mir zu und hab Erbarmen; ich bin so allein und hilflos. Mein Herz wird immer mehr von Angst gequält; befreie mich von jedem Druck!
PSALM 25, 16–17

Einsamkeit.

Jeder Dritte, so ermittelte das Forsa-Institut, hat Angst vor dem Alleinsein im Alter, jenem melancholischen Schlussakkord. Und doch, sagen die Experten, dass die einsamsten Menschen heute die zwischen 30 und 40 Jahren sind. Mitten im Leben ist es einsam geworden. Einsamkeit ist ein Massenphänomen, und das in unserer Kommunikationsgesellschaft. Wir sind immer erreichbar und doch allein. (...) Wir begegnen hier dem Kombipack: Einsamkeit und Niedergeschlagenheit. Der Weg in die Depression führt oft über die Einsamkeit. Hermann Hesse dichtete: „Leben ist Einsamsein. Kein Mensch kennt den andern, jeder ist allein." Die Zuneigung fehlt. Liebe, Nähe und Wärme fehlen und das Gefühl, für irgendjemand auf der Welt wichtig zu sein.

Krankheit, Schuldgefühle, mangelnde Geborgenheit, Ausgrenzung, Trennungen, das sind die Gründe, die einsam machen.

Dem Psalmisten ergeht es ähnlich. Er fühlt sich hilflos und von Angst gequält. Er will von Gott befreit werden von diesem Druck. Wer innig betet, erfährt Zweisamkeit, Getragensein und die Gewissheit, ER ist da. ER nimmt uns das tragische Gefühl der Verlassenheit.

Herr, gegen Einsamkeit und Alleinsein sind wir nicht gefeit. Hilf uns, dass wir uns nicht resigniert und enttäuscht vom Leben zurückziehen. Schenk uns die Befreiung vom Druck. Amen.

Lass dir an meiner Gnade genügen; denn meine Kraft ist in den Schwachen mächtig. Darum will ich mich am allerliebsten rühmen meiner Schwachheit, damit die Kraft Christi bei mir wohne.

2. KORINTHER 12, 9

Gottes kostbares Ebenbild in irdenen Gefäßen.

Bernd Wittchow schreibt über diesen Gedanken und zitiert ein Wort von Richard von Weizsäcker, dem ehemaligen Bundespräsidenten, es sei normal, dass wir alle verschieden seien. Das stimmt voll und ganz. Wir sind Originale, Unikate. Wir sind einmalig. Wittchow wörtlich:

> „Was leiten wir im täglichen Leben daraus ab? Menschen, die mit Einschränkungen leben müssen, sind nicht behindert, sie werden behindert. Behinderung ist das Phänomen der eingeschränkten Teilhabe am Leben. Dieser Mangel einer eingeschränkten Teilhabe liegt nicht allein in ihrer defizitären Ausstattung (geistig, intellektuell, körperlich, seelisch, finanziell usw.). Er ist vielmehr das Ergebnis der Beziehungen zwischen dem Einzelnen und der Gesellschaft."

In der Bundesrepublik leben heute ca. 8 Millionen Menschen mit einem amtlichen Schwerbehindertenausweis. Wir haben 1,3 Millionen Mitbürger, die auf Assistenz und Pflege im Alltag angewiesen sind. In der Tat, der Mensch ist ein Defizitwesen. Paulus hat recht: Wir sind schwach und auf seine Hilfe und Kraft angewiesen. Wir alle spüren irgendwann Einschränkungen, Mängel, Schwächen, Krankheiten und Defizite.

Herr, Du lässt Schwächen, Behinderungen und Einschränkungen zu. Gib uns die Kraft, dass wir diese Menschen nicht ausgrenzen, nicht abschieben, nicht meiden. Wir sind Deine Kinder. Amen.

Wer anderen Güte und Liebe erweist, der findet ein erfülltes Leben, Gegenliebe und Ansehen.
SPRÜCHE 21, 21

Ein erfülltes Leben.

Ein jüdischer Rabbi hat ein wahres Wort über die Erfüllung geschrieben:

> „Wenn wir mutig genug sind, um zu lieben, stark genug, um uns über das Glück anderer zu freuen, und weise genug, um zu wissen, dass es genügend Liebe für uns alle gibt, dann haben wir eine Erfüllung, die keinem andern Lebewesen zuteil wird."

Und Peter Hahne schreibt über den Fußballspieler Cacau, der 2010 zusammen mit Jogi Löws Muli-Kulti-Elf für ein Sommermärchen in Südafrika sorgte. Cacau bekennt sich offen zu seinem christlichen Glauben. Hahne wörtlich:

„Auf seiner Homepage nennt er als Lieblingsbuch die Bibel und hat als Extra-Rubrik ‚Glauben' zum Anklicken. Der gefeierte Star schreibt: ‚Heute weiß ich, dass alles auf der Welt vergänglich ist. Es gibt jedoch die Hoffnung, an der Seite von Jesus Christus ein erfülltes und erfolgreiches Leben zu führen.'"

Wer liebt und schenkt, wer anderen Güte erweist, der findet ein erfülltes Leben. Er erfährt Gegenliebe und Ansehen. Egoismus kann Erfolg bringen, aber keine Erfüllung. Liebe stiftet Gemeinschaft und stärkt die Beziehung. Wollen wir das nicht?

Herr, Du machst uns klar, wie wir ein erfülltes Leben führen können. Gib, dass wir diese Weisheit in die Tat umsetzen. Amen.

Ob ich tätig bin oder ausruhe, du siehst mich; jeder Schritt, den ich mache, ist dir bekannt. Noch ehe ein Wort mir auf die Zunge kommt, hast du, Herr, es schon gehört. Von allen Seiten umgibst du mich, ich bin ganz in deiner Hand.
PSALM 139, 3–5

Prototyp als Superstar.

Das ist die Überschrift eines Beitrags von Peter Hahne. Er schreibt, dass die Bibel viele „Wertmesser" kennt, die die Einmaligkeit unseres Lebens beschreiben. Hahne fragt, ob wir überhaupt gewollt sind. Sind wir unerwünschte Kinder? Und er bekommt die Antwort:

> „Schon als Embryo hast du mich gesehen. Du hast meine Nieren, mein Innerstes, Privatestes gebildet. Du hast mich gemacht, gesehen und geliebt! Gott hat keine unerwünschten Kinder. So wie ich bin, bin ich von dir gewollt. Mit meiner Einmaligkeit, mit meiner Erbmasse, mit meiner Begabung und meinen Mängeln und Grenzen. Ich bin nicht das gewählte Ergebnis von *Deutschland sucht den Superstar*. Ich muss es mir und den anderen nicht erst zeigen, was für ein toller Typ ich bin. Ich bin längst ein Prototyp."

Ich bin ein Original, ein Unikat und von Gott so gewollt. Gottes Wertschätzung stempelt uns zu seinem Eigentum. Er umgibt uns von allen Seiten und wir sind in seiner Hand. Das ist Beruhigung pur.

Herr, wir sind Deine Kinder, die Du von allen Seiten umgibst. Wir sind von Deiner Macht, Deinem Schutz und Deiner Liebe umgeben. Selbstwertstörungen sind wirklich nicht angebracht. Das macht uns selbstbewusst und gelassen. Amen.

Die nun sein Wort annahmen, ließen sich taufen, und so kamen an jenem Tage etwa dreitausend Seelen (zu der Gemeinde) hinzu.
APOSTELGESCHICHTE 2, 41

Es geht um den Gehorsam des Glaubens.

Der ehemalige Generalsekretär des Nordbundes, Georg Wichmann, erzählte während einer Bibelstunde im CVJM folgendes Erlebnis: „Es ist schon einige Jahre her, da erlebte ich in Hamburg mitten in der Stadt einen Menschenauflauf. Um einen großen Bananenwagen standen viele Menschen. Der Wagen war bis oben hin voll mit Bananen, die wahrscheinlich gerade aus einem Schiff verladen waren. Auf dem Trittbrett stand ein Mann und bot seine Ware an. Und dann rief er plötzlich in die Menge: ‚Diese Bananen verschenke ich. Wer will sie haben?' Und er hielt eine große Traube in seiner Hand. Das Eigenartige passiert, niemand geht hin, um die Bananen anzunehmen, weil jeder dem Ausrufer misstraut. Nur ein altes Mütterchen drückt sich an einigen Personen vorbei und hält seine Hände nach oben, und die große Bananentraube fällt ihr zu. Die Umstehenden wollen wissen, ob da nicht ein fauler Trick im Spiel ist. Aber das Mütterchen bestätigt, dass es die Traube umsonst empfangen hat."

Geht es uns Christen nicht genauso? Uns werden Kostbarkeiten angeboten, und zwar umsonst: Vergebung der Sünden, Frieden und ein ewiges Leben. Allerdings unter der einen Bedingung, dass wir seinem Wort glauben, dass wir sein Angebot annehmen. Bleiben wir auch ungläubig stehen wie die meisten in Hamburg? Ist das nicht unsere Not, dass wir hören und nicht zugreifen, dass wir mit dem Kopf nicken, aber die Botschaft nicht mit dem Herzen annehmen?

Herr, wir hören Deine Botschaft oft. Wir bedenken sie, nehmen sie auf, aber nicht an. Wir sind angetan, aber ziehen keine Konsequenzen. Hilf, dass wir die Botschaft annehmen und ernst machen. Amen.

Wenn wir dagegen auf etwas hoffen, das wir noch nicht sehen, dann müssen wir geduldig darauf warten.
RÖMER 8, 25

„Wart' mal schnell!"

Advent ist Wartezeit. Warten ist uns lästig. Karlheinz Geißler, Professor für Wirtschaftspädagogik, hat ein Buch geschrieben mit dem oben genannten Titel. Darin schreibt er: „Zu den modernen Paradiesvorstellungen zählt es auch, nicht mehr warten zu müssen. Alles soll möglichst sofort, überall und jederzeit zur Verfügung stehen. Warten kommt bei der Nonstop-Mentalität nur als möglichst rasch zu behebender Defekt vor. Warten, das bedeutete einstmals verweilen, pflegen, Ausschau halten, wahrnehmen, sorgen, bewahren, schützen, den Blick auf etwas werfen. Im Warten sind zwei gegensätzliche Zeitformen eine produktive Verknüpfung miteinander eingegangen. Einerseits das Langsame, das Statische, das Harrende und Beharrende, anderseits das Potenzial zur Schnelligkeit, zur raschen Reaktion."

„Hoffen und Harren macht manchen zum Narren!", sagt ein Sprichwort. Unser Warten auf Christus ist keine Seifenblase. Menschen, die mit Gott rechnen, warten nicht ins Blaue hinein. Ihre Hoffnung endet nicht im Nebel. Am Ende des Weges steht nicht die Resignation, sondern Freude, Friede und Glückseligkeit. Der ermordete Dietrich Bonhoeffer drückte es in Versen so aus:

„Zu warten auf ihn, wenn kein Hund mehr knurrt, wenn alles in Schlaf versank. Dann brennend die Lampe, um Lenden den Gurt, und die Augen wachend und blank. Der Boden dröhnt, er ist nicht mehr fern. Er klopft an die Tür; und wir öffnen dem Herrn." Amen.

Siehe doch: Ich steh vor der Tür und klopfe an! Wer meine Stimme hört und die Tür öffnet, bei dem werde ich eintreten. Ich werde mit ihm das Mahl einnehmen und er mit mir.
OFFENBARUNG 3, 20

ER klopft, und wir verstecken uns.

Dr. Christian Brenner erzählt eine eindrückliche Begebenheit. Er besucht eine Dame, die lange nicht zum Gottesdienst kam. Er klingelt, aber niemand öffnet.

Und doch hat er den Eindruck, die Frau ist da. Er zieht seine Visitenkarte und schreibt den oben stehenden Vers auf die Karte. Am nächsten Sonntag sieht er die Frau in der hintersten Reihe der Kirche sitzen. Als er nach dem Gottesdienst den Kollektenbeutel öffnet, liegt seine Visitenkarte drin. Die Frau hat auch ein Bibelwort darauf vermerkt, 1. Mose 3,10.: „Ich hörte dich kommen und bekam Angst, weil ich nackt bin. Da habe ich mich versteckt."

Brenner wörtlich: „Gott akzeptiert es, wenn sich Menschen gegen ihn entscheiden. Er zwingt nicht zur Gemeinschaft mit ihm. Und so lässt er es auch geschehen, wenn die Menschen die Früchte ihrer Entscheidung ernten."

Advent heißt Ankunft: ER kommt, ER steht vor der Tür. Wir sind beschäftigt, wir haben keine Zeit, wir schämen uns, wir werden in unseren Plänen gestört, wir wollen ein familiäres Idyll oder wollen von himmlischen Einwirkungen verschont bleiben.

Herr, Weihnachten, das vor der Tür steht, ist mehr als eine Heile-Welt-Zeit, ist mehr als ein schöne Familienidylle, ist mehr als Tannenbaum und Lichterglanz, es ist Dein einmaliges Geschenk an uns Menschen. Amen.

Was ihr für einen meiner geringsten Brüder getan habt, das habt ihr für mich getan.
MATTHÄUS 25, 40

Weihnachtszeit und Hunger in der Welt.

Karin Eckermann hat das Gedicht „Weihnacht" verfasst. Es lautet:

„Weihnacht, heilige Nacht, Friede auf Erden ist jeden Tag geboten.
Wir haben das Gebot kalendarisiert, familiär traditioniert,
kitschig verziert, konsumiert.

Alle Jahre wieder, süßer die Glocken nie klingen
als zu der Weihnachtszeit,
stille Nacht, heilige Nacht, holder Knabe im lockigen Haar.

Deinen Hungerschrei, Neugeborener, überhören wir,
lassen dich sterben irgendwo in der Welt.
Jeden Tag in der heiligen Nacht."

Weihnachtszeit – Geburtstag unseres Herrn. Er hat uns nicht irgendwelche Geschenke gemacht, er hat sich uns selbst geschenkt. Karin Eckermann hat recht: Wir haben Weihnachten pervertiert, „familiär traditioniert" und „konsumiert". Unsere Geschenke füreinander sind ein verschrobenes Abbild seines Geschenkes an uns. Reiche beschenken Reiche. „Deinen Hungerschrei, Neugeborener, überhören wir!" Tausende verhungern auf der Welt jeden Tag. Professor Mitscherlich formuliert es so: „Weihnachten ist ein Fest der Begehrlichkeit geworden. Die Begehrlichkeit hat den ursprünglichen Sinn von Weihnachten ganz ausgezehrt, ausgelaugt. Geblieben ist eine tote Form, eine leere, ausgebrannte Hülse, deren Vakuum man mit ‚organisierten Bedeutungslosigkeiten' aufzufüllen versucht."

Woran wollen wir uns beteiligen? Er hat uns zu Weihnachten reich gemacht. Wollen wir den Reichtum für uns behalten?

Es ist ja, Herr, Dein Geschenk und Gab mein Leib und Seel und was ich hab in diesem armen Leben. Damit ichs brauch zum Lobe Dein, zu Nutz und Dienst des Nächsten mein, wollst mir Dein Gnade geben. Amen.

(Martin Schalling)

Der Herr ist nahe.
PHILIPPER 4, 5

Aber Christus ist doch da!

Ernst Günter Wenzler, Inspektor des Süddeutschen Gemeinschaftsverbandes, schreibt über Christi Nahesein. Ein Journalist hätte den englischen Erfolgsautor Gilberth Keith Chesterton gefragt, was er tun würde, wenn der auferstandene Christus in diesem Augenblick plötzlich erscheinen würde und hinter ihm stünde. Chesterton hätte den Journalisten überrascht angesehen und gesagt: „Aber er steht doch da."

Chesterton hat es auf den Punkt gebracht: Unser Herr ist da, ist jedem von uns nahe. Er umgibt uns von allen Seiten, wie ein Psalm es ausdrückt. Nicht irgendwo überm Sternenzelt, sondern unter uns, neben uns, hinter uns und vor uns. Wer diese Gewissheit in seinem Herzen verankert hat, kann in allen Lebenssituationen ruhig sein. Er ist uns nahe, auch wenn wir ihn nicht sehen, wenn wir ihn nicht hören. Auch wenn Leid und Schmerzen uns zu Boden drücken. Diese Gewissheit ist wie eine Medizin, die uns gestressten und nervlich strapazierten Menschen Gelassenheit und Ruhe schenkt.

Herr, Du bist uns nahe, auch wenn wir nichts spüren. Aber der Glaube an Deine Gegenwart stärkt unsere Abwehrkräfte, stärkt unsere Lebenskraft, kräftigt unsere Energie. Amen.

Und niemand fährt gen Himmel, denn der vom Himmel herniedergekommen ist, nämlich der Menschensohn.
JOHANNES 3, 13

Der heruntergekommene Gott.

Unter diesem Thema erschien ein Beitrag von dem Superintendenten i. R. Rainer Kunik. Er schrieb, dass vor einigen Jahren in der Weihnachtszeit ein Sprayer an die Kirche den Satz gesprüht habe: „Nieder mit Gott!" Wahrscheinlich wollte der Sprayer seinen Protest gegen Kirche und Glauben zum Ausdruck bringen. Wörtlich Rainer Kunik:

> „Zwar können wir Gott nicht befehlen: ‚Nieder mit dir!' Erstaunlich aber ist: Er kam freiwillig in unsere Niedrigkeit. So armselig wie Jesus im Stall von Bethlehem kam wohl niemand von uns auf die Welt. Die alte und immer wieder aktuelle Weihnachtsbotschaft lautet: Gott kommt dir ganz nahe."

Der „heruntergekommene Gott", ein vieldeutiges Wort. Wer heruntergekommen ist, ist arm, hat abgewirtschaftet, ist bedeutungslos. Und die andere Seite?

Der Gott, Schöpfer des Himmels und der Erde, der Allmächtige lässt sich herab, um den todgeweihten Menschen zu retten. Der Allmächtige macht sich klein, um uns nahe zu sein. Dieses Wunder und dieses Geheimnis können wir nur im Glauben erfassen. Beten wir mit Rudolf Alexander Schröder:

„Bringt dem Sohn die Gaben dar,
Seufzer, Drangsal, Angst und Plagen
werft auf ihn, er will sie tragen,
er heißt: Wunderbar." Amen.

Ich bin als Licht in diese Welt gekommen. Dadurch bleibt niemand, der an mich glaubt, in der Dunkelheit.
JOHANNES 12, 46

Das Licht kommt in die Welt.

Axel Ohrendorf, der Leiter von „Hoffnung für Dich“ fragt in seinem „Freundesbrief“: „Wir warten also alle auf das Kommen des Gottessohnes? Ich würde es gerne glauben. Aber die Beobachtungen und Gespräche mit Menschen in unserem Alltag geben mir eine ernüchternde Antwort: Suchen wir nicht vielmehr schillernde und glitzernde Abwechslung in unserer gedrückten Stimmung während der dunklen Jahreszeit?“

Im Internet findet man unter „Coole Gedichte“ ein Beispiel dafür mit den Versen des 2006 verstorbenen Schriftstellers und Karikaturisten Robert Gernhardt:

„Ich sprach nachts: Es werde Licht! Aber heller wurd' es nicht.
Ich sprach: Wasser werde Wein! Doch das Wasser ließ es sein.
Ich sprach: Lahmer, du kannst gehen! Doch er blieb auf Krücken stehen.
Da ward auch dem Dümmsten klar, dass ich nicht der Heiland war.“

Wir brauchen den Heiland, der alle unsere Begrenzungen und die Dunkelheit durchbricht. Niemand, der an ihn glaubt, bleibt in der Finsternis. In Seinem Licht wird alles hell, unser Innerstes, unser Leben. Unsere Ängste und Befürchtungen werden kleiner. Wollen wir das nicht alle? Also müssen wir den Glauben wagen!

Herr, Du bist das Licht der Welt. Gib, dass wir nicht der Glitzer- und Neonwelt erliegen. Dass wir Deinem Licht vertrauen und ein helles und erfreuliches Leben erfahren. Amen.

Als er das Volk sah, jammerte es ihn; denn sie waren verschmachtet und zerstreut wie Schafe, die keinen Hirten haben.
MATTHÄUS 9, 36

Jesus als Seelsorger.

„Am Eingang der Domitilla-Katakombe in Rom findet sich eine Mamorstatue, die einen jungen Mann in einem kurzen Hirtenrock zeigt. Er hat einen Proviantbeutel umgehängt. Auf seinen Schultern trägt er ein Schaf. Die Statue zeigt eindrücklich, wer Jesus für die ersten Christen in Rom war: nämlich der gute Hirte. Als der gute Hirte kümmert sich Jesus um den Einzelnen. Er trägt die Schwachen. Er verbindet die Verletzten und ist in der Not bei seiner Herde. Das Bild des guten Hirten vermittelte den frühen Christen Kraft und Zuversicht", so hat es der Theologe Dr. Rolf Sohns beschrieben. Sohns betont, dass dieses Bild Christus als Urbild christlicher Seelsorge symbolisiert.

Als Seelsorger, Berater und Therapeut kann ich nur von Jesus lernen. Er kümmert sich um seine Schafe. Er stellt klare Diagnosen zu Anfang. Er sieht den Menschen ins Herz. Er spürt Ängste und Hoffnungslosigkeit. Mit seinem ganzen Sein ist er beteiligt. Er schenkt eine heilende und vergebende Liebe.

Er geht für seine Freunde und für uns bis ans Kreuz. Er zeigt eine Liebe, die wir alle nur unvollkommen weitergeben können. In der Tat: Jesus Christus ist der eigentliche und wirkliche Seelsorger für uns Menschen.

Treuer Herr und Gott, Du bist in der Tat ein Vorbild wahrer Seelsorge. Wir können Dir nur stümperhaft nachfolgen. Schenk uns die Fähigkeit, uns in andere Menschen einzufühlen, um ihre Sorgen, Kümmernisse und Probleme zu erfassen. Amen.

Die Liebe kennt keine Furcht, sondern die vollkommene Liebe vertreibt die Furcht.
1. JOHANNES 4, 18

Die vollkommene Liebe wird geboren.

Dr. Schuller schreibt in einem Beitrag über eine Frau, die ihn in der Weihnachtszeit wegen Eheproblemen aufsuchte. Er fragte sie, warum sie den Mann geheiratet hätte. Schuller erfährt, dass der Mann ihr schon beim ersten Kennenlernen einen Heiratsantrag gemacht hätte. Da sie von Liebe aber nicht sprechen konnte, hätte sie abgelehnt. Der Mann hätte geantwortet, dass er sich umbringen würde, wenn sie ihn nicht heiratete. Nach einem Selbstmordversuch hätte sie den Mann im Krankenhaus besucht und hätte ihn geheiratet. Ihre Ehe war 24 lange Jahre nicht auf Liebe aufgebaut. Schuller wörtlich:

„Weihnachten feiern wir Gottes vollkommene Liebe, die auf die Erde gekommen ist, um alle Furcht zu vertreiben. Seine Worte sind voller Liebe. Er heilt aus Liebe. Seine Liebe macht Sünder heilig."

Unsere Liebe ist wie bei dem unglücklichen Ehepaar unvollkommen. Immer wieder spielen Ängste und Befürchtungen hinein. Seine Liebe vertreibt alle Furcht. Seine Liebe verringert unsere Mängel und Zweifel, die uns verspannen und die uns belasten. Aber wir müssen ihn glaubend in unser Leben einlassen. Wollen wir das wirklich?

Krippe und Kreuz sind Zeichen dieser vollkommenen und praktizierten Liebe für uns.

Herr, unsere Liebe ist brüchig, unvollkommen und angefochten. Deine Liebe ist rein und vollkommen. Wir brauchen diese ändernde und umwandelnde Liebe. Amen.

Da sie den Stern sahen, wurden sie hocherfreut.
MATTHÄUS 2, 10

Der Stern von Bethlehem.

Wo nehmen wir den Stern her? Uns locken rote Ampeln.
Wo nehmen wir den Stern her, der die Weisen wies?
Ich, spricht der Herr, leuchte eurem Weg.
Wo nehmen wir den Himmel her? Wir wohnen zwischen Steinen.
Wo nehmen wir den Himmel her, der den Hirten sang?
Ich, spricht der Herr, wohne unter euch.
Wo nehmen wir das Wunder her? Wir kennen alle Preise.
Wo nehmen wir das Wunder her, das die Nacht gebar?
Ich, spricht der Herr, mache alles neu.

(Christine Heuser)

Der Stern von Bethlehem ist verdunkelt. Die Verfasserin des modernen Weihnachtsgedichtes macht deutlich, dass rote Ampeln, Steine, Preise und Alltagsprobleme den Blick in den Himmel und auf den Stern verdecken. Wir leben hier mitten in dieser Welt und können zweifellos die Ampeln, die Steinkästen, in denen wir wohnen, und die Preise nicht abschaffen. Weihnachten ist die Zeit der großen Herausforderung Gottes. Inmitten unserer modernen Steinwüsten ruft er uns auf, den Blick auf den Stern zu erheben. Wir sollen aus dieser Welt nicht emigrieren. Die Aufgabe, die Gott uns gegeben hat, ist so nobel, dass es uns nicht erlaubt ist, zu desertieren. Mitten im lauten und hektischen Getriebe will uns Christus, das Kind in der Krippe, Kraft geben für den Dienst in dieser Welt.

Herr, unsere Augen fliegen in der Weihnachtszeit auf tausend andere Eindrücke, nur nicht auf Dein Licht, auf Deinen Stern. Dein Stern, Dein Licht und Deine Geburt verändern unser Leben. Amen.

In ihrem Größenwahn reden sie sich ein: „Wie sollte uns Gott zur Rechenschaft ziehen? Wo er doch gar nicht existiert!" Weiter reicht ihr vermessenes Denken nicht.
PSALM 10, 4

Die Zahl der Nihilisten wächst.

Der erste Schriftsteller, der den Nihilismus beschrieben und sogar den Namen für ihn geprägt hat, war Iwan Sergejewitsch Turgenew (1818–1883). Der Student Basaroff, der Held seines Romans „Väter und Söhne", ist ein typischer Nihilist. Der Roman wurde 1861 geschrieben, in dem Jahr, in dem die Leibeigenschaft in Russland aufgehoben wurde. In seinem fünften Kapitel steht die erste und noch immer beste Definition des Begriffs. Es ist von Basaroff die Rede:

> „Er ist ein Nihilist", wiederholte Arkadi. „Nihilist!", sprach Nikolaus Petrowitsch.
> „Das Wort kommt von dem lateinischen *nihil*, nichts, soweit ich es beurteilen kann, und bezeichnet also einen Menschen, der ... nichts anerkennt?"
> „Oder vielmehr: der nichts achtet", versetzte Paul Petrowitsch.
> „Ein Nihilist ist ein Mann, der sich vor keiner Autorität beugt, der kein einziges Prinzip auf Treu und Glauben annimmt, gleichviel in wie hohem Ansehen dieses Prinzip in der Meinung der Menschen steht."

Wahrscheinlich gibt es unter uns viele profilierte Nihilisten. Die meisten werden antworten, wenn sie nach Gott gefragt werden: „Es wird ihn wohl geben." Aber in der Praxis sind sie Nihilisten. Sie handeln so, als gäbe es keinen Gott, sie handeln so, als frage Gott nicht nach ihrem Tun. Wie viel praktizierten Nihilismus gibt es unter sogenannten Christen? Wir glauben wohl an Gott, aber befolgen nicht seinen Willen.

Herr, Du forderst Rechenschaft von uns. Gib, dass wir Dein Wort und Deine Gebote in allen Punkten ernst nehmen. Amen.

Gott hat den Sohn nicht in die Welt gesandt, damit er sie verurteilt. Vielmehr soll er die Welt retten. Wer an ihn glaubt, wird nicht verurteilt. Wer aber nicht glaubt, ist schon verurteilt.
JOHANNES 3, 17–18

Es geht um die Entscheidung Gottes.

Unter dieser Überschrift haben die Superintendentin Ilka Federschmidt und der katholische Stadtdechant Bruno Kurth, Wuppertal, ein ökumenisches Grußwort zum Weihnachtsfest geschrieben. Wörtlich heißt es bei ihnen: „Alle haben sie im Ohr, die Werbung eines großen Elektronikkonzerns: ‚Weihnachten wird unterm Baum entschieden.‘ Auch wenn sich manche aus ihrem christlichen Glauben heraus über diesen Slogan empören, mit einem hat er unbedingt recht: Weihnachten wird entschieden. Weihnachten geht es um eine sehr weitreichende Entscheidung. Sie betrifft unser ganzes Leben und sie bedeutet Segen für die Welt. Gott entscheidet sich – für uns Menschen, für die Welt.“

Selbstverständlich findet das eigentliche Fest nicht unter dem Weihnachtsbaum statt: Wer Geschenke auspackt, tut damit nicht automatisch etwas für den Glauben. Vielmehr kommen bei der Bescherung finanzielle Ansprüche und Interessen ans Licht. Gott hat sich für uns Menschen entschieden. Er will das Böse mit Gutem überwinden. Und wir entschieden, ob wir Krippe und Kreuz bejahen. Wir entscheiden, ob uns an der Rettung gelegen ist. Wir entscheiden, ob wir uns im Glauben von ewiger Schuld befreien.

Herr, Weihnachtszeit ist auch Entscheidungszeit. Deine Entscheidung, Mensch zu werden und für uns zu sterben, muss mit unserer Entscheidung für Dich beantwortet werden. Amen.

Denn uns ist ein Kind geboren, ein Sohn ist uns geschenkt. Die Herrschaft liegt auf seiner Schulter; man nennt ihn Wunderbarer Ratgeber, starker Gott, Vater in Ewigkeit, Fürst des Friedens.
JESAJA 9, 5

Ein Kind ist uns geboren.
Das ist Weihnachten. Dr. Schuller kommentiert es so:

„Ein Same. Eine Schneeflocke. Ein Moskito. Ein Atom. Ein kleines Kind. Alle fünf haben etwas gemeinsam: einzeln und auf sich gestellt sind sie ausgesprochen unbedeutend. Aber sie können sich vervielfältigen. *Schnee* stoppte die Invasion Napoleons in Russland. *Moskitos* geboten dem Bau des Panamakanals Einhalt. Ein einzelner *Same* wird zum Obstbaum. Das *Atom*, das zur Herstellung einer Bombe benutzt wurde, beendete den Zweiten Weltkrieg. Aber *das Kind*, das im Stalle von Bethlehem geboren wurde, übertrifft alle diese Dinge noch weit.
Sein Name? Wunderbarer Ratgeber, starker Gott, ewiger Vater, Friedefürst. Ich nenne es meinen Freund und Erlöser."

In der Tat, das ist Weihnachten. Das schwache Kind wird zum Erlöser der Menschheit. Krippe und Kreuz sind Symbole seiner Macht. Das Kind, im Stall geboren, unbedeutend am Rande der Weltgeschichte, wird für Milliarden Menschen zum Mittelpunkt des Lebens. Wir feiern die Geburt eines Kindes, das eine einzigartige Revolution angezettelt hat, den Retter der Menschheit.

Herr, alle Worte und Kommentare greifen zu kurz, um Deine Größe und Liebe zu beschreiben, die mit Deiner Geburt in Bethlehem verbunden ist. In Dir kommt unser Erlöser, unser Befreier und unser Retter zur Welt. Wir können Dich nur anbeten. Amen.

Als aber die Zeit erfüllt war, sandte Gott seinen Sohn, geboren von einer Frau und unter das Gesetz getan, damit er die, die unter dem Gesetz waren, erlöste.
GALATER 4, 4

Geburtstag unseres Herrn.

Eine kleine Weihnachtserzählung hat mich tief beeindruckt. Das Kind liegt in der Krippe und ein Junge schaut ängstlich in den Stall:

> „Ich hätte gern etwas von dir", sagte das Kind in der Krippe. Der Junge wurde verlegen: „Ich habe nichts. Mir gehört nichts."
> „Ich möchte drei Dinge von dir haben", sagte das Kind, „und zwar dein letztes Bild, deinen Teller und die Antwort, die du deinen Eltern gabst, als der Teller zerbrach."
> Der Junge erschrak und stotterte: „Das Bild war so hässlich, dass ich es zerstörte; der Teller ist kaputt und die Antwort, die ich meinen Eltern gab, war eine Lüge." Da sagte das Kind zu ihm: „Siehst du, darum bin ich gekommen, dass du mir das bringst, was anderen nicht genügt, was in deinem Leben zerbrochen ist, was in deinem Leben böse, eine Lüge und vor Gott Sünde ist. Von heute an kannst du jeden Tag zu mir kommen."

Krippe und Kreuz gehören zusammen. Geburt und Tod beinhalten unsere Errettung und Erlösung. Was wir sind, reicht aus, was wir getan haben, wird vergeben, was zerbrochen ist, wird geheilt. Das Kind ist für uns in die Welt gekommen. Wer an den Erlöser glaubt, ist freigekauft.

Herr, wir feiern das Weihnachtsfest,
weil Du als die größte Liebeserklärung aller Zeiten erschienen bist.
Wir feiern das Weihnachtsfest,
weil Du die größte Rettungsaktion aller Zeiten gestartet hast.
Wir feiern das Weihnachtsfest,
weil Du die Menschen liebst und es im Himmel nicht ausgehalten hast.
Herr, hab Dank, Amen.

Ist jemand in Christus, so ist er eine neue Kreatur; das Alte ist vergangen, siehe, Neues ist geworden.
2. KORINTHER 5, 17

Unser Herr kann Menschen neu machen.
Der Evangelist Theo Lehmann erzählt in einem seiner Bücher:

„Ich war im letzten Monat zu einer Jugendwoche in Waren. An einem Abend, ein paar Minuten, bevor es losging, wurde mir ein Zettel gebracht, da stand drauf: ‚Lieber Theo Lehmann! Vor fünf Jahren erlebte ich dich in Rostock. Ich darf seit fünf Jahren trocken sein. Dem Herrn sei Lob und Dank! Dein Alexander.‘ Das ist ein Beispiel von tausenden, wo Jesus einen Trinker freigemacht hat. Also, wenn du alkoholsüchtig geworden bist, dann wende dich an Jesus. Der kann nicht nur Wasser in Wein, sondern auch umgekehrt alkoholsüchtige in trockene Menschen verwandeln (...) In der Bibel steht: ‚Bei Gott ist kein Ding unmöglich.‘“

Wer Christus vertraut, wird eine Erneuerung erfahren. Denn der alte Mensch kann uns ganz schön auf den Wecker gehen. Aber: Das bloße Fürwahrhalten ist zu wenig. Nur wer sich ihm ausliefert und ihm vertraut, der kann diese Umwandlung erleben. Glaube ist mehr, als eine positive Meinung von Christus und seinen Verheißungen zu haben. Glaube ist Tat oder er bleibt lediglich eine fromme Gemütsbewegung.

Herr, wir möchten so gern neu werden. Wir möchten alte Gewohnheiten, alte Haltungen und alte Schwächen loswerden. In Dir werden wir neu. Das ist ein Geschenk. Amen.

Woher kommen die Kriege bei euch, woher die Streitigkeiten? Doch nur vom Kampf der Leidenschaften in eurem Innern.
JAKOBUS 4, 1

Leidenschaften schaffen Leiden.

In einem chinesischen Märchen heißt es:

„Als der Krieg zwischen den beiden benachbarten Völkern unvermeidlich war, schickten die feindlichen Feldherrn Späher aus, um zu erkunden, wo man am leichtesten in das Nachbarland einfallen könnte. Und die Kundschafter kehrten zurück und berichteten ungefähr mit den gleichen Worten ihren Vorgesetzten: Es gäbe nur eine Stelle an der Grenze, um in das andere Land einzubrechen.
‚Dort aber', sagten sie, ‚wohnt ein braver kleiner Bauer in einem kleinen Haus mit seiner anmutigen Frau. Sie haben einander lieb, und es heißt, sie seien die glücklichsten Menschen auf der Welt. Sie haben ein Kind. Wenn wir nun über das kleine Grundstück in Feindesland einmarschieren, dann würden wir das Glück zerstören. Also kann es keinen Krieg geben.' Das sahen die Feldherren dann auch ein ...."

Zu schön, um wahr zu sein. Leider ein Märchen. Unsere Leidenschaften, unser Egoismus, unsere Ich-Sucht sind die Motive für Streit und Kriege. Wir wollen uns durchsetzen, wir wollen bestimmen. Wir wollen uns behaupten. Nur wenn Christus in uns Gestalt gewinnt, wenn seine Liebe unser Denken und Handeln bestimmt, lassen sich die Leidenschaften verringern. Wollen wir das?

Herr, Du kennst uns in- und auswendig. Du kennst unsere negativen Motive. Schenke uns die Kraft, dass Deine Gesinnung Kopf und Herz ausfüllt. Amen.

Ihr alle bildet zusammen den Leib Christi. Jeder einzelne von euch ist ein Teil davon. Jedem hat Gott seinen bestimmten Platz zugewiesen.
1. KORINTHER 12, 27–28

Gleichwertigkeit oder Chancengleichheit.

Die Bibel klärt uns anhand des Bildes vom Leibe auf, worum es im zwischenmenschlichen Zusammenleben geht: um *Gleichwertigkeit* und nicht um Chancengleichheit. Chancengleichheit, das wäre die Erfüllung eines herrlichen Wunschtraumes.

Ich spreche in einem Kindergarten. Vorwiegend Mütter, wenig Väter sind anwesend. Das Thema: „Vererbung und Umwelt prägen unser Kind“. Eine engagierte Mutter zieht vom Leder: „Das hat die Forschung doch eindeutig bewiesen, dass die Umwelt das Schicksal unseres Kindes bestimmt. Wenn wir also seelische Störungen und Verhaltensauffälligkeiten weghaben wollen, brauchen unsere Kinder die gleiche Ausgangslage, die gleiche pädagogische Behandlung, gleiche Startchancen. Bitte, sehen Sie sich Arbeiterkinder und Kinder von Akademikern an! Die Chancen sind verschieden. Das leuchtet doch jedem ein!“ Etliche Köpfe nicken kräftig. *Chancengleichheit* ist in ihren Augen ein Zauberwort.

Kinder sind, wie die Glieder eines Leibes, verschieden. Das eine Kind ist zielbewusst, das andere träumerisch, das eine aktiv, das andere passiv, das eine interessiert, das andere desinteressiert. Einige Kinder sind erblich benachteiligt, andere bevorzugt. Was wird aus seelisch, geistig und körperlich Behinderten? Wo haben sie die gleichen Startchancen? Wo Christus das Haupt ist, leben Gesunde und Kranke, Arme und Reiche, Behinderte und Nichtbehinderte, Alte und Junge einträchtig und harmonisch miteinander. Das ist das Beispiel vom Leibe.

Lieber Vater im Himmel! Bewahre uns davor, pädagogischen Traumzielen nachzujagen und das Elend der Menschen zu vergrößern. Am Beispiel des Leibes verdeutlichst Du uns Deine Maßstäbe. Amen.

Gott hat unseren Körper zu einem Ganzen zusammengefügt und hat dafür gesorgt, dass die geringeren Teile besonders geehrt werden.
1. KORINTHER 12, 24

Gleichwertigkeit.

Es gibt ein wunderschönes Kinderlied, das die Gleichwertigkeit der unterschiedlichen Glieder einer Gemeinschaft – von der Paulus spricht – betont. Es wurde von Wolfgang Longardt geschrieben und lautet:

> „Hände können fassen und auch wieder lassen, Augen können sehen, Füße können gehen! Jedes Glied ist wichtig, keins zu klein und nichtig. Ich gehör dazu. Du gehörst dazu! Sind wir auch verschieden, keines wird gemieden, keines bleibt allein, jeder darf sich freu'n. Wer's nicht kann verstehen, darf auf Jesus sehen: Jeder ist viel wert, das hat er gelehrt."

Gleichwertigkeit vor Gott, das ist das große Thema unserer Zeit. Christen sind aufgerufen, neue Maßstäbe zu leben. Beide Beispiele, das Bild vom Leib und das Kinderlied, sprechen nicht von krankmachendem Konkurrenzstreben, von Leistungsdruck und An-die-Wand-Spielen. Jedes Glied ist wichtig, keines zu klein und nichtig. Hier herrscht kein Numerus-Clausus-Denken. Wo Christus regiert, sind Leistungsdenken, Elitedenken und Karrierestreben vergessen. Der Leib kann nur existieren, wenn alle Glieder kampflos und rivalitätsfrei ineinandergreifen. Sie kooperieren Hand in Hand. Keines erhebt Sonderansprüche oder beansprucht Privilegien. Alle sind gleichwertig, die Starken und die Schwachen, die Großen und die Kleinen, sowohl die, die ins Auge springen, als auch die Unscheinbaren.

Lieber Vater im Himmel, Du machst uns am Leib überzeugend klar, wie wir miteinander umgehen sollen. Kein Kampf, keine Rivalität und kein Überlegenheitsstreben. Dein Geist kann uns revolutionieren, sodass wir auf Konkurrenzstreben verzichten und Gleichwertigkeit praktizieren. Amen.

Herr, zeige mir, welchen Weg ich einschlagen soll, und lass mich erkennen, was du von mir willst. Schritt für Schritt lass mich erfahren, dass du zuverlässig bist. Du bist der Gott, der mir hilft, du warst immer meine einzige Hoffnung.
PSALM 25, 4–5 (HOFFNUNG FÜR ALLE)

Ich muss das alte Jahr loslassen.

Der bekannte katholische Theologe Henry Nouwen schreibt: „Ich bin immer wieder bewegt von dem Mut der Zirkusartisten. In jeder Vorstellung vertrauen sie wieder neu darauf, dass ihr Flug im sicheren Griff eines Partners endet. Sie wissen auch, dass sie nur fliegen können, wenn sie das Trapez loslassen. Bevor sie aufgefangen werden können, müssen sie loslassen (...) Diese Bereitschaft zum Loslassen wirklich zu leben ist eine der größten Herausforderungen, vor die wir gestellt sind."

Das alte Jahr geht zu Ende. Wir können es nur loslassen und in Gottes Hände legen. Indem wir loslassen, vertrauen wir dem lebendigen Gott, dass er uns den Weg zeigt, den wir im neuen Jahr einschlagen sollen. Nur indem wir loslassen, können wir Schritt für Schritt erfahren, dass er uns zuverlässig begleitet, dass er uns auffängt und alle Schritte im neuen Jahr bestimmt. Er war im alten Jahr unsere Hoffnung, und er wird im neuen Jahr unsere Hoffnung sein.

Vater im Himmel, das alte Jahr geht zu Ende. Wir stehen auf der Schwelle zum neuen. Du zeigst uns den Weg, den wir einschlagen sollen. Du bestimmst unsere Schritte. Du hast alles im Griff. Amen.

Wir haben hier keine bleibende Stadt, sondern die zukünftige suchen wir.
HEBRÄER 13, 14

Silvester.

Der letzte Tag des Jahres wird nach dem Papst Silvester I. benannt. Er starb 335 in Rom. Morgen beginnt nach dem Kalender der erste neue Tag des Jahres.

Ich bekam eine schöne Karte geschenkt, die die Jahreslosung von 2013 mit dem oben genannten Text bildlich darstellt. Sie fasst am Ende des Jahres zusammen, worum es geht. Zu sehen ist ein Baumhaus. Eine ziemlich wackelige Bretterbude, ein Spielhaus für Kinder oben im Baum. Alles ist notdürftig gezimmert, alles wird provisorisch zusammengehalten. Ein typisches Übergangsheim, eine Durchgangsstation.

Ein wunderbares Bild für unser Leben hier auf der Welt. Nein, wir haben hier keine bleibende Stadt, kein festes Zuhause, keinen ewigen Ankerplatz. Machen wir uns das am Ende des Jahres klar. Wir sind Bürger zweier Welten, auf der Schwelle in ein neues Jahr, auf der Durchreise in die ewige Welt.

Wir beten:

DU schenkst ein neues Jahr,
DU schenkst ein neues Leben,
DU machst dem Letzten klar,
DU bist bereit zu geben.

DU schenkst ein neues Herz,
DU schenkst den Mut für Morgen,
DU wandelst Freud und Schmerz,
DU teilst mit uns die Sorgen. Amen.

STICHWORTVERZEICHNIS

BIBELSTELLENVERZEICHNIS

ALTES TESTAMENT

LITERATURHINWEISE

1.1. Rolf Scheffbuch, Christus muss wieder ins Zentrum, in: ideaSpektrum 2/2012, S. 20ff.

3.1. Westdeutsche Zeitung, 7. Nov. 2012, S. 6.

4.1. Wilhelm Busch, Wir befinden uns alle in akuter Lebensgefahr, in: ideaSpektrum 49/2001, S. 21.

5.1. Joyce, 1/2001, S. 3.

12.1. Rolf Dobelli, Die Kunst des klaren Denkens, München: Hanser Verlag 2012, S. 18f.

13.1. Manfred Lütz, Eine Warnung an Christen, in: ideaSpektrum 38/2012, S. 23.

15.1. Lothar Zenetti, Am Ende die Rechnung, Auf seiner Spur, Texte gläubiger Zuversicht, Topos Plus 327, Ostfildern: Matthis Grünewald Verlag, 2006.

23.1. Aus: Arbeitgeber und Arbeitnehmer, in: Süddeutsche Zeitung (Magazin) 49/2012, S. 44.

24.1. Heiko Ernst, Hokus pokus, in: Psychologie heute, 1/2013, S. 3.
Und: Ein bisschen Aberglaube, a.a.O., S. 21.

2.2. Hans Peter Royer, Hoffnung, Wunsch oder Wirklichkeit, in: Entscheidung, 1/2011, S. 14.

3.2. Hans-Jürgen Abromeit, Dornbusch ohne Feuerlöscher, in: OJC-Salzkorn 4/2005, S. 199f.

4.2. Friedrich Laubscher, Hoffnung aus dem Tod, in: Neukirchener Kalender (8.10.1982).

5.2. Vaclav Havel, in: Ansichten und Einsichten, aus: Das Beste 1/1999.

11.2. Erstes Zitat: Ute Eberle, Gefangen in der Schattenwelt, in: GEOwissen 2011, S. 76 ff.
Zweites Zitat: Susie Reinhardt, Mythos: Nur Depressive verüben Selbstmord, in: Psychologie heute 2/2012, S. 102.

13.2. Rolf Höneisen, Editorial, in: Ethos 2/2009, S. 3.

16.2. Klaus-Jürgen Diehl, Wenn wir gefragt werden, in: Aufatmen (Sonderheft) 2011, S. 52ff.

17.2 Robert Domes im Interview mit Jean Ziegler, Wir lassen sie verhungern, in: bpb-Magazin 10/2012, S. 28f.

19.2. Rudolf Weth, in: Erziehungsverein Neukirchen-Vluyn, „Im Frieden des Herrn“ - Gottesdienst im Alltag unserer Neukirchener Diakonie, 1978.

22.2. Hans Peter Royer, Das Montagsgeheimnis, in: Aufatmen (Sonderheft) 2011, S. 13.

23.2. Aus: „dennoch“, Mönche leben länger, 6/2003, S. 8.
Aus: Jürgen Werth, in: Aufatmen (Sonderheft) 2010, S. 13.

24.2. Anthony de Mello, Zeiten des Glücks, Freiburg/Basel/Wien: Herder 2000, S. 131.

25.2. Harald Czycholl, Die Kunst der richtigen Abbitte, in: Welt am Sonntag, 2/2012, S. 51.

1.3. Manfred Lüst, Lebenslust, München: Droemer Verlag, 2006, S. 180.

5.3. Peter Hahne, Mein Leben ist lebenswert, Meißenheim: MediaKern Verlag, 2010, S. 58f.

6.3. Hans-Werner Kube, Wort für heute 2012 (11. Januar, Medienwerk der Methodistischen Kirche).

8.3. Richard David Precht, Die Kunst, kein Egoist zu sein, München: Goldmann Verlag 2010, S. 49.

9.3. Robert H. Schuller, 365 Zeichen der Hoffnung Asslar: Gerth Medien, 2001, S. 331.

11.3. Gerhard Engelsberger, Aus Überzeugung evangelisch, in: Ev. Gemeindeblatt für Würtemberg, 13/2012, S. 12.

12.3. William Barclay, Begriffe des Neuen Testamentes, Wuppertal: Aussaat Verlag, 1979, S. 89.

17.3. Jörg Zink, Sieh auf zu den Sternen, hab acht auf die Gassen, Stuttgart: Kreuz Verlag 1992, S. 332.

18.3. Christ & Wirtschaft, 1998, S. 4.

22.3. Hanspeter Wolfensberger, Wahrheit des Herzens, in: Eins 12/2012, S. 28.

23.3. Reinhard Bonnke, Vom Minus zum Plus, 1994, S. 21.

24.3. Peter Hahne, Mein Leben ist lebenswert, Meißenheim: MediaKern Verlag, 2012, S. 49f.

25.3. Romano Guardini, Zwischen Himmel und Erde ausgespannt, in: OJC-Salzkorn 2/2006, S. 102ff.

26.3. Petra Thorbrietz, Eine Furcht, die das Leben lähmt, in: GEOwissen 2011, S. 72 f.

1.4. Wolfgang Raible, Jesus und seine Sponti-Sprüche, in: Anzeiger für die Seelsorge, 10/2012, S. 28.

2.4. Dr. Stefan Jung, Ach du liebe Zeit, in: Entscheidung 3/2012, S. 13.

3.4. Fulbert Steffensky, Wenn Hoffnung in die Welt tritt, in: ChrisCARE 1/2012, S. 12.

4.4. Susie Reinhard, Rache macht bitter, in: Psychologie heute, 5/ 2009, S. 14.

5.4. In: Unsere Kirche, Nov. 19/ 2012, S. 2.

8.4. Rudolf Lindemann, in: Bausteine (VBG – Schweiz) 5.6.1987, Nr. 151.

9.4. Lothar Zenetti, Auf Seiner Spur, Verlagsgemeinschaft Topos Plus, Band 327, Matthias Grünewald Verlag, 2. Auflage 2001.

10.4. Irmhild Bärend, Der Herr im Garten, in: Entscheidung 3/ 2011, S. 5.

12.4. Aus: Schulreferat Kirchenkreis Siegen, Fortbildung 2005, S. 2.

15.4. Alexander Schick, Wo die Archäologie die Bibel bestätigt, in: ideaSpektrum, 15/2012, S. 12.

16.4. Klaus Haacker, Wer war Schuld am Tode Jesu?, in: Faszinierende Bibel, 1/2012, S. 16ff.

20.4. Michael Olfermann, Der letzte Feind, in: Entscheidung 2/2012, S. 22.

21.4. Die größte Geschichte aller Zeit, in: ideaSpektrum 15/2012, S. 20.

23.4. Ernst Lange, Von der Meisterung des Lebens, Burkhardhaus Verlag, Berlin-Dahlem u. Gelnhausen.

26.4. Dr. Hermann-Peter Eberlein, Richtigstellungen, 2012, S. 27 f.

27.4. Eckart von Hirschhausen, Glück kommt selten allein, Hamburg/Reinbek: Rowohlt Verlag 2009, S. 142.

28.4. Christoph Schroeder, Produktiver Perspektivenwechsel, in: DAJEB, Nr. 226/2013, S. 3ff.

29.4. Hans-Joachim Eckstein, Du liebst mich, also bin ich, Hänssler Verlag, 2001, S. 11.

1.5. Phil Bosmans, Leben jeden Tag, Freiburg/Basel/Wien: Herder Verlag 2002, S. 136.
Martin Luther, Stuttgart: Quell Verlag 1983, S. 14.

6.5. Stephen Covey, Die sieben Wege zur Effektivität, München: Heyne/Campus 2001 (17. Auflage), S. 76.

9.5. Wolfram Weimer, Wer demonstriert für Christen? In: pro, Christliches Medienmagazin 1/2012, S. 12.

10.5. Rabea Rentschler, Glaube und Aberglaube, in: Gehirn-und-Geist, 2/2001, S. 3.
Zitat Eckstein, in: Neues Leben 4/2011, S. 56.

11.5. Peter Bachér, Scheindiagnose half dem Schimmelreiter, in: Welt am Sonntag 36/2011, S. 10.

18.5. Richard David Precht, Die Kunst, ein Egoist zu sein, München: Goldmann Verlag, 2010, S. 161f.

19.5. Robert H. Schuller, Wenn du es träumen kannst, kannst du es auch tun, Druckerei BV Laren, Holland, ohne Jahr, S. 31.

20.5. Klaus-Jürgen Diehl, Ganz Gott und ganz Mensch, in: ideaSpektrum 3/2012, S. 19.

21.5. Gerd Goldmann, Ohne Wasser kein Leben! In: Das Fundament 2/2004, S. 3ff.

22.5. Anselm Grün, Selbstwert entwickeln, Ohnmacht meistern, Stuttgart: Kreuz Verlag 1995, S. 40f.

25.5. Helmut Thielicke, Glauben als Abenteuer, Stuttgart: Quell Verlag, 1980, S. 149.

26.5. Zitiert aus Erich Fromm, Haben oder Sein, Stuttgart: dtv 1980, S. 64f.

27.5. Aus: Psychologie heute, 6/2003, S. 20f.

29.5. ideaSpektrum 24/2000, S. 7.
Theo Lehmann, Pfingstpredigt – damals und heute, in: ideaSpektrum 22/2004.

1.6. Konrad Eißler, in: Christliche Hoffnung, Weltoffenheit, gemeinsames Leben, Giessen: Brunnen Verlag 1998, S. 339.

4.6. Martin Lorch, Das befreiende Wort, in: Aufatmen 3/1996, S. 53.

5.6. Friedhelm Deller, Krise als Chance – die Spannung aushalten, in: Christ & Wirtschaft 2/2005, S. 10.

6.6. Isolde Lachmann, in: Neukirchener Kalender 30.9.2003.

7.6. Dr. Schuller, in: Powerful life, 3/2011, S. 5.

8.6. Wilfried Beyhl, Die Kraft der Veränderung, in: Evangelisches Sonntagsblatt aus Bayern, Nr. 19 vom 15. 5. 2005.

17.6. Till Bastian, Seelenleben, Kösel Verlag 2010, S 172.

18.6. Klaus Sperr, Im Schattenfeld des Teufels, in: Salzkorn 4/2011, Nr. 248, S. 160 ff.

19.6. Bill Hybels, Der richtige Zeitpunkt, sich an Gott anzulehnen, in: Willow-Net, Nr. 2/2002, S. 32.

20.6. Aus: 15. Dezember, Die gute Saat 2009, CSV Verlag, Hückeswagen.

21.6. Interview mit Kardinal Josef Meißner, in: Welt am Sonntag 47/2011, S. 10.

22.6. Monika Deitenbeck/Markus Leitschuh/Christiana Rieke/Bruder Paulus Terwitte, Konnte Jesus übers Wasser gehen?, Bonifatius Verlag/Brendow Verlag 2004, S. 25.

1.7. Uwe Feil, Alles zum „Schnäppchenpreis“, in: Gemeinde-Info, Liebenzeller Gemeinde Lahr, 1/2012, S. 2.

2.7. Ulrich Eggers, Editorial, in: Aufatmen 1/2001, S. 3.

3.7. Richard Rohr, Von der Freiheit loszulassen, München: Claudius Verlag, 1994, 5. Auflage, S. 48f.

4.7. Richard Rohr, Von der Freiheit loszulassen, a. a. O., S. 49.

5.7. Theo Lehmann, Verrückt vor Liebe, Neukirchen Vluyn: Aussaat Verlag, 1991, 4.Auflage, S. 53 f.

8.7. Daniel Rentschler, Freiheit für moderne Sklaven, in: Monatliches Allianzblatt, Jan-März 2012, S. 18f.

9.7. Dr. Ulrich Wendel, Die Zeit nutzen, in: Faszination Bibel 1/2012, S. 25.

10.7. Gerhard Bruns, Lass die Seele baumeln, Neukirchen Vluyn: Aussaat Verlag, 1994, S. 48f.

15.7. Barbara u. Hans Hug, Blätter, die uns durch das Jahr begleiten, Stuttgart: Kreuz Verlag 1992, 1. April.

16.7. Aus: ideaSpektrum 51/52/2011, S. 11.

17.7. Ryder Rogers, Der Seiltanz des Lebens, in: Neues Leben 6/2008, S. 12.

27.7. Karsten Huhn interviewt Bill Hybels, in: ideaSpektrum 4/2012, S. 19.

28.7. Richard David Precht, Die Kunst, kein Egoist zu sein, München: Goldmann Verlag 2012, S. 257ff.

29.7. Tilo Brach, Hoffnung bricht sich Bahn, in: Antenne 0304/2012, S. 4.

30.7. Uwe Siemon-Netto, Uwe motzt: Tyrannischer Toleranztick, in: Pro 5/2004, S. 20.

31.7. Professor Klaus Berger, in: ideaSpektrum 38/2003, S. 7.

6.8. Roland Werner, Der Alltag als Gottesdienst, in: Aufatmen, Sonderheft 2011, S. 35.

7.8. Billy Graham, Wie neugeboren, in: Entscheidung 1/2011, S. 35f.

9.8. Christen in der Wirtschaft, Kontakt 2/1992, S. 28.

11.8. Jörg Zink, Sieh auf zu den Sternen, hab acht auf die Gassen, Stuttgart: Kreuz Verlag 1992, S. 391.

12.8. Hansjörg Bräumer, Der Mensch ist auf Trost angelegt, in: Gemeinschaft leben, 11 u. 12/2012., S. 3f.

13.8. Manfred Lütz, Lebenslust, München: Droemer Verlag 2006, S. 27ff.

20.8. aus: Psychologie heute, 5/2000, S. 22f.

21.8. Nosrat Perseschkian, Der Kaufmann und der Papagei, Frankfurt am Main: Fischer Verlag 1980 (5. Auflage) S. 11.

23.8. Antony de Mello, Warum der Vogel singt, Freiburg/Basel/Wien: Herder Verlag 1984, (12. Auflage) S. 49.

24.8. John Ortberg, Jeder ist normal, bis du ihn kennen lernst, Gerth Medien, Asslar 2005, S. 238.

25.8. Aus: ideaSpektrum 15/ 2012, S. 10.

26.8. Samuel Moser, Ihr könnt nicht Gott dienen und dem Mammon, in: ideaSpektrum 9/2011, S. 14.

1.9. Till Bastian, Seelenleben, München: Kösel Verlag 2010, S. 148.

2.9. Peter Hahne, Die Macht der Manipulation, Holzgerlingen: Hänssler Verlag 2002.

7.9. Gerhard Fuchs, Ganz schön schwer, in: Christ in der Gegenwart, 10/2012, S. 443.

13.9. Aus: Norbert Lieth, Der richtige Umgang mit Reichtum, in: Mitternachtsruf 11/2012, S. 24ff.
14.9. Norbert Lieth, Stürmische Zeiten, in: Mitternachtsruf 11/2012, S. 22.
15.9. Kahlil Gibran, Der Narr, Olten: Walter Verlag 1980, S. 13.
21.9. Nicola Bourdon, Zeichen der Hoffnung, in: CHRISCARE 2/2011, S. 5.
22.9. Abraham Hochwald, Und wenn der Rabbi lacht, Wuppertal/Zürich: R. Brockhaus Verlag 1994, S. 145.
23.9. Karlheinz Geißler, Wart' mal schnell, Freiburg: Herder Verlag 2006, S. 103.
27.9. Aus: Jürgen Werth, „Bleib, wie du bist!" Echt?, in: Antenne 09/010/2012, S. 3.
18.9. Dietrich Bauer, Soll Deutschland die Welt retten?, in: ideaSpektrum 37/ 2012, S. 3.
2.10. Ernst Lange, Von der Meisterung des Lebens, Berlin: Burkhardhaus Verlag, 1957, S. 78.
3.10. Gedanken zum Danken, in: Entscheidung 3/2011, S. 41.
6.10. Erika Krumwiede, Wahrnehmen, in: Evangelischer Lebensbegleiter, Gütersloher Verlagshaus, Gütersloh 2007, S. 610.
11.10. Martin Weber, Kuschelmoderator? Warum nicht!, in: Westdeutsche Zeitung, 7. 11. 2012, S. 28.
12.10. Joachim Haupt, Amazing grace, in: Heilsarmee-Magazin, 13/2012, S. 2f.
13.10. Chris Thurman, Lügen, die wir glauben, Schulte & Gerth, Asslar 1991, S. 111f.
17.10. Martin Seligman, Flourish- wie Menschen aufblühen, München: Kösel Verlag 2011, S. 74f.
18.10. Reinhard Bonnke, Vom Minus zum Plus, 1994, S. 9.
19.10. Theo Lehmann, Verrückt vor Liebe, Neukirchen Vluyn: Aussaat Verlag 1991, S. 58.
21.10. Daniel Zindel, Kompetent scheitern, in: Aufatmen, Sommer 2011, S. 37f.
24.10. Aus: Neukirchener Kalender, 2. Februar 1986, S. 47.
25.10. Wolfgang Huber, Gott die Ehre geben, in: Zeitzeichen 2/2008, S. 17.
26.10. Ulrich Eggers, Lebenslauf- Lerner, in: Aufatmen, Sommer 2011, S. 42.
30.10. Benjamin Schliesser, Nachfolger Christi?, in: echt. evangelisch. engagiert, 3/2012, S. 52f.
31.10. Uwe Simon-Netto, Liebe Leser, in: ideaSpektrum 44/1998.
1.11. Aus: Welt am Sonntag, 6/2001, S. 40, „Das größte Scheusal!", von Josef Nyary.
2.11. Dan Ariely, Wie wir es schaffen könnten, ehrlich zu bleiben, in: Psychologie heute 3/2012, S. 32 ff.
6.11. Robert A. Schuller, Vergebung – Liebe ohne Vorbehalte, in: Powerful life, 3/2011, S. 7.
7.11. Andreas Boppard, in: „Kleine Kanzel" in: ideaSpektrum 37/ 2005, S. 17.
12.11. Aus : Neukirchener Kalender 25. Mai 2012.
13.11. Richard David Precht, Die Kunst, kein Egoist zu sein, München: Goldmann Verlag 2012 , S. 239 f.
14.11. Samuel Moser, Hoffnung – trotz allem, in: Lebenslust 7-8/2010, S. 20.
20.11. Andrea Schwarz, „Ist das Ihr persönliches Salz?" in: Anzeiger für die Seelsorge, 10/2010, S. 24.

21.11. Moritz Breckner, „Invasion von innen", in: pro, christliches Medienmagazin, 6/2012, S. 10f.

25.11. Karsten Huhn, Ohne jede Hoffnung, in: ideaSpektrum 8/2013, S. 16ff.

27.11. Lawrence J. Crabb, Glück suchen oder Gott finden, Brunnen Verlag, Giessen/Basel 1996, S. 77 und 212.

28.11. Richard Rohr, Von der Freiheit loszulassen, München: Claudius Verlag, 1994, S. 15.

30.11. Klaus-Jürgen Diehl, Warum Gott Mensch wurde?, in: ideaSpektrum 50/2012. S. 22ff.

1.12. William Barclay, Begriffe des Neuen Testamentes, Wuppertal: Aussaat Verlag, S. 142.

2.12. Veit Lindau, Egoismus, der beste Nährboden für Selbstliebe, in: newsage 5/2012, S. 26.

5.12. Roland Werner, Predigt bei Offensive junger Christen, in: OJC-Salzkorn 3/2012, S. 107.

6.12. Aus: Evangelischer Lebensbegleiter, Gütersloh: Gütersloher Verlagshaus, 2007, S. 768 ff.

8.12. Stefan Jung, Einsamkeit – Sehnsucht nach Nähe, in: Entscheidung 5/2011, S. 11ff.

9.12. Bernd Wittchow, Gottes kostbares Ebenbild in irdenen Gefäßen, in: Evangelische Allianz 4/2012, S. 3.

10.12. Rabbi Harold S. Kushner, in: Das Beste 9/1997, S. 79.
Peter Hahne, Mein Leben lebenswert, KernMedien, Meißenheim 2010, S. 99.

11.12. Peter Hahne, Mein Leben lebenswert, KernMedien, a. a. O., S. 49ff.

13.12. Karlheinz Geißler, Wart' mal schnell, Freiburg/ Basel/Wien: Herder spektrum 2006, S. 159.

14.12. Christian Brenner, Gottes Wort wirkt – ganz sicher!, in: Bibel-Report 3/2011, S. 12.

16.12. Ernst Günter Wenzler, Aber Christus steht doch da!, in: ideaSpektrum 35/2011, S. 22.

17.12. Rainer Kunik, Der heruntergekommene Gott, in: Antenne 12/2011, S. 7.

18.12. Axel Ohrendorf, Eisige Zeiten, in: Freundesbrief Nr. 151, 12/2012, Titelseite.

19.12. Rolf Sohns, Jesus als Seelsorger, in: Theologische Orientierung, Okt.-Dez. 2012, S. 20ff.

20.12. Robert A. Schuller, 11. Tag, Erwarten Sie Liebe; in: Powerful life, 4/ 2012, S. 7.

23.12. Ilka Federschmidt/Bruno Kurth, Es geht um die Entscheidung Gottes, in: Westdeutsche Zeitung 24. 12. 2011, S. 6.

24.12. Robert A. Schuller, 6. Tag, Erwarten Sie mehr, in: Powerful life, 4/ 2012, S. 6.

26.12. Theo Lehmann, Verrückt vor Liebe, Neukirchen Vluyn: Aussaat Verlag 1991, (4. Auflage) S. 62.

30.12. Henri Nouwen, Unterwegs sein, in: adeo-magazin, 2011/2012, Titelseite.

31.12. Jahreslosung 2013, Dorothee Krämer, Baumhaus, Esslingen, Bestellung: www.kraemershop.de